鮑廷博年譜長編

乙未 柳[illegible]題

刘尚恒 著

国家图书馆出版社

图书在版编目(CIP)数据

鲍廷博年谱长编 / 刘尚恒著.-- 北京:国家图书馆出版社,2017.9
ISBN 978-7-5013-6112-0

Ⅰ.①鲍… Ⅱ.①刘… Ⅲ.①鲍廷博(1728—1814)—年谱 Ⅳ.①K825.41

中国版本图书馆 CIP 数据核字(2017)第 105255 号

书　　名	鲍廷博年谱长编
著　　者	刘尚恒　著
责任编辑	潘　竹
封面设计	程言工作室
出　　版	国家图书馆出版社(100034　北京市西城区文津街 7 号) (原书目文献出版社　北京图书馆出版社)
发　　行	010—66114536　66126153　66151313　66175620 66121706(传真)　66126156(门市部)
E - mail	nlcpress@ nlc. cn(邮购)
Website	www. nlcpress. com→投稿中心
经　　销	新华书店
印　　装	北京华艺斋古籍印务有限公司
版　　次	2017 年 9 月第 1 版　2017 年 9 月第 1 次印刷
开　　本	787×1092(毫米)　1/16
印　　张	27
书　　号	ISBN 978-7-5013-6112-0
定　　价	298.00 元

刘尚恒，男，1937 年 10 月生，安徽芜湖人。1961 年毕业于北京大学图书馆学系。曾任安徽师大图书馆副馆长、天津图书馆研究馆员，现任天津市文史研究馆馆员、天津市文物鉴定委员会委员，所著有《古籍丛书概说》《安徽方志考略》《二馀斋丛稿》《徽州刻书与藏书》《二馀斋说书》《闲章释义》《室名章释义》《天津查氏水西庄研究文录》《鲍廷博年谱》《二馀斋文集》《安徽藏书家传略》(与郑玲合作)等，点校有《朱枫林集》《黄山志定本》(与王佐合作)，参与撰著有《中国地方志总目提要》《清代目录提要》《中国古籍总目提要·丛书卷》等。1996 年获国务院颁发政府特殊津贴奖励。

鮑廷博年譜長編

乙未 柳嵐題

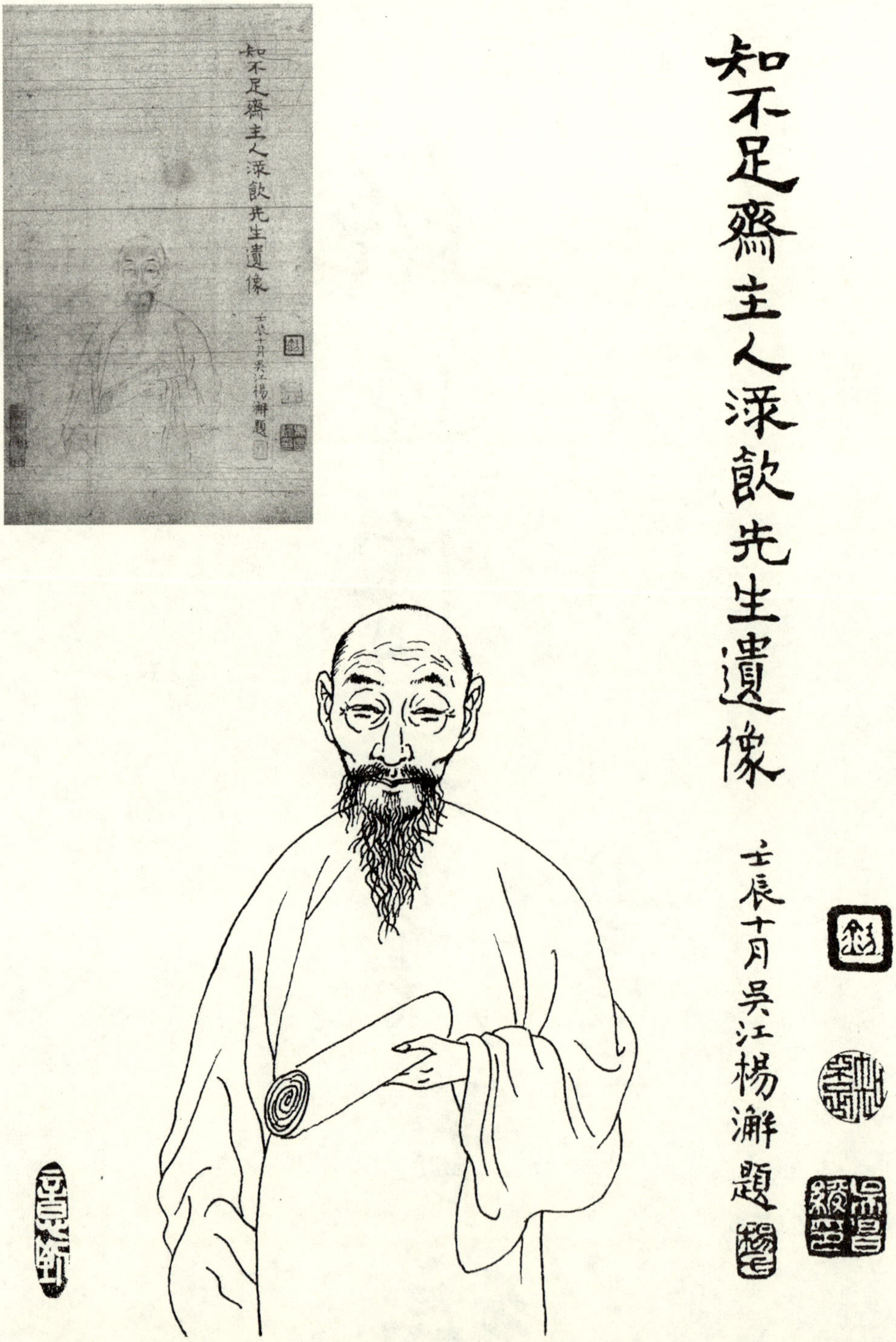

鲍廷博(1728—1814)

原载清周二学《一角编》(国家图书馆藏鲍廷博手抄本)。此图为书画家华克齐先生临摹(左上附原书影)。杨澥题款所署的“壬辰”,为道光十二年(1832),参见本书清嘉庆十四年(P.191)

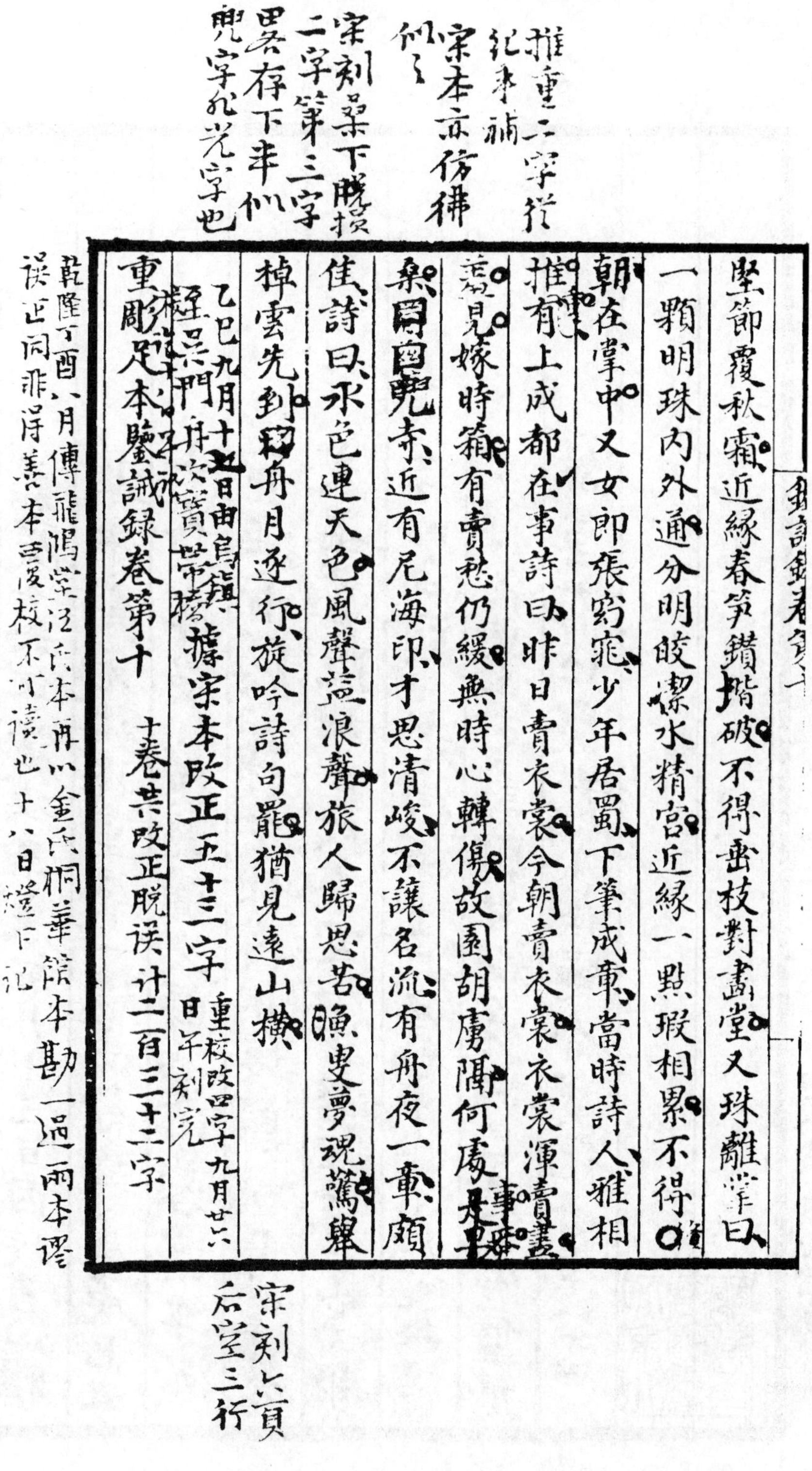

鲍廷博校勘《鉴诫录》手迹（中国台北“中央图书馆”藏）

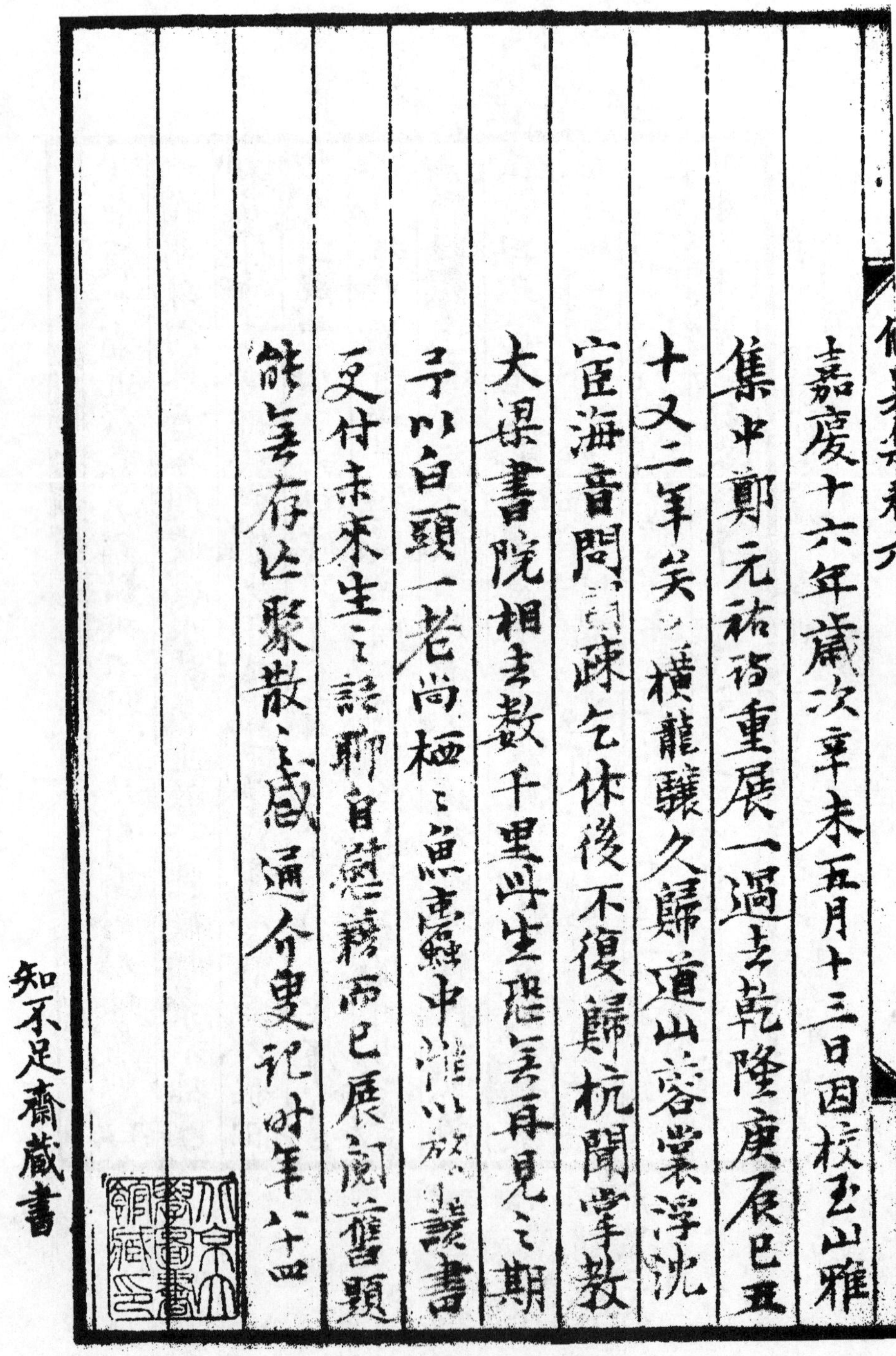
嘉慶十六年歲次辛未五月十三日因校玉山雅
集中鄭元祐詩重展一過去乾隆庚辰已五
十又二年矣之橫龍驤久歸道山蓉裳浮沈
宦海音問闊疎乞休後不復歸杭聞掌教
大梁書院相去數千里毋生恐無再見之期
予以白頭一老尚栖栖魚蠹中惟以校讀書
又付未來生之語聊自慰藉而已展閱舊題
能無存亡聚散之感通介叟記時年八十四
知不足齋藏書

鲍廷博《侨吴集》题跋手迹（北京大学图书馆藏原大仓文库藏本）

鮑氏知不足齋叢書

長塘鮑氏開雕

辛酉七月上海古書流通處影印

《知不足斋丛书》(1921 年上海古书流通处影印本)

鮑氏知不足齋叢書序

宇內事不勝知也山川都邑不能以盡歷也必身親之而後知則其遺知也多矣是故與委巷之爾夫語所得幾何不若之乎通國大都接縉紳先生之餘論始足資其聞見也與牖下之鯫生語其所知不過闤井之間一旦見宦遊而至者與夫行賈於四方者奉使於絕域者道其所經風土習俗人民物產纖悉備具則了了焉與身至其地無異況乎聚千百年之名公卿學士各舉其生平所得力耳目所觸發以相爲賜而曾不少靳朝搯暮染左采右獲人之神智有不益濬見識有不益擴學問有不益充實而貫通者乎則昔人叢書之刻爲嘉惠於學者至也雖然亦有反以爲病者眞僞不分雅俗不辨或刪削而非完善或脫誤而鮮校讎就數者之中不完與不校之爲弊更甚以余所見論之如風俗通本十卷僅刻四卷華陽國志之第十卷本分上中下今僅刻其下卷而遺其上中方言之前不載子雲與劉子駿之書趙后外傳之末不載伶子于之語拾遺記不載蕭綺之錄甚或虛張名目而所載不及本書十之二三或本

盧序　一　知不足齋叢書

卢文弨《知不足斋丛书序》(1921 年上海古书流通处影印本)

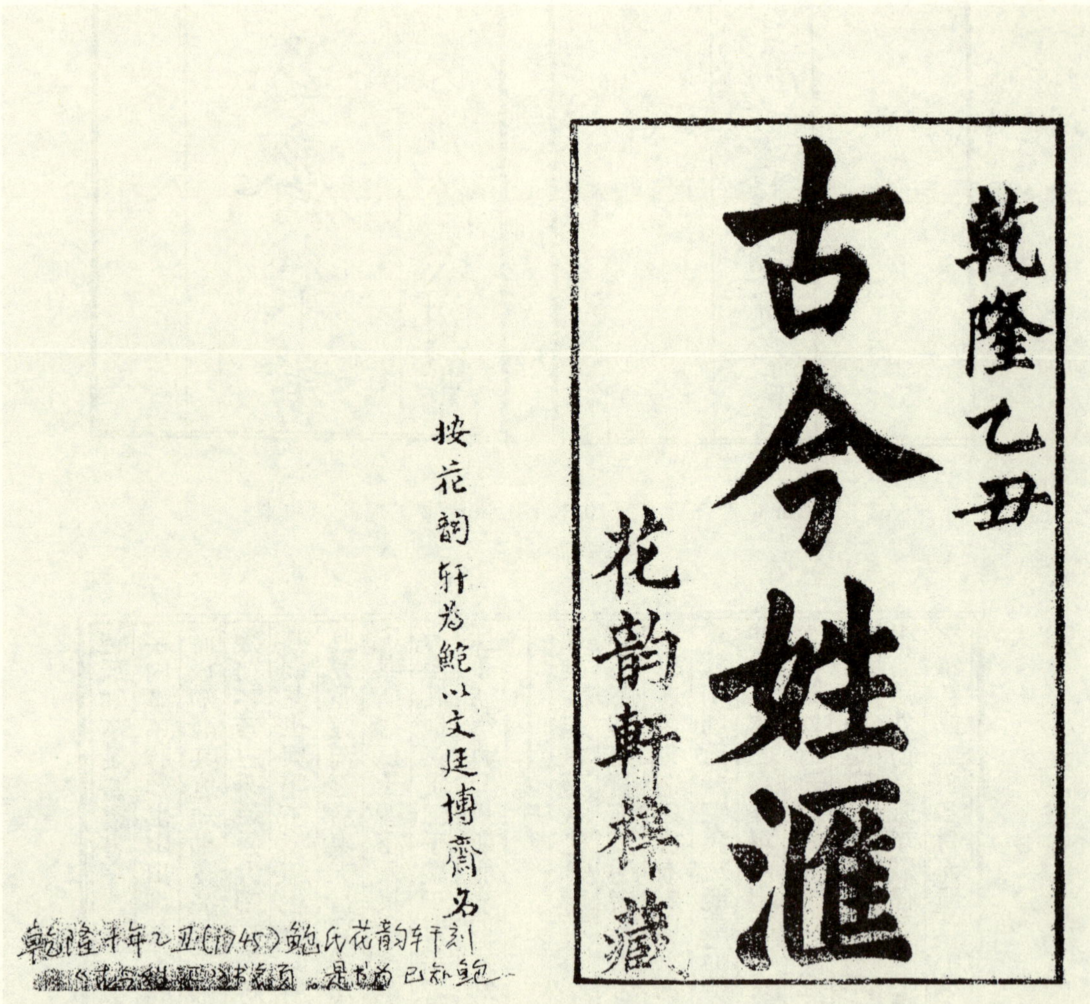

乾隆乙丑

古今姓滙

花韻軒梓藏

按花韵轩为鲍以文廷博斋名

乾隆十年乙丑(1745)鲍氏花韵轩刻《古今姓汇》书名页，是书为已知鲍

已知的鲍廷博最早的刻本书(安徽省图书馆藏)

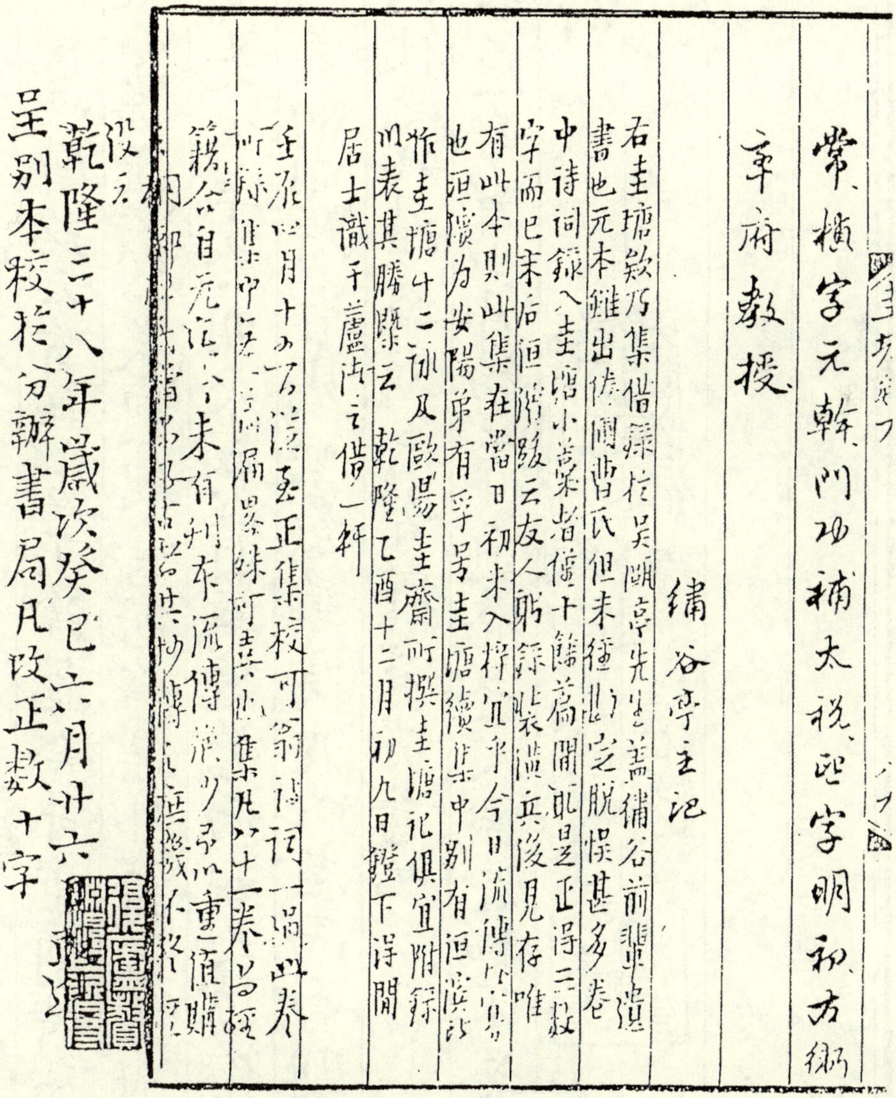

鲍廷博《圭塘欸乃集跋》手迹

（中国台北“中央图书馆”藏）

刻校此增銘六首詩五十餘篇今并重刻時序
跋小傳輯為一卷列朝詩所收集外詩三首附
焉先生卒於明永樂時葬錢塘西湖之濱俗
所為回回墳者見陳景鍾清波小志而西湖
志佚之此續脩湖志者所當留意也
嘉慶辛酉四月初七日通介老人識於知不足
齋

鲍廷博《丁鹤年诗集跋》手迹
（中国台北“中央图书馆”藏）

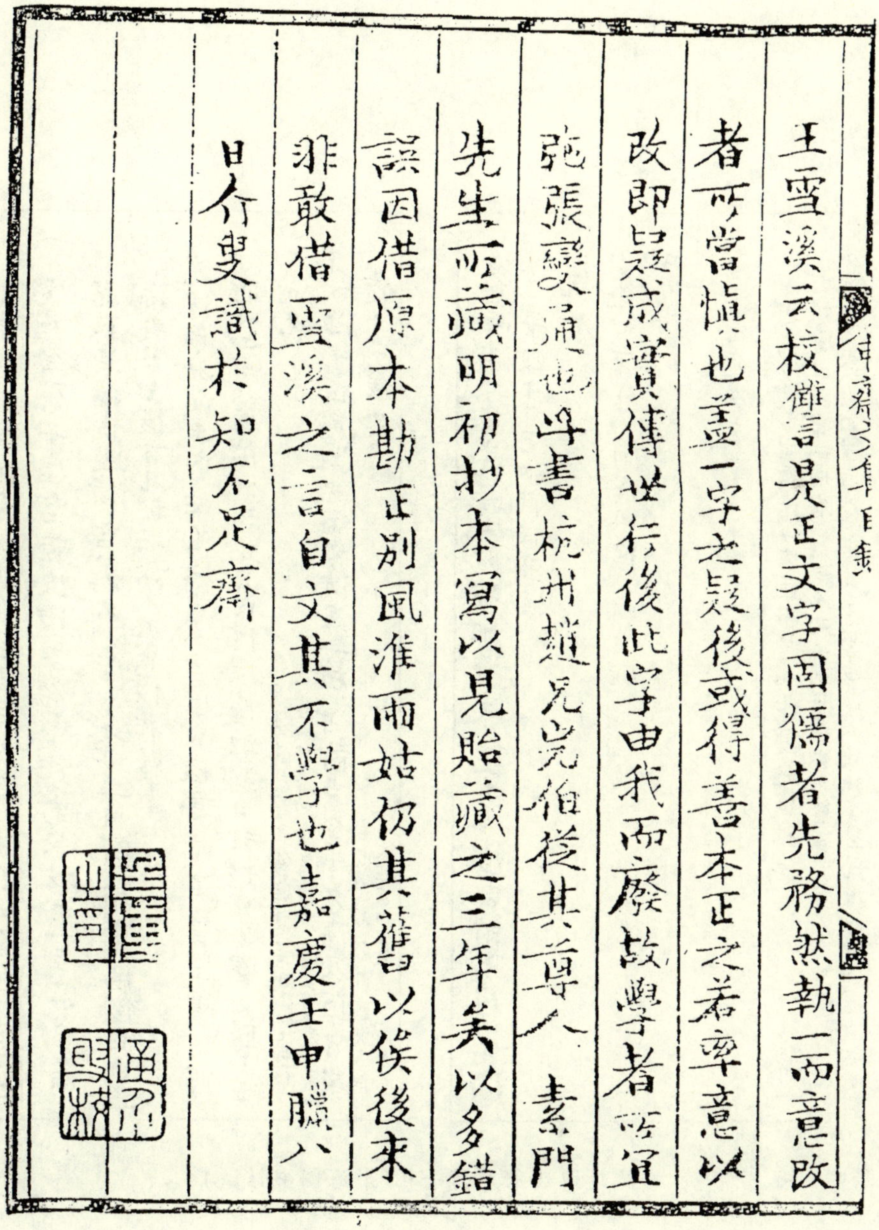
王雪溪云校讎言是正文字固儒者先務然執一而意改
者亦當慎也蓋一字之疑後或得善本正之若率意以
改即疑成實傳世行後此字由我而廢故學者所宜
施張變通也此書杭州趙兄[illegible]伯從其尊人　素門
先生所藏明初抄本寫以見貽藏之三年矣以多錯
誤因借原本勘正別風淮雨姑仍其舊以俟後來
非敢借雪溪之言自文其不學也嘉慶壬申臘八
日竹叟識於知不足齋

鲍廷博《东斋文集跋》手迹
（中国台北“中央图书馆”藏）

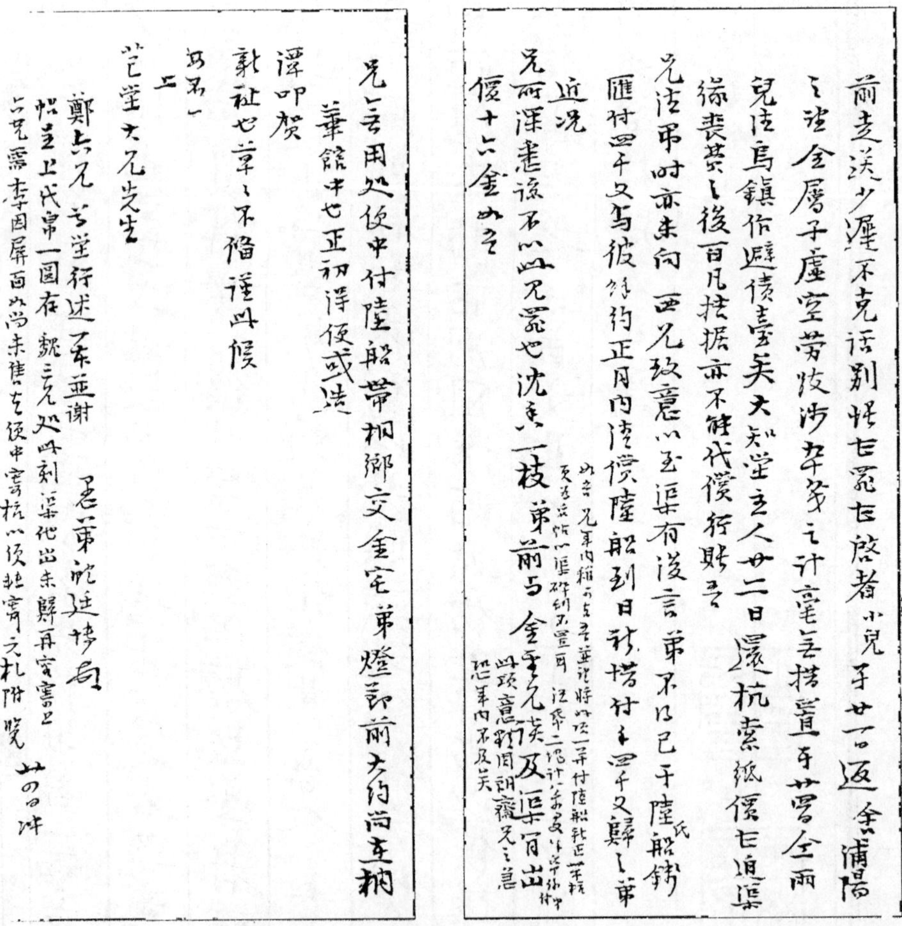

鲍廷博致张燕昌手札(上海图书馆藏)

序　言

来新夏

中华载籍，为数浩繁，相沿至今，虽时有增损，但至今犹能拥有十数万部册古籍，实非易易。其所以得垂世久远者，端赖先人之善于保护。保护措施不外二途：即藏书与刻书。藏书者，罄资财搜购典籍，以防散失损伤；刻书者，再造古籍，繁衍古籍，不致孤善灭迹。前人或藏或刻者多，而藏刻兼具者鲜。明清以来藏书刻书并行不悖者渐盛，藏书家又多立说鼓吹，如清初曹溶之《流通古书约》倡言刻书之益，有推动之功。清代刻书几成藏书家之美德，于是藏刻纷起，而鲍廷博之既藏又刻，钟情典籍，尤为著名，为学人所熟知。

鲍廷博字以文，号渌饮，又号通介叟、得闲居士，祖籍安徽徽州府歙县西乡长塘村，以父祖经商于浙江而寄寓杭州，并出生于斯土。迨父母离世，即迁居浙江桐乡乌镇杨树湾，而鲍廷博始终以徽人自命。他少习会计，又勤学耽吟。因科举不利，蹉跎岁月，遂绝意仕进，而从事藏书刻书事业，成为清代前期一大藏书家和刻书家，体现了徽商"贾而好儒"的特点，达到了"贾为厚利，儒为名高"的完美结合。

鲍氏正规藏书始于廷博之父思诩，思诩业贾浙杭，而颇好书，建知不足斋以庋藏。廷博承欢膝下，以孝事父，进而力购前人所藏典籍，日积月累，遂成大家。鲍氏藏书来源，大抵不外购进、传抄、获赠三途。购进可考者始于清乾隆十六年(1751)，有各种宋元善本及名家所藏；传抄为与人交流互补，据知约有二百馀种。各本多有廷博幽楗跋语，可助了解本书；获赠多为友朋间情谊所致的表达，而《四库》献书后颁赐的《古今图书集成》虽因系御赐而另建赐书堂以贮藏，但亦属赠书一类。据此数源，则鲍氏藏书必有相当数量，究其详数若何，则尚无确数。就我所主编之《清代目录提要》收《知不足斋宋元文集书目》条称："本书是鲍廷博所收藏的唐宋元人文集目录，共约四百多种。略依时代分类，其中唐人文集十六种，宋人文集三百三十八种，南宋人小集六十种，金元人文集一百三十八种，宋元人总集八种。"此仅文集一类。又其《四库》献书达六百馀种，被著录者249种，入存目者131种，列献书四大家之首，足见鲍氏藏书精富，无愧于大藏书家之称。

鲍廷博对所藏，不仅善加爱护，而且进而研究和完善各书内涵。他居家行旅，以书自随，焚膏继晷，亲加校勘，搜求众本，相互雠校，正讹补缺，并写题跋，志其始末，使所藏各书无错讹，对错漏之书则严加指责。又邀请专家为校专业书籍，如史学家钱大昕、医学家魏之琇、算学家丁传、历算家李锐等，均应聘为校专业典籍，提高质量，使鲍氏经校各书得“无一讹字”的美誉。

古代刻书有官、私、坊刻之不同。鲍氏刻书，自非官刻，而所刻诸书，亦非单纯牟利，难称坊刻，当属私刻一类。鲍廷博刻书始于清乾隆十年（1745）以花韵轩名义刻锁冯普之《古今姓汇》，后多为私藏珍善本零种书和朋友著述。乾隆三十一年（1766），鲍廷博助成浙江严州知府赵起杲青柯亭刊蒲松龄《聊斋志异》十六卷本。这使《聊斋志异》改变以抄本流传、篇卷有差异的状况，为中国文学史研究做出一定贡献。在刊刻零种典籍的基础上，鲍廷博逐渐形成刻整套丛书的想法，特别是在《四库》献书获得赐书后，声名鹊起，更激励他的意志。从乾隆四十年（1775）起直到道光三年（1823）止，历经五十年祖孙三代的努力，终于纂成《知不足斋丛书》三十集，收书二百馀种七百馀卷。此丛书的刊行，显示出清代图书在编纂事业中具有较高质量的成果，颇便广大学人的参阅。不仅当代学人赞誉有加，后世好评，也不绝如缕。

这样一位大藏书家和刻书家，除了一些简略的生平和因丛书而有所涉及外，较完整的传记和评述则较零散。直至2006年5月黄山书社出版《清代徽人年谱合刊》时，始将旧藏安徽省博物馆、由王立中所撰并经安徽大学图书馆郑玲先生点校的《鲍以文先生年谱》问世。原作者王立中先生在稿本例言中曾申明该谱的主要内容是：“此谱但选其有关校刻书籍，或先生之师友，按年份系之，不泛及也。”王编虽简略，但对鲍廷博一生藏书刻书著述等事迹，作了初步条理化的编次。郑玲先生除了点校整理该谱外，又对其史料价值撰写了专文《〈鲍以文先生年谱〉的史料价值》，指出该谱的三点价值说：“第一，为鲍以文的生平提供资料，使已有的传志但却简略的人物资料得到丰富补充”，“第二，鲍以文朋友之信息总汇”，“第三，此年谱还提供了其他多方面的信息，如《永乐大典》与《四库》的关系”等，给该谱以某些肯定（《天一阁文丛》第五辑）。但该谱文仅万馀，事多缺漏，与鲍廷博之业绩，名实难符，近年安徽刘尚恒先生为写《首创有功，记事有憾》一文（《古籍整理出版情况简报》总477期，2008年5月），对王撰鲍谱作了较中肯的评论。刘文一面肯定王谱手稿点校出版，“不仅对徽学研究有极大的帮助，而且对中华传统文化研究大有裨益”。同时也指出该谱的不足说：“一、缺载年份多……凡四十七年未有记录，占鲍氏行年一半强”，“二、有些年份，虽有鲍氏事迹，却过于简略，失去丰富的内涵”，“三、有些年份所记，根本未涉及鲍氏事迹”，“四、有些年份所记时事详，而于鲍氏事略”。是王谱之有待充实丰富。刘尚恒先生有鉴于此，遂本皖人述皖贤之志，立意重写鲍谱，于是先从收集四类资料入手：一、鲍刻丛书的序跋校记，二、鲍氏交游的书友诗文、年谱、题跋、笔记，三、各类志书、目录、题跋、杂著等，四、谱牒、书札及鲍氏诗文之作。有此广阔史源基础，当为新编鲍谱奠定坚实基础。

四类资料中，自当以鲍氏丛书之序跋校记为最要。这类资料虽已见诸丛书，但因散置而多为人所忽视，实则鲍廷博于版本、校勘、目录诸学之真知灼见皆贯穿其中。刘尚恒先生多年从事目录版本之学，造诣颇深，乃深加选剔，条分类系，分置各年。各条之下，又自加按语以考订异说，补释版本，叙说抄书、刻书、藏书、交流、著录等情况，使鲍廷博之学术亦得以发扬。鲍廷博交游甚广，与学林书苑之宿儒耆旧，多有交往。所记多有裨于传统藏书文化之研究。刘尚恒先生又为所涉及诸君子，补其生平，论其学术，不啻为传统藏书文化增添研究资料，而鲍廷博之书界地位，亦借此烘托，显然得见。至于三四两类，足为全谱辅翼，使鲍廷博一生益显完备。此新编鲍谱有异于王编之一大特色。

刘尚恒先生于正谱之后，增设一《谱后纪要》，记谱主身后行事，颇具创意。《纪要》始清嘉庆二十年（1815），终于民国十年（1921），前后计百馀年，虽非逐年记述，但有事必录，使有关谱主行事得完整具见，所记主要为促成《知不足斋丛书》最后数集及《续知不足斋丛书》与《后知不足斋丛书》的编纂缘由。其清光绪六年（1880）条记廷博曾孙鲍寅将家藏赐书《古今图书集成》捐献于文澜阁，是鲍氏此时尚有藏书。若自鲍廷博之父藏书至其曾孙捐书，其间鲍氏藏书虽有散失，终非绝迹，是可称五世藏书之家，为历来藏书家所罕见。此新谱之又一特色。

我与刘尚恒先生为数十年交往之旧识，于学问一道，时有商榷。尚恒一生虽有坎坷，但好学不倦，笔耕不辍，为同仁所称道。今年晋古稀，犹孜孜以求，实足为后学垂范。尝念乡先贤鲍廷博为藏书刻书，卓著动绩，而其事迹不彰，已有谱传又多简略，乃竭数年心力为撰新谱。稿成来舍请序，我虽近望九之年，体弱多疾，而见此作，犹情不自禁，勃然而兴，尽兼旬之力，通读全稿，读后深感学问之无涯，惜尚待字闺中，至希就此待梓之际，于鲍廷博一生之社会背景及有关书林掌故，略有点缀，则全谱当更显丰厚生动。濡笔略志所得，是否得当，祈作者、读者有以教之！

2008 年冬日写于南开大学邃谷，行年八十六岁

刘按，清乾隆开四库馆时，鲍廷博家进呈多少书，录入《四库全书》多少种，录入《四库全书存目》多少种，我国学者郑玲、郑伟章、蔡文晋及周生杰、杨瑞等

均作过统计，其数量不一。来序中数字系据《鲍廷博年谱》初印本中郑玲统计，未作改动，保持原貌以示怀念。今本书则按周、杨二先生最新统计，见《鲍廷博评传》一书（2014 年 12 月江苏凤凰出版社，又见本书清雍正六年条按语）。

凡　例

一、本书正文分三部分：卷首系总论鲍廷博其人其事，卷一至五为年谱，起其生年，迄于卒年，卷六为《谱后纪要》，记其卒后之要事、影响及后人论述。

二、本书采用纲目体。以事迹标题为纲（黑体字），以所引资料出处为目（宋体字），事有须说明、解释、辨证者，以按语注出（仿宋体字）。

三、本书年谱以清代年号纪年为主，附注公元纪年、干支纪年及其岁数。凡有系年之事迹者皆录之，未有具体署年者，录附相应年份。《谱后纪要》部分不以编年而以时代之先后列出。

四、本书采集资料主要是：（1）鲍廷博所刻丛书、单刻书及抄校本序跋、题识、牌记、附注。（2）鲍氏诗文、书札。（3）鲍氏交游者诗文集、年谱、书目、题跋、杂著。（4）其他有关书目、题跋、藏书志、杂著。（5）方志、史传等。

五、本书附录为鲍廷博诗作、传记及书目资料。其《花韵轩咏物诗存》向罕传于世，人不经见，特以石梅同志校订本附入。

六、鲍廷博的抄校书、题跋书、刊刻书，今均列为全国古籍善本或藏家所编善本书目，难得一一获睹，本书虽蒙多位同仁赐教，也未周尽，故部分鲍氏之题跋、事迹，只得从他人著述辗转录出，尚祈方家雅士谅我教我。

目　录

卷首

“知不足斋奚不足，渴于书籍是贤乎”

——一代书宗鲍廷博

知不足斋奚不足，渴于书籍是贤乎。
长编大部都庋阁，小说卮言也入厨。
《阙史》两编传摭拾，晚唐遗迹见规模。
彦休自号参寥子，参得寥天一也无？

这首清乾隆皇帝弘历在鲍廷博家进呈的唐高彦休《唐阙史》书上的“御题诗”，前四句赞扬鲍氏对于书籍的渴求，无论煌煌巨编的经史著述，也无论短篇零缣的小说杂著，他都囊括架上；后四句则借题发挥，以《唐阙史》内容为题切入，宣扬太虚之境，鼓吹任其自然，入于寂寥，与天合一。

清乾隆三十七年（1772），乾隆皇帝弘历颁谕，命各地督抚、学政，广事搜集天下遗书，汇送京师，编纂《四库全书》，以彰千古同文之盛。鲍廷博命其子士恭通过浙江巡抚三宝，进呈家藏书626种，与同省的范氏（懋柱）天一阁、汪氏（启淑）飞鸿堂，江苏马氏（裕）小玲珑山馆并称全国进呈书“四大家”。弘历在“四大家”书中选择精醇之本，亲自洒翰题诗，各奖内府《古今图书集成》《伊犁得胜图》《平定两金川图》书一套，后又在内府沿鲍氏斋名建内廷知不足斋藏书处。到了嘉庆十八年（1813），86岁高龄的鲍廷博特恩赏赐举人，这千载难逢的书林盛事，久传为美谈。鲍氏之殊荣不仅是他个人的，而且因此也推动江浙乃至全国的藏书事业和文化学术事业的发展，然而这些又毕竟是历史陈迹，过眼烟云，鲍廷博对于古代典籍（或谓民族文化）的保存和传播功绩，却是超越时空的、永恒的，他的“殊荣”较之他的贡献，那只能等而下之，不足道哉。

一、鲍廷博其人

鲍廷博（1728—1814）字以文，号渌饮，又号通介叟、得闲居士等，原籍安徽徽州府歙县西乡长塘村人，其家数代行商，他的祖父鲍贵（字国槐）、父鲍思诩

（字鸿远，号敏庵）同服贾，寓于浙江杭州，世以冶坊为业。廷博生于杭州，父母卒后又迁居浙江桐乡乌镇杨树湾。

徽商之盛，时在明嘉靖至清嘉道间，其祖行商于浙，大约时在明末清初之际。他的父亲鲍思诩虽为贾人却嗜好读书，具有典型的“贾而好儒”的徽商特点。“贾为厚利，儒为名高”，而藏书与刻书正是贾和儒的完美结合，和谐统一。刻书既可盈利，又可获名，本是徽商经营的内容之一；藏书既是诵读之资，又是刻书必备条件，财富和社会品位的象征。二者都是商人们改变社会形象、提高社会声望的手段。

鲍廷博幼而敏学，钱泳说他“少习会计”[①]，本应是权子母之利的好手。阮元说他“勤学耽吟，不求仕进，天趣清远”[②]。所谓“不求仕进”，乃鲍廷博两度乡试名落孙山，断了仕途之后，并非鲍之本愿。“学成文武艺，货与帝王家”，是封建社会读书人的共同心声，鲍廷博亦概莫能外，他是在“曾两应乡举，自惭制义不工，遂留心于典籍”的[③]。设想若鲍氏真成巨富商人，即使不被“乌纱帽”“红绣鞋”淹没、吞噬，随着徽商的衰落，也早已被人们遗忘；若真的走上仕途，至多不过是府县清官，难以对付上司和同僚们的打击、排挤；而命运让他成为一代书宗的大藏书家、刻书家，名播后世。促使他走上这条路的，一是承继祖父辈身上“贾而好儒”的特点；二是他两次乡试落榜，断绝了仕途之路；三是他戴皇恩且承先志。

鲍廷博“力学好古”[④]，一生嗜书如命。他爱书，更懂书，对于历代藏书家故实、书籍版本更了如指掌，这是他成为大藏书家、大刻书家必备条件，仅仅依仗雄资的人望尘莫及。

鲍廷博勤学耽吟，工于诗，阮元称他“尝作《夕阳诗》甚工，世盛传之，呼为‘鲍夕阳’，余赠以诗云：‘清名即是长生诀，当世应无未见书。何处见君常觅句，小阑干外夕阳疏。’”[⑤]他的咏物诗极有风致，丁申录其《阑干》云：“有约频敲花底月，多情时拂柳边风”、“施朱太赤花应妒，倚玉无人月也怜”。《剪刀》云：“细将杨柳偷剪出，不信东风也学伊。”[⑥]他在刻印书，如《客杭日记》《宋刻六十家小集》《洞霄图志》《斜川集》中常以诗代跋，或跋文中有诗作。晚年他将记忆的诗作汇成《花韵轩咏物诗存》三卷（亦称《花韵轩小稿》二卷、《咏物诗》一卷），今有抄本藏于国家、安徽及中山大学图书馆。

鲍廷博“性宽厚，笃友谊，朋友之贫而好学者，每以全部《丛书》赠”[⑦]。他在刊刻《对床夜语》《赤雅》《湖山类稿》《清虚杂著》《霁山先生集》中，特别重作者的名节、人品。他为亡友卢文弨完成其《文集》刊刻任务，在《庶斋老学丛谈》的跋文附注中，深情地回忆他与郁礼笃厚友情，让人感动不已。

鲍廷博还工书，今所见鲍氏题跋手迹，行楷皆工，脱凡飘逸。李玉棻《瓯钵罗室书画过目考》卷三载："许仲弢廉访藏有（鲍氏）行楷立帧，书旧作七律二首。"

汪辉祖称鲍"博通典籍，为人醇雅有气谊"[⑧]，可见他是位多才多艺的嗜古之士，然而晚年境遇不佳，赏赐"举人"的光环，并没有照亮耄耋老人的生命，不过是副欣慰剂，激励他"世衍书香，广刊秘籍"。或以经商失意，或以藏书刻书耗资过巨，他不得不出卖藏书，购药养命，嘉庆十九年（1814）八月，就在他校刻《知不足斋丛书》第二十八集中溘然病逝，遗子孙继志续刊，无负天语之褒，所欣慰的是其子士恭刻成二十七、二十八两集，孙正言刻成二十九、三十两集，最后完成这套《丛书》的刊刻大业。

二、鲍氏知不足斋藏书

鲍氏知不足斋藏书，至少是从廷博父亲鲍思诩开始的。"大父（鲍贵）卒，既葬，君父携家居杭州。君事父又以孝闻，以父性嗜读书，乃力购前人书以为欢。既久，而所得书益多且精，遂裒然为大藏书家"。[⑨]鲍廷博以书孝亲为发端，迨至他"两应省试不售，遂绝意进取，竭力购求典籍，皆收藏家罕见者"[⑩]。鲍家先世有多少书呢？今不得知，吴长元说其"先世所藏两宋遗集多至三百家"[⑪]，仅此一项，可以推知其藏书数量质量都很可观。思诩取《礼记》中"学然后知不足"语，命其斋，廷博自称为"知不足斋后人"[⑫]。

鲍廷博增益家藏书，成为藏书大家，好友朱文藻有较全面的介绍，他说：

> 三十年来，（鲍廷博）近自嘉禾、吴兴，远而大江南北，客有异书来售武林者，必先过君之门。或远不可致，则邮书求之，浙东西藏书家，若赵氏（昱、信兄弟）小山堂、卢氏（文弨）抱经堂、汪氏（宪及子汝瑮）振绮堂、吴氏（焯及子城）瓶花斋、孙氏（宗濂）寿松堂、郁氏（礼）东啸轩、吴氏（骞）拜经楼、郑氏（性）二老阁、金氏（德舆）桐华馆，参合有无，互为借抄。至先哲后人家藏手泽，亦多假录一编在手，废寝忘食，丹铅无已时。一字之疑，一行之缺，必博征以证之，广询以求之，有得则狂喜，如获珍宝；不得虽积思累月不休。溪山薄游，常携简策自随。[⑬]

朱氏这一较全面的概述，我们不妨从鲍氏校刻书题跋中作一诠释。

1. 购书。购书是藏书家聚书的主要方式，以家中资产，乃至节衣缩食，告贷不惜，千方百计地去获得心仪久之的图书。可考的如：

清乾隆十六年（1751）购明张时昇刻宋谢翱《晞发集》。三十六年（1771）十月，从苕贾购得杭世骏道古堂藏本清黄虞稷《千顷堂书目》（有杭跋，后转让给吴骞）。三十七年（1772）四月，以重金购得元许有壬《至正集》。四十一年（1776）

从金氏（檀）文瑞楼购得传抄明末毛氏汲古阁本宋朱翌《猗觉寮杂记》。四十四年（1779）从吴江沈氏购得宋刻本宋钱文子《补汉兵志》。五十四年十二月，于苏州紫阳居书肆购得汲古阁刻本宋龚明之《中吴纪闻》（有毛扆、陆贻典校跋）。清嘉庆十六年（1811）闰三月，于京师琉璃厂书肆购得嘉庆七年抄本、佚名《汴都遗闻》附《兴龙节集英殿宴教坊词》（此书未有刻本传世，极罕见）。同年八月，于杭州积书堂书肆购得旧抄本宋赵与衮《辛巳泣蕲录》。至于他同郁礼在街头拾字僧废纸篓里购得厉鹗《辽史拾遗》残稿50页，更是精诚所至，金石为开。

2. 抄书。传抄江浙著名藏书家珍善本书和名家遗存手稿，是鲍氏知不足斋藏书重要来源，本书附录的《鲍氏知不足斋抄校本书辑目》即约200来种，此再举其题跋为例。

清乾隆二十年（1755）抄宋柴望等《柴氏四隐集》，并以朱、蓝、墨笔批校，时年鲍氏二十八岁，可见他从青年时代就开始抄书了。二十一年（1756）从郁礼家传抄清汪立名抄本宋李季可《松窗百说》。二十六年（1761）从厉鹗樊榭山房借抄明朱珪《名迹录》。二十七年（1762）正月，从郁礼东啸轩传抄清龚翔麟玉玲珑阁抄本宋刘昌诗《芦浦笔记》。二十八年（1763）抄清厉鹗《南宋院画录》，从赵起杲青柯亭借抄宋周煇《清波杂志》，自辑《别志》。乾隆三十年（1765）从吴氏瓶花斋抄元许有壬等《圭塘欸乃集》。三十二年（1767）又从瓶花斋抄宋李心传《建炎以来朝野杂记甲集》，从汪氏振绮堂抄宋陈经国《龟峰词》。三十四年（1769）七月，从汪氏振绮堂抄宋刘安上《刘给事文集》。三十五年（1770）抄宋孙复《孙明复小集》。三十八年（1773）七月，从浙江采进遗书分办局影抄元鲜于枢《困学斋杂录》，同年抄宋徐照《芳兰轩集》。四十二年（1777）八月，从汪氏飞鸿堂传抄后蜀何光远《鉴诫录》，同年冬，从吴翌凤古欢堂抄宋史某《钓矶立谈》。四十六年（1781）四月，从吴翌凤古欢堂传抄宋李上交《近事会元》等。

借抄是相互的，鲍抄他人书，也不吝将自己的珍善本提供友朋借抄。如乾隆三十八年（1773）吴骞从鲍氏借抄明柳佥影宋抄本北魏郦道元《水经注》。三十九年（1774）吴又从鲍氏借抄宋王应麟《困学纪闻》。四十二年（1777）鲍寄家藏宋王得臣《麈史》给吴翌凤，供吴校勘。清嘉庆元年（1796）赵魏从鲍借抄宋陈师《江湖后集》，鲍氏很高兴地说："人间又多一本矣。"十七年（1812）戴光曾借抄鲍氏校正本《柴氏四隐集》。十九年（1814）赵之玉（星凤阁赵篔之子）从鲍传抄宋欧良辑《抚掌词》等。

3. 获赠。友朋之间互赠书籍，既是彼此心中渴望，又是笃厚情谊的象征。获赠书籍也是鲍氏藏书的一个来源，如：

清乾隆三十八年（1773）吴长元赠以明剑光阁旧抄本佚名《五国故事》。四十年（1775）倪一擎赠以手抄本明李东阳《麓堂诗话》。四十一年（1776）郁礼赠以叶树廉抄本宋吴仁杰《两汉刊误补遗》。同年吴骞两以明刻本宋费衮《梁溪漫志》相赠。四十二年（1777）十月陆绍曾赠以明抄本元鲜于枢《困学斋杂录》。四十六年（1781）杨复吉赠以抄本元周霆震《石初集》，四十七年（1782）吴长元寄赠从《永乐大典》辑出的宋苏过《斜川集》。五十九年（1794）郁礼赠以传抄的赵氏小山堂藏本宋董史《皇宋书录》。嘉庆十四年（1809）赵之玉赠以星凤阁所藏明初抄本元刘岳申《申斋刘先生集》等。

同样，“来而不往非礼也”。鲍廷博也常将自己珍藏的善本赠予友朋，如乾隆四十八年（1783）以手抄元许有壬等《圭塘欸乃集》赠彭元瑞。五十一年（1786）赠汪辉祖《双节堂卷跋》墨迹本。五十六年（1791）赠严元照宋刻残本周必大《周益公书稿》两册，严说：“良友之惠，不敢忘也。”嘉庆十六年（1811）病中鲍廷博赠以明万历刻本元戴表元《剡源戴先生文集》给赵怀玉，赵说：此书“颇不易见，余欲购之久矣”。十七年（1812）赠吴骞以抄本明刘绩《霏雪录》，元刻本宋杨复《仪礼图》。

鲍氏藏书除知不足斋外，后有赐书堂三间，专用来收藏朝廷颁赐的《古今图书集成》。这也属受赠，只不过规格高了。他总共藏书量多少呢？因无完整的藏书目录传世，难以确切知晓了，有人说“先后达10万馀卷”[14]，但未注所据，只能作一个参数。于今唯一传世的《知不足斋宋元文集书目》（抄本，复旦大学图书馆藏）收书达560种，其中唐集16种、宋人文集338种、南宋人小集60种、金元人文集138种，宋元人总集8种，这个专题目录所载也很可观了（此据来新夏主编《清代目录提要》，1997年1月齐鲁书社。台北蔡斐雯先生谓是目之鲍氏手稿本，藏中国台北“中央研究院”历史语言研究所傅斯年图书馆，收唐、宋、金、元人集共计469种，见蔡之硕士学位论文）。除了宋元旧刊外，鲍氏还有大量名家精抄精校本，鲍家进呈书626种，又见于《四库全书总目》著录而不见于《进呈书目》约92种。收入《四库全书》者达249种，录入《存目》者131种，这个数字远在汪、马、范三大家之上。如果将鲍氏《宋元文集书目》《进呈书目》《四库总目》著录及本书所附《抄校本书辑目》相加，去其重复，鲍氏知不足斋藏书状况大概可十得八九。

鲍氏知不足斋藏书，最后也逃脱不了“聚久必散”的规律，然而高人一筹的是他对聚和散这个矛盾对立面统一，有清楚的认识。他从日之出入，月之盈亏，星辰之明灭，名山散处，大川归海，君臣、父子、夫妇、昆弟、朋友等人伦百年聚首，布帛菽粟无久积之势，珠玉货财传之数世者少说起，指出：

若夫书，则为人精神所寄，而其人即天地灵气之所钟，虽为百物中之一种，而世之宝贵又不与珠玉货财同。盖珠玉货财，尽人而好也。尽人而好，则尽人得而有之，其散也速；嗜书者千万人中仅一二焉，于好为最癖，既为癖好，自不难独聚，然而无好之者继起，则烟云纷乱，又率先珠玉货财而散落人间。[15]

他针对前人藏书聚散的史实，更具体地指出：

嗟乎，聚书藏书良非易事，即如泰兴季氏（振宜）、花山马氏（寒中）、桐乡汪氏（森）、武林赵氏（昱、信昆仲）、王氏（德溥）以及健庵（徐乾学）、江村（高士奇）之富且贵焉，而此书数十年间屡易其主，若传舍然，况余之薄弱，其能长守而弗失乎？亦冀后我者知所爱护而已。[16]

基于此，鲍廷博刻了一枚“曾在鲍以文处”朱文方印，示其对藏书聚散的大度旷达。又有“喜借人看”“为流传，勿损污”两印，示其乐于藏书流通。

清乾隆五十六年（1791）冬，鲍家遭火，书和财物遭到损失。清嘉庆十一年（1806）春，七十九岁的鲍廷博年老多病，为购药将明姚宽丛书堂抄本《嵇康集》、元刻本《契丹国志》、活字本《范石湖集》、旧抄残本《元朝秘史》，一并让与黄丕烈，黄“赠之番饼四十枚”[17]。同年夏，让其子士恭将抄本《宾退录》《苹洲渔笛谱》，沈彤临惠士奇、惠栋父子校本《逸周书》，拟再售与黄丕烈，不料中途为他人买去，而黄氏此时财力不济，只借其中《宾退录》一书，细加校阅一番。

迨至道咸间，浙中战事纷起，鲍家更加衰落，知不足斋藏书大多流入杭州劳氏兄弟（权、格）丹铅精舍、丁氏兄弟（申、丙）八千卷楼和湖州陆氏（心源）皕宋楼中。清光绪六年（1880），在丁氏兄弟倡议和浙江巡抚谭钟麟主持下，西湖孤山的文澜阁重建成，廷博曾孙鲍寅将朝廷所赐《古今图书集成》“缴呈阁中，以资宝守”[18]，一代书宗的硕果，就此划上句号。

三、鲍廷博的校勘

我国古代藏书家的传统路子：先是广集异本，次之以校勘，再次之付之枣梨，鲍廷博走的就是这条路。

鲍廷博熟于典籍，这是校勘工作的先决条件。阮元说：

元在浙常常见君，从君访问古籍，凡某书美恶所在，意旨所在，见于某代某家目录，经几家收藏，几次抄刊，真伪若何，校误若何，无不矢口而出，问难不竭。古人云“读书破万卷”，君所读破者，奚翅数万卷哉。[19]

翁广平说：

鲍廷博生平酷嗜书籍，每一过目，即能记其某卷某页某讹字，有持书来问者，不待翻阅，见其板口，即曰此某氏板，某卷刊讹若干字，案之历历不爽。[20]

鲍氏坐拥书城，丹铅校勘，日手一编，不论白天黑夜，不论居家抑或舟次途中，“夜间偶有所得，即起书之。或校勘秘籍，夜凡三四起不厌”[21]。他除了自己一再校勘外，还专门延请长于校勘的顾广圻、卢文弨等人为自己校书，尤其是请专门家校专门书，如史学家钱大昕、大昭兄弟为之校《后汉书年表》，医家魏之琇为之校《名医类案》，算学家丁传为之校《五曹算经》《孙子算经》《张丘建算经》，天文历算家李锐为之校《测圆海镜细草》和《益古演段》等。

至于鲍氏自己校勘，我们可以从其题跋中举出，如：清乾隆二十一年（1756）从郁礼家传抄的汪立名抄本《松窗百说》，经二十二、二十三年（1757、1758），嘉庆二年（1797）、六年（1801）四度校勘，历46年之久，于嘉庆八年（1803）方刻入《丛书》第二十二集。清乾隆三十年（1765）从吴氏瓶花斋传抄的《圭塘欸乃集》，三十七年（1772）以作者《至正集》再校，三十八年（1773）从浙江采办遗书分局取进呈本三校。乾隆四十二年（1777）从飞鸿堂传抄的《鉴诫录》，初以金氏桐华馆藏本相校，两本谬误正同，无成果，至五十年（1785）得程世铨家宋刻本、赵怀玉家藏本，互相雠比，正讹补缺，方十得八九，至嘉庆八年（1803）刻入《丛书》第二十二集。乾隆四十四年（1779）以传抄赵氏青柯亭藏元刊本《归潜志》，再假文瑞楼、抱经堂诸家藏本互校，并略采《宋史》《中州集》及诸家杂说，以疏其异同。《西塘集耆旧续闻》一书，从乾隆四十四年（1779）起，直至五十八年（1793），先以家藏两本校，再借丁杰、吴翌凤家抄本校，直至五十八年刻入《丛书》第十九集。乾隆四十八年（1783）十一月下旬至十二月上旬，鲍廷博在往来杭州与桐乡之间的舟次中，反复校勘宋姜夔《白石道人歌曲集》《别集》。明潘方凯刻本《履斋示儿编》，从乾隆中起，历经卢文弨、孙志祖、徐鲲、钱馥校勘，后又延请顾广圻用明姚咨抄本反复校勘，至嘉庆十六年（1811）方刻入《丛书》第二十五集，时卢、孙、徐、钱诸人纷纷归道山，介绍贝墉出刊资的袁廷梼也“修文天上”。

鲍廷博如此精审地校勘书籍，出于他对校勘的正确认识，他说：

> 王雪溪云：校雠是正文字，固儒者先务，然执一而意改者，所当慎也。盖一字之疑，后或得善本正之，若率意以改，即疑成实，传世行后，此字由我废，故学者所宜弛张变通也。[22]

故而鲍氏每校一书，必广借诸家善本参校互雠，绝不以己意妄改一字，如清乾隆二十七年（1762）得《芦浦笔记》，虽屡经校雠，意犹未惬，直到清嘉庆元年（1796）得明谢肇淛小草斋旧抄本，补脱文，订正误字，三年方刻入《丛书》第二十集。

反之，对于校勘不精、鲁鱼亥豕之类、脱衍文字、贻误后人的书籍，他深恶痛绝。他在校刻元蒋子正《山房笔记》时指出：“明商濬《稗海》本，开卷脱‘平仲’二字，中间‘泰岱参天汶泗长’，误为‘汾水’，相去不啻千里；聂碧窗《北妇诗》中‘江南有眼何曾见，争卷珠帘看鹧鸪’，因校者不知‘固姑’为妇人冠名，妄以‘鹧鸪’趁韵。《题赵太祖真容》：‘河北、山东总旧臣’，误‘臣’字为‘君’字，并上新神之韵不押。”他说：“大抵《稗海》中无一佳刻，其间如赵德麟《侯鲭录》、周煇《清波杂志》、王辟之《渑水燕谈录》、张邦基《墨庄漫录》、方勺《泊宅编》之类，脱误尤甚。”[23]这是明代书商刻书常有的通病。

精审的校勘，大大提高了文献价值，有功古人，造福后人多矣，这是人们重视鲍刻书，称“无一讹字”的原因所在。

四、鲍廷博的刻书

中国古代刻书向有官府、私家、坊贾三家鼎立之说，鲍刻书应属哪种类型呢？有人列他为坊贾，应不确。盖私家与坊贾之别，主要在于是为传播典籍，还是为盈利。鲍廷博倾其家资，投入刻书业，甚为刻书所尽，仍不敷应用[24]，他在《丛书·凡例》中说：“廷博一介寒士，囊橐易尽而刻书之志无已时，是编经营已半，藉同人之力，兹后望爱我者慨然将伯之助，俾得丛编嗣出，津逮无穷，实古哲先灵所抃手称庆者也。”[25]他刻《论语集解义疏》（清乾隆五十三年（1788），即得浙江巡抚陈辉祖捐俸相助，刻《履斋示儿编》，即得袁廷梼外甥贝墉解囊相助。

鲍廷博所刻书以《知不足斋丛书》最著称，然而他刻书不是从《丛书》开始的。据目前资料，早在清乾隆十年（1745）他就以花韵轩室名刻印清锁冯普撰、方敦德校《古今姓汇》二卷，时年只有十八岁。该书以孤本原藏安徽省文史馆，见《安徽省古籍善本书目》著录。近年捐入安徽省图书馆收藏，这是迄今所知的唯一花韵轩刻本。乾隆二十一年（1756）他刻过好友魏之琇的《岭云诗抄》一卷，见《中国古籍善本书目·集部·别集类》著录。该书十行二十字，黑口，四周单边（行款大体同他后来的知不足斋抄本同）。有吴骞跋，今藏南京图书馆。这一年鲍廷博二十九岁，即是说他从青年时代就投入刻书中来。魏之琇字玉横，号柳洲，钱塘人，精医学，亦善填词，清乾隆三十五年（1770）为鲍氏校勘《名医类案》，当鲍从杭州移家桐乡时，魏作四绝诗纪行，载其所撰《柳洲遗稿》中（有《西泠五布衣遗著》本）。

清乾隆二十六年（1761）鲍刻有清孙承泽《庚子销夏记》八卷附《闲者轩帖

考》一卷（另一种版本无附），是书为余集（写卷一至七）、张宾鹤（写卷八及附）手写上版，鲍氏自跋外，还录有卢文弨、余集、周二学、张宾鹤跋文，刊刻精美，行款疏朗，今已入《中国古籍善本书目》。

清乾隆三十年（1765）鲍廷博以家藏宋刘辰翁选定的汪元量《湖山类稿》五卷本抄本，和钱谦益手抄的汪氏《水云集》，合刻成《湖山类稿》五卷《水云词》一卷，并补入刘辰翁原序及文天祥等同时诸贤题识五则。汪氏《类稿》及《水云词》流传极稀，鲍刻本是长期以来人们能读到的汪集善本，今人孔凡礼有《增订湖山类稿》（1984年中华书局出版），则又后来居上。

清乾隆三十一年（1766）鲍廷博助赵起杲青柯亭刊刻蒲松龄《聊斋志异》十六卷，更是文学史和出版史上的一件大事。从该书的赵氏《弁言》和鲍氏《纪事》两文中，我们可知《志异》成书之后，长期以抄本流传，篇目、卷帙、编次差异很大。赵起杲官福建时，从藏书家郑方坤后人处得一抄本，赵任杭州知府时，鲍极力怂恿他刊刻而因事未果，直到赵改任严州知府时，延请余集校勘付梓，不料刻至十二卷，余集北上京师充四库馆纂修，起杲去世，其弟皋亭将这未竟事托付鲍氏，鲍任校勘并出资，最后终于完成十六卷的全书刊刻任务。《志异》之成，鲍氏参与策划、校勘、资助全过程，故名为青柯亭刻本，而学人每以"鲍本"相称。

清乾隆三十五年（1770）鲍氏刻明江瓘《名医类案》十二卷《附录》一卷，魏之琇以按语疏解之，余集、杭世骏为之跋。《附录》系明汪道昆所撰江之传记及墓志铭，出同时同地人之手，极具价值。

清乾隆三十九年（1774）鲍刻朱琰《陶说》六卷。该书为景德镇窑器制造之专著。鲍廷博跋称"补古人之未备"。

此外还有乾隆间他重刻乾隆八年（1743）江都陆钟辉水云渔屋刻宋姜夔《姜白石诗词合集》九卷《附录》一卷。此书后又有鲍氏自刻本，均见《中国古籍善本书目》。

如果说此前鲍氏刻书是随好而为，尚无完整计划、目的，到了四库开馆以后，鲍氏以进呈书获褒奖而名声大振，其刻书便有计划、有目的地大张旗鼓地进行了，推动这一变化，便是朝廷嘉奖的激励，特别是嘉庆皇帝赏赐其举人之后。鲍氏说：

> 臣鲍廷博窃惟朝廷特重取士之典，士之负才绩学者三年一试，中试者百中之一二耳。今臣之无似，亦得膺斯恩赐，真旷世之殊荣也。
>
> 臣知识庸愚，未尝学问，曾两应乡举，自惭制义不工，遂留心于典籍，其所搜集皆未刊之书，亦只所好在此，于前人著作之精意（义）未能领会也。抑且好而无力，所校勘诸集，半出搢绅之佽助，不意草茅之纂录，得蒙册府之搜

罗，前既拜诵宸章，兹又躬膺荣宠，在皇上陶铸士类之心，无所不至，而臣之涵濡于圣泽者，亦感激无涯矣。……

臣今年犬马之齿八十有六，沐浴于高天厚地之中，精力尚可支持，惟有研珠滴露，以度馀年而已。又时时告诫臣子臣孙，讲贯服习，订谬正讹，以冀不负上谕“世衍书香，广刊秘籍”之意，庶可仰答渐摩乐育之至教于万一。[26]

这段话使我们看到鲍氏之刻书心声。

此后鲍氏辑刻《知不足斋丛书》，该书从清乾隆四十年（1775）起，至道光三年（1823）止，历经鲍廷博及其子士恭、孙正言三代人努力，长达五十多年最终告成。[27]《丛书》共30集，每集8册，各集子书不等，共收子书207种（若包括二级子书及附，则总计232种）。该《丛书》除鲍廷博自序、自定凡例外，还先后延请卢文弨（乾隆四十年）、朱文藻（四十一年）、单炤（四十一年）、王鸣盛（四十四年）、赵怀玉（五十一年）、赵学敏（五十二年）、顾广圻（嘉庆十五年）等名家作序。

清乾隆四十一年（1776）鲍廷博在《丛书自序》中说：

汉唐以降数百年，论著为一家之言者，奚啻充栋？史志所载与夫藏弆家所著录名存而书亡者，又何可偻指数！惟荟萃一编，俾有统摄，则诸子百家之撰述常聚也。……此廷博所以汲汲为《丛书》之刻意，盖有感于斯也。[28]

显然鲍氏要以丛书特有的汇集功能来网罗著述，公之于众，方便于众。

鲍廷博亲自制定了《丛书·凡例》八则，重要者如收集规定为“经史诸子者，取其羽翼经传，裨益见闻，供学者考镜之助”者，“于诗话、文史，每及风雅遗事，多类说家，存之以备尚论取益焉”，“仅有传抄而无刻本者”，“有刻本行世久远，旧板散亡者，有诸家丛书编刻而讹误脱略，未经人勘正者”，至于诗文专集，则“卓然可传者，间为另刻单行，概不掺入”，“前人已刻，传世甚广，而卷帙更富，概未暇及”。

于校勘规定：“每刻一书，必广借诸藏书家善本参互校雠，遇有互异之处，择其善者从之，义皆可通者两存之，显然可疑而未有依据者仍之，而附注按语之下，从未尝以已见妄改一字。”

于编纂体例规定：“以八册为一函，以一函为一集。得书既有先后，校订亦有迟速，故不能统集部分，只于每集中略为诠次。”即是既不以经、史、子、集四部为分，也不以撰人时代之先后为次，灵活而机动。

《凡例》详细而明确，保证了《丛书》刊刻的高质量，使其成为清代丛书中之翘楚，每为学人称道。至于说到《丛书》的价值、意义、影响以及鲍氏对保存和传播典籍的贡献，学人们多有论述，如胡春年《鲍廷博与〈知不足斋丛书〉》（《四川图书馆学报》2003 年第 4 期），何庆善《评〈知不足斋丛书〉的文献价值和历史意义》（《安徽大学学报》（哲社版）2001 年第 6 期），张健、汪慧兰《清代徽籍藏书家鲍廷博》（《安徽师范大学学报》（人文社会科学版）2001 年第 1 期），以及我国台湾学者蔡斐雯《鲍廷博〈知不足斋丛书〉之研究》（硕士论文，导师潘美月，1994 年台湾大学）等等，兹不复赘述了。

鲍廷博在刊刻《丛书》之时和之后，还有些单刻图书，如清乾隆四十四年（1779）刻宋赵叔向《肯綮录》一卷，清嘉庆十七年（1812）刻周昱《笠芸诗瓢》十二卷。至于郑伟章先生所云《鲍刻六种》丛书，则是选择几种《知不足斋丛书》中子书（如《唐阙史》《曲洧旧闻》《金石史》），加上新的单刻本（如《蛮书》《五经算术》《云谷杂记》等）合并而成，系出廷博子士恭、孙正言之手，流露出他们身上商人刻书的气习（另有一种可能：《六种》若非藏家自拟丛书名，或疑为汪氏振绮堂辑刻的《汪氏丛书七种》之残本，中缺《敬斋古今注》一种，见傅增湘《藏园群书题记》第 544 页）。

总之，鲍廷博刻书总计不下 300 种之多，故友人吴长元将他比作“隐湖毛处士”（明毛晋）。晚年他得元丁鹤年的诗集，虽经顾广圻以明正统本校勘，爱之宝之，却无力付梓，公之于众了，他说：“床头金尽，不能重刊行世，于先生若有歉焉。”[29]然而耐人寻味的是他自己唯一的诗集《花韵轩咏物诗存》却不曾付梓。而他的另一存世著作《知不足斋随笔》二卷，清抄本，不仅未曾付梓，连书名也罕为人知（今藏北京大学图书馆，真伪待考）。而《花韵轩遗稿》一种（《[光绪] 桐乡县志》卷十九《艺文志》著录），于今亡佚不存了。

鲍廷博如此热衷于刻书，是出于他的“以散为聚”的藏书理念，赵怀玉有记道：

> 鲍君以文识旷行高，自其先人即嗜书籍，君复勤搜暇访，积数十年家累万卷，丹铅校勘，日手一编。人从假借，未尝逆意。既又以其异本刊为《丛书》，曰：“物无聚而不散，吾将以散为聚耳。金玉玑贝，世之所重，然地不爱宝，耗则复生。至于书，则作者之精神性命托焉，著古昔之㫨㫨，传千里之忞忞者甚伟也。书愈少，则传愈难，设不广为之所，古人几微之绪，不将自我而绝乎？乞火莫若取燧，寄汲莫若凿井，惧其书之不能久聚，莫若及吾身而善散之也。”鲍君于是远矣。……使闻鲍君聚散之说，当易惕然于古书之不可无传。[30]

鲍氏之“以散为聚”的藏书理念，促使他更自觉地拼命刻书，广布典籍，较之那些秘而不宣，视珍善本为奇货可居者，不啻天壤之别矣。

五、鲍廷博的著述

藏书与文化学术素来密不可分，翻开中国藏书史，历史上的私人藏书家，无疑都是读书人之外，或为学者，或为文学家、诗人、书画家、篆刻家、版本目录学家，甚或兼而有之，鲍廷博也概莫能外。

鲍廷博首先堪称一位诗人，他的好友、诗人阮元说他“尝作《夕阳诗》甚工，世盛传之，呼之‘鲍夕阳’”[31]翁广平称他有“《花韵轩小稿》二卷，《咏物诗》一卷，皆晚年记忆出者。有《夕阳》二十律为海内传诵，袁简斋太史（枚）、阮芸台制军（元）称为‘鲍夕阳’云”[32]。此后人们论及鲍氏诗才时，常以此二则为据，然罕有引其诗作者。

鲍廷博的《花韵轩咏物诗存》（亦称《花韵轩小稿》《咏物诗》）流传极稀，据《中国古籍善本书目》《安徽省古籍善本书目》及蒋元卿《皖人书录》著录，只有国家图书馆、中山大学图书馆、安徽省图书馆三家有抄本，且均列为善本书，故世人难得一见，评价也就无从说起。

所幸今《国家清史编纂委员会·文献丛刊》中《清代稿抄本》第二十五册，即据中大藏本影印行世（2007 年 4 月广东人民出版社），国图藏本今收入该馆编印的《清代抄稿本丛刊》中，安徽省馆石梅先生将三本校订，刊于上海馆《历史文献》第 18 辑（今收入本书附录一）。昔时难得一见的文献，变成常人易得之物。这不仅是一项重要文献发掘，更为人们了解和研究鲍廷博提供了方便条件。

至于鲍廷博的另一传世著作《知不足斋随笔》，更为人罕知。据北大图书馆古籍特藏部副主任、研究馆员姚伯岳先生复印录告：该书为清抄本，二册，九行二十四字，四周单边，版心下镌印“河竹山房”，卷端下题“歙县鲍廷博辑”，钤有“李盛铎印”“明墀之印”“李盛铎读书记”三白文篆印、“李氏士陔”“木犀轩藏书”“德化李氏凡将阁珍藏”三朱文篆印，可证原是李氏木犀轩旧物，但未见于张玉范先生整理的《木犀轩藏书题记及书录》。其内容有日记（无纪年，只著月、日）、文物鉴赏、杂感、论诗、论书、考订诸项。明言“辑”而非“撰”，应为鲍氏读书时条目式札记，只是目前尚不能确知抄摘哪些书，且真伪待考。

此外，鲍廷博还为清闵苕旉《金盖心灯》八卷作过注，书为道教史传，有清道光和光绪二年（1876）古书隐楼刻本。

当然鲍廷博最重要的著述，当推他为数百种书所写的题识跋文。这些题识跋文内容广博，包括对作者身世、家世的考订，著述内容的得失，版本源流，递藏原委以及文人交谊，书林掌故，更是版本目录学中经典之作。孙毓修曾于 1916 年辑有

《知不足斋书跋》一书，据潘景郑先生介绍说：

> 此孙毓修氏所辑《知不足斋书跋》四卷，为文七十九篇，其出于《知不足斋丛书》者居其半，馀采自藏书家书录及见闻所得，汇萃之功，可当不朽。余尝见孙氏所辑书跋不下二三十种，其后人曾索百金，力不能得，即今思之犹悬悬不能去怀也。此稿与孙氏所辑《悔庵书后》，先以四十金得之者，安得会群贤书跋而汇刻之，庶于目录版片之业，发扬广大，岂不快事哉！此册自《黙记跋》以上，孙氏朱笔识语，云"丙辰（1916）夏六月众学生录毕，又手校一过，下留空叶，以便补辑，留庵记"。以下十二跋，则孙氏手写者矣，墨格，版心下有"梁溪孙氏小绿天写"八字，己卯（1939）九月七日。[33]

孙氏所辑《知不足斋书跋》，笔者未获寓目，也不知今藏于何处，以孙氏所辑79篇鲍氏书跋而言，所缺当尚多，笔者本"年谱"所录已达190馀篇，且有遗漏，因此有待他日增订补缀，希冀成一较完备的《鲍氏知不足斋书跋题记》。

六、简短结语

鲍廷博，这位当时和后代公认的大藏书家、大刻书家，他的出现有着深刻的社会历史原因和主观背景，不是偶然的、孤立的。窃以为：

第一，鲍廷博生活在所谓"乾嘉盛世"，其时升平日久，海内无事，社会政治、经济的稳定与发展，明清以来学术递嬗和统治者文化政策的转变，再加上历代皇朝编纂书籍的传统，促使乾隆皇帝弘历开四库馆，征集天下遗书，编纂《四库全书》，以博"稽古右文"美名。鲍氏以进呈书数量之多、质量之高，列为全国"四大家"，获赠内府编印的《古今图书集成》，让他们"累世弆藏，子孙克守"，成为"世守陈编之家"，"以为好古之助"。清嘉庆十八年（1813），嘉庆皇帝颙琰又亲自过问鲍刻《丛书》进行情况，并特恩赏给举人，"俾其世衍书香，广刊秘籍"，这些都是对他极大的鼓励和影响，使他自己不仅为藏书、刻书，鞠躬尽瘁，死而后已，还告诫子孙"无负天语"之恩宠，继志续刊。

第二，鲍廷博生活在浙江，活动也多在浙江、江苏间，江浙素称经济和文化发达、人文荟萃地区，藏书、读书、刻书的风气盛行，于明清两代尤为炽烈，以浙江言，明代杭州地区有洪楩清平堂、郎瑛七修堂、高濂妙赏楼，嘉兴地区有项元汴天籁阁、项笃寿万卷堂、冯梦祯快雪堂、李日华六研斋、沈节甫玩易楼、姚翼玩画斋，宁波地区有丰坊万卷楼、范氏天一阁、范氏（大沏）卧云山房，绍兴地区有钮纬（石溪）世学楼、祁承㸁澹生堂，金华地区有宋濂青萝山房、胡应麟二酉山房等等，皆是名播海内的大藏书家和藏书处。流风所及，至清尤盛，清代杭州地区有龚佳育父子的玉玲珑阁、吴焯父子的瓶花斋、赵氏兄弟的小山堂、厉鹗的樊榭山房、杭世骏的道古堂、沈廷芳的隐拙斋、卢文弨的抱经堂、孙宗濂的寿松堂、汪氏父子的振绮堂、汪氏飞鸿堂、汪辉祖的环碧山房、郁礼东啸轩、汪氏（日桂）欣托山房、何元锡的梦华馆，嘉兴地区有曹溶的静惕堂、吕留良父子的明农草堂、朱彝尊的曝书亭和潜采堂、吴之振的黄叶村庄、马思赞的道古楼、查慎行的得树楼、汪森昆仲的裘杼楼、张氏涉园、周春的著书斋、金氏文瑞楼、吴氏拜经楼、陆烜的奇晋斋、陈鳣的向山阁等等。相毗连的江苏，清代著名藏书家有昆山徐氏传是楼，常熟钱氏绛云楼，苏州吴氏璜川书屋、黄氏士礼居、顾氏思适斋、顾之逵的小读书堆、吴氏古欢堂，金陵有黄氏千顷堂、袁枚的所好轩，扬州马氏小玲珑山馆等等。这些藏书处文人交结其中，既饮酒赋诗，更共同探讨学艺，成为一时一地的文化学术中心，产生一批如顾广圻、黄丕烈、吴骞、卢文弨、吴翌凤等精于校勘、熟于书籍的版本目录学家。其中汪氏振绮堂、汪氏飞鸿堂，汪氏环碧山房、汪氏欣托山房、汪氏裘杼楼、吴氏拜经楼、吴氏璜川书屋、吴氏古欢堂、金氏文瑞楼、马氏小玲珑山馆等，其主人本人或先祖皆徽州籍人，乡情乡谊促使彼此之间的借阅传抄，沟通藏书刻书信息。这种特定的地理环境和人文环境，为藏书、刻书提供了丰厚的土壤和充足的养分，大大有助鲍廷博藏书、刻书成就。

第三，鲍廷博出生在杭州，长期生活在杭州、湖州地区，他业冶坊、藏书、刻书都在浙江所为，然而吴晗先生的《浙江藏书家史略》一书，并未收录鲍氏，究其原因，盖出于鲍氏自报家门“歙西长塘鲍氏”，尊重鲍氏意愿。歙县是明清两代徽州府治所在地。徽州自南宋以后，经济发达，文化昌盛，再加上朱子故里，被人称为“东南邹鲁”，明代中期徽商崛起，给徽州各项事业的发展起了催化和酵母作用，其文教之盛，“虽十户之村，不废诵读”，人才辈出，藏书、刻书习俗相沿已久，产生一批如江永、戴震、凌廷堪、程瑶田等知名学者，加上徽商“贾而好儒”的特点，使他们既有雄厚的经济实力，又有过人的聪明才智，成为藏书、刻书界中的“大腕”，鲍廷博就属于这种人。

注释：

①（清）钱泳《履园丛话》卷六《渌饮先生》。

②⑨⑲㉛（清）阮元《揅经室二集》卷五《知不足斋鲍君传》。

③⑩⑳㉜（清）翁广平《听莺居文抄》卷二十《鲍渌饮传》。

④⑱《［光绪］桐乡县志》卷十五《人物下·鲍公廷博》。

⑤（清）阮元《定香亭笔谈》卷三。

⑥（清）丁申《武林藏书录》卷末《知不足斋》。

⑦《清史列传》卷七十二《鲍廷博》。

⑧（清）汪辉祖《病榻梦痕录》卷上《乾隆四十二年》。

⑪（清）吴长元《斜川集跋》，载《知不足斋丛书》第二十六集。

⑫㉕（清）鲍廷博《知不足斋丛书·凡例》。

⑬（清）朱文藻《知不足斋丛书序》，载《知不足斋丛书》第一集。

⑭李玉安、黄正雨《中国藏书家通典》2005 年 12 月香港中国国际文化出版社，第 427 页。

⑮㉘（清）鲍廷博《知不足斋丛书自序》。

⑯（清）鲍廷博《咸淳临安志跋》，载《拜经楼藏书题跋记》卷三。

⑰（清）黄丕烈《士礼居藏书题记》卷五《嵇康集跋》。

㉑（清）徐康《前尘梦影录》卷上。

㉒（清）鲍廷博《申斋刘先生文集跋》，录自《标点善本书题跋集录·集部、别集类》，1982 年中国台北“中央图书馆”编印。

㉓（清）鲍廷博《山房笔记跋》，见《知不足斋丛书》第十九集。

㉔关于乾嘉间浙江刻书的工价，汪辉祖有记载：“（嘉庆六年，1801）四月朔，属梓人开雕《三史同名录》。曩刻《双节堂赠言初集》，每百字版片写刻共制钱五十六文，追刻《续集》增工价七文。丙辰（嘉庆元年，1796）儿辈刻《梦痕录》又增十七文，今欲八十文之数，承揽者尚有难色，强而后可。昨年（嘉庆五年）以文言杭、苏已至一百十文，而刻手不如《初集》之工。镂版日增，势实使然。”见《梦痕录馀》。

㉖《国朝耆献类征初编》卷四百四十一《鲍廷博传》。

㉗《知不足斋丛书》起刻时间，当以鲍廷博自序和第一集子书刊刻时间算起，冠《丛书》之首的《御览阙史》，是在乾隆三十九年发还书之后，第一集中三十七年刻的《客杭日记》和第三集中三十四年刻的《赤雅》显然是后编入的。

㉙（清）鲍廷博《丁鹤年诗集跋》，录自王重民《中国善本书提要》1983 年 8 月上海古籍出版社，第 459 页。

㉚（清）赵怀玉《知不足斋丛书序》，载《丛书》第十一集。

㉝潘景郑《著砚楼书跋》，上海世纪出版股份有限公司、上海古籍出版社 2006 年版，第 128 页。

鲍廷博评传要义

2011年6月，杭州西泠印社拍卖有限公司联合中国图书馆学会阅读推广专业委员会，召开了全国性的“黄跋顾校鲍刻与中国古旧书文化学术讨论会”，出席会议的有来新夏、江澄波、沈津、徐雁、陈子善以及美国学者艾思仁等60馀人，可谓少长咸集，群贤毕至。余有幸获邀，并蒙主办者厚爱，在会上作了一次简短发言。我说：将黄丕烈、顾广圻、鲍廷博三人连在一起开研讨会，并非人为地拼揍的，而是历史形成的自然。他们三人不仅共世并存二十多年（鲍年稍长，黄、顾次之），而且在藏书、校勘、刻书事业中互相支持、合作，友谊深厚，三星高照，联袂成辉，共同铸造了文化的辉煌，将中国藏书文化推向高潮。

黄丕烈有《荛圃藏书题记》《百宋一廛书目》传世，顾广圻有《思适斋书目》《思适斋文集》传世，广为人们熟知。而鲍廷博既无综合性藏书目录传世，更无专集其题跋的专书，仅存于世的《宋元人文集书目》《花韵轩咏物诗存》向以传抄的孤本藏于三数家图书馆，虽然他编刊的《知不足斋丛书》有多种版本流传于世，为人广见，为人广评，从总的方面看，研究黄、顾的人多，成果多，而相对地说于鲍氏研究的人少，成果亦少，然而鲍氏藏书、校刻书的贡献与影响之大绝不在黄、顾之下，甚至浸浸乎凌其上。

尽管鲍氏资料分散各处，抄校本且列为善本，甚为难得，我仍然希望克服困难，加强对鲍廷博的资料发掘和研究，特别希望中青年同志对鲍廷博生平事迹作深入研究，将事迹和社会历史联系起来作一评传。近日，幸获展读周生杰、杨瑞二先生的《鲍廷博评传》一书（2014年12月江苏凤凰出版社），欣喜异常，深感于又将鲍氏研究推进一步。

所谓评传，顾名思义，自然包括“传”和“评”两部分，“传”叙其生平事迹，“评”是将其生平事迹，放在特定的社会历史条件下，考察其作用和影响，既不是单纯地按其行年叙事，也非单纯地分专题叙其生平，将二者有机地结合起来，方得其体。为此，我有以下几点考虑：

一、坚署原籍，固守宗族

鲍廷博生于清雍正六年（1728），原为安徽徽州府歙县西乡长塘村人。徽州鲍姓是晋时由山东青州迁来，鲍伸与鲍弘出守新安（晋时郡名），遂定居于此，子孙繁衍，主要分布在歙县西十五里的棠樾、鲍屯、大址村阶簷上、赤坎，歙县西三十里的蜀源、八里的古溪、十里的上洋村，歙县东三十里的新管（馆）及祁门县狮子桥等处。长塘即为明初大址村阶簷上的鲍时昌开凿，颇获水利。村以塘命名，今属黄山市徽州区西溪南镇。

明代中期正是徽商兴盛时期，鲍廷博的曾祖永顺不详，而“祖国槐公名贵，父鸿远公名思诩，同服贾，寓于浙，先生（廷博）生”①。祖、父两代往来徽杭间，并在杭州以冶坊为业，然自曾祖至父均“清德未耀”，也就是没有过人的地方，值得彰扬，论家业也不过是中产、素丰，属于中等收入家庭。祖父卒于原籍后，父思诩迁家居杭州，继承冶业（也即稍大规模的铁匠铺），原配胡氏卒，继娶杭州顾氏，生廷博。廷博年二十三时以商籍补歙县生员，但两次乡试落榜。祖父在世时，因父思诩常年经商在外，廷博以孙代父职，承欢于膝下。如此说来，鲍廷博生于杭州，就学、娶妻（仁和郑氏）生子（士恭、士宽）也在杭州，父母卒后，鲍廷博移家桐乡，居乌镇之杨树湾，终老至死。这样鲍氏在杭生活了五十来年，在桐乡也生活了三十来年，他的藏书、校勘、刻书事业主要在杭州，次在桐乡和其他周边地区。

时人或称鲍廷博为武林（杭州）人，或称为桐乡人。浙江的杭州、桐乡两地的府县志书，多列为“人物·流寓”“寓贤”，丁申《武林藏书录》将鲍列为“寓杭藏书家”，上世纪30年代吴晗先生撰《浙江藏书家史略》却有意避而不录，盖因鲍氏“自报家门”的缘故（汪启淑也未录入《史略》，盖汪自称“新安汪氏）。今之人于鲍、汪两家两省均录（如顾志兴《浙江藏书史》，刘尚恒、郑玲《安徽藏书家传略》）。

以鲍廷博论，他惯以徽人自称，坚署原籍，他的最常用的藏书印章即“歙西长塘鲍氏知不足斋藏书印”“歙鲍氏知不足斋藏书”“天都鲍氏困学斋图籍”（天都为黄山三十六大峰之一，此以峰代山，以山代郡），他的题跋记末署也常称“歙鲍廷博”“天都鲍廷博”“新安鲍廷博”。

鲍廷博何以坚署原籍，不署寄籍，盖出于他固守宗族的观念，念念不忘其先祖开筑长塘之功。

徽州旧属六邑：歙县、休宁、祁门、绩溪、黟县、婺源（1934年划归江西上饶地区），其地高山四围，天目山屏障东南，黄山盘踞西北，海拔均在千米以上，山陵约占全土的十分之八，所谓“八山半水半分田，一分道路和庄园”，人民生息在山坳、土洼的盆地之中，聚族而居，一村一姓较普遍（如歙县江村的江氏、棠樾鲍氏、黄潭村的黄氏）。东晋南渡，唐末黄巢之乱及宋之南迁，使中原人士纷沓踵至，以徽州作为避居之地，带来了中原文化和大量人力，促使徽州社会迅猛发展。被封建社会尊为仅亚于孔子的南宋朱熹，祖籍就是婺源，故朱氏虽生于外，长于外，事业在外，却惯称“新安朱熹”“紫阳朱熹”（紫阳山在歙县南，熹父松读书处），人们称这里为“文公阙里”（“文”乃朱熹之谥号），将徽州比作孔孟故里，称“东南邹鲁”。朱熹也几度回原籍访亲、省墓、游学，在这里留下朱子学的传人，形成蔚为大观的新安理学（也称徽学），“文公为徽学正传”[②]，其学“历元明而其传弥广”，“皆宗紫阳之正脉，得濂洛之真诠”[③]（濂洛之学即谓北宋周敦颐、周敦灏所创的理学）。理学的兴盛，更加深了封建社会的维系纽带宗法制度，很多外出经商致富的徽州商人，老年返乡便大肆修谱、造祠堂，各种郡谱、县谱，统宗谱通谱、支谱、房谱名目繁多，卷帙浩繁，今存世的谱牒徽州数量之多，他地少有。一修再修，累世相续的谱牒，通过记世系，敦昭穆，辨亲疏，别长幼尊卑、嫡庶，以达到敬宗收族之目的。聚族而居和宗族制度使这里形成所谓“千年之冢，不动一抔；千丁之族，未尝散处；千载谱系，丝毫不紊；主仆之严，数十世而不改，而宵小不敢肆焉”[④]。

朱熹惯以原籍为署，鲍廷博也如此，连近现代的国画大师黄宾虹也如此。黄长年住上海等地，但他自署仍称“歙人黄宾虹”“歙县黄潭黄宾虹”，究其缘故，都是宗族观念深厚、不忘故里旧居的缘故。

二、贾为厚利，儒为名高

长期以来，商人排在“士农工商”四民之末，尽管商人们家富饶资，居宅辉宏，锦衣玉食，出有车马轿舆，入有妻妾成群，但是社会地位是不高的，常被人视作“市侩”“土财主”“奸商”，因此为了改变自己的社会形象，提高自己的社会地位，他们大兴园林，广储文物典籍，招徕文人学士，既饮酒赋诗，也不乏共同探讨文化学术。清代乾隆诗人袁枚说：

> 升平日久，海内殷富，商人士大夫慕古人顾阿瑛（元顾瑛）、徐良夫（元徐达左）之风，蓄积书史，广开坛坫。扬州有马氏秋玉（曰琯）之玲珑山馆，天津有查氏心谷（为仁）之水西庄，杭州有赵氏公千（昱）之小山堂、吴氏尺凫（焯）之瓶花斋，名流宴集，殆无虚日[⑤]。

袁氏所举四家都是名重一时的藏书大家，其中至少有两家由徽州经商寄籍于外的（吴焯的五世祖占籍钱塘。马氏秋玉，本徽州祁门人，占籍扬州）。

徽州是个封闭的山区，耕地少，土质红硬不化，有雨则涝，无雨则旱，“耕获三不赡一，即丰年亦仰江楚十居六七，勿论岁饥也”。所幸山区物产丰富，盛产林木、茶叶、山珍奇兽，于是“天下之民寄命于农，徽之民寄命于商”[⑥]。人要活命，有力者挟资外出经商，逐什一之利，无力者学点手艺，补贴生活，所谓“百工之作皆备”[⑦]“小民多执技艺，或贩负就食他郡者常十九”[⑧]。

自明代中期至清代中期，二三百年间徽商们的足迹遍至海涯山陬，江浙一带更有“无徽不成镇”的局面，徽商达到令人生畏的地步。他们以盐业为龙头，经营山区的茶叶、林木、果品等，积累巨额财富，“富之雄者，江南则推新安”[⑨]。图书版刻的刻工奔走南北，人数之多、刻技之精，他地少有能及。

徽商们外出之前，大都在青少年时代在家乡受过几年私塾教育，孔孟之道、朱子之学从小在心灵中打上深深烙印，在仕途不达时行商坐贾，但也忘不了“学而优则仕”“非儒术无以亢吾宗”“贾而好儒”特色明显，而刻书与藏书正是贾和儒的巧妙结合，此所谓“贾为厚利，儒为名学”。

徽州地处山陵，陆路进出关隘遍布，鸟道羊栈，高山峻岭，易守难攻，这为避居和聚族提供了良好的地理环境。幸而有三水外出，东有新安江直抵杭州，北有青弋江与长江相连，南有阊江与鄱阳湖相通，逆流而上滩多水急，顺流而下则一泻千里，鲍廷博及其先人们就是沿着新安江来到杭州的。

鲍廷博在父卒后，克绍箕裘，继承家业冶坊，锻造农具及日用品。父鲍思诩好读书，廷博力购前人书籍以为欢，以书孝，加之乡试两度不达，转向藏书刻书。既久积累乃多，遂成藏书大家。思诩建知不足斋，而“先世所藏两宋遗集多至三百家”[⑪]，也应包括祖辈收藏，此数量和质量均可观。

鲍廷博本来不过是冶坊业主，用今日话说即铁匠铺老板，而且家仅中产，亦芸芸众生耳。可是他走上藏书、刻书道路，由此改变了他的命运，声名大震，兹分述如下：

1. 名动九重，上彻天听

乾隆三十七年（1772）朝廷开四库馆，征集天下遗书，鲍廷博以其子士恭名义通过浙江巡抚进呈六百馀种（实际为七百馀种），中多珍善稀见之本，被录入《四库全书》者达251种，录入《四库存目》者达134种，列为“四大家“之一，且质量为第一。乾隆皇帝亲自为其进呈的《唐阙史》《武经总要》洒翰题诗，获得朝廷颁赐的《古今图书集成》《平定两金川图》《伊犁得胜图》，乾隆南巡又赏赐大缎二匹。嘉庆皇帝又仿鲍氏斋名，建内廷知不足斋，恩赐其举人功名，亲自过问鲍氏刻书情况，这些荣宠，被赞为书林千载难逢的盛誉。

2. 封疆大臣，往来如故

鲍廷博“初无意于闻达，已而伟人先生（王杰）纳交于前，芸台先生（阮元）

踵崇于后，遂令海内名士咸以不见先生为怅”[12]。

王杰字伟人，号惺园，陕西韩城人。历佐两江总督尹继善、江苏巡抚陈弘谋，清乾隆二十六年（1761）成殿试状元，历官南书房、内阁学士、刑部侍郎，擢左都御史、军机大臣等职，随驾南巡，深得乾隆皇帝宠渥。嘉庆时杰为首辅，七年致仕，晋太子太傅，十年（1805）卒。年八十一岁，谥文端。他一生耿直清介，持文炳十二次，人不敢干以私，擅濂洛关闽之学，著有《葆醇阁集》等，惜未获见王集，二人相交事例不详。

阮元与鲍廷博交谊，人们较熟悉。阮元先后任浙江学政、浙江巡抚。阮元说："元在浙常常见君，从君访问古籍，凡某书美恶所在，意旨所在，见于某代某家目录，经几家收藏，几次抄刊，真伪若何，校误若何，无不矢口而出，问难不竭。"既作《知不足斋鲍君传》，又盛赞鲍氏《夕阳诗》之工，说鲍氏"清名即是长生诀，当世应无未见书。何处见君常觅句，小阑干外夕阳疏"[13]。阮元还曾为鲍氏的《花韵轩咏物诗存》作序，造访过鲍氏桐乡居所。鲍也曾帮阮搜罗《四库全书》未收书，助刊《宛委别藏》。

还可叙及的，鲍氏刻《论语集解义疏》时曾得浙江大府资助。大府即明清时对总督、巡抚通称，大府为谁，多有歧说，一时难定。鲍氏还怂恿、校勘、资助杭州知府赵起杲刻成《聊斋志异》。

3．文人学士，交谊笃厚

鲍廷博一生藏书、刻书，与江浙一带的文人学士交谊笃厚，其人数当以百计，兹择其重要者简述如下：

余集（1738—1823）字蓉裳，号秋室，仁和（今浙江省杭州市）人。乾隆进士，授翰林院编修、侍读学士。鲍刻《庚子销夏记》《湖山类稿》《名医类案》《杨忠愍公手书赠应养虚册子》均为之作题跋识语，并称"吾友鲍子以文"。

卢文弨（1717—1795）字绍弓，人称抱经先生，馀姚（今浙江省宁波市）人。乾隆进士，授编修、侍读学士，广东乡试正考官，湖南学政，擅经学，尝为鲍刻《庚子销夏记》《古文孝经孔传》《两汉勘误补遗》《后汉书年表》《侯鲭录》《游宦纪闻》等书作题跋识语。鲍也曾赠他《知不足斋丛书》第一至五集。卢卒后，鲍为之编刊文集。

朱文藻（1735—1806）字映漘，号朗斋，仁和（今浙江省杭州市）人。家有碧溪草堂，精校勘，尝奉敕在南书房考校经籍，馆汪氏振绮堂十馀年，鲍廷博借抄振绮堂珍本甚多，皆朱氏为之办理。朱在《知不足斋丛书序》中说："余与君同嗜好，共甘苦。君以为知之深者莫余若也。"并较详细地记录了鲍氏藏书、校勘、献书及荣宠事例。

翁广平（1760—1842）字海琛，吴江（今江苏省苏州市）人。家有听莺居，藏书甚富，工诗书画，尝为鲍氏作《鲍渌饮传》《赐书堂记》。

魏之琇字玉横（衡），号柳洲，钱塘（今浙江省杭州市）人。精医术，善填词，为鲍氏刻《名医类案》校勘注释，当鲍氏移家桐乡时，作诗四首以送行。

郁礼字佩先（宣），号潜亭，钱塘（今浙江省杭州市）人。家有东啸轩，藏书甚富，尝赠鲍氏旧抄本《两汉勘误补遗》《吴礼部诗话》等，鲍廷博在《庶斋老学丛谈》题跋之末说他与郁“无三日不相过，过必挟书以来，借书而去，虽寒暑风雨不少间”。鲍从郁家借抄《松窗百说》《芦浦笔记》等多种，深情地怀念与故去的郁礼的笃厚友谊。

吴骞（1733—1813）字槎客，号兔床，海宁（原籍徽州休宁）人。家有拜经楼，精鉴别，尝从鲍氏借抄《云麓漫抄》《困学纪闻》《荆南倡和集》等多种，鲍氏曾为之代购《千顷堂书目》，赠以《霏雪录》《仪礼图》《拜经图》，吴喜不自禁，作诗记其事。

黄丕烈（1763—1825）字绍武，号荛圃，又号复翁，长洲（今江苏省苏州市）人，乾隆举人，官户部主事。家有士礼居，一生酷嗜宋版书，有“佞宋”之称。鲍氏晚年售藏书购药养命，黄从鲍家得明抄本《嵇康集》、元刻《契丹国志》等多种，黄赠以番饼四十枚。二人时有过从。清嘉庆十五年（1810）二人相遇双溪桥下，昼则同席，夜则联舫，纵谈书林旧闻，亹亹不倦。黄说：“渌饮笔墨不轻与人，余订交二十年，求其手迹率不可得，得此（《江淮异人录》）补阙，良慰余怀。”⑭

顾广圻（1770—1825）字千里，号涧苹、思适居士，元和（今江苏省苏州市）人。家有思适斋，喜藏书，尤精校勘，曾三度为鲍刻《履斋示儿编》校勘并记有题识。顾说：“余发甫燥即获交鲍丈以文。”⑮

赵怀玉（1747—1823）字味辛，号忆孙，武进（今江苏省常州市）人。乾隆恩赐举人，累官至兖州知府，晚年讲学于通州、关中、湖州诸书院。通经学，工诗文。赵曾为鲍刻《斜川集》《碧血录》等作序文，鲍卒后他写下《恩赐举人鲍君墓志铭》，遣子凭吊。鲍曾赠赵明万历刻本《剡源戴先生文集》。

限于篇幅，不再一一列举，文献可考者还有：金德舆、王鸣盛、郑竺、郑辰、邵晋涵、陈鳣、吴翌凤、戴光曾、周永年、周春、贝墉、袁廷梼、杨复去、钮树玉、丁杰、丁传、赵学敏、何琪、何景良、沈烺、何元锡、沈彤、程世铨、方薰、严元照、吴玉墀、沈叔埏、张燕昌、赵箕、赵子玉、汪庚、汪辉祖、杨澥等等。鲍廷博同这些文人学士或同游湖山胜景，饮酒赋诗，或同访名人故居丘墓，或相互赠书，相商校勘，联手刊刻，联系他们之间友谊的纽带便是藏书刻书事业。相比之下，同时期的大盐商江春（原籍歙县江村，以祖、父两代业盐居扬州），曾任两淮商总，家产豪富，曾捐帑金30万两，获得“以布衣上交天子”之誉，与鲍相比真有天壤之别，而那些被“乌纱帽”（纳赀买官）、“红绣鞋”（妻妾成群）所淹没的富商大贾，早已成了“晋代衣冠”“吴宫花草”，而鲍氏不仅在当时名闻天下，二百多年来也为人们盛赞不衰，追慕不已。“桃李无言，下自成蹊”，此之谓也。

三、继承创新，开一代丛书刊刻的新风

鲍廷博一生钟情于藏书刻书事业，早在乾隆开四库馆之前，他为友朋刊刻过《古今姓汇》《岭云诗抄》《聊斋志异》《清河书画舫》等。四库馆开，鲍廷博以进呈书得到最高嘉奖，名动九重，享誉海内，促使他更加有计划地大规模刻书活动，所谓“戴君恩且承先志”[16]是也。他一生刊刻《知不足斋丛书》207种（中华书局最新统计为208种），历经五十多年、祖孙三代的努力，另有单刻图书27种之多，其中以《知不足斋丛书》最有影响，最具盛名，被推为清代丛书之翘楚。

丛书的刊刻在我国由来已久，第一部综合性丛书《儒学警悟》，是南宋时编刊的，收书六种，总目卷数统辖子目卷数，实无体例可言。宋左圭的《百川学海》以天干分十集，每集十种，收笔记、杂著、野史、谱录、诗话百种，前冠自序，比较正规，曾被视为丛书之祖。明代由于社会经济、文化的发展和社会上的刻书风气盛行，故明代丛书刊刻较宋元之前总和为多，且出现名实相符的《汉魏丛书》。元末明初，陶宗仪的《说郛》收书数达千种，体例介于丛书和类书之间，且多删节，只录为一卷，其他著名的丛书如袁褧的《金声玉振集》、陆楫的《古今说海》、王文禄的《百陵学山》、吴琯的《古今逸史》、沈节甫的《纪录汇编》、胡震亨的《秘册汇函》、陈继儒的《宝颜堂秘笈》、胡文焕的《格致丛书》、毛晋的《津逮秘书》等，虽其中不乏秘籍罕见之本，然而，或体例上不分集，以子目书并列为编，或收录多为野史脞语、稗官野乘、笔记小说，更有甚者多妄改篇目、撰人，删节卷数，缺头少尾，缺乏校勘补辑。《金声玉振集》中的《海寇议》，误作者万表为范表；《古今说海》妄制篇目，改题撰人，如《人虎传》《东园友闻》；《百陵学山》中的《草木子》原书四卷，删为一卷，改名《华川卮辞》，后人多延其误；《古今逸史》中《风俗通议》原书四十卷，仅录后四卷；《宝颜堂秘笈》编次无序，征引失所；《格致丛书》乃为书商射利之作，将王应麟《困学纪闻》中论诗之语，取名《困学纪诗》，将《玉海》中诗类一门，改名《玉海纪诗》，将马端临的《经籍考》论诗数段，改名《文献诗考》，王绎的《写像秘诀》，成了翁昂的《传真秘要》，如此之

类，不一而足。清黄丕烈说："明人喜刻书而不肯守其旧，故所刻往往戾于古。"[17]其中最为可观的当数《秘册汇函》，收书26种，多罕传秘籍，且大多数子书经胡震亨、姚士粦、赵琦美、俞安期等当时名流校勘、补辑。此书版片传之毛晋，毛增益为《津逮秘书》，再传至张海鹏，增益为《学津讨原》。《古今逸史》首创丛书编刊《凡例》，规定丛书的收录范围和内容。这些丛书在保存和传播文化典籍中，都客观地起过一定作用。

清初朴学兴起，丛书刊刻大有进步，如曹溶的《学海类编》，收书430多种，按内容分为经翼、史参、子类、集馀四类，前有《编书大意》（即《凡例》）规定收录范围，但仍有摘抄他书别立新名者，如摘《唐音癸签》部分为《唐诗谈录》，节抄《玉壶清话》论诗之语为《玉壶诗话》。

到了乾嘉时代，考据学大兴，丛书刊刻为之一变，这其中鲍廷博的《知不足斋丛书》可谓开风气之先。

鲍廷博选择以丛书形式刊刻诸书，抓住丛书汇集众书的特征，他说："惟荟萃为一编，俾有统摄，则诸子百家之撰述常聚也。"[18]《知不足斋丛书》之所以成为清代丛书中翘楚，广为人们赞誉，开创了清中期以后丛书刊刻的新风，主要反映在：

1. 首先缜密地制定丛书编刊《凡例》八则，严格规定丛书的收录范围、内容、体例、校勘、刊行、资金等问题，并且在五十年间贯彻始终，始终不变，可见鲍氏编刊此丛书，计划性、目的性很强，凡事预则立。

2. 精审选择。鲍氏经史诸子诸书，"取其羽翼经传，裨益见闻，供学者考镜之助"，"诗话、文史，每及风雅遗事，多类说家，存之以备尚论取益焉"，"有向来藏弆家仅有传抄而无刻本者"，"有刻本行世久远，旧板散亡者，有诸家丛书编刻而讹误脱略未经勘正者"。按，《通志堂经解》时已刊行，故鲍氏于经书只取羽翼者。

3. 慎密地校勘。鲍氏每刻一书广集众本择善而从，对于书中歧义文字，"义皆可通者两存之，显然可疑而未有依据者仍之，而附注按语之下。未尝以己见妄改一字"，"详慎于写样之前，精审于刻竣之后，更番铅椠，不厌再三，以期无负古人"[19]。鲍氏坐拥书城，日手一编，丹铅校勘不分白天黑夜，不论居家抑或舟车途中，"夜间偶有所得，即起书之，或校勘秘籍，夜凡三四起不厌"[20]。他除自己经年校勘外（《松窗百说》一书鲍氏四度校勘，历经46年之久），还延请长于校勘的顾广圻、卢文弨等人为自己校书，尤其请专门家校专门书，如史学家钱大昕、大昭兄弟为之校《后汉书年表》，医家魏之琇为之校注《名医类案》，算学家丁传为之校《五曹算经》《孙子算经》《张丘建算经》，天文历法家李锐为之校《测圆海镜细草》《益古演段》等。对校勘不精审，书中常有的鱼鲁豕亥的错误，鲍氏十分痛惜，他说："大抵《稗海》中无一佳刻，其间如赵德麟《侯鲭录》、周煇《清波杂志》、王辟之《渑水燕谈录》、张邦基《墨庄漫录》、方勺《泊宅编》之类，脱误尤甚。"[21]这种"失昔人面目，是为古书一厄，有识者恨之"[22]。

4. 首尾完整，序跋不遗。鲍氏刊刻图书十分注重图书的完整性，不仅内容要完整，连原书的序文、题跋也保留下来，不仅作者的序跋要保留，连前人的序跋也要保留，即使原来跋语，虽仅记年月，无关书者，亦仍旧观，不敢泯灭。让人们对书籍的内容、编撰、缘起、经过、刊刻和收藏源流有一清晰地了解。通行本内容残缺者，用辑佚方法，从他书辑出，序跋缺失散佚者，同样从他书搜罗出补上。如《稗海》本《渑水燕谈录》，原书分作十七类，只录十五类，将卷四折为两卷，以充完帙，鲍氏《丛书》本则类别齐备，记事多出三十一则，又补录绍圣二年（1095）作者自序。

5. 巾箱袖珍版式。《知不足斋丛书》四周双边，每半页9行，行21字，白口，版心下镌"知不足斋丛书"，版式疏朗，字体清晰，便于阅读、收藏、携带，而前之丛书大都大开本，这种小开本流通特方便。

6. 以集为编。《知不足斋丛书》凡分为三十集，每集种数不一，刻刊时间不一，而各集之中大抵以经史子集为序，每集八册，凡二百四十册，以《千字文》为记，起自"天地玄黄"，止于"寸阴是竞"，凡二百四十字。盖得书有先后，校订有迟速，分集而不以四部，灵活又方便。

《知不足斋丛书》还有朱文藻、单炤、卢文弨、赵怀玉、赵学敏、顾广圻等一时名家序文，备赞《丛书》搜罗详备，校勘精审，版式精良。卢序云："凡百数十种，皆善本，无伪书、俗书得厕其间焉。其校雠之精，则曩时尝刻《销夏记》《名医类案》等书，已有明证，不待言已。""其书之成，必优于陶九成（宗仪）、商濬、屠隆、吴琯、胡文焕诸人所集可知也"[23]。

《知不足斋丛书》行世之后，不但学人争相购置，一时洛阳纸贵，而且出版界引起轰动，纷纷争相仿效，试举几例：

顾修《读画斋丛书》，刻于清嘉庆四至十六年（1799—1811）。时鲍廷博健在，鲍氏助其刊刻，提供底本，孙志祖在其序言中说："世所行《知不足斋丛书》已刻二十集，计一百数十种，而未有已也。士之笃志嗜古者擩染沐浴，闻风兴起，予所知桐乡顾司马菉厓（修）性好蓄书，而虑其采之弗广，择之弗精也，每得一书必与以文（鲍廷博）商榷论定之。""因仿鲍氏之例，刻《读画斋丛书》"[24]。该书亦以集为编，分八集，不以经史子集为分，不以时代先后为次，且亦巾箱袖珍之本。

高承勋《续刻知不足斋丛书》，其书版心下均题"续鲍丛书"，版式亦同。

佚名《仿知不足斋丛书》。该书署仁寿堂辑刻，纂者不详，或为民国初钱文雯所为，该书流传甚稀。

李调元《函海》，不以四部为编，分作四十函，李氏尝叹服《知不足斋丛书》之精审，于是以鲍氏为楷模，编刊此书，声称要与《知不足斋丛书》并驾齐驱，然书中多以蜀人著述为限。

钱熙祚《指海》，该书原本系据张海鹏《借月山房汇抄》版片增益而成，阮元序称其“仿鲍氏《知不足斋丛书》之例”。以集为编，分作二十集（初为十二集，后其子培让、培杰又遵命续集）。其《守山阁丛书》乃据张氏《墨海金壶》版片增益而成。

蒋光煦《别下斋丛书》《涉闻旧梓》，皆为补鲍氏之遗，中多罕传秘籍，版式亦同《知不足斋丛书》。

伍崇耀《粤雅堂丛书》，分作三编三十集一百九十种，所收各书末附跋文，多为谭莹为之，亦巾箱袖珍本。

潘仕城《海山仙馆丛书》，其书直言模仿鲍氏《丛书》体例，版式亦同。

至于其他仿鲍氏《丛书》的编例，翻刻鲍氏《丛书》中子书单刻本，不知凡几，直至今日，学人们整理古籍时也常选择鲍氏《丛书》本作底本。

和那些富商大贾转嫁资本，开设书坊，从事以赚钱为目的的编刊图书根本不同，鲍氏“产廑中，节缩以供剞劂”[25]，终生编刊图书不倦，晚年虽贫困也不后悔，临死前还告诫子孙继志续刊，无负天语之褒。鲍廷博之所以能如此，盖出于他认为书是“作者之精神性命托焉”和以“以散为聚”的理念。

四、崇尚汉学，考据一生

中国学术史上历经数次嬗变，两汉儒生以训诂考订经学，人称之为“汉学”，魏晋南北朝尚清谈泛论，称之为“玄学”，宋元明时以理气心性抽象议论为重，人称之为“理学”，清初始学人们以重证据，详考订，经世致用为主，人称之为“朴学”“考据学”“汉学”，晚清时则有以师夷之长为特点的“新学”。

清代学人一反理学，回归汉学，为此朴学大兴，这些都是一定社会政治、经济、文化在观念形态上的反映。清朝入主中原，面对人数众多，经济文化相对较发达的汉族实行统治，除了政治上、军事上给以重大打击外，在文化上一面大肆禁锢汉民族意识，实行严密的“文字狱”，另一方面采取怀柔政策，尊孔读经，大力引导人们钻进故纸堆，重拾汉儒衣钵，专事考证故物、故事。清乾隆时开四库馆，编纂《四库全书》，“寓禁于征”“稽古右文”，就是这种两面政策的集中反映。

四库馆集中了当时国内一流名学者达300多人为馆臣，成为“汉学的大本营”，其中的朱筠、纪昀、戴震、周永年、翁方纲、邵晋涵、刘统勋等，都是学有专长、精于考订的博雅之士。《四库全书》和《四库全书总目》对于汉学的推崇、理学的贬抑随处可见。

鲍廷博以进呈四库馆书而扬名天下，他一生就是追随崇尚汉学，践行一生，考据一生。朱文游说他不但竭力传抄汪氏振绮堂等浙江大藏书家的珍藏，搜罗先哲后人家藏手迹，而且“一编在手，废寝忘食，丹铅无已时，一字之疑，一行之缺，必博征以证之，广询以求之，有得则喜，如获珍贝；不得，虽积思岁月不休，溪山薄游，常携简策自随”[26]。鲍廷博在书籍的考据方面，主要反映在：

1. 书名考订。宋释文莹《玉壶清话》，宋李焘《续资治通鉴长编》、元佚名《南溪诗话》均作《玉壶野史》，《四库全书总目》提要虽疑书名系后人改题，却又照其底本的误题，仍作“野史”，鲍氏据宋代《遂初堂书目》《直斋书录题解》，元代《文献通考》《宋史・艺文志》，改为“清话”。盖“清话”一词，出自晋陶渊明诗“信宿酬清话，益复知为亲”（《与殷晋安别》，即清雅不为世俗之交谈）。今杨立扬先生整理点校的《唐宋史料笔记丛刊》本中的该书即取“清话”为名。元郑元祐《遂昌山人杂录》，《四库全书》据内府藏《稗海》本录入，脱去“山人”二字，真差之毫厘，失之千里。“遂昌”乃地名，为浙江处州府属县，为郑元祐的原籍（后流寓钱塘，晚又移居平江），“遂昌山人”乃郑氏自号，为人名别称，考该书系记录郑氏的见闻，非专记遂昌一地的逸闻轶事。明瞿祐的诗话之作，明弘治胡道序称《存斋诗话》，焦循《国朝经籍志》《明史・艺文志》，黄虞稷《千顷堂书目》皆作《唫堂诗话》，明高儒《百川书志》和《浙江通志》又皆作《存斋归田诗话》，书名三称，歧义纷出。鲍氏据瞿氏自序所云：“平日耳有所闻、目有所见及简编之所纪载、师友之所谈论，尚历历胸臆间，十已忘五六，诚恐久而并失，因笔录其有关于诗道者得百有二十馀条，折为上中下三卷耳，曰《归田诗话》。”明成化祁木讷、柯潜二序皆称《归田诗话》（今《龙威秘书》《历代诗话续编》本皆从此）。“归田”乃指作者弃官回家，过田园生活，而“吟堂”、“存斋”皆其自号。该书乃据回归田园后之诗道见闻、载籍所记而成。

2. 作者考订。《钓矶立谈》作者自署曰“叟”，不署姓名，曹寅刻《楝亭藏书十二种》将其署名为南唐史虚白撰，鲍廷博据其自序及他书，考订为史虚白之仲子所作，因序有云：“使小子温成诵于口”语，知其为史虚白之仲子作。虚白曾为校书郎，序有称“先校书”者。又据宋龙衮《江南野史》：“虚白有二子，长早卒，次举进士，他因与烈祖不协，遂绝意世事，超然物外，隐居田园。”《皇宋书录》序称

“闲中老叟董更良史”，不具籍贯，鲍氏据《江村销夏记》定作者为董史字良史，“更”字系“史”字之讹，且为江西洪都人。《两汉勘误补遗》一书，朱彝尊以为宋刘攽撰，鲍考订为攽兄刘敞撰，而攽所撰为《东汉刊误》。他如补辑作者事迹，如《归潜志》中赵秉文的中进士的年份，所卒月日。《西塘集·耆旧续闻》作者“陈鹄录正”四字连署，其“录正”二字系指就正文字，非其字号。尤其应特别指出的是鲍氏在考订作者身世时，重其名节，称朱翌“天怀放旷”，曾敏行“蕴用世之才，独醒之志”，王巩“特立独行之士”，林景熙“孤忠亮节”等，于品行不端的人皆有贬义，如称宋魏泰“有口而无行”，“私意污蔑前人”；蔡絛“助父（蔡京）作奸”，“为士论所不齿”，之所以收录他们的书，盖出于“圣人不以人废言之旨”，这些书尚可供稽典故，资博识，助谈谐。赵怀玉说鲍廷博“激浊扬清，往往义形于色。谈忠义，则欣然起慕；闻奸邪，则愤然不平”[27]。并非溢美之词。

3. 内容考订。清康熙间郎遂刻宋华岳的《南征翠微录》，将其七古诗《伤春》《柴氏》的结句各删去二字。改入五古诗，不知前人有通体五言而结句为七言之体，真有截鹤之讥。元杨允孚的《滦京杂咏》凡一百零八首，明成化中罗璟刻是书时，跋称“百首”，系指概数，清顾嗣立编刊《元诗选》时，硬是删去八首，不录一些极具风韵的诗作，世遂不见其全。明商濬《稗海》本元蒋子正的《山房随笔》，开卷脱“平仲”二字，中间“泰岱参天汶泗长”，误作“汾水”，相去不啻千里；聂碧窗的《北妇诗》中“江南有眼何曾见，争捲珠帘看鹧鸪”，“鹧鸪”本为“固姑”二字，系妇人之冠，编者不知，误以“鹧鸪”趁韵。尤为称颂的，鲍氏在内容考订时，和辑佚结合起来，不但指出其脱误，还作不少补订，如指出《洛阳缙绅录》《伯牙琴》《五国故事》文中皆脱文可疑，《钓矶立谈》正文中双行小字，皆鲍氏校正文字校语。《诗传注疏》一书，《宋史·艺文志》不载，朱彝尊谓久佚，鲍廷博在四库馆臣从《永乐大典》辑出164则的基础上，又续辑出137则，合计共301则，厘为三卷。《石湖词》，鲍氏辑补其词作18首。《张子野词》，鲍氏又辑得49阙，成为宋张炎词作最全本，后人多据以重版重印。大抵可说《知不足斋丛书》中各子书之补遗部分，皆出自鲍氏手辑所为。

4. 版本源流和藏书原委的考订。鲍廷博在藏书和刻书过程中广集众本，沿流溯源，择善而从，重视该书的版刻、传抄源流，藏书传递原委。鲍氏在《晞发录》的题跋中指出该书在明代有弘治间冯允中，嘉靖间程煦，隆庆间凌琯，万历间缪邦珏、张时昇、郭瑞琳，凡六刻。清康熙间陆大业再刻，其中以明张时昇刻本最佳。宋周密的《武林旧事》明正德间浙江巡抚宋廷佑刻本为四卷，嘉靖间杭州知府陈珂刻本为六卷，鲍氏刻入《丛书》中的该书底本，得自惠栋红豆山房藏本，即钱曾《读书敏求记》所云元人传自仇山村（远）家者，此书为十卷，并参校以宋、陈二家刻本，《四库简明目录标注》称“知不足斋本佳”。宋刘诗昌的《芦浦笔记》一书抄本，由贺焺传抄，谢兆申再传抄，下传黄虞稷、龚佳育、龚翔麟父子；阮善长、郁礼、鲍廷博。宋麻沙刻本后蜀何光远的《鉴诫录》，明万历间藏于项元汴之天籁阁，清初归朱彝尊之曝书亭，经王士祯手校，清乾隆间为程世铨厚价所得，再传入金德舆之桐华馆，鲍氏以传抄自汪氏（启淑）飞鸿堂本为底本，校以宋刻本及赵怀玉家藏本刻入《丛书》第二十三集。宋刻本潜说友的《咸淳临安志》由明胡震亨传入毛晋，依次下传朱彝尊、马寒中、王德溥、吴骞。吴骞得此书后刻有“临安志百卷人家”藏印，示其荣耀。

清末张之洞《书目答问》将鲍廷博列入“校勘之学家”，近代支伟成将其收入《清代朴学大师列传》，皆据其事实而为。

鲍廷博一生天趣清远，休休为宗，淡泊为怀，嗜书如命。有文献可考的，他购书起自清乾隆十八年（1753）二十六岁时购《晞发集》，至清嘉庆十六年（1811）八十四岁购《汴都旧闻》，历时60年；抄书自乾隆二十年（1755）二十八岁抄《柴氏四隐集》，至嘉庆十七年（1812）八十五岁抄《棠阴比事》，历时57年；校书自乾隆二十一年（1756）二十九岁校《三孔先生靖江文集》，至嘉庆十九年（1814）八十七岁校《南濠居士文集》，历时58年；刻书自乾隆十年（1745）十八岁刻《古今姓汇》，至嘉庆十九年（1814）八十七岁刻《云林石谱》入《知不足斋丛书》第二十八集，历时69年。嘉庆十九年（1814）八月卒于家，享年八十七岁（以实龄计为八十六岁），在当时可称“人瑞”，在今日也是不多见的耄耋老人。“清名即是长生诀”，果然，综观他一生藏书刻书事迹，奉为“一代书宗”应是名至实归，当之无愧。鲍廷博的出现，自然有其深刻的社会历史原因，绝非偶然，我在《一代书宗》一文中，略述已见，兹不复述。

末了，我们不妨将鲍廷博与扬州“二马”进行简单地对比一下：“二马”即马曰琯（1688—1755），字秋玉，号嶰谷，原籍徽州祁门人。季弟曰璐字佩仲，博雅好文，酷嗜典籍。曰琯家有丛书楼，曰璐家有小玲珑山馆，园林明瑟，藏书冠东南，兄弟二人结邗江吟社，广结全祖望、厉鹗、杭世骏、金农、符曾、程梦星等名流，饮酒赋诗，酬唱不辍，为袁枚列为当时全国四大文化学术中心之一。全祖望有《丛书堂记》记其事迹，载《鲒埼亭集外编》卷十七，兹不赘述。乾隆开四库馆，马曰璐之子马裕（曰琯无子）进呈家藏776种，为献书四大家数量之首，虽被馆臣纳入《四库全书》及《四库全书总目》者数量不及鲍家（从这一角度说“二马”藏书质量不及鲍家矣），同样得到乾隆御笔题诗和颁赐《古今图书集成》等之荣。马氏昆仲也常校书、刻书，其所刻有《经义考》《韩柳二先生年谱》《困学纪闻》《说文系传》及自著书等十馀种，资金雄厚，版刻考究，装订精美，时有“马版”之称，因此，从客观上说“二马”和鲍氏对典籍的保存和传播都有贡献（自然有大小之别），而从主观上说，马氏藏书刻书“为己”，鲍氏“为人”，一字之差，相去不啻万里，岂可同日而语哉！

五、“以散为聚”的理念和实践

1.“以散为聚”的理念

清赵怀玉在《知不足斋丛书序》中说，鲍廷博“吾将以散为聚耳”[28]。这话道出鲍氏一生藏书刻书的真谛。

散和聚本是对立面的统一，无聚亦无散，无散亦无聚。中国藏书历史源远流长，其间聚散无常，代有更替，昔时陈登原先生撰有《古今典籍聚散考》一书，备述了自秦汉以来政治、兵燹、藏弆、人事（包括水、火、虫、鼠）的“四厄”史实，将其聚散的历史一一陈列于前。古人常念念有词，说什么“物之聚散亦有数也”“聚久必散，造物之常理”，这自然是一种唯心史观，其实物与书的聚散无不有其深刻而复杂的社会历史原因，其中包括主、客观两方面因素，就藏书的聚散而言，无不与国家民族的兴衰、社会的稳定与动乱息息相关，其次与其家族的兴衰、子孙的贤愚紧密相连，正视这一客观存在的书籍聚散现实，应以平常心对待，就不会唏嘘兴叹。

鲍廷博以历史为鉴，他说：“聚散者，天地人物，古今不易之定理也。”[29]他从日之出没，月之盈亏，星辰之明灭，高山散处，百川归海，父子、夫妇、友朋人伦聚散，提出典籍的“以散为聚”的理念，较之前人高明得多。

中国历史上数以万计的藏书家，他们所处的时代不同、经历有别，而书籍的聚集不外乎购、抄、受赠、相易四种方式。他们以家产、俸禄，甚至节衣缩食，历尽艰辛，聚集成千上万书籍，同时也意识到他日散亡的危机，或将书赠与好书者，如宋之井度赠书给晁公武，明代杨复吉提出“朋友有读者，悉当相奉捐”，清代李延昱赠朱彝尊书二千五百卷；再者将自己藏书供人借阅传抄，甚至提供食宿之便；自行刊刻或提供底本供有力者刊刻；或者向国家藏书提供补充，等等。

迨至明清之际，曹溶首倡“儒藏”之议，拟建儒藏，与释、道二家鼎立为三。丁雄飞与黄虞稷建立古欢社定期相约交流藏书。乾隆间周永年有《儒藏说》，并且与桂馥建“借（贷）书园”，将家藏十万卷书移置其中，供学士索阅。周之好友刘音又有《广儒藏说》，发挥这种“散书”理念，他说：“欲令其聚而不散，令上下千古之书有所依归，则莫善于儒藏。”[30]阮元先后有《散书论》《散书后论》，提出“要使散得其所，要使于吾身亲见耳”[31]。随着四库江南三阁建立和对士人开放，阮元同翁方纲建灵隐书藏，同释巨超建焦山书藏。清同治间瑞安许拙学同周曾毓、陈虬昆仲建心兰书社，之后有国英的共读楼、浙江藏书楼、古越藏书楼、湖南和安徽省图书馆、京师和江南图书馆之设立，完成私家藏书楼向近代图书馆的转变。

鲍廷博更加主动地提出“以散为聚”的理念，较前人更旷达、开明，他这一理念的提出，首先基于他对书籍的认知，他说：“至于书，则作者之精神性命托焉，著古昔之唶唶，传千里之忞忞者甚伟也。书愈少，则传愈难，设不广为之所，古人几微之绪不将自我而绝乎！乞火莫若取燧，寄汲莫若凿井，惧其书之不能久聚，莫若及吾身而善散之也。”[32]他又说：书“为人精神所寄，而其人即天地灵气之所钟”[33]。第二基于他对历史上书籍聚散史实的清醒认识，他说：“嗟呼，聚书藏书非易事，即如泰兴季氏（振宜）、花山马氏（思赞）、桐乡汪氏（森）、武林赵氏（昱、信昆仲）、王氏（德溥）以及健庵（徐乾学）、江村（高士奇）之富且贵焉，而此书不数十年间屡易其主，若传舍然。况余之薄弱，其能长守而弗失乎。”[34]

2. “以散为聚”的实践

鲍廷博不但提出了“以散为聚”的理念，而且终其一生实践这一理念，主要表现在：

（1）任人渔猎，不吝假借。赵怀玉说：鲍氏“自其先人即嗜书籍，君复勤搜暇访，积数十年家累万卷，日手一编，人从假借，未意逆意”[35]。王鸣盛说他“乐与学者共之”[36]。从鲍氏留下的题跋识语中，我们可知常在鲍家观书的有吴骞、余集、奚冈、方薰、赵魏、陈鳣等人。吴骞从鲍家借抄的有《困学纪闻》《唐音戊签》（何焯评本）、《吴礼部别集》《东宫备览》等，吴翌凤借抄有《游志续编》（钱穀抄本），卢文弨借抄有《徐公文集》（明冯舒抄本），赵魏借抄的有《江湖后集》，邵晋涵借抄《五代春秋》，赵箕借抄有《敷文郑氏书说》，其子赵子玉借抄有《抚掌词》，甚至书贾吴震东也从鲍家抄录《汲古阁刊书目》《汲古阁珍藏秘本书目》。鲍廷博说赵魏抄《江湖后集》毕，“人间又多一本矣”，其心情是欢悦的。吴震东说：“余鬻书凡二十载，汲古阁所刊之书未之尽晓，今得此目，方知汲古阁刊书之富……此目有卷有叶，适遇残篇以备索配，其为有益于吾业者乎！”[37]

（2）善本珍本馈赠他人。如赠吴长元明刻本《危太朴集》、宋纸旧抄本《战国策》，二书均不易得，赠卢文弨武英殿聚珍版《鹖冠子》，赠吴骞明郑旼《拜经楼》，适与所建藏书楼同，吴喜不自禁，作诗纪其事，又赠吴骞《雪霏录》《仪礼图》等，赠卢文弨《知不足斋丛书》一至五集，赠周广业《知不足斋丛书》一至十集，赠吴玉墀《读书敏求记》，赠彭元瑞《圭塘欸乃集》（鲍氏手抄本），赠汪辉祖《双节堂卷跋》，赠贝墉《菉竹堂碑目》《书画目》，赠赵怀玉明万历刻本《剡源戴先生文集》，赠严元照宋刻残本二册《周益文忠公书稿》（明王世贞旧藏）、《中兴群公吟稿·戊集》（宋刻五册），严元照感激地说："良友之惠，不敢忘也。"㊳

（3）进献珍善本，补充国藏。我国藏书史大都有皇朝一统天下后，广求民间遗书，充实内府收藏的成例，自汉成帝遣使访书起，至清代四库，征集天下遗书，久沿其例，历代绵延不绝。清乾隆皇帝弘历为"稽古右文"，以彰同文之盛，设四库馆，编纂《四库全书》，同时通过征集，"寓禁于征"，企图扑灭汉民族思想意识。

鲍廷博以其子鲍士恭名义通过浙江巡抚三宝向朝廷进呈书，见于《四库采进书目》的有626种，见于《四库全书总目》而不见于《采进书目》的有90多种，并且其中多宋元稀见本、名家抄校本，因而录入《四库全书》的达251种，录入《四库全书总目·存目》者134种，合计为385种，论数量比肩于汪氏（启淑）飞鸿堂、范氏（懋柱）天一阁、马氏（裕）小玲珑山馆，为全国进献书"四大家"之一，论其采用率则又为四家之冠，有力地支援、促成囊括乾隆之前我国历代各类重要著述的《四库全书》及《四库全书总目》的告成。

（4）校勘刊刻，化身千百。鲍廷博"以散为聚"理念实践，最重要的方式是广集善本，精心校勘，辑录亡佚，刊行面世。其中以《知不足斋丛书》最著名，该书凡十集，子书207种（中华书局新近统计为208种），历经五十年祖孙三代人的不懈努力完成。鲍氏亲手制定的《凡例》，对《丛书》的编选原则、体例、刊刻、资金等重要问题一一作了明确规定，保证了《丛书》的质量。第一对于经书取其羽翼经传者。正经正史的刊行历代久传不衰，其时更有纳兰性德之《通志堂经解》行世。第二是于诗文专集、诗话文史著述，取其有关学问者。第三于时贤先辈著述取其未有传世者，或者虽有传世而旧版散亡、讹误脱略未经勘正者。其中最突出的将中国失传的久佚书，如《古文孝经孔传》《论语集解义疏》《孝经郑注》《全唐诗逸》等，从日本存书中再行重刊。

除《知不足斋丛书》外，鲍氏单刻行世的有《古今姓汇》《云岭诗抄》《柳洲遗稿》《樊榭山房集》《庚子销夏记》《湖山类稿》等。

鲍廷博常助人刊刻，或提供底本，或校勘，甚或解囊资助，如助赵起杲刻《聊斋志异》，助吴长元刻《清河书画舫》《真迹目录》等，助顾修编刊《读画斋丛书》，助李宏信刻《札朴》等。顾氏丛书之编刊，基本上都在鲍氏帮助下完成的。

鲍氏刊刻的图书得到广大文人学士和社会赞赏，卢文弨说：《知不足斋丛书》"无伪书、无俗书得厕其间"。"安得天下多生鲍君其人，而使前人之著述有所藉而不至澌灭也欤!”[39]又说：鲍氏“所藏弆多善本，并人间所未尽见者，进之秘省之外，复不私为枕秘，晨书暝写，句核字雠，方始付之梓人氏，枣梨既精，剞劂亦良，以是毁其家不恤也”[40]。

尤其值得提出的是鲍氏所刻书均首尾完整，序跋不遗，原书有残帙，想方设法从他书补辑出来。

对于“散书”，鲍廷博曾说：“予家所藏，异时岂能独保，徒令后人复哀后人耳目间。尝语儿辈，与其私千万卷于己，或子孙不为之守，孰若公一二册于人，与奕祀永其传。”[41]直到临终之前，他还告诫儿孙，莫负天语之褒，继志续刊，世衍书香。他的藏书印有“喜借人看”“为流传，勿损污”，而从无“子孙永宝”之类的话。

六、独树一帜的藏书家

中国藏书历史从孔子算起，已有两千五百年之久，官藏（内府及府州县学）、私藏、寺院（释、道）鼎立而三。数以万计的私人藏书家是其中砥柱。迨至清代，私家藏书极盛，这与政治相对稳定、汉学大兴有极大关系。素称经济文化发达、人文荟萃的江浙一带尤盛，私人藏书家之多，藏书数量之大、质量之精，远非他地可比，乾嘉时代的鲍廷博是其中佼佼者，然而综观鲍氏藏书事迹，却又与众多私家不同，可谓独树一帜，别具一格，其表现在：

1. 孝亲发端。以浙江私人藏书家言，或承袭先辈所遗，继以增广，或功名在身，命为朝廷内臣，府州县大吏，在职时有权有势，致仕后也有财有势，凭此聚集书籍；或以经商（尤盐业）致富，雄甲一方，甚至富可敌国，为了提高声望，改变商人的社会形象，不惜资产，搜罗典籍，鲍廷博则以孝亲为发端，走上藏书家之路。赵怀玉说：鲍廷博“以父性好书，力购篇秩为养志之具，储积既富，卓然成大家，为浙江所推”[42]。阮元说：“君（廷博）事父以孝闻，以父嗜读书，乃力购前人书以为欢，既久所得益多且精，遂裒然为大藏书家。”[43]“其祖国槐公名贵，父鸿远公名思诩，同服贾，寓于浙……念鸿远公饥驱四方，能以孙代子职，不失国槐公欢”[44]。鲍思诩性耽文史，筑室储书，取《戴记》“学然后知不足”之义，以颜其斋。吴长元说鲍氏“先世所藏两宋遗集多至三百家”（刘按，未论及版本）[45]，在今日看来其数量和规模都很可观，而在乾嘉时代也属平平。赵怀玉说：“曾祖永顺，其祖贵，考思诩，清德未耀。”[46]可见他们只是一般地“贾而好儒”，出于对传统文化的爱好和敬仰，并不想在文化上乃至儒学上有所作为，故而也没有值得彰扬的过人之处。只有到了鲍廷博时代，他的名字和知不足斋才名播四方，声闻天下。

2. 一介寒士。鲍廷博本来也和封建时代的知识分子一样，走“学而优则仕”

的道路，他以商籍补县庠生，却两度参加乡试，皆名落孙山，断了仕途之路。虽然他在八十六高龄时，被嘉庆皇帝颙琰“加恩赏赐举人”（即乡试录取者），膺斯恩赐，旷世之荣，而对于一个耄耋老人来说不过是份“安慰剂”“兴奋剂”“元老杯安慰赛”而已，既未授以实官，也就毫无意义，次年他就与世长辞了。鲍廷博终其一生无一官半职，始终是一个普通的平民、读书人。他自称“一介寒士”[47]，他的《花韵轩咏物诗存》中，除了以书为题外，就是日常生活中的内容，涉及不到经国大事，这与他的生活经历是一致的。

3．家仅中产。鲍廷博祖、父两代正处于徽商的兴盛时期，他们往来徽杭间行商坐贾，在杭州开一个冶坊为业，父鲍思诩卒后，鲍廷博继承家业，克绍箕裘，家境也只是“中产”而已，其“性宽厚，笃于戚先之谊，有贫乏者必恤之，稍有蓄积为刊书所罄。或遇未见之书，必典衣购之，友朋之贫而好学者，每以全部《丛书》为赠。浙江书肆以《丛书》与各种秘籍售人，约不时偿价，有负至数十金者，察其贫亦不索也”[48]。他曾写道：“空箱检点怕重开，幻（换）得无情片楮来”，“囊底奇书人未见，床头金尽汝先知”[49]。他还说：“廷博一介寒士，囊橐易尽而刻书之志无已时，经营已半，藉同人之力，兹后尚望爱我者慨然将伯之助，俾得丛编嗣出”[50]。好友卢文弨也曾为鲍呼吁“众君子相与为助”[51]。

鲍廷博在购书中，对于特别昂贵的宋刻本也因财力不及只得放弃，如金德舆所藏的宋刻本《战国策》，即由鲍氏之介售于黄丕烈，其价为白镪八十金。书贾吴步云以十金得金刻本《中州集》，初欲售于鲍，鲍许以十二金，吴要加价，协议未成，最后也售于黄丕烈。

鲍廷博的藏书中，借抄是重要手段，也是主要来源所在。据其题跋可知他从汪氏（宪及其子汝瑮）振绮堂抄书最多，朱文藻曾为之检办。其次有吴氏瓶花斋、赵氏小山堂、郁氏东啸轩、吴氏拜经楼、厉氏樊榭山房、汪氏飞鸿堂、赵氏青柯亭、龚氏玉玲珑阁、文澜阁、浙江分办局等，舟车所至，遇到家有好书即抄，甚至也尝从书贾金元宰处借抄了《蜀梼杌》。对于先哲后人所存先人手泽也多假录，朱文藻在《丛书序》中对鲍氏藏书来源多有陈述，兹不赘录。

顾广圻说鲍氏刻书“梨枣之材，剞劂之匠，遴选其良，费而勿靳，生产斥弃，继以将伯，千百锱铢，咸归削氏，犹复节衣减食，裨补不足，视世间所谓荣名厚实、快意怡情者一切无堪留恋，只有流传古人著述急于性命，乃能黔范其所处，朱顿乎斯事也，其于赀有如此者”[52]。

4．先哲时贤的稀见著述专行，自己的著述不张。鲍廷博编刊《知不足斋丛书》及单刻本图书多达数百种，一类属汉唐宋元明时代的先哲稀见著述，一类是清代的时贤著述，如《知不足斋丛书》所收的鲍氏好友朱履贞《书学捷要》、方薰的《山静居画论》、汪辉祖的《佐治药言》《续佐治药言》等。汪辉祖“尝劝其记录异同，以资考订，以文每颔之，至今尚未属笔”[53]。鲍廷博熟于书籍，精于考订，于书籍尤殚见洽闻，写下数以百计的题跋识语，本是版本目录学中经典性著述，然而他没有题跋专集行世，也没有综合性的藏书目录，专题性的《知不足斋宋元文集书目》，今一以清抄本藏于复旦大学图书馆，一以稿本藏于中国台北历史语言研究所傅斯年图书馆。《［光绪］桐乡县志》卷十九《艺文志·寓贤》著录鲍廷博著有《花韵轩遗稿》《花韵轩咏物诗存》二种，前者今恐亡佚不存，后者向以三种清末民初的抄本分藏于国家图书馆、中山大学和安徽省图书馆，罕传于世，难得一见。至于《中国古籍善本书目》著录的北京大学图书馆所藏的《知不足斋随笔》一书，据藏印本是李盛铎旧藏，而张玉范先生整理的《木樨轩藏书题记及书录》并未收录。承姚伯岳先生复印数页录示，其内容为条目式读书札记，既不知何出，也未署纪年（只著月、日），此书之真伪尚待进一步论证。鲍氏于自己的著述不曾刊行问世，世之人也就难见了。

本来广集众本，精心校勘，刊行化身，是历代私人藏书家的传统路子，中国藏书文化中优良传统。私人藏书家刻书首先将自己的著述刊行传世，扬名于时，流传于后，其次才是公开自己所藏珍善秘籍，再其次是利用藏书编刊图书。鲍廷博晚年才从记忆中录出诗作，勒为《花韵轩咏物诗存》（也称《花韵轩小稿·咏物诗》）一编。阮元为之撰序，极为称赞。《诗存》录鲍氏诗作及友朋唱和酬答之作，总共不过二百篇，这一不大的篇幅著述，鲍廷博却未付之枣梨，实在耐人寻味，值得深思。其诗作质朴清淡而不失豪迈之气，咏物诗极有风致，尤其《夕阳诗》二十首，曾得到袁枚、阮元、翁广平的赞赏，称他“工吟咏”，流传众口，争相唱和，由此鲍氏获得“鲍夕阳”的雅号。

鲍廷博不刊自己诗作，藏拙于世，正是说明他恬淡为怀、不求闻达的高雅品格。

5．薪火相传，历经五世。黄宗羲说过：“读书难，藏书尤难，藏之久而不散，则难之又难。”[54]古人说“君子之泽，五世而斩”，也是指此类而言。

以清代江浙私家藏书为例，钱谦益的绛云楼、钱曾的述古堂、孙承泽的万卷楼、梁清标的蕉林书屋、高士奇的江村草堂、王德溥的宝日轩、马思赞的道古楼、马氏的小玲珑山馆等均为既富且贵之家，而藏书不数十年间屡易其主，一世而终；周亮工的赖古堂、郑梁的二老阁、徐乾学的传是楼、黄宗羲的续抄堂等均二世而止；传三世的有惠周惕的红豆山房、吴骞的拜经楼、吴焯的瓶花斋、朱彝尊的曝书亭；传四世及五世的恐怕只有汪氏振绮堂、张惟赤的涉园、吴铨的璜川书屋。鲍氏知不足斋从鲍廷博之父思诩算起，至光绪初廷博之曾孙鲍寅捐书于文澜阁，其间历二百多年，相传五世之久，为历来藏家所罕见。朱文藻称："盖嗜书累叶如君家者，可谓难矣。"[55]

鲍廷博有二子：长曰士恭，次曰士宽。士宽早卒，事迹不详。乾隆时四库馆征集天下遗书，鲍家以鲍士恭之名进呈书达700馀种，时鲍廷博年四十六岁，士恭正当青壮年时期，鲍廷博有意提携其子，故以士恭之名。士恭字志祖，示其承继祖父鲍思诩嗜书之志。鲍廷博常命士恭缮录、校勘、辑佚书籍，如同其父一样熟悉图书和版本目录。鲍廷博有三孙，长曰正言、次曰正勋（一名正字），三曰正身。二孙三孙多经营在外，长孙鲍正言助鲍廷博藏书刻书为多，鲍廷博为他取号"衍香"，即表示要他"世衍书香"之意。清嘉庆十四年（1809）常熟张金吾慕名鲍家藏书，乘舟来乌镇，时士恭外出，正言热情接待六天之久，张从鲍家获赐《古今图书集成》中抄录二十篇，完成《金文最》一百二十卷之作。

至清光绪六年（1880），鲍廷博之曾孙鲍寅将家藏《古今图书集成》捐藏文澜阁，以资保守，继有丁申、丁丙昆仲及浙之官士之人相助，重建文澜阁，并通过三次补抄，恢复旧观，至此，江南三阁，唯文澜独存。

注释：

①（清）翁广平《鲍渌饮传》，载《听莺居文抄》卷二十。

②（清）赵吉士《寄园寄所寄》卷十一、《江叶寄·故老杂记》。

③（清）戴有祺《心元楼存稿序》，清乾隆刻本。

④同②卷十一《泛叶寄·新安理学》。

⑤（清）袁枚《随园诗话》卷三。

⑥《［康熙］休宁县志》卷七《汪伟奏疏》。

⑦《［嘉靖］徽州府志》卷一《风俗》。

⑧（清）顾炎武《天下郡国利病书·江南》。

⑨（明）谢肇淛《五杂俎》卷四。

⑩（明）汪道昆《太函集》卷六十七《汪公暨安人郑氏合葬墓碑》。

⑪（清）吴长元《斜川集跋》，载《知不足斋丛书》第二十六集。

⑫（清）闵萏敷《知不足斋主人传》，载《金盖心灯》卷八。

⑬（清）阮元《揅经室二集》卷五《知不足斋鲍君传》。

⑭（清）黄丕烈《士礼居藏书题记》卷四《江淮异人录》。

⑮（清）顾广圻《思适斋书跋》卷二《史部·金石录》。

⑯㉖（清）朱文藻《知不足斋丛书序》，载《知不足斋丛书》第一集。

⑰（清）黄丕烈《荛圃藏书题识》卷四《宋提刑洗冤录》。

⑱（清）鲍廷博《知不足斋丛书序》。

⑲（清）鲍廷博《知不足斋丛书·凡例》。

⑳（清）徐康《前尘梦影录》卷上。

㉑（清）鲍廷博《知不知足斋丛书》第十九集《山房随笔跋》。

㉒同㉑第二十三《石湖三录跋》。

㉓（清）卢文弨《知不足斋书序》，载《抱经堂文集》卷五，《丛书》第一集也有录，序末所署时间有别，应从《文集》。

㉔（清）孙志祖《读画斋丛书序》。

㉕（清）赵怀玉《知不足斋丛书》。

㉗（清）赵怀玉《恩赐举人鲍廷博墓志铭》，载《亦有生斋续集》卷六。

㉘载《知不足斋丛书》第十一集。

㉙㉝（清）鲍廷博《知不足斋丛书序》，见《知不足斋丛书》第一集。

㉚（清）刘音《广儒藏说》，载杨家骆《四库大辞典》。

㉛（清）丁申《武林藏书录》卷下《小仓山房所好轩》。

㉜㉟（清）赵怀玉《知不足斋丛书序》，载《知不足斋丛书》第十一集

㉞（清）鲍廷博《咸淳临安志跋》，载吴骞《拜经楼藏书记》卷三。

㊱（清）王鸣盛《知不足斋丛书序》，载《知不足斋丛书》第五集。

㊲（清）吴震东《汲古阁刊书目跋》，天津图书馆藏抄本。

㊳（清）严元照《周益文忠公书稿跋》，载王文进《文禄堂访书记》卷四。

㊴（清）卢文弨《知不足斋丛书序》，载《知不足斋丛书》第一集。

㊵（清）卢文弨《征刻古今名人著述疏》，载《知不足斋丛书》第二十六集。

㊶（清）鲍廷博《庶斋老学丛读跋》，载《知不足斋丛书》第二十三集。

㊷㊻（清）赵怀玉《恩赐举人鲍君（廷博）墓志铭》，载《亦有生斋续集》卷六。

㊸（清）阮元《知不足斋鲍君传》，载《揅经室二集》卷五。

㊹㊽（清）翁广平《鲍渌饮传》，载《听莺居文抄》卷二十。

㊺（清）吴长元《斜川集跋》，载《知不足斋丛书》第二十六集。

㊼㊿（清）鲍廷博《知不足斋丛书凡例》，载《知不足斋丛书》第一集。

㊾（清）鲍廷博《花韵轩咏物诗存》中《当票》《枕》，见《文献丛刊·清代稿抄本》（国家清史编纂委员会编），广东人民出版社 2007 年版。

51（清）卢文弨《征刻古今名人著述疏》，载《知不足斋丛书》（民国影印本）第二十六集。

52（清）顾广圻《知不足斋丛书序》，载《知不足斋丛书》第二十五集。

53（清）汪辉祖《梦痕录馀》。

54（清）黄宗羲《南雷文约》卷四《天一阁藏书记》。

55（清）朱文藻《知不足斋丛书序》，载《知不足斋丛书》第二十五集。

卷一

清雍正六年至乾隆三十六年（1728—1771）

一岁至四十四岁

雍正六年（1728）戊申，一岁

十二月初一日，生于浙江杭州。世居安徽徽州府歙县西乡长塘村，曾祖永顺、祖贵、父思诩，同服贾寓于浙。幼而聪敏，少小即知大义。两度乡试落榜，遂不求仕进，沈湎书籍，一编在手，将以终身，而激浊扬清，义形于色。谈忠义，则欣然起慕；闻奸邪，则愤然不平。成为清代乾嘉时期著名的藏书大家、刻书大家。

赵怀玉《恩赐举人鲍君墓志铭》："远祖某自山东南徙，世为徽之歙县人。曾祖永顺、祖贵、考思诩，清德未耀。""生雍正六年十二月初一日，娶仁和郑氏，例赠孺人，有壸德，先君十四年卒。子二：士恭，仁和国子监生。士宽，先君卒。""君虽不求仕进，远迹城市，一编在手，将以终身，而激浊扬清，往往义形于色。谈忠义，则欣然起慕；闻奸邪，则愤然不平。"（《亦有生斋续集》卷六）

阮元《知不足斋鲍君传》："君字以文，号渌饮，世为歙人，父思诩，居于浙，娶于胡，胡卒，又娶仁和顾，生君。君幼而聪敏，事大父能孝，念父游四方，恒以孙代子职，得大父欢。大父卒，既葬，君父携家居杭州。君事父以孝闻，以父嗜读书，乃力购前人书以为欢，既久，而所得书益多且精，遂裒然为大藏书家。"（《揅经室二集》卷五）

翁广平《鲍渌饮传》："九岁就傅，二十三岁补歙县庠生，两应省试不售，遂绝意进取，竭力购求典籍，皆收藏家所罕有者。"（《听莺居文抄》卷二十）

刘按，近人王立中《鲍以文先生年谱》（《清代徽人年谱合刊》本，2006年5月黄山书社出版，郑玲点校），既录"清雍正六年戊申（1728）先生生"，又据鲍廷博录赵信《芦浦笔记》下按语注："己巳（应为乙巳）则雍正三年也，后四年为予始生之岁云。"说"然则先生殆生于雍正七年己酉"。王氏提出这样一个疑点，实际未及细考耳。

古人通行以虚年计龄。鲍廷博嘉庆六年（1801）《松窗百说跋》称“时年七十四”，十年《庶斋老学丛谈跋》和《近光集跋》，末署“嘉庆乙丑（十年），时年七十八岁”，十五年《彝斋文编跋》，末署“时年八十有三”，十六年《云庄四六馀话》（《读画斋丛书·辛集》）题识“时年八十有四”，十七年《棠阴比事跋》末署“介叟时年八十有五”，十八年《翠微南征录》卷二下题“癸酉（嘉庆十八年）元宵，时年八十有六”，十九年《古逸民先生集跋》末署“时年八十有七”。他的好友汪辉祖说鲍“长余二岁”，而汪氏口述，其子汪继培等笔录的《病榻梦痕录》载汪辉祖生于清雍正八年（1730）。据上述记载，则鲍廷博生于清雍正六年（1728）无误。至于鲍氏说“后四年为予始生之岁”，是连头带尾共计四年。

据明戴廷明等纂《新安名族志》载，徽州鲍姓分为歙县邑西十五里的棠樾、鲍屯、大址村阶簷上、赤坎，邑西三十里的蜀源、八里的古溪、十里的上洋村，邑东三十里的新管及祁门狮子桥各支派，其先世为山东青州晋尚书户部护军中尉鲍伸出镇新安（晋时郡名，至宋改名徽州），咸和间（326—334年）鲍弘复为郡守，遂家于新安。鲍廷博常自称“歙西长塘鲍氏”，乃谓大址村簷上的鲍时昌，于“明初举贤良不就，捐赀开筑燕坑、石堨、长塘，以兴水利，赐额‘免征’，乡民至今赖之”。

徽州鲍氏家谱、族谱，今存有乾隆二十五年（1760）鲍氏一木堂刻鲍光纯等纂修的《重编棠樾鲍氏三族宗谱》二百卷首一卷、嘉庆十年（1805）刻鲍琮等纂修的《棠樾鲍氏宣忠支谱》二十二卷，均为棠樾鲍氏（如扬州大盐商鲍志道）家世记录，且均为鲍廷博在世之时；光绪元年（1875）刻鲍存良等纂《歙县新馆（管）鲍氏著存堂宗谱》十六卷，也与长塘鲍氏不相及，而长塘鲍氏今未见谱牒传世，故于鲍廷博家世不甚了了。

“徽州介万山之中，地狭人稠，耕获三不赡一，即丰年亦仰食江楚十居六七，勿论岁饥也”，土地的出产不足以供民食，于是“天下之民，寄命于农，徽之民寄命于商”（《［康熙］休宁县志》卷七《汪伟奏疏》），“百工之作皆备”（《［嘉靖］徽州府志》卷一《风俗》），“小民多执技艺，或贩负就食他郡者常十九”（清顾炎武《天下郡国利病书·江南二十》）。这里又是朱熹的祖籍（婺源），被称为“文公阙里”。“新安自（宋）南迁后，人物之多，文学之盛，称于天下”，“故四方谓‘东南邹鲁’”（元赵汸《东山存稿》卷四《商山书院学田记》）。理学的盛行，极大地强化了封建宗法制度，徽州各姓多聚族而居，形成“千年之冢，不动一抔；千丁之族，未尝散处；千载谱系，丝毫不紊”的局面（清赵吉士《寄园寄所寄》卷十一《泛叶寄·新安理学》）。

徽商之盛，时在明嘉靖至清嘉道间，长达二三百年之久，几乎到了令人生畏的高峰。他们经商范围是山陬海涯，无所不至，尤其在江南和沿江地区，形成了“无徽不成镇”的夸誉。挟资雄厚的徽商，又常常转嫁资本，投入到藏书、刻书、著述和结交文人等文化事业中，以提高商人社会地位，改变社会形象。只是到了鸦片战争之后，由于各种原因，徽商随着社会性质的转变逐渐衰微。

以行年推计，鲍廷博的曾祖、祖、父三代约于明代末期至清代初期行商于浙，并寓于此，以业冶坊致富。然“清德未耀”，表明还没有特别过人的地方值得彰显。

作为徽州商人，大都有“贾而好儒”的特色。所谓“贾为厚利，儒为名高”，而藏书与刻书，正是贾和儒的完美结合，和谐统一。刻书既可赢利，又可获名，常是徽州商人经营的内容之一；藏书既是诵读之资，又是刻书必备条件（提供底本），二者既是广结文人学士的必需物质条件，又是钱财和权势象征，改变商人社会形象，提高商人社会声望的手段。

鲍廷博字以文，号渌饮，又号渌饮居士、通介叟、介叟、得闲居士、援鹑居士等，随父、祖行商于浙，往来于徽杭之间。祖卒，归葬歙县西乡，父继娶杭州顾氏，遂家于杭州。父母卒，葬于湖州乌程县某乡，时廷博壮岁，移家居桐乡乌青镇之杨树湾。前人或称他为歙人，或称他为桐乡人。丁申《武林藏书录》将鲍廷博知不足斋录入卷末，即寓杭藏书家。吴晗先生《浙江藏书家史略》避而不录鲍氏，盖因鲍氏自报家门曰“歙西长塘鲍氏”“歙鲍廷博”，尊其本愿是也。

鲍廷博之父思诩，正是位“贾而好儒”的徽州商人的典型。他虽身在商海，却性嗜读书，沈湎典籍，酷嗜文史，筑室储书，取《大戴礼记》中“学然后知不足”语，颜其斋曰知不足斋。据吴长元说，廷博“先世藏两宋遗集多至三百馀家”（吴长元《斜川集跋》，见《丛书》第二十六集）可见颇具规模。鲍廷博自称“知不足斋后人”（《知不足斋丛书·凡例》）。他以书孝亲，依靠家富资财，积数十年之力，广肆搜罗，增益藏书。加上鲍廷博两度乡试落第，仕途不畅，于是走上藏书大家和刻书大家之路。

鲍廷博除承袭其父知不足斋外，自有室名赐书堂、贞复堂、惇典堂、困学斋、灯味轩、宝绘堂、花韵轩、借一轩、绣溪寓舍、清风万卷堂、芦浦寓舍、清爱堂等。

鲍廷博的藏书印鉴，见于林申清《明清著名藏书家·藏书印》（2000年10月北京图书馆出版社）著录的有："鲍以文藏书记"（朱文、长方）、"廷博"（白文、小长方）、"鲍氏收藏"（朱文、方印）、"通介叟"（白文、方印）、"歙西长塘鲍氏知不足斋藏书印"（朱文、方印、一大一小）、"歙鲍氏知不足斋藏书"（朱文、方印）、"知不足斋鲍以文藏本"（白文、长方）、"知不足斋藏书"（白文、小方印）、"知不足斋藏书"（朱文、方印）、"知不足斋鲍以文藏书"（朱文、方印）、"御赐清爱堂"（朱文、双龙长方印）、"世守陈编之家"（朱文、双龙长椭圆印）、"天都鲍氏困学斋图籍"（朱文、方印）、"老屋三间，赐书万卷"（朱文、方印）、"遗稿天留"（朱文、长方）、"阶庭横古今"（白文、长方）、"曾在鲍以文处"（朱文、方印），其孙有"鲍正言印"（白文、方印）、"慎斋"（白文、方印）；见于文献著录的还有："黄金散尽为收书"（白文、方印）、"皆大欢喜"、"喜借人看"、"为流传，勿损污"、"老眼向书明"、"知不足斋鲍氏正本"、"鲍廷博"、"倚文"、"生长湖山曲"、"金石录十卷人家"、"万卷藏书一老身"、"一生辛苦书千卷"、"灯味轩"、"长塘"（朱文、园形）、"鲍家田"（朱文、方印）、"困学斋主人心赏"、"以文手抄"、"奇书无价"、"知不足斋抄传秘册"、"知不足主人所贻"、"好书堆案转甘贫"等。

乾隆时开四库馆，鲍廷博家进呈书据《四库采进书目》及《档案》为626种。据本书附录中郑玲先生统计：乾隆开四库馆鲍家进呈书达718种，其中录入《四库全书总目》者380种（其中录入《四库全书》为249种，入《存目》者131种）。据郑伟章先生《书林丛考》统计，鲍家进呈书录入《四库全书总目》者为382种（中录入《全书》为251种，入《存目》者为131种）。据我国学者蔡文晋先生研究，鲍家进呈书不下724种，录入《全书》者279种，录入《存目》者140种，合计录入《四库全书总目》者为419种。周生杰、杨瑞先生统计，鲍氏进呈书为723种（或为724种），入《全书》者251种，入《存目》者134种，合计为385种。

鲍廷博一生刻书不下三百馀种，其中以《知不足斋丛书》最著称，该书收子书207种（据中华书局影印本《影印说明》列表统计为208种（含附录12种），总计823卷（含附录的12卷）。一生抄校书也在300种以上。

鲍生于雍正六年十二月初一，即公元1728年12月31日。

王立中（1882—1951）字叔平，号城南老人，安徽黟县人。安徽高等学堂毕业，曾任省通志馆编委，一生热心乡邦文献搜集整理。著有《俞理初先生年谱》《城南草堂曝书记》等。

附：鲍廷博世系图

鲍永顺→鲍贵（国槐公）→ 鲍思诩（鸿远公，号敏庵）— 妻胡氏、顾氏

→ 鲍廷博 妻郑氏 →
- 鲍士恭（字志祖，一字清溪，号慎庵）→鲍正身
- 鲍士宽（先父卒）→
  - 鲍正言（号听香、衎香） 妻张氏 → 鲍宗海 妻朱氏；鲍毓奎
  - 鲍正勋（一名正字） 妻程娴 →鲍寅

说明：（1）资料依据阮元《知不足斋鲍君传》、赵怀玉《恩赐举人鲍君墓志铭》《国朝耆献类征初编·鲍廷博传》（翁广平《鲍渌饮传》）、《［光绪］桐乡县志·列女上下》。

（2）鲍廷博《剑南诗稿》卷一跋称："二孙正字，三孙正身从行。"陆心源《皕宋楼藏书志·辛巳泣蕲录跋》称其孙二：长曰正言，次曰正字。则鲍正勋一名正字。

乾隆元年（1736）丙辰，九岁

入学读书

"九岁就傅"（《国朝耆献类征初编·鲍廷博传》）。

刘按，"就傅"，或称"就外傅"，皆指从师为学。傅，教师、师傅之意。

是年，颁谕令各督抚以公银购书，颁《十三经》《二十一史》于各省会府学、书院及府、州、县学。

是年开博学鸿词科，取刘纶等十五人。其中有学者杭世骏、汪沆、齐召南。次年续取四人。

乾隆十年（1745）乙丑，十八岁

秋，以花韵轩室名刻好友锁冯普《古今姓汇》二卷，有牌记标之。

牌记云："《古今姓汇》，乾隆乙丑（十年，1745）花韵轩梓藏。"又封面题："歙鲍氏花韵轩精刻。"（安徽省文史研究馆藏本，见《安徽省古籍善本书目》著录）

刘按，撰者锁冯普《凡例》云："余撰次是编，花韵轩主人怂恿成事，笺释多所商订。第愧余文辞鄙陋，博雅之家幸补其不逮。"又云："余自乾隆壬戌（七年，1742）寓花韵轩，搜考姓谱，博稽字书，为日已久，捃摭补缀，稿凡四易，今始成帙，敢谓竟无遗漏？然已殊费经营，览者亮之。"

是书首有乾隆十年秋天都曹学诗序。学诗字以南，号震亭，歙县人，乾隆十三年（1748）进士，官湖北麻城、崇阳知县，有政声，著有《香雪诗文抄》等。又练江方敦德序。敦德，不详。前冠称"练江"，旧称扬之水，发源于绩溪，流经休宁、歙县。流寓浙江嘉兴的休宁陈昂（承雅堂主人）即称"练江陈昂"。

锁冯普，字赞元，号菊坨，钱塘人。馀不详。

是书为已知的鲍廷博最早刊刻书，向以孤本藏于安徽省文史研究馆，世罕得见，故为论述鲍刻书者所不及。此蒙安徽大学郑玲先生、安徽省图书馆石梅先生先后复印函告。据石梅先生云：近年安徽省文史研究馆向省图书馆移赠古籍万馀册，此书今已入省馆。

花韵轩为鲍氏早年室名，至晚年仍沿用，其所著诗集，即题称《花韵轩咏物诗存》。花韵轩，语取唐司空图《归王官次年作》："孤屿池痕春涨满，小栏花韵午晴初。"稍后之藏书家石韫玉（1756—1837，字执玉，号琢玉，吴县人）有室名花韵庵。

是年官修书画目录《石渠宝笈》成，书凡四十四卷。

乾隆十五年（1750）庚午，二十三岁

春二月，以商籍补歙县庠生。

"二十三岁，补歙县庠生。"（《国朝耆献类征初编·鲍廷博传》）

刘按，庠生，即生员，俗称秀才，泛指时称诸生。系参加府州县举办的童试时录取的名称，非正式科举考试，类似今日选拔赛、资格考试，由此方得参加乡试。秀才虽不授以官职，但在本地取得了一定的名声和地位。

秋，以商籍参加乡试，落第。（清翁广平《鲍渌饮传》）

乾隆十八年（1753）癸酉，二十六岁

三月，校明张时昇刻宋谢翱《晞发集》五卷《外集》一卷，有跋文记之。

鲍廷博跋云："《晞发集》明时凡六刻，弘治间冯允中刻于海陵，嘉（靖）隆（庆）间程煦、凌琯同时刻于睦州、新安二郡，万历壬子、丙辰、戊午先后刻此本，

及缪一凤、张蔚然二本。余于辛未（乾隆十六年，1751）秋购此。近于人迥楼借得缪、张二刻校对。缪刻多谬，不足□（论?），张刻最佳，因从校正，间以缪本参之，别以朱墨。于张本得逸诗数篇附录于上。吴自牧《宋诗抄》有《晞发集近稿》五十馀首，俱此本所不载，暇日当录出合订，庶成全璧云。乾隆癸酉（十八年，1753）三月十九日，云门鲍廷博识。”又“缪刻七卷又续诗一卷，张刻十卷内附诗三卷。”（国家图书馆藏本，见《北京图书馆古籍善本书目》著录）

刘按，《四库全书》据马裕家藏本录入《集部·别集类》，题《晞发集》十卷《晞发遗集》二卷《遗集补》一卷附《天地间集》一卷《西台恸哭记注》一卷《冬青引注》一卷，系陆大业编刊本。陆，康熙间浙江平湖人。《总目提要》云：“陆大业以家藏抄本刊行，云向从旧刻录出，卷第已乱。大业以意厘定之，校他本为完善，然亦非其旧也。”

是书有“鲍以文藏书记”朱文长方印。

秋，又参加乡试，再落第。

“两应省试不售。”（《国朝耆献类征初编·鲍廷博传》）

刘按，鲍廷博是回乡还是在浙江参加乡试不清。以童子试通常在每年二月，乡试（省级考试）在同年秋举行。每三年为一科，逢子、午、卯、酉为正科。

据法式善《清秘述闻三种》卷六：乾隆十五年庚午科乡试江南考官为户部侍郎庄有恭、编修钮汝骐。考题为“致远恐泥”二句，“淡而不厌”一句，“拱把之桐”一节；浙江乡试考官为内阁学士裘曰修、编修欧阳正焕，考题“子贡问曰乡人”全章，“日月新照”一句，“有孺子歌，足矣”。乾隆十八年癸酉科乡试江南考官为内阁学士梦龄、编修王太岳，考题“子路宿于孔氏”（按《论语·宪问》：“子路宿于石门。晨门曰：‘奚自?’子路曰：‘自孔氏’），“夫政也者”一句，“春秋无义”一节；浙江乡试考官为内阁学士裘曰修、编修吴鹏南，考题“邦有道危”一句，“吾说夏礼”一节，“牛山之木”一句。

是年禁将汉文小说（如《水浒传》）、戏曲（如《西厢记》）等译成满文。

乾隆二十年（1755）乙亥，二十八岁

八月二十八日，手抄宋柴望等《柴氏四隐集》毕，并作题识。

鲍廷博题识云：“乾隆乙亥八月二十八日写毕，歙西鲍氏清风万卷堂藏本。”（上海图书馆藏鲍氏知不足斋抄本卷末墨书）

刘按，《柴氏四隐集》二卷《附录》一卷，鲍氏知不足斋抄本，鲍廷博校，清刘履芬跋，见《中国古籍善本书目·集部·别集类》著录。该书有鲍氏用

朱、蓝、墨笔批校多处，并钤有“天都鲍氏困学斋”“廷博”“以文”诸印记。

是年三月，翰林胡中藻著《坚磨生诗抄》，中有“一把心肠论浊清”句，以悖逆讥讪处斩。

八月，鲍廷博传抄元朱名世《鲸背吟》一卷，元严士贞《桃溪百咏》一卷，有题识记之。

鲍廷博题识云：“乾隆乙亥（二十年，1755）八月三十日写毕，歙西鲍氏清风万卷堂抄本。博记。”（邓邦述《寒瘦山房鬻存善本书目》卷五）

刘按，是书鲍氏未刊刻，《四库全书》据汪如藻家藏本录入《集部·别集类》，提要云：“旧本题元朱晞颜撰，前有自序，署其字曰名世。”鲍氏抄本今藏中国台北“中央图书馆”，有“鲍印廷博”“一字莒（以）赉”二印。与鲍氏手抄元严士贞《桃溪百咏》合为一册，上有“廷博”“以文”二印，也见《寒瘦山房鬻存善本书目》卷五著录。《桃溪百咏》又称《桃溪杂咏》，今南京图书馆藏清抄本，丁丙跋，见《中国古籍善本书目·史部·地理类》著录。

十二月，鲍廷博从吴下抄得孙承泽《庚子销夏记》八卷，有贫儿暴富之喜，有题跋记之。

鲍廷博跋云：“退谷先生（孙承泽）际沧桑之后，杜门却轨，日以书画自娱，名迹灿然，备著于录，周草窗（密）之《云烟录》、都南濠（穆）之《寓意编》不是过也。偶于吴下钞得之，窃有贫儿暴富之喜，惜多误书，无从是正，纸窗竹屋，风雨萧然，惟迟吾友身山居士（夏璜）来，焚香瀹茗，细尚略之。乾隆乙亥（二十年，1755）除夕前二日，鲍廷博书于知不足斋。”（《庚子销夏记》目录后）

刘按，身山居士即夏璜。见乾隆二十六年条按语。

是书于乾隆二十六年付梓，并延请卢文弨、余集、周二学、张宾鹤序跋之，见乾隆二十六年条。

乾隆二十一年（1756）丙子，二十九岁

三月，鲍廷博为吴长元出游聊城赠明危素《危太朴集》二册及抄本汉高诱《战国策》一部，并为之作跋文。

鲍廷博跋云：“《危太朴集》二册，去年客吴郡得之金星轺（金檀）家，丽煌（吴长元）三兄见而爱之。今年三月丽煌有聊城之游，无以为贶，因举此书（《危太朴集》）及宋纸旧钞高（诱）注《（战）国策》一部为赠。二书俱不易得，舟中客邸宜加意保护，勿为虫鼠风雨所坏，俟明年携归，更从君借观，展卷定为之欣然也。

乾隆丙子（二十一年，1756）三月廿二日棘人鲍廷博识。”（清潘祖荫《滂喜斋藏书记》卷三《集部》）

刘按，棘人，谓居父母丧时之人。据此鲍廷博之父思诩，当死于本年初，或上年之末。

吴长元，见乾隆二十八年条按语

金檀，见乾隆四十一年条按语

十月传录郁礼东啸轩藏元王翰《友石山人遗稿》一卷附录一卷，有题记，后其孙鲍正言、友马以艮再校并有题记。

鲍廷博题记：“乾隆丙子（二十一年，1756）十月传郁潜亭（礼）东啸轩本，二十七日灯下校。”“己卯（乾隆二十四年，1759）五月初九日，覆勘于仁和吴氏留耕草堂。”“嘉庆乙丑（十年，1805）七月二十七日重写于知不足斋，通介叟。”附“（鲍）正言覆校。”

马以艮题记：“丙寅（嘉庆十一年，1806）四月十七日，青堆马以艮重校于知不足斋。”（以上均见《北京大学图书馆藏〈大仓文库〉书志》（四）第1218页）

刘按，是书高30.2厘米，宽19.2厘米。版框高19.2厘米，宽14.4厘米，黑格，每半页十行，行二十一字，白口，四周单边，版心上方印“友石山人遗稿”，版心中记叶次，下题“知不足斋藏书”，系毛边装。

此承北大姚伯岳先生录示，今又见《北京大学图书馆藏〈大仓文库〉图录》（下）第401页。

十月二十八日，校宋孔文仲、孔武仲、孔平仲合撰《三孔先生清江文集》三十卷，并作题识记之。

鲍廷博题识：“乾隆丙子（二十一年，1756）十月二十八日灯下，渌饮居士校于困学斋。”（国家图书馆藏本）

刘按，是书《四库全书》据两江总督采进本录入《集部·总集类》，题作：“《清江三孔集》四十卷。”

是书初刻于宋庆元中，为王蘧所编，前有庆元五年（1199）周必大序，今宋本不存。据《直斋书录解题》称，其书包括孔文仲二卷、武仲十七卷、平仲二十一卷。

冬十二月，从郁礼处传抄汪立名抄本宋李季可《松窗百说》一卷，并有题识。

鲍廷博云：“乾隆丙子（二十一年，1756）季冬，传汪西亭立名写本于郁佩先礼。”（《标点善本题跋集录·子部杂家类》）

刘按，鲍氏以乌丝栏本传抄是书后，于乾隆二十二年（1757）、二十三年（1758），嘉庆二年（1797）、六年（1801）四度校阅，历时达四十四年之久，其笃嗜之深于此可见。鲍历年有题识："明年丁丑（乾隆二十二年）正月二十五日，校于知不足斋。""戊寅（二十三年）四月二十六日，仍借汪本覆勘一过，更正四五处，惜元本多误，未得别本正定耳。""嘉庆二年正月二日，通介老人重阅于西湖沈氏山庄，去丙子借录时四十二年矣。""嘉庆辛酉（六年）重阳前二日，闭门再阅一过，时年七十四。"

是书于嘉庆八年（1803）刻入《知不足斋丛书》第二十二集。《四库全书总目》未收录，见阮元《四库未收书目提要》著录，后辑入《宛委别藏》。

鲍氏抄校本今藏中国台北"中央图书馆"。

郁礼字佩先，一作佩宣，号潜亭，生卒年不详，约乾隆至嘉庆间浙江钱塘人。家有东啸轩，藏书甚富，与鲍廷博过从最密。

汪立名字西亭，徽州婺源（今属江西）人。由内阁中书升郎中，出知顺宁、辰州府，摄兵备道。工诗文，通六书，家有一隅草堂，喜藏书，也喜刻书，著有《钟鼎字源》等。刻书亦夥，其中以《白香山诗集》最著名（初刻于康熙三十四年，四十二年重刻题《白氏长庆集》）。

是年两淮盐运使卢见曾向乾隆皇帝进献所刊朱彝尊《经义考》二百卷。卢氏又得惠栋、沈大成之助，辑刻《雅雨堂丛书》，收书十一种，多为精抄名校的罕见之籍。

刻好友魏之琇《岭云诗抄》一卷。

刘按，是书见《中国古籍善本书目·集部·别集类》著录，十行二十字，黑口，四周单边，吴骞跋。今藏南京图书馆。骞子吴寿旸跋又见《拜经楼藏书题跋记》卷五。文曰："岭云诗抄一卷，钱塘魏柳洲先生著，原有墨笔评点处，先君子（骞）评阅用朱笔记，前云乾隆乙未（四十年，1775）五月，阅于拜经楼。"

魏之琇另有《柳洲遗稿》二卷，清乾隆刻本，十行二十四字，黑口。魏《自序》云："前者友人鲍子为余刻《岭云集》。"上海图书馆藏本有叶景葵跋，云："柳洲先生与我六世祖登南公友好，卷中《登端州试院楼望七星岩》《端州试院烹茶》《送登南赴阙补官》诸作，曩见丁氏刻《五布衣诗》本，已写入《先友诗翰》卷中。兹又得原刻本，颇为罕见。其版式与《樊榭集》相同，读之殊有前辈典型之慕。丙子（1936 年）夏日。"（《叶景葵杂著》第 138 页）。清同治、光绪间，丁丙辑刻《西泠五布衣遗著》（当归草堂刻本），将其录入其中。以其版式“与《樊榭集》相同”，则似亦出鲍氏所刻，参见乾隆二十六年条。

魏之琇字玉横，号柳洲，钱塘人。精医学，善填词，与鲍廷博友善，乾隆三十五年（1770）尝为鲍刻明江瓘《名医类案》校勘，当鲍氏从杭州移家桐乡时，魏作四绝诗纪行，诗载其所著《柳洲遗稿》（清丁丙辑同光间丁氏当归草堂刻《西泠五布衣遗著》本）。据吴骞《拜经楼诗集》卷三《送魏柳洲葬》魏约卒于乾隆四十六七年。

吴骞（1733—1813）字槎客，一字葵里，号兔床，又号愚谷，浙江海宁人（祖籍徽州休宁）。贡生。酷嗜书籍，家有拜经楼，聚书甚富，精鉴别，与鲍廷博友善，辑刻有《拜经楼丛书》，著有《愚谷文存》等。子寿旸字虞臣，一字周官，号苏阁。承家学，喜藏书，编有《拜经楼藏书题跋记》《拜经楼书目》。

乾隆二十二年（1757）丁丑，三十岁

正月，跋旧抄本元方回《虚谷桐江续集》四十八卷，有跋文记之。

鲍廷博跋云：“方万里（回）《桐江集》已不传，仅此序见于戴表元《剡源文集》中，因录于《续集》之首。至万里《桐江续集》自序一首，已列此集第四十八卷中，兹不赘录。乾隆丁丑（二十二年，1757）初一日灯下志。”（《皕宋楼藏书志》卷九十五《集部·别集类二十九》）

刘按，是书鲍氏未刊刻，《四库全书》据孙仰曾家藏本录入《集部·别集类》，题《桐江续集》三十七卷，非全帙。方氏自序称二十卷，黄氏《千顷堂书目》作五十卷。提要谓该书系其子及门生等陆续增刊。据《善本书室藏书志·集部·别集类》著录，鲍氏又抄校本三十七卷，其题记称：“《新安文献志》载‘虚谷文二十九篇，惟二首载《续集》，九首载《桐江集》’。”

春，校正宋岳珂《相台书塾刊正九经三传沿革例》一卷毕，并作题识。

鲍廷博题识：“乾隆丁丑（二十二年，1757）春分日，今日校正讫，渌饮居士志。”（朱笔）“《传是楼书目》（徐乾学编）有宋刻本，未知尚在人间否。”（朱笔）（傅增湘《藏园群书经眼录》卷二《经部二·相台书塾刊正九经三传沿革例》）

鲍廷博跋云：“丁未（乾隆五十二年，1787）七月十二日，从丁小疋（杰）本校于青堆寓舍。”（《藏园群书经眼录》卷二《经部二》）

“乾隆丙子（二十一年，1756）季冬，依汪西亭（立名）藏本缮写。”

刘按，鲍氏此书校正本，曾藏傅氏双鉴楼，此书为鲍氏困学斋抄本。傅氏

著录："清天都鲍氏困学斋写本，十行二十字，墨格，左栏外下方有'鲍氏困学斋'五字。"此书后由傅氏传至黄裳。

是书后刻入《知不足斋丛书》第十三集（约乾隆五十一至五十二年间）。《四库全书》据浙江总督采进本录入《经部·五经总义类》，书名无"相台书塾"四字。

是书鲍氏题跋今录入《上海图书馆善本题跋真迹（三）》第二十二页，（上海图书馆编，2013年11月上海辞书出版社）

是年，武邑人段昌绪因私藏吴三桂讨满檄文被斩决。同邑彭家屏因私藏《明季野史》《豫变纪略》等明末史籍，被斩监候，后令自尽。

丁杰，见乾隆四十四年条按语。

乾隆二十三年（1758）戊寅，三十一岁

二月，抄明都穆《南濠居士文跋》四卷，借汪氏振绮堂藏本校，并作跋文。

鲍廷博跋云："乾隆二十三年（1758）岁次戊寅，二月二十七日写毕，并校元本，借于钱塘汪氏振绮堂。"（中科院图书馆藏是书鲍氏抄本，此承罗琳先生复印录示）

刘按，是书十行二十字，左右双边，卷末版心下有"鲍氏困学斋"字样。卷端下钤有"歙鲍氏知不足斋藏书"（朱文）、"兔床经眼"（朱文）印。

参见嘉庆十九年六月《南濠居士文跋》条按语。

乾隆二十五年（1760）庚辰，三十三岁

六月，传抄汪氏振绮堂藏本元周伯琦《近光集》三卷《扈从诗一卷》，辑《周翰林集补遗》二卷，自校后又请郁礼为之重勘，鲍有跋文记之。

鲍廷博跋云："右周翰林《近光》《扈从》二集，乾隆庚辰（二十五年，1760）六月假汪氏振绮堂藏本对录，自初四日至十五日才毕，元本钞自澹生堂，未经勘定，脱误孔多，录竟取秀野草堂选本是正一过，十得二三而已，歙西鲍廷博书于知不足斋。""六月十七日仁和郁君佩先（礼）为予重勘一过，凡得八字。""澹生堂抄本《近光集》脱末后一番，会慈水郑君弗人（竺）以省试至杭，行箧中适携是集，出以相示，即澹生堂祁氏本也，亟取雠勘，虽互有得失而正讹补阙已十得八九，余于是书庶几无遗憾矣。"（中国台北"中央图书馆"藏鲍氏抄校本，转录自蔡文晋《鲍廷博年谱初稿》（上），载中国台北《"中央图书馆"馆刊》1994年12月新二十七卷第二期）

刘按，《周翰林集补遗》系从《虎丘志》《续吴都文粹》《天平山志》《麟溪集》《六研斋笔记》等录出。鲍氏于乾隆二十六、二十九、三十四、三十七、四十六、五十六年及嘉庆九年陆续补缀，原本藏中国台北“中央图书馆”。

郁礼，见乾隆二十一年条按语。

郑弗人即慈溪郑竺，见乾隆二十六年条按语。

七月，校抄本元欧阳玄《圭斋文集》十六卷，有题跋记之。

鲍廷博跋云：“乾隆庚辰（二十五年，1760）七月二十二日晡时校毕。所据刻本盖藉以慈水郑蕉雪（竺）所藏刻本，间有误书，不欲妄改，抹出以示后人。以文志。”（上海图书馆藏清初抄本《圭斋文集》，此承梁颖先生录告）

八月，传抄并校赵氏小山堂本元吴景奎《药房樵唱》三卷《附录》一卷，有跋文记之。

鲍廷博跋云：“乾隆二十五年八月十四日传抄小山堂赵氏本，至廿一日毕，次日校定。明年辛巳（乾隆二十六年，1761）收得吴石仓（允嘉）先辈家藏旧本，暇时当取雠勘一过。”（国家图书馆藏本，见《北京图书馆古籍善本书目》著录）

刘按，是书未刻入《知不足斋丛书》，《四库全书》据鲍家（士恭）藏本录入《集部·别集类》。

是书十行二十二字，左右双边，版心下镌印“知不足斋藏书”。有“知不足斋鲍以文藏书”“华阳高氏藏书，子孙保之”“孙毓修印”“小绿天藏书”“周暹”诸印。

吴允嘉（1655—?）字志上，又字州来，号石仓，钱塘人。喜藏书，好文史，家有石甑山房，收藏颇富，著有《石甑山房诗集》《石仓诗稿》等。

赵氏小山堂，谓赵昱（谷林）、赵信（意林）所建藏书室名，参乾隆二十七年条按语。

十一月，传抄绣谷亭吴焯所藏花山马寒中抄本、元郑元祐《侨吴集》十二卷，次年正月校毕，有题识记之。

鲍廷博题识云：“乾隆二十五年庚辰十一月二十八日，传绣谷亭吴氏所藏花山马氏抄本，除夕写毕。明年辛巳（乾隆二十六年）正月二十八日校正完。”（《侨吴集》，清鲍氏知不足斋抄本）

刘按，是书未刻入《知不足斋丛书》，《四库全书》据马裕家藏本录入《集部·别集类》。鲍氏抄校本《侨吴集》今藏上海图书馆。此蒙该馆梁颖先生复印告示。今《北京大学图书馆藏〈大仓文库〉书志》（四）第1216页也录有此书鲍氏抄本。上图藏本非鲍氏手迹，系他人过录本，今《上海图书馆善本题跋真迹》即不录此书。此蒙陈先行先生函告。

吴焯（1676—1733）字尺凫，号绣谷、蝉花居士，先世歙县人，迁居杭州。国子监生。家有瓶花斋，喜聚书，精校勘，与赵昱、厉鹗友善，著有《药园诗稿》《陆渚鸿飞集》等。

花山马氏指马寒中（？—约1724），名思赞，字寒中，号衎斋，本朱姓，海宁人。家有道古楼，藏书颇富，工诗绩学，著有《寒中诗集》《衎斋印谱》等。

十二月十二日，鲍校毕《侨吴集》后，同魏之琇、程龙骧、余集泛湖登山观梅，鲍有文记之。

鲍廷博云："庚辰（乾隆二十五年，1760）十二月十二日灯下校《侨吴集》毕。是日携魏玉横（之琇），程龙骧、余蓉裳（集）泛湖至小有天看海，登南屏绝顶，薄暮乃还抵家，月色满庭，与龙骧啜茗静坐，清兴正复不浅也，廷博志。"（《侨吴集》卷六跋，转自蔡文晋《鲍廷博年谱初稿》（上））

刘按，魏玉横，见乾隆二十一年条按语。

余集，见乾隆二十六年条按语。

程龙骧未详，龙骧当为其字。

乾隆二十六年（1761）辛巳，三十四岁

二月，从厉鹗樊榭山房借抄明朱珪《名迹录》七卷，并手校跋之。

鲍廷博跋："右《名迹录》七卷，从樊榭山房借录，元本虽经勘定，然几尘风叶，仍有扫除未尽者。录毕又为改正数字，中间脱落一叶，并有缺佚处，再得善本补完，斯无遗憾矣！乾隆辛巳（二十六年，1761）二月十三日，知不足斋识。"（《标点善本题跋集录·史部书目类》；又见《浙江文献展览会专号·乡贤遗书》，载《文澜学报》第二卷第三、四期）

刘按，是书未刻入《知不足斋丛书》，《四库全书》据鲍士恭家进呈本录入《史部·目录类》当即此本。鲍氏抄校本，曾经法式善、朱氏结一庐收藏，今藏中国台北"中央图书馆"。

厉鹗（1692—1752）字太鸿，号樊榭，钱塘人。以藏书、诗文、著述称于时。家有樊榭山房，收藏颇富，著有《樊榭山房集》《辽史拾遗》等。是书厉鹗有跋云："城南丁敬身（敬）隐君借抄，校定数十字，予又续校三十字。雍

正五年（1727）六月十日，杭人厉鹗记。”

朱氏结一庐主人朱学勤（1823—1875），字修伯，号复庐，仁和人。咸丰进士。藏书甚富，有《结一庐书目》行世（其子朱澂编）。

二月，刻清孙承泽《庚子销夏记》八卷附《闲者轩帖考》一卷，自作题跋，并延请卢文弨、余集、周二学、张宾鹤序跋之。

首有卢文弨序，云：“鲍子以文媚学好古，汲汲如恐不及，其搜集先哲遗文甚富，得是记，校雠完好，郑子弗人（竺）雅有同志，读而爱之，相与谋寿诸梓。既成，请余弁其端。……乾隆辛巳（二十六年，1761）六月，卢文弨书于暨阳书院之辈学轩。”（又见《抱经堂文集》卷五）

次周二学序云：“鲍君以文、郑君弗人（竺）笃学好古，觅得旧抄与他本有别，雠校再三，其中即尚有未安处，或不甚缪戾而未可轻易者，宁仍无改，俾具眼自得之，遂次第发棐，以公同好。……乾隆辛巳六月，晚菘周二学书。”

卷末余集题识云：“以文之刻是书，其成有日，惜不能扫阁焚香，重与身山（夏璜）纵观而快论也，能无存亡殊向之感哉！乾隆辛巳三月望后，余集附识。”

张宾鹤跋云：“退谷老人《销夏记》八卷，吾友鲍子以文客吴门，于藏弆家借抄得之，其中鲁鱼亥豕不一而足，以文精心校勘，正其讹谬，殆几完善，且谋剞劂，而慈水郑君弗人（竺）见之色喜，捐赀以助其成，余子蓉裳（集）工小楷，为写七卷，其《寓目记》一卷，以文属余续终之。始开雕于乾隆庚辰（二十五年，1760）腊月，越辛巳（二十六年）二月克蒇事。……此书百余年来世无锓本流传，盖置今为发其幽光，良亦艺林之快事与。云汀张宾鹤跋于学南轩。”

余集跋云：“庚辰（乾隆二十五年，1760）冬，吾友鲍子以文将付之梓而属余书。时方岁晏，每晨起坐小楼，写三数翻，旭日杲杲照几研间，虽严寒亦呵冻书之不辍。今年二月始毕。……辛巳霜降节后余集并书。”（以上均见本书）

刘按，是书为余集、张宾鹤手写上版，刊刻精美，行款疏朗，今已入《中国古籍善本书目》。津图又一部无附《闲者轩帖考》。《闲者轩帖考》后刻入《知不足斋丛书》第四集。

余集（1738—1822后）字蓉裳，号秋室，浙江仁和人。乾隆三十一年（1766）进士，官编修、侍读学士。工诗古文辞，善画，喜收藏，家有梁园，著有《秋室学古录》等。

夏璜字望珍，号身山，浙江仁和人，生年不详，卒于乾隆二十三年（1758）。性好古，尤喜古墨。

卢文弨（1717—1795）字绍弓，号矶渔、檠斋，人称抱经先生，浙江馀姚人。乾隆十七年（1752）进士，官至湖南学政，后讲学于江浙书院。家有抱经堂，收藏甚富，精校勘，与鲍廷博、吴骞、钱大昕、段玉裁等友善，著有《抱经堂文集》等。

周二学字幼闻，号晚菘，又号药坡，浙江仁和人。

张宾鹤字云汀，一字仲谋，号尧峰，浙江钱塘人。

郑竺字弗人，号晚桥，又号蕉雪，慈溪人，系郑性（家有二老阁）之孙，郑中节之三子。与杭世骏、鲍廷博交善。惜年二十五卒。著有《溪上旧闻》《野云居诗文稿》。

刻厉鹗《樊榭山房集》十卷《续集》十卷。

叶启勋云："乾隆辛巳（二十六年，1761）其子志黻以手稿附鲍以文廷博校刊本。"（《拾经楼䌷书录》）

刘按，《中国古籍善本书目·集部·别集类》著录为"乾隆刻本"，未署年号。是书十二行二十四字，白口，四周单边。该书有翁方纲评点本、吴骞跋本、叶启勋跋及批校本等多种。

叶启勋（1900—?）字定侯，又字更生，号毂道人，湖南长沙人，叶德辉三弟德炯次子。喜藏书，通晓版本目录学，家有拾经楼，藏书甚富（多为何绍基、叶德辉旧物），著有《拾经楼䌷书录》《拾经楼书目》《四库全书目录版本考》等。

十月，鲍廷博从吴允嘉处得五代和凝、和㠓《疑狱集》三卷，吴长元有跋记其事。

吴长元跋云："此册乃余友鲍以文得于石仓吴氏（允嘉）……（和凝）其素性偏急可知，而用刑一节能采古人韦弦之佩，亦可谓好学深思者矣。子显仁中允（和㠓）继父志，汇成百条，勒为四轴，今存六十六条，分上中下三卷，盖佚去四之一云。辛巳（乾隆二十六年，1761）小春月太初吴长元书于留耕堂。"（天津图书馆藏本；又见《皕宋楼藏书志》卷四十二《子部·法家类》）

刘按，是书抄本，九行十八字，无栏格，钤有"吴""太初""延陵季子"以及"曾在吴兴周言言斋""言言斋善本图书"诸印。

吴长元，见乾隆二十八年条按语。

是书鲍氏未刊刻。《四库全书》据范氏天一阁藏本录入《子部·法家类》，著录为《疑狱集》四卷《补疑狱集》六卷，提要有云："是书为和凝与子㠓同撰。""今本四卷，疑后人所分也"，又据陈振孙《直斋书录解题》称《疑狱录》三卷，上卷为和凝书，中下二卷为其子𡺽所续，《补疑狱集》六卷系明代张景所增。今津图藏本卷上、中二卷下端题“和凝集”，下卷下题“和𡺽述”。

吴允嘉，见乾隆二十五年条按语。

言言斋为周越然室名。越然（1885—1946）本名之彦，字越然，以字行，吴兴人。曾任上海商务印书馆英文编辑室主任。家有言言斋，藏善本书颇多，著有《言言斋藏书目》《书书书》。

张景号西墅，汝阳人。明嘉靖进士，官监察御史。

乾隆二十七年（1762）壬午，三十五岁

正月，从郁礼处传抄龚翔麟之玉玲珑阁藏抄本《芦浦笔记》十卷。二月十日、三月二十六日作该书题跋两则，叙抄本流传源流。至三十二年借沈彤本，四十八年借丁杰本两度校正，均有跋文记之。

鲍廷博跋云：“右《芦浦笔记》十卷。乾隆壬午（二十七年）正月传龚侍御翔麟玉玲珑阁本。龚传自晋江黄俞邰（虞稷）千顷斋。黄本则明万历间谢兆申抄于进士贺烺者也。三写之后，亥豕渐多，存之以俟善本勘定焉。元本曾经渔洋山人（王士祯）借观，前有题款一行，卷中附评语两行。其书后归海宁阮善长，阮有按语三条。今藏钱塘郁佩先礼东啸轩，予所借抄也。校毕记其流传所自，俾后来者有考云。二月十日，歙鲍廷博书于知不足斋。”“三月二十六日，复介佩先（郁礼）借赵意林信藏本再校。赵抄于厉孝廉鹗。厉本仍出于龚，无可是正，录其题识，以著小山堂主人（赵信）饬书之勤也。廷博又识。”（《丛书》第二十集）

又“丁亥（乾隆三十二年，1767）闰七月二十日，吴江沈果堂彤本校于绣溪寓庐，亦是新抄，无所补益。”“癸卯（乾隆四十八年，1783）十一月十四日，借归安丁小山杰本校正，录其题识于左。”（下录雍正十年十一月厉鹗题识，均见《丛书》第二十集）

刘按，龚翔麟（1658—1733）字天石，号蘅圃，浙江仁和人。康熙副贡生，官至陕西道监察御史。喜收藏，家有玉玲珑阁，书多异本。著有《田居诗稿》《红藕庄词》等。翔麟系龚佳育之子。

黄虞稷（1629—1691）字俞邰，号楮园，福建晋江人，侨居江宁，黄居中之子。家富藏书，后将其父之千顷斋扩建改名千顷堂，曾参修《明史》及清《一统志》，学问渊博，著有《千顷堂书目》《楮园杂志》等。

谢兆申（？—约1629）字伯元，号耳北，福建邵武人。万历间贡生，官山西右布政使。家富藏书，多达五六万卷，著有《谢兆申诗文稿》（一称《谢耳

北诗文集》)。

郁礼，见乾隆二十一年条按语。

赵信（1701—?）字辰垣，号意林，浙江仁和人，与兄赵昱（号谷林）齐名，并称“二林”。兄弟共建小山堂藏书处，其中藏明祁氏澹生堂散佚之书尤多。

是书嘉庆三年（1798）刻入《知不足斋丛书》第二十集。《四库全书》据两淮盐政采进本录入《子部·杂家类》。

是书末有鲍廷博过录厉鹗、赵信、郁礼、祝堃、丁杰、徐鲲等人跋文，中赵信跋云：“此樊榭先生善本也。乙巳（雍正三年，1725）六月伏后三日，销夏于小山堂，雠校一过，略正其四五，而内长文之讹尚复不少，古人云‘校书如扫尘’，信然。倩楷书生抄毕，以原本归之，栾城、意林对考。”（原注：博案，栾城为钱塘沈嘉辙。乙巳则雍正三年也，后四年为予始生之岁云）

沈嘉辙字栾城，钱塘人，与厉鹗、赵信、吴焯友善。

五月，借赵氏小山堂藏本校勘家藏抄本宋赵叔向《肯綮录》一卷，后于三十九年十月借汪氏飞鸿堂本再校，至四十四年开雕，并撰题跋。

鲍廷博跋两则，其一：“乾隆壬午（二十七年，1762）五月十一日午刻，从小山堂赵氏本勘一过。甲午（三十九年，1774）十月十六日，飞鸿堂汪氏本覆校。汪本与此误处同，无所是正也。”其二：“乾隆壬午五月十三日，以赵氏小山堂本勘定。甲午（乾隆三十九年，1774）十月十七日，借汪氏飞鸿堂本再校于芦楮寓庐，辰刻毕。己亥（乾隆四十四年，1779）三月开雕。”（《标点善本题跋集录·子部·杂家类》）。

刘按，是书为乾隆间鲍氏困学斋乌丝栏抄本，今藏中国台北“中央图书馆”。

是书未刻入《知不足斋丛书》，鲍氏单刻本也未见，《四库全书总目》据程晋芳家藏本录入《子部·杂家类存目》，今有《函海》本、《学海类编》本、《艺海珠尘》本。

是年江永卒，弟子戴震撰《江慎修先生事略》，表彰其学。

是年颁谕令儒臣校勘《十三经》《二十一史》，复开馆纂修《纲目》《通鉴辑览》及《三通》诸书。

五月，校抄小山堂藏本宋赵彦卫《云麓漫抄》十卷，三十一年（1766）五月再校，四十年（1775）十二月再从小山堂得五卷，三校，分别撰有跋文。

鲍廷博跋云：“《云麓漫抄》刻于商氏《稗海》者只四卷，此本传自赵氏小山堂，较商氏所刻已多过半，而《宋诗纪事》及《南宋杂事诗》所引李易安（清照）《投翰林学士綦崇礼书》不在焉。然则此非全书耶？当觅善本订正之。乾隆壬午（二十七年，1762）端午后一日，知不足斋识。”

“曹彬侯（炎）跋《清波杂志》云：《云麓漫抄》二十卷，则此仅有其半耳。丙戌乾隆三十一年（1766）五月廿九日芦渚寓舍。”

“乙未（乾隆四十年，1775）十二月，得十一卷至十五卷于小山堂。李清照启载十四卷中。观自序，则此书只十五卷，曹所云二十卷者，恐未足据。”（以上均据《拜经楼藏书题跋记》卷四）

刘按，是书未刻入《知不足斋丛书》，《四库全书》据浙江巡抚采进本录入《子部·杂家类》，提要云：“据自序，初名《拥炉闲记》，本止十卷，先刻于汉东学官，后官新安，并刻后五卷，始易今名。按，《文献通考》载《云麓漫抄》二十卷，又续二卷，与自序不符。岂其后此十五卷之外，又有所增，抑《通考》误十卷为二十卷，误续五卷为二卷也？”此书后有《涉梓旧闻》本和《中国文学参考资料小丛书（第一辑）》本（1957年上海古典文学出版社）。

乾隆四十年（1775）夏，吴骞从鲍廷博家借抄此书十五卷本。嘉庆十一年（1806）夏，陈鳣又从吴骞家借此书，十二年春，再传抄。吴、陈二人皆过录鲍氏三跋，并留有自跋。见《拜经楼藏书题跋记》卷四。

曹彬侯即曹炎。炎字彬侯，号鹤溪主人，常熟人。性嗜书，家藏万馀卷，曾客席鉴家，为其鉴定、编刊书籍，惜生卒年不详。

冬，与吴长元买舟访桐乡钱氏，钱藏宋苏过《斜川集》，自云“真本”，实乃伪本。吴长元有跋记其事。

吴长元跋云：“壬午（乾隆二十七年，1762）冬，桐乡甑山钱氏云有真本（《斜川集》），与世迥异。余意其为朱竹垞（彝尊）太史之甥，必曝书亭秘册也。偕鲍君以文买舟相访，恳借而归，阅其首页，即用贾秋壑（似道）半闲堂事，又以燕京为长安，相与大噱，盖又妄人伪作，以欺世者……壬寅（乾隆四十七年，1782）二月二十九日太初吴长元书于南城张少蓬寓庐。”（《皕宋楼藏书志》卷七十八）

刘按，吴长元，见乾隆二十八年条按语。

张少蓬名桐孙，字介封，号少蓬，堂邑人。

甑山钱氏，未详。

关于《斜川集》，参见嘉庆十五年条及按语。

乾隆二十八年（1763）癸未，三十六岁

三月，跋抄本元吕诚（字敬夫）《乐志园诗集》八卷《补遗》一卷，有跋文记之。

鲍廷博跋云：“别本标题作《吕敬夫集》，分作四卷，曰《来鹤堂稿》《番禺稿》《既白轩稿》《草堂杂咏》《竹洲归田稿》，与此次第略同，末附《来鹤亭倡和》一卷，则此本无也。癸未（乾隆二十八年，1763）三月十七日，知不足斋听雨记。”（《善本书室藏书志》卷三十四《集部·乐志园诗集》）

刘按，是书未刻入《知不足斋丛书》，也未见鲍氏单刻本，《四库全书·集部·别集类》录有吕诚《来鹤亭诗》八卷《补遗》一卷，即据鲍士恭家藏本，故此书当有二名。

是书鲍氏抄校本今藏南京图书馆。

助吴长元池北草堂校刻明张丑《清河书画舫》十二卷等。

吴长元《校书例略》云：“米庵（张丑）元稿，以‘莺嘴啄花红溜，燕尾点波绿皱’编号，别本编次作十二卷，颇多缺略，然亦有元稿不载者，今依元本刊定，而以别本所得补于每卷之后。”“是书向无刊本，传抄既久，讹以滋讹，今于援引诸书，悉取元书细加校勘，间遇插架所无，阙疑以俟，不敢臆改。至《真迹》有显然脱误者，博求善本是正。……互相勘定，必求至当而后已。”“开雕于壬午（乾隆二十七年，1762）四月，蒇事于癸未（乾隆二十八年，1763）五月，与予朝夕商榷，正讹补阙不遗余力者，友人鲍子以文之功居多，附书于此，以志相与有成之意。仁和吴长元丽煌识。”

严诚序云：“别有《真迹日录》三集，则又踵是书而成者，益并锓之，以备一家之言……乾隆二十八年（1763）岁在昭阳协洽（癸未）馀月望。铁桥严诚。”（以上均见《清河书画舫》册首）

刘按，吴长元字丽煌，浙江仁和人。喜收藏，家有池北草堂，与鲍廷博友善，曾将家藏明剑光阁抄本《五国故事》馈赠鲍氏，又曾寄抄自《永乐大典》的宋苏过的《斜川集》给鲍廷博，嘱刻于《知不足斋丛书》中。

严诚字立庵，号铁桥，钱塘人。乾隆举人，善画工诗。兄严果字敏中，号古缘。亦善书，尤工行楷、隶书。

耿文光云：“《清河书画舫》十二卷，明张丑撰，池北草堂本。此本板极精工，纸墨皆佳。每卷末刻‘乾隆壬午（二十七年，1762）四月上浣六日，仁和吴长元丽

煌氏校于池北草堂'双行二十四字。前有乾隆二十八年（1763）严诚序、次张丑引、次吴氏校书例略九条、次目录，末（即'皱'字号）附米庵《鉴古百一诗》，各卷皆有补遗，第九卷（即'点'字号）附米芾《宝章待访录》。""《真迹日录》与此书并锓。""（《清秘藏》）今因吴氏校本与米庵《四表》《日录》合为一函，遂录于此。"（《万卷精华楼藏书记》卷八十七）。

刘按，耿文光（1830—?）字星垣，一字酉山，号苏溪渔隐，山西灵石人。同治举人，尝官平遥训导、泽州府教授，后保举知县而未任，家道颇丰，藏书万卷，又兼营书业，著有《万卷精华楼藏书记》《目录学》等。

周中孚云：是书"仁和吴丽煌长元与鲍渌饮廷博依元本刊定，而以别本所得补于各号之后，凡八十八家。又以海岳（米芾）所作《宝章待访录》附'点'字号之末，及米庵（张丑）自作《鉴古百一诗》附'皱'字号之末。前载万历丙辰（四十四年，1616）米庵原引及丽煌校刊例略，又载乾隆癸未（二十八年，1763）严铁桥（诚）校刊序。""《真迹日录》乃据鲍氏知不足斋藏本。""吴丽煌与鲍渌饮因取原本重为刊定。"（《郑堂读书记》卷四十八）

刘按，周中孚（1768—1831）字信之，号郑堂，浙江乌程人。道光副贡生，官奉化教谕。长于版本目录之学，尝助阮元纂修《经籍籑诂》，助李筠嘉编《慈云楼藏书志》，著有《郑堂读书记》《郑堂札记》等。

傅增湘云："乾隆二十年（1755）吴长元池北草堂刊本，九行二十二字，分'莺嘴啄花红溜，燕尾点波绿皱'十二号，不编卷次，知不足斋无此书，或以吴氏池北草堂本，鲍氏助其校勘，版式相近（均巾箱本）而误记欤？下数书同。"（《藏园订补郘亭知见传本书目》卷九）

刘按，傅增湘（1872—1949）字沅叔，号双鉴楼主、藏园居士，四川江安人。光绪进士，官编修，民国后历任教育总长等职。为著名藏书家和版本目录学家，著有《藏园群书题记》《藏园群书经眼录》等。

傅增湘先生的推断可能是对的。《四库简明目录标注》《郘亭知见传本书目》《郑堂读书记》《书画书录解题》等所著录的知不足斋刻本、明张丑《真迹目录》《法书名画见闻表》《南阳法书表南阳名画表》《清河秘箧画表》，当皆为吴氏池北草堂所刊，而鲍氏助其力者，或者著录为"鲍氏知不足斋定本，吴氏校刊"可也。

秋，手抄并校清厉鹗《南宋院画录》八卷，并作跋文。

鲍廷博跋云："乾隆癸未（二十八年，1763）秋，从樊榭山房稿本清出。"又：

“樊榭先生抄撮古书往往以意删削，如此书中所引《六研斋笔记》《宝绘录》之类是已。重抄清本必须宋元之书对过，不可草草。”（国家图书馆藏本，见《北京图书馆古籍善本书目》著录）

鲍廷博题识云：“凡《好古堂书画记》（清姚际恒撰）俱无庸补入，非樊榭（厉鹗）所见也。”（国家图书馆藏本）

“乾隆癸未十一月十四日灯下勘，是日长至。”（《涵芬楼烬馀书录》，载《张元济古籍书目序跋汇编》第586页，2003年北京商务印书馆）

刘按，据《浙江文献展览会专号·乡贤遗书》（《文澜学报》第2卷3、4期）载：“此为同治丁竹舟校刊之底本（即丁丙辑刊《武林掌故丛编》第九集本），悉依原稿迻录，中有数则注明原本所删，鲍氏复为补入，引书次第先后，时见凌乱，又有与原文相远，或裁未当者，鲍氏均为之订正。朱墨灿然，非睹真迹，几不知鲍氏有功于此书之多也。卷四末有鲍以文乾隆癸未（二十八年，1763）十一月十四日朱笔题识。”是书钤有“涵芬楼藏”白文篆印。

厉鹗，见乾隆二十六年条按语。

是书未刻入《知不足斋丛书》，《四库全书》据吴玉墀家藏本录入《子部·艺术类》，后《武林掌故丛编》《美术丛书》均有收录。今《中华再造善本》收录此书。

姚际恒（1647—1715前）字立方，号首源，歙县人，侨居杭州。好读书、藏书，家有好古堂，著有《好古堂家藏书画记》《古今伪书考》等。

乾隆二十九年（1764）甲申，三十七岁

八月十七日，以明姚咨抄本、清丁敬龙泓馆藏本，校宋周煇《清波杂志》十二卷，并辑《别志》三卷，序一篇，作跋文以记之。至三十七年、四十年又两度校勘，均有跋文记之。

鲍廷博跋云：“右本出娄江曹彬侯，予借抄于严州太守莱阳赵公起杲，未几再得明姚舜咨（咨）写本，雠比一过。更就姚本补录《别志》三卷、张贵谟序一篇，益称完善。闲窗展卷，心目朗然，盖无以喻其乐也。乾隆甲申（二十九年，1764）八月十七日歙人鲍廷博识。”（《丛书》第十八集）

鲍廷博题识：“乾隆甲申，龙泓馆本重校于贞复堂。”（《文禄堂访书记》）

刘按，曹彬侯即曹炎。见乾隆二十七年条按语。

赵起杲（1715—1766），山东莱阳人，历官严州、杭州知府。家有青柯亭，尝从福建郑方坤（字则厚，号荔乡）后人处得蒲松龄《聊斋志异》抄本（或云

稿本)，鲍廷博资助并任校勘将其最后刻印成书。今朱睦卿有专文对赵之生平和青本《聊斋志异》较详考证和介绍，载《蒲松龄研究》2005 年第 4 期，恕不赘录。余集《秋室学古录》卷三有《严州太守赵公暨两夫人合葬墓志铭》。

姚舜咨即姚咨（1491—?)。咨字舜咨，一字潜坤，号茶梦散人、皇象山人，无锡人。家有茶梦斋，藏书甚富，其手抄本笔法精良，为世所重，人称“姚抄”。

丁敬（1695—1765）字敬身，号纯丁，别号龙泓山人，钱塘人。不乐仕进，嗜古博学，工篆刻，精鉴别，家有龙泓山馆，收藏亦富，著有《龙泓山馆诗抄》《砚林诗集》等。

鲍廷博跋云：“右《清波别志》三卷，为商氏（濬）《稗海》所未刊，世尤罕觏。丁君鲁斋（丁传）以茶梦散人（明姚咨）写本见借，裨补前志之阙，欣然录之，忘其字画之拙劣也。卷后龚养正跋云：‘《清波三志》，似《别志》之后尚有一志矣。’抑‘三’字系传写之误耶？俟更访之藏书家。乾隆甲申（二十九年，1764）重九，知不足斋识。”

“乙酉（乾隆三十年，1765）六月，将有吴门之游，既束装矣，书客沈丹宪以吴江沈果堂先生彤手校《别志》来售，庋架上，匆匆解维，归而忘之。越八年，壬辰（乾隆三十七年，1772）四月二十九日，偶检他书得之，亟取雠勘，据以是正者凡数十字，沈本次第与此不同，并缺十有事，无章斯才、张䜣、陈晦三跋，益知茶梦传本为可贵矣。绣溪寓庐记。”

“乾隆乙未（四十年，1775）十月十七日，借曹倦圃（溶）藏本于绣谷主人，覆勘一过，与果堂本无少异，知沈本实出于曹，故校称曹本，从其朔也。廷博志”(以上均见《丛书》第十八集)

刘按，丁鲁斋即丁传（1722—1799)。传字希曾，号鲁斋，浙江钱塘人，丁敬之子。乾隆诸生，著有《三代姓原》。

沈果堂即沈彤（1688—1752)。彤字冠云，号果堂，吴江人，沈自南曾孙。诸生。精于经学，尤长“三礼”，著有《果堂集》《周官禄田考》等。

曹倦圃即曹溶（1613—1685)。溶字洁躬，又字秋岳，号倦圃，秀水人。明崇祯十年（1637）进士，官广东布政使。家有静惕堂，藏书极富，著有《静惕堂书目》《诗集》等。

是书约于乾隆五十九年（1794）刻入《知不足斋丛书》第十八集。《四库全书》据内府藏本录入《子部・小说家类》。鲍氏校跋本，今藏国家图书馆。

清徐逢吉《清波小志》二卷、陈景钟《清波小志补》一卷、《清波三志》

三卷，均录入《武林掌故丛编》中。

是年准御史曹学闵奏，以平定准噶尔及回部，拓地二万馀里，决议重修《清一统志》。

乾隆三十年（1765）乙酉，三十八岁

春，从汪氏振绮堂假赵昱校唐高彦休《唐阙史》本，录其题语。三月十七日再假金氏桐华馆抄本再校，有题识记之。

鲍廷博题识云："乾隆三十年（1765）岁次乙酉仲春，从汪氏振绮堂假赵谷林（昱）先生手校本勘定，并录其题语于右。得闲居士鲍廷博识。""三月十七日再假桐乡金氏桐华馆抄本，校于知不足斋。"（《丛书》第一集）

刘按，此书鲍家（士恭）进献四库馆，录入《四库全书·子部·小说家类》，并得乾隆弘历皇帝亲笔题诗。鲍廷博将其刻入《知不足斋丛书》第一集，书名作《御览阙史》。

汪氏振绮堂，参见乾隆三十二年条按语。

金氏桐华馆，参见乾隆四十二年条按语。

赵昱（谷林），参见乾隆二十五年条按语。

五月既望，校刻宋汪元量《湖山类稿》五卷《附录》一卷、《水云词》一卷《附录》三卷，并分别跋之。

鲍廷博《湖山类稿跋》："按晋江黄氏书目（即黄虞稷《千顷堂书目》）：汪水云（元量）《湖山类稿》，凡十三卷，又《水云词》三卷，访之藏书家，均未之见也。此五卷，为刘须溪（辰翁）选定，前脱四翻，岁久纸敝墨渝，字句复多缺蚀。今刻本已不复存，辗转传抄，并其批点失之，间存评骘数语而已。予从《宋遗民录》补入须溪原序及同时诸贤题识五首，因合《水云诗集》刻之。所惜文山先生（文天祥）狱中唱和之作，及迺易之所云章丞相鉴、邓礼部光荐、谢国史枋得三序，无从录补耳。乾隆乙酉（三十年，1765）五月既望，得闲居士鲍廷博识于知不足斋。"

鲍廷博《水云词跋》："《水云集》诗二百馀首，刻于石门吴氏《诗抄》者（即吴之振《宋诗抄》），误书错简，往往而是，读者病之。偶得陆平原（陆嘉颖）采薇堂旧抄。陆传于史辰伯（兆斗），史借于钱牧翁（谦益），流传有自，允为善本，秘之箧衍，十年于兹矣。今年春，从吴瓯亭先生（吴城）假绣谷（吴焯，城之父）遗书，重加勘定，合《湖山类稿》刊之，成合璧焉。集中诗与《类稿》互有增损，桐乡汪氏（汪森）删其重见者，录为《湖山外稿》，于昔人持择之意，或未尽然，予

故一仍其旧云。乾隆三十年五月望后一日，古歙鲍廷博识。”

吴城《合刻汪水云诗序》：“同里鲍子以文（廷博）有忧之。由是五湖三泖，一舸时往来其间。频年收拾箧衍所储，悉故家珍秘。乙酉（乾隆三十年，1765）之夏，校定其插架《湖山类稿》《水云集》锓之。”“嗜古之士，广其传抄之意，踵吾鲍子后，家自为刻，举一切遗编坠简，咸登梨枣，亦庶足以息蜡车覆瓿之焰，此则鲍子之素志，而乞予讼言于士君子之前者也。”

余集跋云：“水云以布衣流离绝域，寄意诗琴，人品既高，诗亦《楚骚》《天问》之遗，以文发其幽光，刊以行世，洵不朽之盛业也。诗以纪之（略）。”（以上均见鲍刻原书；又见孔凡礼《增订湖山类稿》）

鲍廷博《附录·亡宋旧宫人词·水云还家小词为贶，声寄望江南》后跋：“右杨梦羽仪《金姬别传》一则，其所传诗词与此集所载无少异，惟以王清惠为黄惠清，或传写之讹耳。又按《西湖志馀》云：‘水云（汪元量）南还日，有故宫人张琼英赠诗云：“客有黄金白璧怀，如何不肯赎奴回，今朝且尽穹庐酒，后夜相思无此杯。”’今卷中作叶静惠，诗首二语亦不同，并志以俟考。乾隆乙酉（三十年，1765）中春日，歙鲍廷博识于知不足斋。”（见鲍刻原书）

刘按，鲍刻此词作单阕，缺下阕。今孔凡礼先生新辑《增订湖山类稿》题称《望江南》，上下阕全录，文字略有异处，见1984年中华书局本。

明杨仪《金姬传》一卷《别记》一卷，载《借月山房汇抄》第六集，《香艳丛书》第二集及《说库》。

吴城（？—1780）字敦复，号鸥亭，钱塘人，吴焯之长子。承其父瓶花斋藏书，益增广之，善诗文，著有《配松斋诗》《鸥亭小稿》等。

余集，见乾隆二十六年条按语。

桐乡汪氏谓汪森（1653—1726），字晋贤，号碧巢，原籍徽州休宁人，居桐乡。官户部郎中，家有裘杼楼，藏弆颇富。

汪元量字大有，号水云，钱塘人。宋度宗时以善琴供奉内廷。宋亡，随三宫入燕，凡七年而归。其作多慷慨悲歌，有故国黍离之感，于宋末诸事，皆可据以征信，故有“诗史”之称。其作久失流传，且散佚甚多。鲍廷博以家藏宋刘辰翁选定的五卷本《湖山类稿》抄本和清钱谦益手抄的《水云集》，合刻成《湖山类稿》五卷《水云词》一卷，并从《宋遗民录》中补入刘辰翁原序及文天祥等同时诸贤题识五则，是长期以来人们能读到的汪集善本。1984年中华书局出版的孔凡礼先生《增订湖山类稿》，则又远迈鲍刻本之上，此是后话。唯孔本《附录一》中的吴焯跋，误“焯”为“炜”，又误“蝉花居士”为“潭花居士"，也小有纰漏。

是书未刻入《知不足斋丛书》，《四库全书》据浙江巡抚采进本录入《集部·别集类》，提要有云："近时鲍廷博因复采《宋遗民录》补入刘辰翁元序，合《水云集》合刻之。"

天津图书馆藏本，二册，十行十九字，黑口，左右双边，书名页镌"知不足斋开雕"，末署"仁和陈载周刻"。

八月，从木渎吴氏得明弘治刻本元郑元祐《侨吴集》，据以校传抄吴氏绣谷亭藏花山马氏写本，有题识记之。

鲍廷博题识："乾隆乙酉（三十年，1765）八月二日，得《侨吴集》刻本于木渎吴氏，尚是弘治间旧刻。暇日校正一过，尽正写本之误，亦人生乐事也。书此以俟。八月十九日灯下听雨记。廷博。"（《侨吴集》，清鲍氏知不足斋抄本）

刘按，鲍氏知不足斋抄本元郑元祐《侨吴集》十二卷《附录》一卷《补遗》一卷，今藏上海图书馆，其《附录》《补遗》部分为鲍廷博辑，嘉庆十四年（1809）十一月姚瑚为鲍校正，见《补遗》题识。此蒙梁颖先生复印告示。今蒙陈先行先生告：上海馆藏此书，系他人过录的伪本。鲍氏手抄原本今藏北京大学图书馆（〈大仓文库〉藏本）。参乾隆二十五年条。

吴氏绣谷亭指吴焯，见乾隆二十五年条按语。

木渎吴氏指吴铨，也称璜川吴氏，见乾隆四十六年条按语。

花山马氏即指马寒中，见乾隆二十五年条按语。

九月，传抄并校吴氏（焯）瓶花斋藏本宋陈深《宁极斋稿》一卷、宋陈植《慎独斋稿》一卷，三十二年从别本校勘，均有题跋记之。

鲍廷博题识云："乙酉（乾隆三十年，1765）九月十九日灯下录。"又"乾隆乙酉九月十四日传瓶花斋本，分手抄录，一日而毕，为之大快。"又"丁亥（乾隆三十二年，1767）十月四日，饭后从别本勘讫。"（国家图书馆藏本，见《北京图书馆古籍善本书目》著录）。

刘按，是书有传录吴焯跋一则，云："两集皆见于顾氏（嗣立）《元诗选》，《经籍志》《续文献通考》俱不载，此集之传真幸也。乙未（康熙五十四年，1715）绣谷亭主人记。"又劳权跋一则，云："顷从知不足斋收得此集，用传抄阁本相校。阁本系顾侠君（嗣立）秀野草堂藏本，即选元诗所据也。卷末有张米庵（丑）题识，慎独叟诗题作《宁极斋遗稿》，阁本题《慎独叟遗稿》，以相区别。侠君谓出于祝希哲手抄，并录郑元祐所作墓志铭，当后人附录此后尔。

两本参校，互可是正。其《乐府》，十年前曾以常熟吴氏（讷）《名家词》抄本勘过，亦并存其异同。渌饮居士当日与《存悔斋集》同时抄，惜余仅得此帙耳。咸丰丁巳（七年，1857）三月二十日劳权记。”

《浙江文献展览会专号·乡贤遗书》云：是书“鲍以文传录吴氏瓶花斋本，复据汲古阁抄本、别本及《元诗选》，手自校雠、订正吴本讹字。劳平甫（权）重校一过，有鲍以文题字及劳权丹铅精舍诸印”（《文澜学报》第二卷三、四期）。

吴氏瓶花斋即指吴焯，见乾隆二十五年条按语。

劳权（1817—?）字巽卿，一作舜卿，号蟫隐，浙江仁和人。诸生。与弟劳格沉湎典籍，精校勘，有“二劳”之目。家有丹铅精舍，藏书甚富，其著吴昌绶辑为《劳氏碎金》，录其父子四人之作。

是书未刻入《知不足斋丛书》，《四库全书》据汪如藻家藏本录入《集部·别集类》。

是书无栏格，九行十六字，二册。鲍氏所抄元龚璛《存悔斋诗》一卷《附补》一卷（明朱存理辑），今藏国家图书馆，有鲍氏手校而无跋文。

十二月，跋元许有壬等编《圭塘欸乃集》。

鲍廷博跋云：“右《圭塘欸乃集》，借录于吴瓯亭（吴城）先生，盖绣谷（吴焯）前辈遗书也。元本虽出倦圃曹氏（溶），但未经勘定，脱误甚多。卷中诗词录入《圭塘小稿》者，仅十馀篇，间取是正，得三数字而已。末后洹滨跋云：‘友人躬录装潢，兵后见存，惟有此本。’则此集在当日初未入梓，宜乎今日流传者寡也。洹滨为安阳（许有壬）弟有孚号。《圭塘续集》中，别有洹滨所作《圭塘十二咏》及欧阳圭斋（玄）所撰《圭塘记》，俱宜附录，以表其胜概云。乾隆乙酉（三十年，1765）十二月初九日灯下，得闲居士识于芦渚之借一轩。”（《标点善本题跋集录·集部·总集类》）

刘按，是书未刻入《知不足斋丛书》，《四库全书》据鲍士恭家进呈本录入《集部·总集类》，作二卷。鲍氏抄校本今藏中国台北“中央图书馆”。

吴焯，见乾隆二十五年条按语。其子吴城，见本年条按语。

曹溶，见乾隆二十九年条按语。

乾隆三十一年（1766）丙戌，三十九岁

三月，抄并校宋徐玑《二薇亭诗集》一卷，有跋文记之。

鲍廷博跋云：“乾隆丙戌（三十一年，1766）三月二十五日风雨，闭门凄然，

有故乡（之）思，补录此卷，以解客（愁）。明日饭前写完，并勘一过，庐渚寓舍志。”（国家图书馆藏本，见《北京图书馆古籍善本书目》著录。）

刘按，是书未刻入《知不足斋丛书》，《四库全书》据鲍家（士恭）藏本录入《集部·别集类》，该鲍抄校本即为《四库》底本，有翰林院官印。

五月，力助赵起杲将蒲松龄的《聊斋志异》首次刊刻成印本。鲍先怂恿赵付梓，继而出赀解囊，校勘编辑。赵、鲍均有文记之。

赵起杲《聊志志异弁言》云：“丙寅（乾隆十一年，1746）冬，吾友周子季和自济南解馆归，以手录蒲留仙（松龄）《聊斋志异》二册相贻，深以卷帙繁多，不能全抄为憾。予读而喜之，每藏之行笥中，欲访其全，数年不可得。丁丑（乾隆二十二年，1757）春，携至都门，为王子闰轩攫去。后余宦闽中，晤郑荔乡（方坤）先生令嗣，因忆先生昔年曾宦吾乡，性喜储书，或有藏本，果丐得之。命侍史录正副二本，批阅之下，似与季和本稍异。后三年（乾隆二十五年，1760）再次都门，闰轩出原抄本细加校对，又从吴君颖思假抄本勘定，各有异同，始知荔乡当年得于其家者，实原稿也。癸未（乾隆二十八年，1763）冬，官武林，友人鲍以文屡怂恿予付梓，因循未果。后借抄者众，藏本不能遍应，遂勉成以公同好……此书之成，出赀襄事者鲍子以文，校雠更正者，则余君蓉裳（集）、郁君佩先（礼）暨予弟皋亭也。乾隆丙戌（三十一年，1766）端阳前二日，莱阳后学赵起杲书于睦州官舍。”（青柯亭刻本《聊斋志异》）

鲍廷博《青本刻聊斋志异纪事》云：“荷邨（赵起杲）先生丞杭时，尝出《聊斋志异》一书相示，且将进梓人焉，予颇怂恿之。及擢守严陵，政通人和，始从事于梨枣。清奉（俸）不足，典质以继之，然竟不克篑成而卒。先生弟皋亭属予竟其业。比竣厥工，距道山之游七阅月矣。览先生自序，方以周君季和不及见为恨，讵意墨渖未干，风流顿尽，予之痛先生，复有甚于先生之痛季和也。悲夫！

先生性恬澹，而独淫于书，故与予交尤莫逆。严陵距杭三百里，借书之伻尝不绝于道。《志异》之刻，余君蓉裳（集）在幕中商榷为多。比蓉裳计偕北上，偶一字之疑，（赵）亦走函俾予参定焉。今手书满箧，触目凄然，辙有山阳夜笛之感。

初，先生（赵起杲）之梓是书也，与蓉裳悉心酌定，厘卷十二，予第任雠校之役而已。今年（乾隆三十一年，1766）正月，晤先生于吴山之片山居，酒阑闲话，顾谓予曰：‘兹刻甲乙去留，颇惬私意，然半豹得窥，全牛未睹，其如未厌嗜奇者之心何！取四卷重加审定，续而成之，是在吾子矣。’予唯唯。后五月，十二卷始蒇事，而先生遽卒，未竟之绪，予竭蹶踵其后，一言之出，若有定数。噫，异矣！

严郡试院，去郡衙半里许，非试事，则鱼钥尘封，重门蛛口（帘）而已，五月十有八日，将试童子，先期遣隶扫除。时晓色初分，重扃乍启，瞥见一绯衣人，高冠峨峨，端拱庭除。隶咸惊仆，人亦随灭。

至日命题键试，先生饮食言笑如常时。迨受卷未终，竟以暴卒。卒之前一日，遍谒郡僚，备尽觋缕，如话别者。然库有公帑千金，悉命移贮县库，经画从容，若有先告，何其异也，但不知绯衣何神耳。

五月朔日。皋亭先生梦至一所，经历堂奥，皆非夙游，奄然竟逝，魂已离舍，木立尸前，心复自知其死，顾亦无所系恋。独惜剞劂之工未竟，悲从中来，一恸而醒。明日以告先生。先生方握管撰序，闻之默然良久，若不能无动于中者。后先生凶问至署，皋亭奔赴，抚尸恸哭，俯仰之顷，悉符梦境。

先生既卒于试院，举家惶遽无措。侍姬陈氏，哀哭尽礼，遂投缳死。家人惊救，已无及矣。后先生灵榇归里，以阻于道远，遂卜葬澄清门外。嗟乎，冉冉真魂，偕从泉下，垒垒遗冢，寂寞江滨，可哀也已！然而苦心劲节，已足与云山江水俱长。表扬芳烈，吾党之责也。因附记于此。乾隆丙戌十一月望前三日，得闲居士鲍廷博以文识。”（青柯亭本《聊斋志异》）

鲍廷博《聊斋志异题辞》云：“君不见，神禹铸鼎表夏德，能使神奸民不惑。又不见，汉皇前席问鬼神，贾生半夜宣室陈。牛鬼蛇神莫须有，竖儒硁硁一经守。书生忽坐鹅笼中，奇文诧见聊斋翁。我探仇池窥禹穴，《齐谐》《洞冥》肆披阅。司空见惯滋不悦，尘羹杂陈土饭设。聊斋胸次何超超，葫芦不屑依样描。混沌戏凿虚空雕，陆离光怪骚复萧。我有块磊无酒浇，一编三复意也消，可短夏日长秋宵。高堂锦张粉黛列，琥珀光寒银烛爇。掀髯请为宾客述，主人鼓掌客击节。空阶露凉蟋蟀咽，星河影沈玉漏绝。剪灯试与儿女说，老妻掩耳儿咋舌。吁嗟乎！人间天上两渺茫，胡为笔荒墨又唐？我欲簪珥置玉堂，驺虞麒麟威凤凰。大书金石相辉煌，穷愁著书剧可伤。聊假寓言列老庄，姑置高论周程张。嬉笑怒骂成文章，丰城夜夜牛斗光。欧阳不作亡中郎（原注：欧阳、中郎，本柳泉后人跋语），百年何人为表彰？玉函金匮名山藏。荷邨先生事搜讨，剩喜天留有遗稿。荆州每苦放翁借，书肆曾逢伯长恼。请倾敝箧质书画，亟进良工命梨枣。银钩铁画极雕镂，锦缥牙签恣奇藻。传钞何假十手给，快覩争先一囊倒。尘封《论衡》网《汲冢》，奴命董狐仆干宝。风檐展读愁易尽，鸡林访求恨不早。呜呼！谁似严陵太守贤，奇书不惜万人传。莫惊纸价无端贵，曾费渔洋十万钱！天都鲍廷博以文题。”

鲍廷博《聊斋志异·金和尚》跋云：“予闻之荷邨先生云，和尚盖绍兴某县人，少时与口某流寓青州。久之，复与□相失，遂□（削）发为僧，后其□显达，乃于诸城道中物色得之，劝令人初服，不可，因出资，令有司朋建利（刹）宇，且为营别业。□一时服御华侈，声势显赫，诚有如柳所云者。而其嗣孝廉某实其族子也。荷邨先生言其名字、爵里及其它琐事甚〔恶〕（悉），尝以柳家此传未尽得实，付梓后□别为小记以正之。刻甫竣而先生遽捐馆，舍子述高不详□，其大凡如此。丙戌（乾隆三十一年，1766）六月二十七日，天都鲍廷博书于〔岩〕（严）陵舟次。”（以上辑自张友鹤《聊斋志异会校会注会评本》卷首，上海古籍出版社1962年版。）

杨复吉云：“蒲留仙《聊斋志异》脱稿后百年无人任剞劂，乾隆乙酉（三十年，1765）、丙戌（三十一年，1766）楚中、浙中同时授梓。楚本为王令君某，浙本为赵太守起杲所刊。鲍以文云：留仙尚有《醒世姻缘》小说，盖实有所指。书成，为其家所讦，至褫其衿。易箦时，自知其托生之所后登乙榜而终（原注：留仙身后，平阳徐昆字后山，登乡榜，撰有《柳岩外编》，亦以文云）。岁庚子（乾隆四十五年，1780），赵太守之子曾与留仙孙某遇于棘闱，备述其故，且言《志异》有未刊者数百馀篇，尚藏诸家。”（《梦阑琐笔》）

刘按，蒲松龄《聊斋志异》是一部著名的讽刺小说，在我国文学史上具有重要意义。该书从写作到成书，约经历四十馀年之久，作者生前和卒后长期以稿本和多种抄本（如康熙抄本、铸雪斋抄本、黄炎熙抄本等）流传于世，各本卷帙、篇目之多寡，编次及文字差异多有所在。赵起杲官福建时，从建安藏书家郑方坤（荔乡）后人处得一抄本，系方坤官山东兖州知府时，在蒲家据其稿本传录的。乾隆二十八年（1763）赵调任浙江杭州知府，鲍廷博深知此书价值，极力怂恿赵氏刊行，赵因事未果。至三十一年（1766）赵任严州知府时方付诸梨枣，书刻至十二卷时，赵起杲去世。

初任校雠的余集（蓉裳）成了进士（乾隆三十一年），入四库馆，充纂修。起杲之弟赵皋亭将这未竟之业托付鲍廷博，直至刻完全书第十六卷。有《弁言》《纪事》可证。鲍廷博参与策划、出资、校勘全程工作，故此书名为赵氏青柯亭刻本，而学人常以“鲍本”相称，是有道理的。

赵起杲，见乾隆二十九年条按语。

郑荔乡即郑方坤。方坤字则厚，号荔乡，福建建安人。雍正元年（1723）进士，官至山东兖州知府。承父郑善述藏书数万卷，又增益之，家有却扫斋，善诗文，著有《国朝名家诗抄小传》等。

余集，见乾隆二十六年条按语。

杨复吉（1747—1820）字列欧，号慧楼，江苏吴江人。乾隆三十七年（1772）进士，以知县铨选，称疾不赴，居家读书、著述。师从王鸣盛，与鲍廷博、吴翌凤、卢文弨友善，尝续刻《昭代丛书》五编，著有《梦阑琐笔》等。

据赵起杲《聊斋志异例言》云，蒲松龄以毕生精力成书稿后，尝就正王士祯（渔洋），王欲以百千市其稿，蒲氏不与，王因加评骘而还之。

夏，传抄宋张有《复古编》二卷，嘱沈大成为之校勘。

沈大成跋曰："《复古编》余求之积年，近从江君宾如借观，鲍君（以文）见而愿抄，余为校勘，其中穿（凿）支离处，恐误后学，俱用丹笔标出，以是益知著书之难也。盖自几望至下弦甫毕而记之，以此识良友想成之雅云。乾隆丙戌（三十一年，1766）夏日在天街，沃田老人沈大成书于广陵客舍，时年六十有七。"（《皕宋楼藏书志》卷十四）

刘按，江宾如，不详。江昱字宾谷，原籍徽州歙县，居扬州。业盐致富，家有凌寒竹轩，拥书万卷。其弟江恂字于九，也喜藏书，家有蝇须馆，宾如或为恂字。

沈大成（1700—1771）字学人，号沃田，华亭人。康熙诸生，以古文辞名江左，著有《学福斋文集》《诗集》。

是书《四库全书》据纪昀家藏本录入《经部·小学类》，底本为明万历中黎民表刊本。

十二月，鲍廷博得明戏鸿馆刻本宋秦观《淮海集长短句》一卷，鲍有跋记其事。

鲍廷博署："乾隆丙戌（三十一年，1766）十二月二十日，鲍氏知不足斋收藏。"（国家图书馆藏本）

刘按，是书版心下镌"戏鸿馆"，卷端署"宋高邮秦观少游撰，郡人李袁玄又玄校。书末尚有钱曾、何煌、张允亮等跋文。八行二十字，白口，四周单边。

钱曾（1629—1701）字遵王，号也是翁，常熟人，钱谦益之族曾孙。家有述古堂，藏书富且精，著有《读书敏求记》。

何煌（1668—1741后）字心友，一字仲文，号小山，长洲人，何焯之弟。家有语古斋，喜藏书，精校勘。

张允亮字庾楼，丰润人。光绪进士。与傅增湘友善，与徐森玉、沈兆奎并为"藏园三友"。

乾隆三十二年（1767）丁亥，四十岁

三月，再校明朱珪《名迹录》七卷，并作跋文。

鲍廷博跋云："此书按目寻之，凡佚六十一篇，所存者仅十之三四耳。樊榭（厉鹗）、龙泓（丁敬）两先生校勘，或未经细验目录，而朱性甫（存理）手抄时，何亦疏忽乃尔，未为指出耶？丁亥（乾隆三十二年，1767）三月十有二日，芦浦寓舍识。"（《标点善本书题跋集录·史部·金石类》）

刘按，厉鹗，见乾隆二十六年条按语。

丁敬，见乾隆二十九年条按语。

朱存理（1441—1513）字性甫，长洲人。博学工文，喜藏书，编有《铁网珊瑚》等。

是书未刻入《知不足斋丛书》，《四库全书》据鲍士恭家藏本录入《史部·目录类》，

鲍氏手校本，今藏中国台北"中央图书馆"。

闰七月，鲍廷博校元钱惟善《江月松风集》十二卷，辑《补遗》一卷，有跋文记之。

鲍廷博跋云："曲江老人（钱惟善）诗，自元明迄今四百馀年未有刊本，传抄多谬，予借得三本校雠，粗有条理……闻先生手稿国初时曾藏曹倦圃（溶）先生家，今不知流传何所，访求元本订正而流通之，固吾党之责也……乾隆丁亥（三十二年，1767）闰七月初九日得闲居士鲍廷博识于知不足斋。"

钱桂森题识："同治七年（1868）四月，得知不足斋旧抄本《江月松风集》，末有鲍氏辑录《补遗》一卷，为他本所无，可宝也。桂森识。"（以上均见中国台北"中央图书馆"藏鲍氏抄校本，转录自蔡文晋《鲍廷博年谱初稿》（上），载中国台北《"中央图书馆"馆刊》第二十七卷第二期）

刘按，曹倦圃即曹溶，见乾隆二十九年条按语。

钱桂森（？—1884年在世）初名桂枝，字辛白，号犀庵，江苏泰州人。道光三十年（1850）进士，授编修，累官至安徽学政。家有一松轩，喜收藏，为今版本学家钱存训之曾祖父。

此书鲍廷博后又过录清初朱之赤叙其流传原委跋文，参见嘉庆十三年条。

十月，借抄汪氏振绮堂藏本宋陈经国《龟峰词》一卷，有题识，两年后又作跋文。

鲍廷博题识云："乾隆丁亥（三十二年，1767）十月，借钱塘汪氏振绮堂本对写，廿一日完。"跋云："竹垞先生（朱彝尊）《词综》云：'陈经国，嘉禧（熙）、淳祐间人，未详其爵里。'予按，《宝祐四年登科录》第四甲第一百四十八人陈经

国，字伯夫，小字定夫，年三十八，本贯潮州海阳县人，未知即其人否，俟更考定，己丑（乾隆三十四年，1769）正月十日，剪烛书于知不足斋。”（《标点善本题跋集录·集部·词曲类》）

刘按，此为《宋朝十一家词》本，鲍氏抄跋本，今藏中国台北“中央图书馆”。《龟峰词》今有《百家词》本。清末王鹏运辑刻《四印斋所刻词》附《四印斋汇刻宋元三十一家词》中亦收录，作者署“（宋）陈人杰”。

钱塘汪氏振绮堂主人汪宪（1721—1771）字千陂，号鱼亭，仁和人。乾隆十年（1745）进士，官至户部陕西司员外郎。博雅喜收藏，家有振绮堂，藏书数万卷，与鲍廷博、赵氏兄弟（昱、信）、吴焯等友善，鲍常从汪氏借抄书，朱文藻为之检办，著有《振绮堂稿》，其子汪如璞、孙汪诚、曾孙汪远孙，直至光绪间汪康年，皆世承藏书之业。

手抄宋李心传《建炎以来朝野杂记甲集》二十卷，乃据吴焯之瓶花斋藏校本，又以明赵琦美藏本补校。

周星诒跋：是书“为儿子绍寅自广西、江左寄本，旧是鲍渌饮传写吴尺凫（焯）校本，续又以赵清常本补校者也。惜佚去乙集尾帙六卷为可惜耳。”“周星诒，辛巳（光绪七年，1881）闰月。”（傅增湘《藏园群书经眼录》卷六《史部四·建炎以来朝野杂记甲集》）

刘按，傅增湘云，是书“卷首有翰林院官印，又浙江巡抚三宝进书木记。每卷后有惇典堂、芦浦寓庐、知不足斋、绣溪寓舍等志，均在乾隆丙戌、丁亥间（三十一至三十二年，1766—1767），皆渌饮钦（亲）笔也”。姑置于此。

据是书所钤木记，可知为四库馆开馆的进呈本。而《四库全书总目·史部·政书类一》录入此书，乃下题“两淮盐政采进本”，亦一抄本，未知与此书为一为二？

鲍氏《知不足斋丛书》未收录此书。

赵琦美（1563—1724）原名开美，字仲朗，号玄度，别号清常道人，常熟人。以父（用贤）荫官至刑部郎中。家有脉望馆，藏书闻名一时，且多精抄本，编有《脉望馆书目》，著有《容台小草》等。

吴焯，见乾隆二十五年条按语。

是年开三通馆，续修清《通考》《通典》《通志》。《续文献通考》成。

乾隆三十三年（1768）戊子，四十一岁

自上年末至本年初，鲍廷博校明张丑《真迹日录》五卷，有跋文记之。

鲍廷博《真迹日录》卷上《黄山谷真迹》条下云："按此迹见于汪氏（砢玉）《珊瑚网》者，文与此同，凡四百二十一字，后有李日华、汪珂（砢）玉跋而无项氏（元汴）题识。汪跋云：'在宋楮上，楮高尺馀，长二丈，绝无接缝。'其见于《江村销夏录》者，系古色青襕，笺高七寸八分，长一丈二尺五寸，纸计七接，无'此字可令张法亨刻之'九字，故只四百十二字。本身有董文敏（其昌）题识，亦无项氏题语，所列图记亦与此迥异。今青甫所见纸张五丈，竟一纸，是三家所见各各不同。甚矣，鉴别之难也！乾隆丁亥（三十二年，1767）十二月朔天都鲍廷博附识。"

鲍廷博《真迹日录》卷二《米书九帖》条下云："按，《清河书画舫》云：'草书九帖，笔法与海岳（米芾）诸帖小异，有天真烂漫之趣。旧为水村陆太宰（完）所藏，李西涯（东阳）跋极称许之。'今考此帖既无长沙题语，又无水村图记，疑《书画舫》所记或别是一迹，卞氏（永誉）《书画汇考》附录于此帖之后，误矣。乾隆戊子（三十三年，1768）人日得闲居士鲍廷博附识。"

鲍廷博《真迹日录》卷二《米南宫易说》条下云："按此迹亦见《江村销夏录》，本文题识与此无异。惟项氏（元汴）题其值三锭，作其值五锭，少不同耳。廷博附识。"（以上均见《四库全书》本《真迹日录》）

刘按，汪砢玉，《明诗综》作汪珂玉，误。砢玉字玉水，徽州人，寄籍嘉兴。崇祯中官山东盐运使判官，著有《古今鹾略》《珊瑚网》。

李日华，见嘉庆十年条按语。

项元汴字子京，号墨林山人，嘉兴人，笃寿弟。家有天籁阁，收藏极富，刊有《天籁阁帖》。

董文敏即董其昌。其昌（1555—1636）字玄宰，号思白，华亭人。万历进士，官至南京礼部尚书，卒谥文敏。著名书法家、画家，著有《容台集》等。

青甫，不知谁氏，疑或钱登熙（贵筑人，家有悔昨非斋）。

《江村销夏录》为清高士奇所撰，见乾隆三十八年条按语。

陆完字全卿，号水村，长洲人。明成化进士，官至吏部尚书。富收藏。

卞永誉字令之，号仙客，崇德人。康熙时官至刑部右侍郎。善鉴别书画，著有《式古堂书画汇考》。

李东阳（1447—1516）字宾之，号西涯，茶陵人。天顺进士，官至吏部尚书。善诗，为茶陵诗派之首领，著有《怀麓堂集》等。

"长沙题语"疑指李东阳跋。茶陵，清属长沙府。

《真迹日录》一书，四库馆据鲍家（士恭）进呈本录入《四库全书·子部·艺术类》，提要及《四库简明目录标注》等，皆云鲍氏知不足斋别行刊本，而周中孚《郑堂读书记》云“乃据鲍氏知不足斋藏本”，傅增湘以为：“或以吴氏（长元）池北草堂本，鲍氏助其校勘，版式相近（即均巾箱本）而误记欤?”窃以为傅氏推断应是对的，《清河书画舫》及《真迹日录》等，皆为鲍氏定本，吴氏刊刻者，参见乾隆二十八年《清河书画舫》条按语。

十月，鲍廷博从汪氏东轩借抄元尹廷高《玉井樵唱》三卷，鲍有题识记其事。

鲍廷博署：“乾隆戊子（三十三年，1768）十月，传东轩写本，十三日校于贞复堂。”（国家图书馆藏本）

刘按，汪氏东轩即钱塘汪宪之静寄东轩，见乾隆三十四年条按语。

是书十行二十一字，黑口，左右双边。为鲍氏进呈四库馆本，然《四库全书》据马裕家藏本录入《集部·别集类》。鲍氏后于嘉庆十三年（1808）闰月再行重抄传录，可见原进呈本未发还鲍家。

十一月，鲍廷博校旧抄本宋向镐《乐斋词》一卷，鲍有跋文记之。

鲍廷博跋云：“戊子（乾隆三十三年，1768）十一月初三日，翦烛校一过。丰之（向镐）词传本未广，亦颇清婉流丽，虽未能与秦（观）、柳（永）抗衡，要不失为第二流也。”（《善本书室藏书志》卷四十四《集部二十》）

刘按，是书未刻入《知不足斋丛书》，也未见鲍氏单刻，《四库全书总目》《四库未收书目提要》均未著录。今有佚名辑《宋元人词》本（清抄本）、江标辑《宋元人名家词》本（清光绪刻本）、明吴讷辑《百家词》本（民国商务印书馆铅印本）。

乾隆三十四年（1769）己丑，四十二岁

二月，借汪氏东轩刻本元成廷珪《居竹轩诗集》四卷影抄，并有题识记之。

鲍廷博题识云：“乾隆己丑（三十四年，1769）二月，借钱塘汪氏东轩刻本影写，二十二日毕并校，知不足斋识。”（国家图书馆藏本，见《北京图书馆古籍善本书目》著录）

刘按，是书未刻入《知不足斋丛书》，《四库全书》据鲍家（士恭）藏本录入《集部·别集类》。

汪氏东轩即汪宪之静寄东轩，为汪氏藏书暨宾朋讨论经史、饮酒赋诗处。世又称此刻本为汪氏振绮堂本。汪宪，见乾隆三十二年条按语。

二月，校明抄本宋葛郯《信斋词》一卷，有跋文记之。

鲍廷博跋云："乾隆己丑（三十四年，1769）二月廿又五日，晨起，从亦园所刻《十名家词》勘一过，积雨五旬，是日始见朝旭，欣喜无量。"（《善本书室藏书志》卷四十《集部·词类》）

刘按，是书《知不足斋丛书》《四库全书总目》均未录。康熙二十八年（1689）侯文灿辑刻于《十名家词集》（即亦园刻本），国图、上海、首都、科图等六家有藏。后有《宋元人词》本、《栗香室丛书》本、《常州先哲遗书》本等。

校明抄本宋陈与义《简斋词》一卷。

丁丙云："此明抄本题曰'简斋'，凡十八阕。《简斋词》以《虞美人》《临江仙》二阕得名，馀亦清空婉丽，在南宋亦称佼佼，得鲍氏精校可谓佳本矣。"（《善本书室藏书志》卷四十《集部·词类》）

刘按，是书鲍氏未刻入《知不足斋丛书》，也未见单刻。《四库全书》据安徽巡抚采进本录入《集部·词曲类》，题《无住词》一卷，底本为毛氏汲古阁刻《宋名家词》本，亦录十八阕。又《四库全书》据鲍士恭家藏本《简斋集》十六卷，录入《集部·别集类》，其卷十六即陈氏诗馀十八首。

《中国古籍善本书目·集部·词类》著录南京馆藏是书清抄本，无鲍氏和丁氏跋，非此本，鲍校明抄本今未见著录，恐亡佚不存。

原跋未署年，姑置于此。

五月，借振绮堂藏明冯彬刻本元林景熙《霁山先生集》五卷。校己藏清汪士鋐刻本。

张扬云："乾隆中，长塘鲍氏从振绮堂得冯（彬）刻本以校汪（士鋐）本，舍短取长，于是刊入《知不足斋丛书》中，惟卷次仍用汪，章（祖程）注则尽从冯，最为完善。余初读鲍正言跋，虽述通介公（鲍廷博）校刻始末，实未知其祖本何从也。比得传抄冯本，有'知不足斋藏书'印记，为鲍渌饮手校，朱墨宛然，内多浮签墨识，似又为一人之笔；其从冯以改汪，其从汪以正冯，与《丛书》本互校，孰从孰违，益见精审，非有此本，余乌从而知之哉（原注：详见拙撰校勘记中）。此文四卷，始校于乾隆己丑（三十四年，1769）五月二十日，至二十三日始毕，日尽一卷，有'绣溪寓庐记'二行。"（《跋鲍校传抄冯本〈霁山集〉》后，载《图书馆学季刊》第七卷第二期）

刘按："是书嘉庆十五年（1810）刻于《知不足斋丛书》第二十五集。

据张扬跋称，是书先有明天顺七年（1463）吕洪刻本，继有嘉靖七年

(1528) 辽藩光泽王据毛秀旧藏本重梓，悉删章祖程注。嘉靖九年（1530）海康冯彬以吴下张寰藏本刊于平阳县治，是为十卷本。虽卷次割裂，幸章注独全。康熙间歙县汪士鋐从藩本重刊，自是汪刻盛行而章注益晦。

汪士鋐原名征远，字扶晨，一字栗亭，歙县人。工古文诗词，著有《栗亭诗集》等。

冯彬字用先，雷州卫人。嘉靖进士，官松江守。

七月，传抄汪氏振绮堂本宋刘安上《刘给事文集》五卷《附录》一卷，十二月校正，录朱彝尊跋文并作题识。

鲍廷博题识："乾隆己丑（三十四年，1769）七月，传钱塘汪氏振绮堂本，二十六日完。知不足斋识。""乾隆己丑十二月朔，绣溪寓舍。"（卷一末）"己丑十二月朔，午后校于绣溪寓舍。"（卷二末）"己丑十二月初二日，晨起校于绣溪寓舍。"（卷三末）"乾隆己丑十二月巳刻，校于绣溪寓舍。"（卷四末）"乾隆己丑十二月初二日，校于绣溪寓舍，巳刻毕。"（卷五末）（均见沈津《书城挹翠录》第198页）

刘按，是书未刻入《知不足斋丛书》，《四库全书》据鲍士恭家藏本录入《集部·别集类》。

是书封面有满汉文"翰林院印"大方印及印文模糊而尚可辨认的"乾隆三十八年浙江巡抚三宝送到鲍士恭家藏《刘给事文集》一本"。

鲍氏抄校本，一册，半叶十行二十字，黑格，左右双边，双鱼尾，书口下印有"知不足斋正本"。今藏上海图书馆。朱彝尊跋系抄手过录。

汪氏振绮堂主人汪宪，见乾隆三十二年条按语。

八月，从杨万里《诚斋集》中补录宋胡铨《澹庵先生文集》六卷，有题识记之。

鲍廷博题识云："右俱从《诚斋集》中补录。己丑（乾隆三十四年，1769）八月十八日贞复堂记。"（《澹庵先生文集》，清鲍氏知不足斋抄本）

刘按，是书未刻入《知不足斋丛书》，《四库全书》据马裕家藏本录入《集部·别集类》，此书今藏上海图书馆，承梁颖先生复印录告。

秋，朱文藻从鲍廷博借抄明钱士升《南宋书增删定本》六十八卷，朱有跋文记之。

朱文藻跋云："（上缺）鲍渌饮知不足斋所藏，目录厘为六十八卷，而卷中十二与十三并，三十五与三十六并，六十四与六十五并，目录与书不符，实可省为六十五卷也。钱氏此书盖取《宋史》原文，删去原文繁衍，更采他书补所未备，得百分之四五焉……乾隆己丑（三十四年，1769）借抄一过，复取《宋史》细校诸未善者，据《史略》加增润，遇有讹误可议，标出上方，俱用朱笔，凡校两月而毕，仲冬望前二日自吴门归，辄书所见于卷末归之。又渌饮尝云此书自吴中购得，有二本，其一为人先得，此本缺序一首，并卷中缺三页，何时再见善本，补足为快也。文藻记。"（《浙江文献展览会专号·乡贤遗书》，载《文澜学报》第二卷第三、四期）

刘按，此书为鲍氏知不足斋藏旧抄本，朱文藻朱笔手校。首有"翰林院印"，书衣有"乾隆三十八年十一月浙江巡抚三宝送到鲍士恭家藏《南宋书》壹部计拾本"四行木记，每卷有"知不足斋鲍以文藏书印"。此书入《四库全书总目·史部存目》，所据即鲍家（士恭）藏本，唯作"六十卷"。

朱文藻，见乾隆三十九年条按语。

十一月，校刻明邝露《赤雅》三卷，并作跋文。

鲍廷博跋云："邝先生湛若，南海奇士也，以忤邑令，弃家走粤西，为瑶女云亸娘之客，因悉其山川、仪物及歌舞、战阵之制，撰为此书。瓌奇藻丽，昔人方之《山海经》《西京杂记》，非溢美也。百馀年来，为世珍秘，而流传盖寡。予亟为校刊，与海内嗜奇之士共欣赏焉。旧有怀宁两阮序引，削而不录，惧为先生辱也。先生少尝事大铖，崇祯间为阮序《咏怀堂诗》，称'门人百拜'，洎阮罗织东林，乃贻书绝交，侃侃千言，可与侯氏（方域）《壮悔堂集》中一书并传。予友陈君用舟（济），曾于金陵市上见之，惜乎不获附此以行也。乾隆己丑（三十四年，1769）十一月上浣六日，歙西鲍廷博识于知不足斋。"（《丛书》第二集）

刘按，侯方域字朝宗，商丘人。即《桃花扇》剧中侯公子。

怀宁两阮指阮大铖及其女阮丽珍。

陈济字用舟，金山人。贡生。著有《听莺词》。

是书初为单刻行世，后纳入《知不足斋丛书》第二集（约在乾隆四十一年）。《四库全书》据浙江巡抚采进本录入《史部·地理类》。

是年清廷责令江苏、广东等地，查毁钱谦益《牧斋初学集》《有学集》，以集中有"诋毁本朝"之故。

抄校宋孙复《孙明复小集》一卷《附录》一卷，并作题识。次年正月再复校。

鲍廷博题识："乾隆己丑（三十四年，1769）十二月初五日，校于绣溪寓庐。"（见诗后）"乾隆庚寅（三十五年，1770）正月十二日，从《徂徕先生集》（宋石介撰）复校一过。贞复堂记。"（沈津《书城挹翠录》第185页）

刘按，是书未刻入《知不足斋丛书》。《四库全书》据纪昀家藏本录入《集部·别集类》。鲍抄本与四库本均为录孙复文十九篇、诗三首，附以欧阳修撰《墓志》一篇。

鲍抄本一册，半叶十行二十字，左右双边，黑格，书口下印有“知不足斋正本”。今藏上海图书馆。

鲍氏抄校此书，时在乾隆三十四至三十五年（1769—1770），姑置于本年。

是书封面钤有“乾隆三十八年（1773）十一月，浙江巡抚三宝送到鲍士恭家藏《孙明复小集》一部，记书一本”木记，又有满汉文“翰林院印”大方印，可证为鲍氏进呈之本。然《四库全书》未用作底本，很快退还其家。

是年审查内廷钦天监藏书，拟销毁所藏占验书。

乾隆三十五年（1770）庚寅，四十三岁

五月，刻明江瓘《名医类案》十二卷《附录》一卷，延余集、杭世骏序。

余集序云：“吾友魏君玉衡（横）之琇、鲍君以文精加雠比，网罗史氏，研搜家集，毕力补缀，丹铅告疲，始称完好，重付杀青。……乾隆三十五年（1770）岁次庚寅二月，仁和余集书于新懦斋。”

杭世骏序云：“吾友魏玉横氏精于医术，能穷其源，附以己见，而议论不致混淆。鲍以文氏博于考索，能知某故刊其讹字，而汤剂不致贻误，过而请叙，余不知医之术，而能深见其理，是书也，出医学入门之阶梯也。……乾隆庚寅（三十五年，1710）五月朔，秦亭老民杭世骏。）”（以上均见本书）

刘按，是书版心下镌“知不足斋正本”，卷端下署“后学仁和余集蓉裳、钱塘魏之琇玉横、仁和沈烺敦曾、歙鲍廷博以文重校”，卷一末有“仁和陈立方写刻”。《目录》卷十二《小儿症》有“博按，此卷异症、汤火金疮、食忌、丹毒、中毒五条附入小儿症中非是。”

附录一卷系明汪道昆所撰《江山人（瓘）传》《明处士江民莹（瓘）墓志铭》。

是书据明万历十九年（1591）其子江应元、应宿家刻本重刻。《四库全书》据通行本录入《子部·医家类》，无《附录》一卷，提要云：“近时歙县鲍廷博又为之重刊。其中间附考证，称琇案者，乃魏之琇所加。”

余集，见乾隆二十六年条按语。

杭世骏（1698—1773）字大宗，号堇浦，又号秦亭老民，浙江仁和人。乾隆元年（1736）举博学鸿词，授编修，后主讲于书院。家有道古堂，藏书不下十万卷，又与赵氏小山堂、厉氏樊榭山房、鲍氏知不足斋、吴氏瓶花斋相往还。

长于史学，撰有《道古堂诗文集》等。

魏之琇，见乾隆二十一年条按语。

九月，奚冈在鲍廷博家得观明正德刻本梁萧统《梁昭明太子集》六卷，奚有题识记其事。

奚冈署："乾隆庚寅（三十五年，1770）九月立冬后一日，罗龛外史奚冈观于贞复堂。"（《皕宋楼藏书志》卷六十七《集部·别集类》）

刘按，贞复堂乃鲍廷博室名之一。

奚冈，见乾隆三十六年条按语。

秋，鲍廷博助戴殿江、戴殿泗昆季刻其先祖元戴良《九灵山房集》三十卷，鲍为之撰序文。

鲍廷博序云："《九灵山房集》三十卷，浦阳戴叔能（良）先生所著，初得抄本于吴中，庚寅（乾隆三十五年，1770）秋，晤其裔孙瀛三（殿江）、东瞻（殿泗）昆季于吴山，方购求是集付梓，余亟授而开雕焉。"（乾隆三十六年戴氏传经书屋刻本《九灵山房集》，转自崔建英《明别集版本志》第489页）

刘按，是书《四库全书》据两江总督采进本录入《集部·别集类》，多《补编》二卷。又良有《遗稿》五卷入《存目·集部·别集类》著录。

据《中国古籍善本书目》载，上海图书馆藏是书鲍廷博、戴殿泗校抄本，中科院文学所藏是书乾隆三十七（六）年戴氏传经书屋刻本。

戴殿泗，见乾隆五十七年条按语，与其兄殿江、殿海俱有文名。

十月，从明毛氏汲古阁所藏旧刻本校旧抄元黄庚《月屋樵吟》四卷。至乾隆四十四年（1779）八月补完所抄缺叶，均有题识记之。

鲍廷博题识（一）："庚寅（乾隆三十五年，1770）十月初十日，从旧刻校完。旧刻极古，似（为）宏（治）间所刊，上有'东湖毛氏图书印''西河季子之印''汲古后人'印。第四卷缺一翻，疑即此本所自出也。"

鲍廷博题识（二）："乾隆四十四年己亥（1779）八月十二日，得□□（清常）道人手抄本补完，去庚寅初勘时已十年矣。"

鲍廷博题识（三）："按刻本脱一叶，抄本遂以《劝酒歌》上半接□（玩）月图，下半致不可读，近得清常道人手校本补完此二篇，中间复补《田家词》一首，竟为完璧，自庚寅（乾隆三十五年，1770）迄今已十载矣。每展阅未尝不耿耿，今以无意中获全，真快至也。"（《月屋樵吟》，清鲍氏知不足斋抄本）

刘按，是书未刻入《知不足斋丛书》，《四库全书》据两淮盐政采进本录入

《集部·别集类》，题称《月屋漫稿》一卷。成化十三年刻本称“樵吟”，且作“四卷”。此蒙上海图书馆梁颖先生复印告示。

是书今录入《上海图书馆善本题跋真迹》（十三册）第22页。据题跋真迹影印本，鲍氏于此书尚有题跋一则，然缺失漶漫较多，难以辨认。

十一月，鲍廷博跋《唐虢国公扬花台铭》，有跋文记之。

鲍廷博跋云：予友赵君晋斋（魏）有此碑，题云：《虢国公扬花台铭并序》而铭曰之后即署“判官亳州临涣县尉申署（屠）液撰”，原无铭词，非脱落也。扬花“扬”字不从木，盖即散花之义。碑云“花雨依微洒，轻香于世界”是已。前又有一碑，即此录第十三卷中《杨将军新庄像铭》也。后云“开元十二年十月八日”，无书撰人姓名，书仿褚河南（褚遂良），与台铭如出一手，而碑之大小亦相等。予疑像铭之杨将军，即台铭之虢国公杨，因检《旧唐书宦官·杨思勗传》：开元初，安南首领梅元成叛，诏思勗讨之，卒斩元成。十二年五溪首领覃行璋作乱，思勗复受诏讨之，生擒行璋，以军功累加辅国大将军，后从东封加骠骑大将军，封虢国公。则此二碑均属思勗明矣。像铭刻于开元十二年，在讨行璋之后，故云：‘受圣寄任，闻难经纶。英谋贯古，韬略通神。一蒙金钺，屡建华勋。善代不伐，功成不居。功归天子，善托真如。’盖纪其事也。考《元宗本纪》，讨行璋时，思勗官书镇国将军，故此碑题曰杨将军，其台铭称辅国大将军虢国公，及云牛车鹿裘骠骑减中人之产，当刻于十三年东封以后也。按顾氏《金石文字记》云：‘虢国公主花台铭，在西安府南门内华塔寺。’以‘扬’作‘主’。亭林（顾炎武）亲至其碑所，不应舛谬至此，当由《亭林文集》刻于身后，校雠疏略，偶然笔误耳。近时秀水李氏光映刻《金石考略》引用古林《金石表》，遂引《唐书》顺宗女虢国公主以实之，竟以申屠液为顺宗时人，讹以滋讹，几成信谳，此孟子所以有不如无书之叹也。碑中布衣脱粟，有丞相之风，相字失写，旁添想字。又铭曰之后戛然而止，殊不可解。思勗本姓苏，罗州石城人，为内官杨氏所养，因姓杨氏。史称其残忍好杀，奉命杀牛仙童，至探取其心，截去手足，割而啖之，其惨酷至此，乃建塔造像以邀冥佑，亦愚矣哉。乾隆三十五年十一月初二日，歙鲍廷博识于知不足斋。（清叶奕苞撰《金石录补》卷二十二）

按，赵晋斋谓赵魏，见乾隆五十四年条按语。

十一月二十七日，鲍廷博过录清叶奕苞稿本《金石录补》跋文。

鲍廷博过录叶跋：“康熙甲寅（十三年，1674）之夏，常熟县开城河得一研，如今之方砖，两旁有足，其右已损，铭文八分云：‘松操凝烟，楮英铺雪。豪颖如飞，人间四绝。顺义元年（921）处士汪少微识。’按顺义为吴睿皇杨溥纪年也，元年岁次辛巳，去今凡（至明戊申四百四十七年）□年。而温润如初出坑者，家林宗（叶奕）以二百青蚨售之，研质虽石，从未有金石谱者，附记焉。’乾隆庚寅（三十五年，1770）十一月二十七日补录于绣溪旅舍，得闲居士。”（《中央大学国学图书馆第二年刊》，载《近代著名图书馆馆刊荟萃三编》第一册，2006 年 7 月北京图书馆出版社）

刘按，是跋为鲍氏过录叶奕苞跋。叶奕苞（？—1687）字九来，昆山人。康熙间荐博学鸿词，不果，归来筑半茧园，读书著述，所著有《锄经堂诗集》《金石小笺》等。

叶奕，见乾隆三十九年条按语。

乾隆三十六年（1771）辛卯，四十四岁

二月，于金氏（檀）文瑞楼得抄本宋朱翌《猗觉寮杂记》二卷，魏之琇借观，魏有跋文记之。

叶启勋云是书：“后有‘知不足斋鲍以文藏书’朱文大方印，则钱塘鲍处士廷博也……又有‘辛卯（乾隆三十六年，1771）二月借于以文先生处，凡注疑伪处三十许，外有不可解者尚多也，柳洲琇识，十九日灯下’朱字二行。”（《拾经楼䌷书》，转录自蔡文晋《鲍廷博年谱初稿》（上），中国台北《“中央图书馆”馆刊》第七卷第二期）

刘按，叶启勋，见乾隆二十六年条按语。

金檀，见乾隆四十一年条按语。

是书鲍氏于乾隆四十一年刻入《知不足斋丛书》第三集，参乾隆四十一年条。

三月十九日，与奚冈同游吴山，遇雨归。

鲍廷博云：“辛卯（乾隆三十六年，1771）三月十九日清风草堂校（宋徐梦莘《三朝北盟会编》），晚复雨。午后与奚君纯章（冈）游吴山，遇雨而归。”（鲍廷博《三朝北盟会编》卷十题记）

刘按，奚冈（1746—1803）字纯章，号铁生，钱塘人，以书画俱清旷精妙著称，为人耿介，终生不与试，著有《冬花庵烬余稿》。

自本年三月至次年五月，鲍廷博校读宋徐梦莘《三朝北盟会编》二百五十卷，鲍有题识记之。

卷一题识：“乾隆辛卯（三十六年，1771）三月十二日校于清风草堂，大雨竟

日夜不止。”

卷二题识：“辛卯三月十三日清风草堂校。雨竟日，寒甚。”

卷三题识：“辛卯三月十四日清风草堂校。雨彻夜，寒甚。”

卷四题识：“乾隆辛卯三月十五日校于清风草堂。积雨旬余，是日始晴朗可喜，饭后登吴山，一舒积闷。”

卷五题识：“乾隆辛卯三月十七日清风草堂校。夜雨达旦不止，蚕麦可忧矣。”

卷六题识：“三月十六日灯下校。”

卷七题识：“三月十六日灯下校。雨止。”

卷八题识：“三月十七日清风草堂校。阴。”

卷九题识：“乾隆辛卯三月十八日清风草堂校。阴。”

卷十题识：“辛卯三月十九日清风草堂校。晚复雨。午后与奚君纯章（冈）游吴山，遇雨而归。嘉定张君孝则（崇傃）以旧拓《多宝塔》见赠，借去张季明（杲）《医说》、俞子容《续（医）说》，并（旧题唐王冰撰）《元珠密语》三书。”

卷十一题识：“三月二十日校于清风草堂。雨。”

卷十二题识：“乾隆辛卯七月十二日校于绣溪寓庐。晴。”

卷十三题识：“辛卯七月十三日绣溪寓庐校。晴。”

卷十四题识：“乾隆壬辰（三十七年，1772）正月十四日绣溪寓舍校。”

卷十五题识：“壬辰正月十四日校。阴。”

卷十六题识：“壬辰元宵校于绣溪寓舍。雨。”

卷十七题识：“壬辰元夜校完。元（圆）月。”

卷十八题识：“正月十六校于绣溪寓馆。阴雨。”

卷十九题识：“壬辰收灯夜校。大风，晴。”

卷二十题识：“壬辰正月二十一日校于绣溪寓馆。”

卷二十一题识：“正月廿四日校于绣溪寓舍。晴。”

卷二十二题识：“正月廿四日校。”

卷二十三题识：“廿四日剪烛校。”

卷二十四题识：“正月二十五日校于绣溪寓舍。雨。”

卷二十五题识：“壬辰正月二十五日灯下。小雨，夜大风。”

卷二十六题识：“正月二十六日校于绣溪寓舍。风冷，阴。”

卷二十七题识：“壬辰正月初四日补录并校于绣溪寓舍。”

卷二十九题识：“壬辰端午校于绣溪寓舍。”

卷三十题识：“五月初六校。”

卷三十一题识："乾隆壬辰五月初六日校于绣溪寓舍。"

卷三十二题识："初六午后校此卷。风雨。"

卷三十三题识："五月初七日校。"

卷三十四题识："初七日午刻校。"

卷三十五题识："五月初九日校于绣溪寓馆。晴。"

卷三十六题识："初九日未刻校完。"

卷三十七题识："初九日申刻校。"

卷三十八题识："初十日校。晴。桐乡方兰如（薰）、金云章（德舆）二君过寓，观唐摹《十七帖》，并借去文丞相（天祥）遗墨一卷以去。"

卷三十九题识："十一日午前校。晴。"

卷四十题识："十二日校。大雨，欲往桐乡回（访）方（薰）、金（德舆）二君不果。"

卷四十一题识："十二日午后校。"

卷四十二题识："十二日未刻校。"

卷四十三题识："十二日灯下校此卷。内陈公辅《乞择相札子》已见前三十七卷，汪（宪）本未经勘出，知瓶花斋本亦同此。"

卷四十四题识："十三日晨起校。雨。"

卷四十五题识："十三日。巳刻校。"

卷四十六题识："十三日午刻校。雨止，大风。"

卷四十七题识："十五日晡时校完。"

卷五十题识："十四日申刻校。雨止，稍有霁色。"

卷五十一题识："十四日薄暮校讫。"

卷五十二题识："十五日辰刻校。阴。"

卷五十三题识："乾隆壬辰五月十五日校于绣溪寓舍，巳刻完。"

刘按，是书为清抄本，无栏格，十一行十九字，卷四十八、四十九及徐序系抄配。各卷题识多记其校勘时间、地点、气候及交游、往来活动，并惦念雨竟日不止、蚕麦可忧等社会状况。

奚纯章即奚冈，见本年条按语。

方薰，见乾隆五十年条按语。

金云章即金德舆，见乾隆四十二年条按语。

张孝则即张崇傃（1742—1818），字孝则，号补庵，嘉定人。精医理，懂水利，工诗。

是书钤有“八千卷楼丁氏藏书印”“善本书室”“涵芬楼”“海宁张元济经收”诸印。

张元济先生指出是书鲍氏据吴城瓯亭及汪氏振绮堂藏本用朱、黄、绿三笔校正并补。汪、吴二本出季振宜藏本，“以文所校极精审，并以宋、辽、金三史，李焘《（资治通鉴）长编》，叶隆礼《契丹国志》，宇文懋昭《大金国志》，邵伯温《（邵氏）闻见录》，《铁围山丛谈》（宋蔡绦撰），《新安文献志》（明程敏政编），《大金吊伐录》（佚名撰），《傅忠肃集》（宋傅蔡撰），《杨龟山集》（宋杨时撰），《梁溪集》（宋李纲撰）等，参互考订。凡有疑义及前后复出者，均 一一指出。惜仅五十三卷为止。起乾隆辛卯（三十六年，1771）三月十二日，至翌年（三十七年）五月十五日止。每卷末均记月日、风雨、阴晴，并当时情事。以下为他人接校，正讹补缺，一依前例，然不及鲍氏精审矣。卷首徐氏自序及卷四十八、四十九均后人钞补”。（见《涵芬楼烬馀录》，又见《浙江文献展览会专号》，载《文澜学报》第二卷第三、四期）

是书《四库全书》据张若淮家藏本录入《史部·纪事本末类》。《四部丛刊三编》末附预备续出书目列此书，然未出版。

八月，钱塘振绮堂主人汪宪逝世，鲍廷博撰挽诗，怀念二人笃厚友谊。

鲍廷博《挽汪鱼亭比部》诗：“整整牙签万轴陈，林间早乞著书身。种松渐喜龙鳞老，埋玉俄惊马鬣新。清白家声钦有素，丹黄手泽借还频。西风谁送山阳笛，偏感春明僦宅人。”自注云：“先生既捐馆，余尚向邺架借书。”（叶昌炽《藏书纪事诗》卷五）

刘按，汪宪，见乾隆三十四年条按语。

十月朔，购得旧抄本清黄虞稷《千顷堂书目》三十二卷。

鲍廷博题识：“乾隆辛卯（三十六年，1771）十月朔，鲍氏知不足斋收藏，其值六金。”（《标点善本题跋集录·史部书目类》）

刘按，此书系鲍氏从苕估购得，为杭世骏道古堂藏本，有杭世骏乾隆十三年（1748）跋，后于乾隆四十年（1775）九月，转让给吴骞，盖吴原嘱鲍访之者。吴得此书又于乾隆四十年、嘉庆十一年（1806）两跋其书，均见《标点善本题跋集录·史部·书目类》。今藏中国台北“中央图书馆”。

吴骞《重校千顷堂书目跋》云：“予属鲍君以文物色之，数年始从苕估购得，审视堇浦先生（杭世骏）道古堂藏本也，有其手跋。它日面质之，先生亦不自知其所以然。盖堇浦晚岁双足不良于行，侍史往往窃架上书以卖，不意此

本辗转流传，仍为我辈所得，信昔人所谓有翰墨缘者矣……乾隆乙未（四十年）重阳日。”（《愚谷文存》卷四）

杭世骏，见乾隆三十五年条按语。

吴骞，见乾隆二十一年条按语。

卷二

乾隆三十七年至四十九年（1772—1784）

四十五岁至五十七岁

乾隆三十七年（1772）壬辰，四十五岁

四月十五日，以元许有壬《至正集》校其《圭塘欸乃集》中的诗词，有跋文记之。

鲍廷博跋云："壬辰（乾隆三十七年、1772）四月十五日，从《至正集》校可翁（有壬字可用，故称可翁）诗词一过。此卷（《圭塘欸乃集》）所录，集中无一篇遗略，殊可喜也。集（《至正集》）凡八十一卷，与《经籍志》合，自元至今，未有刊本，流传绝少，予以重值购之桐乡汪氏，当与好古者共抄传之，庶几不终湮没云。"（《标点善本题跋集录·集部总集类》）

刘按，元许有壬《至正集》八十一卷，鲍氏未刻入《知不足斋丛书》，《四库全书》据河南巡抚采进本录入《集部·别集类》。鲍校本今藏中国台北"图书馆"。

六月朔，校刻元郭畀（天锡）《客杭日记》一卷，后入《知不足斋丛书》第一集，并作四诗以代跋。

鲍廷博《〈客杭日记〉刻成小诗代跋》其一："多情合遣到杭州，锦字私笺客里愁。却羡雨窗饶乐事，一尊相唤隔河楼。"其二："樊榭风流媲往贤，云山墨妙手亲题。锦囊湘箧同珍重，记取从今五百年（原注：予传樊榭先生手抄本开雕）。"其三："尊前欢赏惜匆匆，弹指谁留石火踪（原注：谓七芙蓉阁谶集诸先辈）。展放烟云重过眼，可堪还问七芙蓉（原注：事详厉序）。"其四："玉躞金题走蠹鱼，都来有愿未颠如。巾箱乞与新开本，津逮人人足秘书。""得闲居士鲍廷博题，时乾隆壬辰（三十七年，1772）六月朔日。"（《丛书》第一集）

刘按，鲍诗后附魏之琇同作四首。元郭畀（字天锡，号云山，丹徒人，工书画）的《客杭日记》，系所撰《郭天锡日记》一部分（今存手稿本为元至大元年八月至二年六月，抄本为至大元年八月至二年十月，分藏国家图书馆、上

海和天津图书馆)。鲍氏据厉鹗(樊榭)雍正三年(1725)抄本传刻，厉当初只录有一卷。翁方纲《跋郭天锡日记》云:“近日厉樊榭仅录四之一，别题《客杭日记》，鲍氏刊行《知不足斋丛书》者，则又非此迹之全矣。”见《复初斋文集》卷三十。

《四库全书总目》据陆锡熊家藏本录入《史部·传记类存目六》。

是书初为单刻本，后纳入《知不足斋丛书》第一集。

九月，鲍廷博跋抄本元吾衍《闲居录》一卷。

鲍廷博云:“吾衍字子行，其先大末人，大父为宋太学生，遂家钱唐。子行嗜古学，通经史，工篆籀，精音律，然性狷介，与时多不合，卜居委巷，教学常数十人，年四十未娶，宛邱赵天锡买妾以赠，后以妾致讼，为逻卒所辱，不胜忿，自沉西湖以死，时至大四年(1311)也。所著自《晋文春秋》《楚史梼杌》《学古编》而外，俱佚不传。此录及《竹素山房集》三卷，仅有写本。杭堇浦(世骏)太史云:录中辨‘酢’‘醋’二字，谓‘酢’即古醋字，‘醋’即古人酬酢‘酢’字，皆今人所未察。集中钱良佑说辨‘佐佑伯仲’，即左右中，亦有理，而深惜无传，会余有《丛书》之刻，亟以入梓其遗稿，俟与元人诸别集合刊焉。乾隆壬辰(三十七年，1772)九月既望，歙西鲍廷博识于知不足斋。”(中国台北《“中央图书馆”善本序跋集录·子部(二)·杂家类》)

刘按，元吾衍，一作吾丘衍，衢州人，家钱塘。

是书鲍氏未刻入《丛书》中，也未见有单刻。《四库全书》据汪启淑家藏本录入《子部·杂家类》。后有《学津讨原》本、《武林往哲遗著》本。

《竹素山房诗集》鲍氏未刻入《丛书》，亦未见单刻。《四库全书》据汪如藻家藏本录入《集部·别集类》，后有《武林往哲遗著》本。参见嘉庆十年条鲍氏抄校本《竹素山房诗集》条。

十月十日，校刻宋范晞文《对床夜语》五卷，入《知不足斋丛书》第三集，并作跋文。

鲍廷博跋云:“景文(范晞文)号药庄，钱塘人，南宋太学生，尝与高菊磵(翥)、姜白石(夔)诸人游。咸淳丙寅(二年，1266)同叶李、萧规等上书诋贾似道，似道以泥金饰斋扁事，罪之，分窜琼州，其行谊卓然，殆陈东、欧阳澈之流，非如江湖诗人仅以风雅自命而已。所著《夜语》一编，词约理胜，深得说诗之旨。景定间(1260—1264)南康冯去非(冯椅之子)为之序，谆谆以名节相勉。景文卒，亦不负其言，斯可谓之知己矣。历岁浸久，渐泯其传，杭人鲜有能举其姓氏者。予因取家塾旧抄，正以前明活字印本，梓而行之，盖亦惟其人不徒以其言也。景文当元世祖时，程钜夫（文海）奉召求贤，与赵孟頫同荐于朝，授江浙儒学提举，不赴，后以子拱为无锡教授，遂即邑之茅场里居焉。故其行事略见于无锡流寓志。近钱塘厉孝廉鹗笺《绝妙好词》，则云‘以程钜夫荐擢江浙儒学提举，转长兴丞，有《药庄废稿》’，当别有所据。予所见林麐斋（希逸）集中《题范晞文诗稿》一律，云：‘研玩新编比碎金，知君风月满清襟。才高欲进竿头步，兴到还磨盾鼻吟。字有三千何日凑，稿留五七已年深。汉廷射策无苏李，千载河梁是正音。’范、盖以武资请解，故有‘竿头’‘盾鼻’一联云。乾隆壬辰（三十七年，1772）十月十日，古歙鲍廷博识于知不足斋。”（《丛书》第三集）

刘按，黄丕烈尝云鲍刻此书所据为明正德江阴陈沐翻刻本，陈刻世不多有，传者只鲍刻本。又云“《夜话》之名，冷斋已有之，鲍改‘话’为‘语’何耶？抑偶误耶？”后黄氏又得其书八卷本抄本（佚第八卷），较鲍本为善。见《荛圃藏书题识》卷十、《再续录》卷三。

卢文弨尝误范景文为江阴孤山人，见《抱经堂文集》卷七《对床夜语题辞》。

是书《四库全书》据陆锡熊家藏本录入《集部·诗文评类》。

十月，所辑元顾瑛《玉山逸稿》四卷《附录》一卷，后刊入顾修《读画斋丛书》辛集，并作跋文。

鲍廷博跋曰：“玉山主人顾仲英氏生于元末季，金石文史之富，园亭声伎之盛，甲于东南，而其才情之妙丽，襟度之萧闲，又足以副之。于是一时名流自倪云林（瓒）、杨铁崖（维桢）而下，无不折节内交，笙歌文酒，殆无虚集。维时编辑其倡和诗曰《草堂名胜集》，交游诸公诗曰《草堂雅集》，而纪游饯别寄赠之作附焉。读其书者，每有生不同时之恨，迄今好事传抄颇多善本，而其自著曰《玉山璞稿》者，凡二十卷，见华亭殷奎所撰墓志中，今传世本仅寥寥数十篇，盖出于后人所掇拾，非其旧矣。至海虞毛子晋刻《玉山草堂集》，亦就《名胜集》采取玉山自作编辑成书，而附以《铁网珊瑚》诸书所得为集外诗，其实非专集也。康熙间吴门顾侠君（嗣立）编选《元诗》，于玉山有宗谊焉，故采录视诸家为多，而于《名胜》《草堂》汲古诸刻之外，亦无能有所增益也。今年三月，予偶从故家得吴中朱存理手抄《玉山璞稿》二卷，为至正甲午、乙未（十四至十五年，1354—1355）二年之作诗，凡二百十有二首，多世所见者，于其全集盖什一焉。夫以毛、顾两家搜讨，而此本卒不获遇，则信乎诗文传世迟速，固自有时也。因重加缮录，并取汲古阁本，考其自来，补所未备，节去已载于《璞稿》者二十二篇，编为四卷，题曰《玉山逸稿》，凡诗文若词二百十篇，附于《璞稿》之后，藏之家塾，以备采诗如顾氏者取裁焉。倘天假之缘，异日或尽得二十卷之旧刊而行之，而隐湖之刻不复专美于前，则玉山主人其有以相我乎。乾隆壬辰（三十七年，1772）十月十七日，通介居士鲍廷博书于知不足斋。”（《读画斋丛书》辛集《玉山逸稿》）

刘按，《玉山璞稿》一书，《四库全书》据马裕家藏本录入《集部·别集类》，为一卷。《四库未收书目提要》著录《玉山璞稿》为二卷，亦至正壬辰、乙未间所作，凡古今体诗二百七十五首、词一首，当鲍氏此后又略有增益，而书名仍称“璞稿”。

顾修字仲欧，号松泉，又号菉厓，浙江石门人。好藏书，家有读画斋，与鲍廷博友善，仿鲍氏《知不足斋丛书》体例，辑刻《读画斋丛书》，凡八集四十六种，编有《汇刻书目初编》。

王师重民先生《中国善本书提要》第547页著录，《逸稿》辑于乾隆三十七年（1772），又有嘉庆七年（1802）鲍正言手录本（鲍正言跋：嘉庆七年岁次壬戌十二月初三日，写于知不足斋。鲍正言），嘉庆八年又再度续补诗（有“嘉庆癸亥榖日，书于知不足斋”“嘉庆癸亥九月十三日，知不足斋续补”）。又有嘉庆十七年杨海两跋，其一云：“嘉庆壬申（十七年，1812）立夏前一日，松陵杨海偕知不足斋主人访张君忆鲈于分湖之滨，舟次读毕记。”一云：“嘉庆壬申立夏日，松陵杨海读于舜水舟次。”该书今藏国家图书馆。

张君忆鲈即张孝嗣，字绳祖，号忆鲈，吴江人。家有松竹书屋。

杨海亦作杨澥，字龙石，号石公山人，聋道人，吴江人。

本年正月四日，清高宗乾隆颁谕，命中外搜辑古今群书。谕曰：“今内府藏书插架不为不富，然古今来著述之手，无虑数千百家，或逸在名山，未登柱史。正宜及时采集，汇送京师，以彰千古同文之盛。”（《高宗实录·乾隆三十七年正月庚子》条）

十月十七日，乾隆谕军机大臣等，敦促各省督抚、学政购访遗书。谕曰：“前以历代流传旧书及国朝儒林撰述，向来未登大内收藏书目者，已降旨直省督抚，会同学政，通行购访，汇列书名奏闻，再令廷臣检核，行知取进。”“各督抚等，即恪遵前旨，饬催所属，速行设法访求。无论刊本、抄本，一一汇收备采。”（《高宗实录·乾隆三十七年十月戊寅》条）

十二月，鲍廷博手抄并校元金涓《青村遗稿》一卷，嘉庆十三年（1808）六月再次抄传，鲍有题识记之。

鲍廷博题识云：“乾隆三十七年（1772）岁次壬辰十二月初八日写完并校，渌饮记。”

鲍廷博题识云："嘉庆十三年（1808）岁次戊辰六月朔日，歙西长塘鲍氏知不足斋钞传。"（以上均见《抱经楼藏书志》卷六十）

刘按，是书鲍氏两度传抄，然未刊刻，《四库全书》据江苏巡抚采进本录入《集部·别集类》。

金涓本姓刘，故又作刘涓。据《中国古籍善本书目》载，国家图书馆藏是书清康熙金侃抄本，山西省馆藏是书清初抄本，上海馆藏清抄本，均为一卷。

乾隆三十八年（1773）癸巳，四十六岁

三月，跋宋潜说友《［咸淳］临安志》。

鲍廷博跋："宋咸淳间潜说友撰《临安志》百卷，历世寖久，传本绝少。我朝朱检讨（彝尊）先后从海盐胡氏（震亨）、常熟毛氏（晋）得宋椠本，去其重复，辑成八十卷。又从他氏补抄十三卷，尚阙七卷，无从补录，其跋载《曝书亭集》中。检讨既没，归之花山马氏（思赞）道古楼。时钱塘吴绣谷（焯）先生从之借录，予钱二十千仅得其半，又历十馀寒暑始毕业焉。雍正辛亥（九年，1731），检讨孙稼翁（朱稻孙）以重出宋椠本三十五卷售小山堂赵氏（赵昱、赵信）。赵氏从吴本补录其馀，未及装整即归北墅王氏（德溥）宝日轩，顷复为吴氏（城）存雅堂所有。吴氏之居去予家只数舍，予每欲借抄辄因病止。今年正月，偶得平湖高氏（疑高承埏）本，凡二十四册，中间节次阙失而尽于八十一卷。每册有季沧苇（振宜）图记。以（徐乾学）《传是楼宋版书目》证之，其卷帙相符，盖即东海（明张弼）旧物也。内第四卷迄第九卷，实季氏补抄，中称理宗（赵昀）为'今上'，应是施愕《淳祐志》羼入。［（吴寿）旸谨按：家藏本第四卷乃宋刻，第五至第十，并知不足斋补抄，先生殆偶误记耳］，馀二十册纸墨精好，较胜于赵氏本，而六十五、六十六两卷，又竹垞（朱彝尊）先生所未见也。因拆去季氏补抄施志六卷，就吴氏借赵本补录，凡影宋刻抄者一十六卷，影抄者二十八卷，又影宋刻抄序目二十八翻，合刻本通得九十五卷，仍缺者第一卷、卷首、序录二翻、第六十四卷及九十卷、九十八卷至一百卷，留心稽访，异日或成全书未可知也。吴本有绣谷先生（吴焯）手跋，赵本有堇浦（杭世骏）先生手跋，记述颇详，并录于左，俾后之好古者有所征信，且知吴、赵二家购求遗籍不惜重资有足法者。嗟乎，聚书藏书良非易事，即如泰兴季氏、花山马氏、桐乡汪氏、武林赵氏、王氏，以及健庵、江村之富且贵焉，而此书不数十年间屡易其主，若传舍然，况余之薄弱，其能长守而弗失乎？亦冀后我者知所爱护而已。乾隆三十八年岁次癸巳三月，歙人鲍廷博题于知不足斋。"（《拜经楼藏书题跋记》卷三）

刘按，《咸淳临安志》一书，《四库全书》据浙江巡抚采进本录入《史部·地理类》，作九十三卷，缺其中碑刻七卷。吴骞得宋刻此书，镌有“临安志百卷人家”，示其荣耀。

朱检讨谓朱彝尊（1629—1709），字锡鬯，号竹垞，浙江秀水人。康熙十八年（1679）举博学鸿词，授检讨。博通经史，善诗文，家有曝书亭，富收藏，精鉴别，著有《经义考》《曝书亭集》等。

海盐胡氏谓明胡震亨。震亨（1575—1645）字孝辕，号遁叟，浙江海盐人。万历举人，官至兵部员外郎。喜藏书、刻书，编有《唐音统签》《海盐图志》等。其子胡夏客承父藏书。

常熟毛氏谓毛晋。晋（1599—1659）初名凤苞，字子晋，号潜庄。屡试不中，致力于藏书、刻书，家有汲古阁，聚书达八万四千多册。所刻书甚夥，有“毛氏之书走天下”之誉。编有《汲古阁书目》及题跋，著有《虞乡杂记》《隐湖山志》等。

花山马氏谓马思赞，见乾隆二十五年条按语。

朱稻孙（1682—1760）字稼翁，父朱昆田，祖朱彝尊。承家学，能诗文，工书法，著有《拟古乐府》《六峰阁诗》等。

北墅王氏谓王德溥。德溥（1719—1768）字容大，号澹和，杭州人，居北墅，家有宝日轩，喜收藏，与吴氏瓶花斋、赵氏小山堂、汪氏振绮堂齐名。

平湖高氏谓高承埏。承埏（1602—1647）字寓公，一字泽外，号弘一居士，嘉兴人。明崇祯十三年（1640）进士，官至工部主事，入清不仕。家有稽古堂，藏书兼刻书，著有《稽古堂集》等。

季振宜（1630—?）字诜兮，号沧苇，泰兴人。顺治四年（1647）进士，官户部郎中。家雄于资，多收江南故家珍藏，编有《季沧苇藏书目》，著有《静思堂诗稿》。

徐乾学（1631—1694）字原一，号健庵，昆山人。康熙九年（1670）一甲三名进士（俗称探花），官至刑部尚书，预修《明史》《大清一统志》等官书。家有传是楼，藏书极富，且精鉴别，编有《传是楼藏书目》，著有《憺园文集》等。

张弼字如弼，号东海，华亭人。明成化进士，善诗文，著有《东海诸稿》。

高士奇（1644—1703）字澹人，号江村，又号竹窗，钱塘人。以诸生供奉内廷，官至礼部侍郎。家有江村草堂，藏书及书画彝鼎甚富，著有《江村销夏录》《清吟堂集》等。

三月，抄录宋徐照《芳兰轩集》一卷，进呈四库馆，有题识记之。

鲍廷博云：“乾隆癸巳（三十八年，1773）三月十七日在翠玲珑馆写完。”（邓邦述《寒瘦山房鬻存善本书目》卷五）

邓邦述跋云：“《芳兰轩集》一卷一册，宋徐照撰，清乾隆癸巳（三十八年，1773）歙县鲍廷博手抄进呈本，清四库馆臣涂乙校补，清宣统辛亥（三年，1911）邓邦述手书题记。”（《标点善本题跋集录》集部·别集类）

刘按，是书鲍氏手抄进呈本今藏中国台北“中央图书馆”。

是书未刻入《知不足斋丛书》，《四库全书》据鲍士恭家藏本录入《集部·别集类》。提要云：“照集原本三卷，此本只一卷，不知何人所并。又从《瀛奎律髓》得诗六首，《东瓯诗集》得诗二首，《东瓯续集》得诗一首，并为补遗，附之于后焉。”

是书《敬乡楼丛书》本及《潜园总集》本均为三卷本，而《宋元四十三家集》为五卷本。

本年二月，清廷正式开四库馆，确定编纂《全书》任务。二月、三月、闰三月数度颁谕，责令各地督抚、学政（尤江浙、两淮盐政）访求遗书，汇送京师。四月、五月又颁谕，不允献书，待“所有各家进到之书，俟校办完竣日，仍行给还原献之家”（均见《高宗实录·乾隆三十八年》各月条）。

闰三月，鲍廷博跋元倪瓒《元云林书画璧卷》，有跋文记之。

鲍廷博跋云：“右云林先生《山水手简》共一卷，潇洒绝俗，足称二妙，皆为寓斋作也。寓斋姓袁氏，名泰，字仲长，吴郡人。父易，字通甫，宋之遗老，仕元为徽州路石洞书院山长。才高行古，与郭祥卿、龚子敬（璛）齐名。赵松雪（孟頫）有吴中三君子之目，即简尾所称静春先生者是已。袁氏世居尹山，至泰始别徙居，因以寓名其斋，王忠文公祎为作记可按也。考静春卒于大德丙午（十年，1306），此画作于至正庚寅（十年，1350），相距已五十六年，惟时寓斋春秋已高，而云林年仅四十有四，故简中词极谦下。简无年月可考。按《停云馆帖》有云林《次韵陈惟寅怀古诗》亦作于庚寅之冬，自跋云：‘今年予病痱下疾几半载，惟寅两来问余，十一月一日觉体中稍佳，遂复书此’云云。今简中有致谢惟寅，并赎藏用丸及要大令嗣画到家愦愦大不堪，稍迟纳上之语。度是时疾尚未平，去十月二日作画时，不甚相远也。云林真迹世不多见，兹以无意得之，客窗多暇，复于《静春堂集》后检得寓斋姓氏，更以《停云馆帖》证印之，无不吻合，尤快事也。因疏右方，俟博雅者审定焉。乾隆三十八年（1778）岁次癸巳闰三月三日，歙鲍廷博识于翠玲珑馆。”（清庞元济《虚斋名画录》卷二）

四月，鲍廷博嘱子士恭将家藏宋元刊本、名家抄校本，凡六百二十六种进献四库馆，以备采择。

乾隆三十八年（1773）浙江巡抚三宝《奏折》：“计鲍士恭家有六百二十六种，吴玉墀家有三百五种、汪启淑家有五百二十四种、孙仰曾家有二百三十一种”，“均愿将原书进呈，毋庸再为抄誊。”（《纂修四库全书档案史料》）

刘按，据本书附录郑玲先生统计，鲍家进呈书为718种，据我国学者蔡文晋先生研究，鲍氏献书当不少于724种，见蔡斐雯《鲍廷博〈知不足斋丛书〉之研究》转录。周生杰先生最新统计为723种（见《鲍廷博评传》，或各家统计方法有别。鲍廷博自言：“乾隆甲午（三十九年，1774）诏求遗书，恭进七百种。”见《花韵轩咏物诗存·书橱》自注。但在700种以上可以肯定。

夏，鲍廷博以抄本钱曾《读书敏求记》一卷赠吴玉墀，吴有文记之。

吴玉墀手记曰：“是抄（《读书敏求记》）为知不足斋藏本，癸巳（乾隆三十八年，1773）夏，鲍兄举以赠予。”“丙申（乾隆四十一年，1776）仲春，小谷跋。”（《善本书室藏书志》卷十四《史部·目录》）

刘按，吴玉墀字兰陵，号小谷，吴焯之子，吴城之弟。乾隆开四库馆，吴玉墀检其父绣谷亭藏书305种进呈，获赐内府刻本《佩文韵府》一部。

六月，鲍廷博从浙江遗书局借天一阁藏宋刻本宋董棻《严陵集》九卷抄录，四十八年又重录一过，鲍有跋文记之。

鲍廷博跋云：“乾隆三十八年（1773）六月，从浙江遗书局借天一阁宋刻本（《严陵集》）对录，廿八日知不足斋记，凡一百七十四页。”又云：“乾隆四十八年（1783）三月，重录一过，初四日记。”（《皕宋楼藏书志》卷一百十三）

刘按，鲍两次抄录的《严陵集》，今不见于藏家著录，恐亡佚不存。《四库全书》据范氏天一阁进呈本录入《集部·总集类》。编者“棻”作“弅”，提要谓是书乃集自谢灵运、沈约以下，迄于南宋之初的严州诗文。

六月，从浙江分办书局借进呈本再校元许有壬等《圭塘欸乃集》，并作题识。

鲍廷博题识云：“乾隆三十八年癸巳（1773）六月廿六日，取进呈本再校于分办书局，凡改正数十字。”（《标点善本题跋集录·集部·总集类》）

刘按，鲍氏手校本，今藏中国台北“中央图书馆”。鲍氏乾隆三十年（乙酉）、三十七年（壬辰）、三十八年（癸巳）三度题识手迹，见本书前附书影。《圭塘欸乃集》未刻入《知不足斋丛书》，《四库全书》据鲍士恭家进呈本录入《集部·总集类》。

七月，校刻明都穆《南濠诗话》一卷，入《知不足斋丛书》第三集，并作跋文。

鲍廷博跋云："都少卿（穆）诗话，前明刻本有二：其一黄桓刻于和州，凡七十二则。其一文衡山（征明）刻于吴郡，仅四十二则。两本诠次不同，互有增损，予因正其谬误，合而刊之，庶为完善矣。黄本传自厉氏（鹗）樊榭山房，文本则从书局借范氏天一阁旧藏也。乾隆癸巳（三十八年，1773）七夕，得闲居士鲍廷博识于知不足斋。"（《丛书》第三集）

刘按，《四库全书总目》据范氏天一阁藏本录入《集部·诗文评类存目》，题称《南濠居士诗话》。提要有云："近鲍廷博始以两本参较，合为七十五则，即此本也。"

七月，从浙江分办书局借抄吴氏瓶花斋影写本元鲜于枢《困学斋杂录》一卷，并作跋文。

鲍廷博跋云："乾隆癸巳（三十八年，1773）从书局借抄瓶花斋抄本影写，其中脱误甚多，俟觅善本订正之。七月朔，分办书局识。"（《丛书》第二十九集）

刘按，是书鲍氏于乾隆四十二年（1777）借陆氏藏明抄本勘误，后由其子士恭刻入《知不足斋丛书》第二十九集。《四库全书》据吴玉墀家进呈本录入《子部·杂家类》。由此观之，则是书四库本不如鲍氏《丛书》本。

秋，与吴骞、陈奕亭、陈象昭（灿）、奚纯章（冈）等料理方粹然（雪瓢）丧事。

吴骞云："雪瓢名粹然，文辀先生仲子，文章其有家法，癸巳（乾隆三十八年，1773）秋日殁于西泠客舍，贫不能敛，吾友鲍以文、陈奕亭、陈象昭（灿）、奚纯章（冈）诸君经理其丧。"（《愚谷文存》卷十四《可怀录》）

刘按，方粹然字心醒，号雪瓢，又号河西寓公，桐城人，室名枕云山斋，馀不详。

陈象昭即陈灿，字象昭，钱塘人，室名师竹斋，馀不详。

陈奕亭，亦作陈亦亭，当为其字，不详。

奚纯章即奚冈，见乾隆三十六年条按语。

秋，从湖墅友人斋头得见明柳佥影宋抄本北魏郦道元《水经注》四十卷，驰告吴骞，吴喜不自禁，急借归校项絪刻本。

吴骞跋云："癸巳（乾隆三十八年，1773）秋日，吾友鲍渌饮忽从湖墅友人斋头获见此本（柳氏影宋抄本），驰以告，予为之狂喜弥日，因亟从借归，出赵氏（一清）书中孙潜校补数处证之，一皆吻合。简端虽不著大中（柳佥字）姓氏，定为从柳本传抄可无疑者。"（《拜经楼藏书题跋记》卷三）

本年获吴长元贻赠明剑光阁旧抄本宋佚名撰《五国故事》二卷。

鲍廷博于卷下跋称："孺赟本名宏达，赐名宏义。今云本名'达'及后云赐名'义'者皆避宋宣祖讳。如前伪汉第三主晟之例也。考《十国春秋》又作仁达，盖亦宋时例改，如《表忠观碑》称忠献（宋韩琦）为仁佐是也，并附识之。又案《玉壶清话》以'俨明'为'岩明'及称李义为内臣，未详孰是。"（《丛书》第十一集）

吴长元跋云："此册（《五国故事》）为明代剑光阁旧抄本，较他本为胜，江南藏书家多从借录，题名具存，有足征者。鲍君以文喜刻异书，以家藏为未善，请以付梓，固予素志也，喜缀数语而赠之。乾隆癸巳（三十八年，1773）仁和吴长元书于池北草堂。"（《丛书》第十一集）

刘按，是书鲍氏后约于乾隆四十八年（1783）刻入《知不足斋丛书》第十一集。鲍于是书文中有校正，如卷上《伪蜀先生》条，恕不录。

吴长元，见乾隆二十八年条按语。

剑光阁，明嘉靖初无锡华麟祥（官户部主事）所创，传至其六世为清华希闵。希闵，无锡人，康熙举人，官泾县教谕，著有《延绿阁集》《广事类赋》。《四库全书》即据鲍家（士恭）藏本录入《史部·载记类》。

乾隆三十九年（1774）甲午，四十七岁

二月十五日，鲍廷博冒雨送返原籍徽州休宁的吴骞，舟中共读宋刊《九经白文》。吴有记并有诗作。

吴骞："（乾隆甲午二月十五日）未刻，雨，绿（渌）饮自绣溪至，即移舟来送，予出所携宋椠《九经白文》共读。暝后雨转密，丙夜始别去。"（《愚谷文存》卷十四《可怀录》）

吴骞《雨渡钱江却绿（渌）饮》诗："饱挂轻帆出乱峰，茫茫何处托离踪。银涛打岸春三折，碧海粘天雨万重。修禊兰亭人已远，探奇宛委兴徒浓。相知剩有孤飞雁，尺素休辞一再封。"（原注：鲍当以《孤雁诗》得名，人称鲍孤雁）（《拜经楼诗集》卷一）

刘按，鲍当为宋景德（1004—1007）中河南法椽，时薛映知郡，因事怒

之。当献《孤雁诗》云："天寒稻粱少，万里孤雁进。不惜充君庖，为带边城信。"映大称赞。时人目之为"鲍孤雁"。

吴骞两次返原籍休宁展祖墓，此为第一次，第二次为嘉庆五年（1800）春二月。吴两度返休宁展墓拜祠，但向署"海宁吴骞""海昌吴骞"，可谓认祖而未归宗，与同寓居于杭州的鲍廷博异。鲍始终自称"歙西长塘鲍氏""歙县鲍廷博"。

二月，卢文弨借鲍廷博所藏宋刊本潜说友《咸淳临安志》校阅，卢有文记之。

卢文弨云："乾隆三十八年（1773）始抄是书，不得别本详校。鲍君以文出其所藏宋刊本示余，乃至外间皆为俗子删节贸乱，少有完善者，因借以校此本，庶几复其旧观云。甲午（乾隆三十九年，1774）二月二十一日范阳卢文弨𢛳恭书于金陵寓斋。"（《皕宋楼藏书志》卷三十一）

刘按，卢文弨，见乾隆二十六年按语。

三月，刻清朱琰《陶说》六卷，并为之作跋文。

鲍廷博跋云："典籍于今大备矣！考工之书，汉隋唐宋诸志撰述寥寥，若朱遵度《漆经》、杜镐《铸钱故事》之类，不过数种而已。《宣和博古图》、吕与叔《考古图》，大率详列彝器款识，无关民间日用之器具。前明则吕棠（吕震）之《宣德鼎彝谱》、傅浚之《铁冶志》、汪珂（砢）玉之《古今盐略》，皆莅其官，亲其事，纂辑成书，而陶器一艺，古今曾未闻述作。海盐朱笠亭先生，经世才也。丁亥（乾隆三十二年，1767）岁，馆于江西大中丞吴公宪署，因得悉景德窑器之制，撰成《陶说》六卷，考古验今，灿然具陈。草野编氓，目不睹先王礼器法物，而瓦盆土缶，无人不资为饮食之用。此书流传，天下之乐闻其说者广矣，岂特补古人未备已哉！先生需次就诠，属博雠校，付之梓氏。即竣，因书数语于后。乾隆甲午（三十九年，1774）三月朔，新安后学鲍廷博识于知不足斋。"（北大图书馆藏本。此承姚伯岳先生录告）

刘按，是书前有裘曰修序，后尚有朱文藻跋。是书未刻入《知不足斋丛书》，《四库全书总目》也未著录，今有《龙威秘书》《翠琅玕丛书》《说库》《艺术丛书》《笋园丛书》《美术丛书》诸丛书本。

朱琰，又名炎，字桐川，号笠亭、樊桐山人，浙江海盐人。乾隆三十一年（1766）进士，官阜城知县。为"嘉禾七子"之一，善画山水，精小学，工篆印，所著尚有《笠亭诗文抄》《续鸳鸯湖櫂歌》等。

明吕震等奉敕编《宣德鼎彝谱》八卷，见《四库全书·子部·谱录类》。

傅浚《铁冶志》二卷、汪砢玉《古今盐略》九卷《补》九卷，均见《四库全书总目·子部·政书类》。

是年春，鲍廷博招赵怀玉等同人宴集西湖，寻吊明末张苍水（煌言）墓。

赵怀玉《春日鲍秀才廷博招同人宴集西湖》诗："吹花擘柳几番风，暇日还欣载酒同。十里湖山比西子，一船书画近南宫。论交都在咸酸外，吊古偏宜寂寞中。"（原注：是日寻张苍水墓）（《亦有生斋诗集》卷五）

刘按，赵怀玉（1747—1823）字亿孙，号味辛，又号收庵居士，江苏武进人。乾隆四十五年（1780）恩赐举人，授内阁中书，历山东青州府海防同知，署登州、兖州知府，晚年主讲通州文正、陕西关中、湖州爱山书院。通经术，工诗文，与孙星衍、洪亮吉、黄景仁齐名，著有《亦有生斋集》等。

张煌言（1620—1664）字玄著，号苍水，浙江鄞县人。明崇祯举人，南明大臣，屡次举兵抗清，兵败后被俘，不屈死，葬杭州南屏山荔子峰下。著有《张苍水集》等。

五月，鲍士恭等为四库馆进呈书之多者，获清廷赐书奖励，并择其尤优者，乾隆皇帝（弘历）为之洒翰题诗。四库馆开始分批发还各家进呈书。

乾隆三十九年五月十四谕旨："其进书百种以上者，并命择其中精醇之本进呈乙览，朕几馀亲为评咏，题识简端，……其已经题咏诸本，并令书馆先行录副，将原书发还，俾收藏之人益增荣幸。今阅进到各家书目，其最多者如浙江之鲍士恭、范懋柱、汪启淑，两淮之马裕四家，为数至五六七百种，皆其累世弆藏，子孙克守其业，甚可嘉尚。因思内府所有《古今图书集成》，为书城巨观，人间罕觏，此等世守陈编之家，宜俾专藏勿失，以裨留贻。鲍士恭、范懋柱，汪启淑、马裕四家，著赏《古今图书集成》各一部，以为好古之劝。又如进呈一百种以上之江苏周厚堉、蒋曾莹，浙江吴玉墀、孙仰曾、汪如瑮，及朝绅中黄登贤、纪昀、励守谦、汪如藻等，亦俱藏书旧家，并著每人赏给内府初印之《佩文韵府》各一部，俾亦珍为世宝，以示嘉奖。"（《高宗实录·乾隆三十九年五月丙寅》条；《四库全书总目》卷首）

刘按，鲍廷博以其子鲍士恭之名，通过浙江巡抚向四库馆进呈书数目，据《四库采进书目》为626种，后之各家据《四库全书总目》再行统计，发现许多鲍家进呈书而不见于《进呈书目》，只见于《总目》者。郑玲统计为718种，郑伟章、蔡文晋等诸家统计数均在700种以上。近年周生杰、杨瑞先生统计为723种，其中录入《四库全书》者251种，入《四库存目》者134种，合计采纳者为385种，为“四家之首”。鲍廷博自言：“乾隆甲午（三十九年，1774）诏求遗书，恭进七百种。”（《花韵轩咏物诗存·书厨》自注）

翁广平《赐书堂记》云：“乾隆三十九年（1774），诏开四库全书馆，搜访各省遗书，海内藏书家俱踊跃进献，多至数十百家，家所献多至百种以上，其最多至六七百种者四家，而浙西鲍渌饮先生与焉。先生之书，不独收藏家所罕有，且有海外奇书数种，自刊《知不足斋丛书》及他书数十种。高宗纯皇帝赏其博雅，亲制歌诗，题丛书之首，复诏赐《古今图书集成》于四家。

先生既拜受是书，乃辟堂三楹，分贮四大厨，颜其堂之额曰‘赐书’。平昔常登其堂，因得伏读圣祖仁皇帝御制序文，知此书大凡列为六编，析为三十二典，其部六千有馀，其卷一万。始之以历象，观天文也；次之以方舆，察地理也；次之以明伦，立人极也；又次之以博物、理学、经济，则格物致知，诚意正心，治国平天下之道，咸具于是矣。鸣呼！观止矣。

夫自古帝王之制作，亦颇有多卷帙者，然如《太平御览》《册府元龟》等书，只千卷耳，安有宏博浩衍若是者乎？我国家定鼎以来，休养生息，海宇乂安，故得于万几之暇，置图书于左右，披寻玩味，虽盛暑隆寒未尝暂旷，积数十年之久，研综古今，搜讨殆遍。至于体例之尽善，绘图之精妙，引证之渊博，考订之审详，皆出宸衷之裁定，岂若有宋之君之著述，仅饬臣下之较雠而已哉！

先生辟堂后，三十馀年未有记之者，忽一日先生嘱平叙其事。平自惟记叙之文，素非擅场，况乎述皇朝之盛典，感锡赍之鸿恩，苟不具高文典册、沈博绝丽之手笔，则不能仰测圣制之精微于万一，然在布衣诸生中，谫劣如平者，得逢稽古右文之主，得读万物皆备之书，其欣幸为何如耶！用敢盥沐握管，记其始末如此。”（《听莺居文抄》卷八，上海图书馆藏抄本）

刘按，翁广平（1760—1842）字海琛，号莺脰鱼翁，吴江人。诸生。道光初举孝廉方正，博学好古，喜藏书，家有听莺居，工书画，著有《听莺居文抄》《吾妻镜补》。

鲍廷博获赐书之荣后，建赐书堂，嘱翁广平为之记。又刻有“老屋三间，赐书万卷”“世守陈编之家”两朱文篆印。

乾隆皇帝弘历为鲍家（士恭）进呈的唐高彦休《唐阙史》题诗。鲍廷博将其刻入《知不足斋丛书》第一集首册，书名题作《御览阙史》。

乾隆题诗：“知不足斋奚不足，渴于书籍是贤乎。长编大部都庋阁，小说卮言亦入厨。《阙史》两编传摭拾，晚唐遗迹见规模。彦休自号参廖子，参得寥天一也无？乾隆甲午（三十九年，1774）清和月上浣御笔题”（《丛书第一集》）

乾隆弘历为鲍家进呈的宋曾公亮、丁度等奉敕编的《武经总要》四十卷题诗。

乾隆弘历《题宋仁宗〈武经总要六咏〉诗：“论兵千载如聚讼，真是徒工纸上谈。居重驭轻自不易，困民养卒则何堪。若言爱物斯诚有，以曰知军或未谙（宋仁宗为三代以下令辟其勤民爱物，诚有足称。然优柔畏事之见，在所不免，至于治兵用武诸要务，则固非其所长也）。庞籍汰多意犹踸，韩琦救后虑惟覃（仁宗时内外禁厢军总一百二十五万，天下患兵冗，帑庾不能给，枢密院使庞籍请议揀汰之法，从之。省兵才数万人，韩琦复云：祖宗时就粮之兵不甚多，边陲有事，则以京师兵益之，其虑也深，而费也鲜，愿诏枢密院同三司，量河北、陕西、河东及三司榷货务岁入金帛之数，约可赡京师及三路兵马几何，立为定额，诏掇。祖宗来兵数以闻，自是稍加裁制）。第观卌卷称综古，讵足武经为指南。旗籍绿营维内外（宋时召募之兵，藉良民为之，虽有兵之名而不适于用，盖古者寓兵于农，由于列国分界，人户無多，不能复判兵民为二，而非所论于大一统之世也。杜甫诗已见其概，即如绿旗未尝不经训练，尚且葸懦无能，况驱不习之民而归之卒伍乎？宋明之弱未必不由乎此。我朝满洲兵制以黄、白、红、兰正镶各一，列为八旗，分两翼，各案方居京城内，蒙古汉军兵亦如之，复抡其精者，为健锐火器二营。外省营制，则用绿旗汉兵分列营伍，而南北诸大省，亦间用满洲兵驻守，内外相维，深资利用，然总未至一百二十五万之多。祖宗立法尽善，诚万年所当遵守也），慎遵祖制万方戡。（《御制诗四集》卷二十一）

朱文藻云：“往岁恭遇圣天子开四库全书馆，征天下遗书以备采择。君家以善本六百馀种献之于朝，由是知不足斋之名上彻天听，皇帝亲洒宸翰，题所进《唐阙史》及宋仁宗《武经总要》二书，俾与恩赐《古今图书集成》万卷，永为世宝。”（《丛书·朱文藻序》）

翁广平云：“（乾隆）四十年蒙恩给还所进书籍，内有《唐阙史》《武经总要》二书，并荷御题。”（《听莺居文抄》卷二十《鲍渌饮传》）

刘按，是书鲍氏以篇幅较大未刻入《知不足斋丛书》，也未单刻。《四库全书》据江苏巡抚采进本录入《子部·兵家类》。是书为宋仁宗时曾、丁等奉敕编定。此书又见《两江第一次书目》《浙江省第四次鲍士恭呈送书目》及《浙江采集遗书总录》著录，《浙江采集遗书·癸集》后附载《御题诗》，诗题下署“知不足斋”，即鲍氏藏书室名。可见此御制诗为鲍家进呈书而作，与江苏巡抚均无关系。

是书《增订四库简明目录标注》著录有元刊本、明正统四年刊本、明弘治刊本、明万历刻本。《中国古籍善本书目》著录有明正统四年李进刻本、明弘治十七年李赞刻本、明嘉靖刻本、明金陵书林唐富春刻本、明刻本、明万历三十六年庄重抄本、明抄本、清抄本。今《中国兵书集成》即据明万历金陵唐富春刻本为底本，补以弘治刻本影印行世。

乾隆弘历为此番进呈遗书达百种以上者马裕、鲍士恭、范懋柱、汪启淑、周厚堉、吴玉墀、孙仰曾、汪汝瑮、蒋曾莹、黄登贤、汪汝藻、励守谦、纪昀等十三家，凡十八种“洒翰题诗”，详见江庆柏《清高宗与四库私人进呈书题咏》一文（载《古文献研究集刊》第271—279页，2009年11月江苏凤凰出版社）。

从乾隆三十九年（1774）六月起，将各地进呈书分“拣存书籍”（即所谓“重复琐小”之书）和精醇之本（乾隆题诗的珍本），存目书籍两批发还。这些本应发还的书，大量存放在翰林院，乾隆始终未下谕令各省督抚派员领回，发还工作并未做得彻底，其中不乏官员们扣押、私留，各藏书家为此损失甚大。

在征集遗书，编纂《四库全书》的同时，清廷乘机大肆禁毁书籍和版片。从乾隆三十九年（1774）八月至五十八年（1793）的长达十九年的禁书过程中，共禁毁书籍三千一百多种、十五万一千多部，销毁版八万块以上，查禁之烈，亦为亘古未有。

偕郁礼从汪启淑借校《庶斋老学丛谈》，汪不允。鲍为之耿耿于怀。

鲍廷博《庶斋老学丛谈跋》云：“闻某公有善本，欣然偕潜亭（郁礼）往借，秘不肯宣，仅录林吉人（佶）两跋相授耳，是为乾隆甲午（三十九年，1774）。……往读某公所著《清暇录》。”（《丛书》第二十三集）

刘按，《清暇录》即汪启淑所著《水曹清暇录》。汪启淑（1728—1799）字秀峰，号讱庵，安徽歙县人。以经商据杭州，尝捐官至兵部郎中，家有飞鸿堂、开万楼，藏书及金石富且精，为四库馆进呈书最多的四大家之一。著有《水曹清暇录》《焠掌录》等。

四月，吴骞从鲍氏借抄宋王应麟《困学纪闻》二十卷，吴有跋记其事。

吴骞跋云：“三十九年（1774）四月十二日，从鲍氏知不足斋借录于西泠客舍。兔床记。”（《木樨轩藏书题跋及书录》第199页）

刘按，吴骞抄校并录全祖望、赵一清校跋的《困学纪闻》，不见于吴氏《拜经楼藏书题跋记》，原本今藏北京大学图书馆。

吴骞，见乾隆二十一年条按语。

六月，刻明赵崡《石墨镌华》八卷，入《知不足斋丛书》第三集。

乾隆三十四年（1769）钱塘何琪跋云：“兹为鲍君以文藏本，余访之有年，今获展对，余于子函（赵崡）不可谓无缘矣。因与以文商略付梓，以广其传。以文又有子函《植品》二卷，略仿嵇含《南方草木状》而意趣过之，末附《偏园记》及咏园中诸胜，诗笔亦古峭有致。惜流传绝少，俟续刻与是编并行，尤快事也。乾隆己丑（三十四年，1769）夏六月钱塘何琪记于小山居。”（《丛书》第三集）

赵衡阳跋云：“武林鲍君以文积学好古，多蓄异书，何君东甫（琪）尤以书闻，于阐述书画法帖之家，皆所留意，乃先高祖《石墨镌华》同校而梓之。中表陈君听鹤宦于浙，扁舟远访武林旅次，从蒲邑和孝廉立本案头得见新刻本，叹其审订精美，亟造访二君之门。何君适有淮扬之行，独晤鲍君，方坐拥数万卷，据案校书，丹铅不释手，镌工列坐廊庑，所镌《丛书》皆先哲未传之业，由是知鲍君心爱古人，阐扬幽隐，延续废坠，而先世遗书藉以再垂不朽，存者没者均以怀感激，岂区区数言所能罄哉！乾隆甲午（三十九年、1774）中春，关中赵衡阳书于钱塘旅馆。”（《丛书》第三集。此跋《丛书》第三集影印本无）

吴骞云：“子涵《石墨镌华》中摹刻其文《金都统郎君行纪》多舛缪误，殊不成字，由不明金国书故也。近吾友鲍君以文重刻《石墨镌华》，亦未能正赵氏之误。余从周芚兮（春）大令借得金拓碑双钩本，亟寄鲍君，劝其重加是正，庶几与《书史会要》所刻诸国书并垂信于后，惜鲍君亦未果。”（《愚谷文存》卷五）

刘按，何琪字东甫，号春渚，钱塘人。布衣，著有《小山居稿》。

是书《四库全书》据安徽巡抚采进本录入《史部·目录类》，作“六卷附录二卷”。

是年六月，乾隆皇帝遣军机大臣寅著亲往宁波，考察范氏天一阁建造、书架、保护措施。

秋，跋抄本宋吴炯《五总志》一卷，有跋文两则记之。

鲍廷博跋（一）云：“《五总志》南宋吴炯所撰，世多未见。予近始得之。因自叹耽书之癖不减昔人，所恨林宗（叶奕）、石君（叶树廉）辈不见我耳。乾隆甲午（三十九年，1774）秋日，廷博。”

鲍廷博跋（二）云：“朱君映漘（文藻）校讫见还，予取飞鸿堂本重勘，复是正数十处。然飞鸿堂藏本不佳，尚有讹脱，无从改定，亦一恨也。九月二十七日灯下，博记。”（均见《涵芬楼烬馀书录》第629页）

朱文藻跋云：“甲午九月二十五日，鲍渌饮以此本属校勘，同合汪氏飞鸿堂、汪氏振绮堂藏本互勘，三本皆善矣。朱文藻”（《拜经楼藏书题跋记》卷四）

刘按，是书刻入《知不足斋丛书》第二十一集，《四库全书》据浙江巡抚采进本录入《子部·杂家类》。

鲍跋系陈鳣转录于其抄校本《默记》上。

叶奕（1605—1665）字林宗，吴县人。家有松风书屋、覃恩馆，收藏图书碑版彝鼎颇富，与钱曾友善，相互传抄秘籍。其子叶裕（字祖仁）承家风，有获野堂，收藏宋元本多种，惜年仅二十四岁卒。

叶树廉（1619—1685）字石君，号潜夫，一名叶万，为叶奕之从弟，居太湖之洞庭山，后迁常熟。家有朴学斋，藏书多达万卷，著有《朴学斋集》。

朱映漘即朱文藻。文藻（1736—1806）字映漘，号朗斋，一号碧溪居士，仁和人。家有碧溪草堂，喜藏书，精校勘，尝奉敕在南书房考校经籍，馆汪氏振绮堂十馀年，与鲍廷博、吴骞等友善。鲍向汪氏借抄书多由朱氏办理，著有《说文系传考异》《碧溪草堂诗文集》等。

卢文弨从鲍廷博借明冯舒手抄本宋徐铉《徐公文集》过录，卢有跋文记之。

卢文弨云："余从鲍氏借得此集（《徐公文集》），乃明虞山冯己仓舒手校本，余又为正其所未尽者，录成复请赵敬夫曦明复审，又得十数条，其本脱者尚无从补正之，然此已可信为善本矣。"（《抱经堂文集》卷十三《徐常侍文集跋》）

刘按，《四库全书》据马裕家藏本录入《集部·别集类》，书名作《骑省集》。《四部丛刊》《四部备要》均作《徐公文集》，《备要》本有徐乃昌辑附《补遗》《校勘记》各一卷。

冯舒（1593—1649）字己仓，号默庵，常熟人，冯复京之子。肆力经史，著有《默庵遗稿》等。

赵曦明（1705—1787）字敬夫，号瞰江山人，江阴人。与卢文弨友善，曾任钟山书院助教（时卢文弨主讲钟山书院），著有《读书一得》等。

是书尚有鲍氏乾隆二十五年至嘉庆五年抄校本，今藏南京图书馆。

乾隆四十年（1775）乙未，四十八岁

正月，过录朱彝尊《两汉刊误补遗》跋、卢文弨跋，并题识。

鲍廷博过录朱跋末署："乙未（乾隆四十年，1775）正月十九日灯下录。"过录卢跋末署："明年乙未收灯日，录于知不足斋。"鲍题识："《两汉刊误补遗》卷一。乾隆四十年岁次乙未正月十六日，从卢侍讲文弨校本勘过。是日雪，沈君效曾招饮，归已二鼓，翦烛毕此卷。"（《标点善本题跋集录·史部·编年类》）

刘按，鲍氏手校本今藏中国台北"中央图书馆"。

沈烺字效曾，一作敩曾，浙江仁和人。

二月，刻杭世骏《榕城诗话》三卷，入《知不足斋丛书》第二集，邀朱文藻为跋。

朱文藻跋云："吾友鲍君以文留意乡先辈论著，亟取余所录，刻入《丛书》。诗话自榕城而外，尚有《桂堂诗话》，家居所作，当更为校录，以成以文之美举也。乾隆乙未（四十年、1775）中春九日，同里后学朱文藻跋。"（《丛书》第二集）

刘按，朱文藻见乾隆三十九年条。

是书《四库全书》据陆锡熊家藏本录入《集部·诗文评类》。

杭世骏，见乾隆三十五年按语。

三月，借金氏桐华馆藏宋杨万里《诚斋诗话》一卷校手抄本，并跋之。

鲍廷博跋云："乾隆四十年（1775）岁次乙未三月二日，借鹤年先生（金德舆）藏本，校于桐花馆。是日，北风扬沙，尘埃满室，扃镉窗户，无少隙漏，如闭车箱中作新妇也。"（《皕宋楼藏书志》卷一百一十八）

刘按，鹤年先生即金德舆，见乾隆四十二年条按语。

是书鲍氏未付梓。《四库全书》据江苏巡抚采进本录入《集部·诗文评类》，后又入《历代诗话续编》。除单行之外，又编入《诚斋集》中。

今《中国古籍善本书目》著录有赵之玉星凤阁抄本，鲍氏抄校本未知今藏何处。

三月初三日，校刻宋刘敞《公是先生弟子记》一卷，入《知不足斋丛书》第二集，并作跋文。

鲍廷博跋云："右刘原父（敞）所著题曰《弟子记》者，殆托于及门所记录欤？按先生墓志及《宋史》本传俱云五卷，今本只一卷，与晁公武《读书志》合，当属足本无疑也。是书一开雕于乾道，再版于淳熙，此承淳熙校本之旧，尤称完善，虽辗转传抄，不无小误，□（犹）胜乾道初刻也。江西近刻《刘子全书》独遗此帙，因为补刊以传。乾隆乙未（四十年，1775）上巳，长塘鲍廷博识。"（《丛书》第二集）

刘按，是书《四库全书》据浙江巡抚采进本录入《子部·儒家类》，作"四卷"。

夏四月，校传抄汪氏振绮堂本元邓文原《巴西文集》不分卷，并作跋文。

鲍廷博跋云："前借抄振绮堂汪氏所藏《巴西文集》，顷又见新仓带经楼本，计有八十馀篇，始悉汪氏藏书未称完善，尚有缺憾。今托友人重借带经楼本付手民补录，庶后之庋藏家得窥全豹，岂非快事。乾隆四十年（1775）夏四月，以文鲍廷博

谨志。”（原鲍氏知不足斋抄本《巴西文集》扉页题签）

刘按，是书十行十九字，左右双边，黑格，黑口，六册，今藏南开大学图书馆。钤有“以文”朱长方、“遗稿天留”朱方、“鲍家田”朱方、“知不足斋传抄密册”白朱文诸印。

汪氏振绮堂，见乾隆二十二年条按语。

新仓带经楼，不知何氏藏书楼名。据《中国古今地名大辞典》，新仓镇，为京兆宝坻县治；又浙江有两处（一在平湖县东北，一在海宁县东三十里备塘河北岸），安徽有两处（一在太湖县东南马路河南岸，一在合肥县南九十里）。此当为海宁新仓，唯其主人姓氏名号、事迹不详。或疑吴骞拜经楼之误。

元邓文原的《巴西文集》（又题称《巴西邓先生文集》），据《中国古籍善本书目·集部·别集类·元别集》载，国图、浙江、上海、清华大学、中山大学、中科院历史、考古所等诸家图书馆均藏有清抄本，或作一卷，或作不分卷，其中上海馆藏著录为“《巴西邓先生文集》一卷，元邓文原撰，《补遗》一卷，清鲍廷博辑，清嘉庆鲍氏知不足斋抄本。清鲍廷博校并抄补序目”。此南开大学馆藏之抄本，疑为传抄伪造之本。谢国桢先生据浙江馆藏“鲍氏知不足斋抄本”，录鲍氏跋文云：“前借振绮堂汪氏所藏抄本《巴西文集》，今见新仓带经楼所藏抄本，得有八十馀篇，知汪氏本乃不足本，较之尚少十馀篇，未免有憾，因以转商，借得全集假归，得以补抄完璧，特志数语，记其由来。乾隆四十年鲍廷博。”（见《江浙访书记》第166页，1985年12月生活·读书·新知三联书店）与南开本鲍跋文字略有差异。

五月，校刻宋曾敏行《独醒杂志》十卷《附录》一卷，入《知不足斋丛书》第二集，并作跋文。

鲍廷博跋云：“浮云居士（曾敏行）蕴用世之才，行独醒之志，著书自乐，以全其天，可谓贤已。所著《杂志》十卷，词简而事核，识高而论卓，同时诸贤品题备矣。予按《行状》，公母夫人年逾九十，公奉侍唯谨，非甚不得已，未尝去左右。今是书首述蔡端明母寿百单二岁，载笔之下有馀慕焉，尤有以征其孝思也。惜自淳熙丙午（十三年，1186）家塾版行而后，迄今六百馀年别无雕本。予感诚斋（杨万里）序中‘有亡书无亡言’之论，亟为开雕而行之。若夫楮墨易渝，枣梨速朽，百年以往，再永其传，则又后君子之责也。乾隆乙未（四十年，1775）重午日歙长塘鲍廷博识于知不足斋。”（《丛书》第二集）

刘按，是书乃据宋淳熙曾氏之子曾三聘家塾刊本重刻。

刘按，是书《四库全书》据两淮盐政采进本录入《子部·小说家类》。

仲夏，校刻宋葛洪《涉史随笔》一卷，入《知不足斋丛书》第一集。

卷末有牌记题："乾隆乙未（四十年，1775）仲夏上浣歙西长塘鲍氏校刊于家塾。"

刘按，是书《四库全书》据两江总督采进本录入《史部·史评类》。

六月十三日，刻宋沈作喆《寓简》十卷，入《知不足斋丛书》第一集，并作跋文。

鲍廷博跋："右宋沈寓山先生著。先生名作喆，字明远，吴兴人，丞相该之侄。绍兴五年（1135）汪应辰榜进士，尝为江西漕属，以《哀扇工》诗忤洪帅魏良臣（名道弼），陷以深文，夺三官以归。故是书首著以诗获罪之论，而于第八卷中亦征及其事焉。先生尝从人使金，又自言曾宦维扬，及为岳侯（飞）作谢表，其他行事，无可考见。所著《寓山集》三十卷已意（竟），及南北《国语》各若干卷，俱佚不传。惟《哀扇工》歌，载周昭礼（煇）（《清波别志》，然讳之曰《寓客甲》，予证以《梅磵诗话》）（宋章居安撰）、《直斋书录解题》（宋陈振孙撰）而始晓然也。是书间有传抄，鲜有善本，前明毕孟侯（懋康）叔昭昆季所刊尤多脱误，甚或点窜原文，并分段。谬本流传，徒增古书一厄耳。此本为嘉（靖）、隆（庆）间无锡姚舜咨（咨）先生旧藏，曾经宋槧勘定，丹黄满卷，手识如新，所谓读书者之藏书也。郁君佩先（礼）得自小山堂赵氏（昱），始获尽刊毕本之误，俾予刻入《丛书》，以还旧观，当亦好古者所共快云。乾隆乙未（四十年，1775）六月十有三日，歙长塘鲍廷博以文氏识。"（《丛书》第一集）

刘按，鲍刊是书作"十卷附录一卷。"《四库全书》据浙江巡抚采进本录入《子部·杂家类》，作"十卷"，未知即鲍家藏旧抄本？

是书鲍跋之外，还录有明姚咨题识，原本今藏国家图书馆。

六月十七日校陆烜辑《奇晋斋丛书》本宋施彦执撰《北窗炙輠录》二卷，有跋文记之。

鲍廷博跋云："乾隆四十年（1775）六月十七日，从吴岫本校一过。吴本有跋，盖出于祝（允明）也。彦执名德操，此云讳国贤，何也。""右姑苏吴岫藏本，后有祝允明跋，似出依托，然较《奇晋斋丛书》所刊秀水朱氏潜采堂本特为完善，如下卷关子开令蒋处士开图书及与弟子东拜米元章二事，朱本全缺，其他脱误不可胜计。施彦执，盐官人，名德操，字持正，《咸淳临安志》第六十七卷有小传。而祝跋云讳国贤，钱塘人，未知其所据也，暇以奇晋本参校，嘱顾君蒹厓（修）刊入丛书，并录谢山先生（谢枋得）题诗冠于篇首，庶读者益知此书之足重也。"（上海图书馆

藏本）

刘按，是书《四库全书》据鲍士恭家藏本录入《子部·小说家类》。鲍校本今见《上海图书馆善本题跋真迹》（十七册第292页）。

仲秋，校刻明李东阳《麓堂诗话》一卷，入《知不足斋丛书》第三集，并作跋文。

鲍廷博跋云："李文正公（东阳）以诗鸣成（化）弘（治）间，立追正始，为一代宗匠，所著《怀麓堂集》至今为大雅所归，《诗话》一编折衷议论，俱从阅历甘苦中来，非徒游掠光影，娱弄笔墨而已。仁和倪君建中（一擎）手抄见赠，亟为开雕，俾与《沧浪诗话》《白石诗说》鼎峙骚坛，为风雅指南云。乾隆乙未（四十年，1775）仲秋上浣，知不足斋后人鲍廷博识。"（《丛书》第三集）

刘按，倪一擎字建中，号笔农，浙江仁和人，本姓凌，室名有真意斋。馀不详。

是书《四库全书》据范氏天一阁藏本录入《集部·诗文评》。

闰十月，校明平显《松雨轩集》八卷，补诗七首，并作题识。

鲍廷博题识（卷一）："乾隆乙未（四十年，1775）闰十月二十八日，灯下校于知不足斋。是日得国子监助教张君（羲年）书云：'四库馆所办各省遗书，腊月可以蒇事，书目已办五千五百馀篇矣。'"（卷二）："同是晚校。"（卷三）："廿九日已刻校，阴雨。"（卷四）："午刻校。"（卷五）："十一月朔，晨起校于赐书堂。是日长至，晴色可喜。"（卷六）："初四日巳刻校，阴。"（《标点善本题跋集录·集部·别集类》）

刘按，是书既未刻入《知不足斋丛书》，也未收录入《四库全书总目》，唯《四库未收书目提要》《宛委别藏》《武林往哲遗著》收录。鲍氏手校本今藏于中国台北"中央图书馆"。

鲍氏上述题识，乃咸丰二年（1852）劳权过录于自己的手抄本上。劳权有跋云："咸丰壬子（二年，1852）秋，吴兴丁上舍肇庆寄示此集，从渌饮先生校本传出。""知不足斋校本补诗七首，惟《登聚远楼》一首采于《云南□志》，其馀皆《沧海遗珠集》也。"见《标点善本题跋集录·集部·别集类》。

劳权，见乾隆三十年条按语。

"国子监助教张君"谓张羲年。羲年字淳初，号潜亭，浙江馀姚人。以拔贡生任教谕。四库馆征书，诏访求学官淹博者，得张羲年等三人，皆一时之望，又以修书劳绩，赐进士出身，官国子监助教。

鲍廷博延请卢文弨为其辑刻《知不足斋丛书》作序。

卢文弨序云："昔人丛书之刻，为嘉惠于学人至也。虽然，亦有反以为病者，真伪不分，雅俗不辨，或删削而非完善，或脱误而鲜校雠。就数者之中，不完与不校之为弊更甚。……吾常以谓必得深于书旨而有馀力者，始足任此事。择之必其精，如《三坟》《端木诗传》《鲁诗说》《素书》《忠经》《天禄外史》之类勿录也。取之必其雅，如《百川学海》《百家名书》所辑之繁芜猥杂者勿录也。而且勿惜工费，一书必使其首尾完备，勿加删节。至于校雠之功，如去疾焉，期于尽而后止。如此，古人之精神始有所寄，而后人之聪明亦有所入，则丛书之刻乃为有益而无弊。或问余曰：'子所属望者，今岂有其人乎？'余曰：'必吾友鲍君。'既答或人，然未语鲍也。今鲍君果有斯举，先以其目视余，凡百数十种，皆善本，无伪书、俗书得间厕焉。其校雠之精，则其曩时尝刻《销夏记》《名医类案》等书，已有明征，不待言已。……吾之有取于鲍君者，正以其深于书者，年力方富而无他事之累，又不因之以为刊（利）。其书之成，必优于陶九成（宗仪）、商濬、屠隆、吴琯、胡文焕诸人所集可知也。噫，自唐以来，说部之流传于今者盖寡矣，安得天下多生鲍君其人，而使前人之著述有所藉而不至澌灭也欤！"（《抱经堂文集》卷五）

刘按，卢文弨此序亦载《知不足斋丛书》第一集首册，唯卢序末署"乾隆三十七年四月既望，东里卢文弨书于钟山书院之须友堂"。乾隆三十七年正月，乾隆弘历始颁征集天下遗书之令，鲍刻《知不足斋丛书》第一集中，除《客杭日记》为乾隆三十七年刻，第二集中《赤雅》为乾隆三十四年刻，第三集中《对床夜语》为乾隆三十七年刻，《南濠诗话》为乾隆三十八年刻，《石墨镌华》为乾隆三十九年刻，馀均最早为乾隆四十年所刻，鲍氏自序及朱文藻序均为乾隆四十一年。故卢序所撰时间，当以本人文集为准（即乾隆四十年）。

卢文弨，见乾隆二十六年条按语。

十月，校刻明瞿佑《归田诗话》三卷，入《知不足斋丛书》第三集，延朱文藻作跋文。

朱文藻跋云："《归田诗话》，竹垞（朱彝尊）尚未之见也。《诗话》标题不一，胡道序（弘治十三年，1500）谓之'存斋'，焦氏（循）志（《国朝经籍志》）、《明史（艺文）志》《千顷堂书目》皆谓之'唫堂'，《百川书志》《浙江通志》皆作'存斋归田'。要之'唫堂'也，'存斋'也，'归田'也，一书三名，无足异也。今吾友鲍君以文据先生自序，定为《归田诗话》，刊毕，属为校正，因杂采众说，附缀于后，以俟博涉群籍者考订焉。乾隆乙未（四十年，1775）十月四日朱文藻跋。"（《丛书》第三集）

刘按，据朱跋，是书底本，为朱文藻于书肆购得的影抄明正统刊本。《四库全书总目》据马裕家藏本录入《集部·诗文评类存目》。

洪熙元年（1425）瞿佑自序云：“因笔录其有关诗道者，得百有二十条，析为上中下三卷，目曰《归田诗话》。”成化初木讷、柯潜二序皆称《归田诗话》。唯弘治十三年胡道序称《存斋诗话》。

闰十月，从吴焯瓶花斋传抄宋刘芳实撰、刘茂实注《敏求机要》一卷并跋，次年四月再校跋。

鲍廷博跋云：“乾隆乙未（四十年，1775）闰十月，传钱塘吴氏瓶花斋本，初十日毕，知不足斋识。”又云：“丙申（乾隆四十一年，1776）四月二十八日校一过，溯皇初终，赵宋类本，成韵语兔园册之流业。”（《皕宋楼藏书志》卷六十一）

刘按，鲍抄校是书今藏上海图书馆。《中国古籍善本书目·子部·类书》著录，作“十六卷”，“乾隆四十二年（1777）鲍氏知不足斋抄本”。

《四库全书总目》据汪如藻家藏本录入《子部·类书类》，作十六卷。提要云：“其书以历代故实编为歌括，以便记诵。”

吴焯，见乾隆二十五年条按语。

是年，鲍廷博购得《王梅溪（十朋）集百家注东坡先生诗集》及《唐音戊签》何焯评本，费钱十千。吴骞从鲍氏借抄。

吴寿旸云：“此本先君子（吴骞）从知不足斋借临，书后云：‘乾隆乙未（四十年，1775），以文购得《王注苏诗》及《唐音戊签》并何义门太史（焯）评本，凡去假价十千。苏诗是陈少章先生临本，因从之假归。”（《拜经楼藏书题跋记》卷五）

刘按，《王梅溪（十朋）集百家注东坡先生诗集》，即《东坡诗集》三十二卷，《四库全书》据陆费墀家藏本录入《集部·别集类》。提要云：“核书中体例，与《杜诗千家注》相同，殆必一时书肆所为，借十朋之名以行耳。”

《唐音戊签》乃明胡震亨所编《唐音统签》之部分。《四库全书总目》据江苏巡抚采进本录入《集部·总集类存目》，提要云：原书“卷帙浩繁（《统签》凡一千二十七卷，以十干为编），均未锓版，国朝康熙乙丑（二十四年，1685）其孙成之，曾孙颀始以《戊签》刊行”。

乾隆四十一年（1776）丙申，四十九岁

孟春，鲍廷博借吴长元池北草堂校本宋张齐贤《洛阳搢绅旧闻记》五卷，刻入《知不足斋丛书》第四集。

牌记云："乾隆丙申（四十一年，1776）孟春，借吴氏池北草堂校本开雕。"（《丛书》第四集）

刘按，鲍廷博于该书文中有校订文字，如卷一"少师佯狂"条下，指出原书有脱文，恕不录。

吴长元，见乾隆二十八年条按语。

二月，校刻汪鹏得自日本的《古文孝经孔氏传》一卷，入《知不足斋丛书》第一集。鲍作跋，并邀卢文弨、吴骞、郑辰作序。

鲍廷博跋云："《古文孝经孔传》一册，吾友汪君翼沧市易日本得之，携归，举以相赠。博留意郑、孔二注有年矣。往读《宋史》载日本僧奝然，于雍熙元年（984）浮海而至，献郑注《孝经》一卷、越王《孝经新义》第十五一卷，皆金缕红罗缥，水晶为轴。窃意郑、孔亡逸于五代，诸家簿录中皆未见，复有藏本，而宋时日本既经进献郑注，则其国中留贻，或尚可问，因属汪君访之，不意其所得者，更为奝然之所未献也。孔传先亡于梁乱，续出于隋初，唐儒争辩，遂遭废弃，诸儒论著从未引及，仅见《唐会要》载司马贞议引用'则天之时，因地之利'注，略云'脱衣就功，暴其肌体，朝暮从事，露发涂足，少而习之，其心安焉'二十四字，以今校之，俨然尚存，略异数字，而义更胜，可知此本更出开元敕定本之上也。通本'义'作'谊'，未经明皇敕改，尤为古本之征。卷首孔安国自序，亦多与先儒称述之词合。又有太宰纯序，称'奝然适宋，献郑注《孝经》一本于太宗，司马君实（光）等得之大喜'。此即司马氏《古文指解序》所谓'秘阁所藏，止有郑氏'也。奝然献书之年，《宋史》作'雍熙'，《崇文总目》作'咸平'，据纯序称'太宗'，其为雍熙无疑。所谓'司马君实得之大喜'者，盖书藏于秘阁，司马氏从后得见之也。所惜者太宗好文之主，既得郑注，不复更问及孔传，遂致古本遗佚至今。且既得郑注不使流行，仍归沦废，经籍显晦，殆有幸不幸焉。又按，宋三朝艺文志（《宋辽金艺文志》）称'周显德末，新罗献《别序孝经》即郑注'者，此语误也。《五代史记·高丽传》：周世宗六年（959），高丽国王王昭进《别序孝经》一卷。《别序》叙孔子所生及弟子事迹，明非郑注《孝经》，而新罗地近高丽，并误以高丽为新罗矣。考证所及，因附记之。是本较《指解》本增多五十一字，中间尚多字句不同之处，今悉仍日本原书付之剞劂，复刊《指解》本正文于后，以与同志者，共质定焉。原本刻于其国之东都紫芝园。太宰纯序后有一印云'字曰德夫'，末称'享保壬子梓行'，乃皇清康熙五十一年（1712）也。汪君所至为长崎嶴，距其东都尚有三千馀里，此书购访数年，得之甚艰，其功不可没云。乾隆丙申（四十一年，1776）花朝。歙人鲍廷博谨跋。"（《丛书》第一集）

牌记题："大清乾隆丙申（四十一年）春正月上浣，歙县鲍氏家塾重雕。"

卢文弨《新刻古文孝经孔氏传序》："新安鲍君以文，笃学好古，意彼国之尚有是书也，属以市易往者访求之。顾郑氏不可得，而所得者乃古文孔氏传，遂携以入中国。此书亡逸殆及千年，而一旦复得之，此岂非天下学士所同声称快者哉！鲍君不以自私，亟付剞劂，而以其本示余。"（《丛书》第一集，又见《抱经堂文集》卷二）

吴骞序云："以文搜访之勤，远周海外，其有功于斯道，又岂在颜贞惠诸人之亚哉?"（《丛书》第一集）

郑辰序云："此吾友鲍君以文重付剞劂之本意也。鲍君所刻《知不足斋丛书》，大率阐发隐微，搜罗废坠，而得此千百年久佚之本以列前编，欣喜之怀，形诸寤寐。辰寒乡下士，言不足为书重，然吾友耽书公世之心知之最深。受读既竟，不容默也，遂书于简端。"（《丛书》第一集）

刘按，卢文弨，见乾隆二十六年条按语。

郑辰，慈溪人，馀不详。或"二老阁"家族之裔。

汪鹏字翼沧，一作翼昌，号竹里山人，钱塘人。贾于日本，岁一往还，著有《日本碎语》(亦名《袖海编》)，记日本山川风物。梁玉绳为之序，有日本刊本，七行竖排，每行十五字，共六叶十二面，计汉字一千零四十二个，今藏日本东京京都东洋文库。梁序称："余尝怂恿鲍君以文刻入《知不足斋丛书》，尚未果。"今《知不足斋丛书》不见此书。梁玉绳《瞥记》卷七有摘录，所谓日本刊本，即由梁氏出。今唐力行有《关于〈日本碎语〉的碎语》一文，载《安徽史学》1996 年第 4 期。

又，汪鹏从日本携回中国久佚之书除此本外，尚有《论语集解义疏》《全唐逸诗》(均刊入《知不足斋丛书》)。《七经孟子考文补遗》一书，《四库全书》据汪启淑家藏本录入《经部·群经总义类》，后阮元之弟阮亨辑入《文选楼丛书》中，其有功中华典籍甚巨。

《四库全书》据陆锡熊家藏本录入《经部·孝经类》，提要云："据卷末乾隆丙申（四十一年，1776）歙县鲍廷博新刊跋云"，可见陆氏进呈的家藏本，乃鲍刻本。

十月，校刻《两汉刊误补遗》十卷，入《知不足斋丛书》第一集，并作跋文。

鲍廷博跋云："右《两汉刊误补遗》十卷，宋昆山吴仁杰撰，以补刘氏《汉书刊误》之遗也。按，宋时刊班、范二史之误者，吴氏之前凡有四家，余靖、张泌及无名氏三书不可得见已。刘氏原本久无专刊，国朝乾隆四年（1739）武英殿校刊经史，始据庆元旧本《汉书注》中增入一家之言，幸垂不朽。吴氏此书发明辨证，精确不磨，其于刘说铢量黍较，亦无少假借，虽名‘补遗’，实多匡谬，尤不可令其无传也。友人郁君佩先（礼），尝以叶石君（树廉）旧抄相贻，今年学士卢抱经先生（文弨）复自金陵以校本寄示，且有‘不蕲传抄’之约，博因取叶本参合是正，寿之枣梨，俾读者无笔札之劳，庶几其传益广矣。

是书《直斋书录解题》（宋陈振孙撰）作十七卷，今本十卷，与《宋史·艺文志》合。初疑《解题》之误，及考延令（宋尤袤）宋版书目，亦云十七卷，似当日原有二刻也。至刘书，晁公武《（郡斋）读书志》以为刘攽者，引攽自序，称英宗读《后汉书》，见‘垦田’皆作‘恳’，令国子监刊正之。攽为直讲，校正其误，治平三年（1066）奏御。晁、陈二氏又别裁三刘《汉书标注》一书，则攽与兄敞及敞子奉世所作也。陈氏独云：‘《标注》与《刊误》实为一书，别本题作公非先生（刘攽）《刊误》耳。’今考吴书曾绎序，亦指‘三刘’为言，陈说似为有据。然按晁氏于刘攽书题曰《东汉刊误》，‘三刘’书，晁、陈俱题曰《汉书标注》，盖攽奉命校刊，实止范书，其自序甚明，‘三刘’所著不曰‘两汉’者，只及班氏耳。观庆元本前书，则‘三刘’并录，后书仅存攽语，亦其证也。若吴氏此书，似合《标注》《刊误》而通补之，其只称‘刊误’者，亦以二书名异而体裁实同耳。惟是直斋既作《解题》，于二书必皆寓目，顾何以漫为此言耶？又按，竹垞（朱彝尊）先生跋以刘攽刊误为仁宗命事，而攽序实在英宗治平间。考仁宗在位，虽有校刊《后汉书》之命，然事在景祐初元，维时攽尚未登第，距为学官时几三十年，此朱跋偶然笔误，不足异也。惟朱称仁杰所著有《离骚草木鱼虫疏》，博近从宋本录出，吴氏当日止疏草木而不及虫鱼，竹垞先生所见，盖胜国时屠本畯增删本尔。并识于此，以俟同志者质定焉。乾隆丙申（四十一年，1776）十月下浣二日，歙长塘鲍廷博以文氏跋。”（《丛书》第一集）

刘按，是书《四库全书》据马裕家藏本录入《史部·正史类》。

郁礼，见乾隆二十一年条按语。

叶树廉，见乾隆三十九年条按语。

是书末尚有乾隆三十九年仲冬卢文弨跋。中国台北《“中央图书馆”善本题跋真迹》载卢跋末有“明年乙未（乾隆四十年）收灯日录于知不足斋”。又载朱彝尊跋，末有鲍氏“乙未正月十九日灯下录”，卷一末署“乾隆四十年乙未正月十六日，从卢侍讲文弨校本勘过，是日雪，沈君效曾招饮，归已二鼓，剪烛毕此卷”。

约是年初秋，鲍廷博与吴骞、奚冈过访心上人山舫，吴骞有诗记其事。

吴骞《同绿（渌）饮、铁生过心上人山舫》："漫携三笑侣，言访六朝僧。竹暗还幽径，云深最上乘。盏泉松火沸，香饭野蔬蒸。错忆同孤棹，流连晚兴增。"（《拜经楼诗集》卷二）

刘按，心上人，当为六朝时僧人，馀不详。

奚冈，见乾隆三十六年条按语。

吴骞，见乾隆二十一年条按语。

鲍廷博延请朱文藻作《知不足斋丛书序》。

朱文藻序："吾友鲍君以文，世居歙之长塘，尊丈敏庵先生迁寓武林，性躭文史，筑室储书，取《戴记》'学然后知不足'之义，以颜其斋。君读先人遗书，益增广之，令子士恭又复沉浸不倦，君字之曰'志祖'，盖嗜书累叶如君家者，可谓难矣。三十年来，近自嘉禾、吴兴，远而大江南北，客有异书来售武林者，必先过君之门，或远不可致，则邮书求之，浙东西藏书家，若赵氏小山堂、卢氏抱经堂、汪氏振绮堂、吴氏瓶花斋、孙氏寿松堂、郁氏东啸轩、吴氏拜经楼、郑氏二老阁、金氏桐华馆，参合有无，互为借抄，至先哲后人家藏手泽，亦多假录，一编在手，废寝忘食，丹铅无已时，一字之疑、一行之缺，必博征以证之，广询以求之，有得则狂喜，如获珍贝；不得，虽积思累岁月不休。溪山薄游，常携简策自随。年几五旬，精明不惫，勤勤恳恳，若将终身。

往岁，恭遇圣天子开四库全书馆，征天下遗书以备采择。君家以善本六百馀种献之于朝，由是知不足斋之名上彻天听，皇帝亲洒宸翰，题所进《唐阙史》及宋仁宗《武经总要》二书，俾与恩赐《古今图书集成》万卷，永为世宝。御制诗首有'知不足斋奚不足，渴于书籍是贤乎'之句，士林艳称之，千载稽古之士，未有荣遇如斯者，唯君之苦心宜膺山异数矣。海内书林闻君多异书，大率阻于山川，无由借读，而君裒集既多，乐于公世，知交中有能成就君志者，醵金为助，于是出其所储为前诸家所未刊，或已刊而讹脱过甚者，悉心勘定，寿之枣梨，仿前人成例，目曰'丛书'，而冠以'知不足斋'之名，戴君恩且承先志也。余馆于振绮堂十余年，君借抄诸书，皆余检集。君所刻书余尝予点勘，余与君同嗜好，共甘苦。君以为知之深者，莫余若也。……乾隆四十一年（1776）岁次丙申花朝日，朱文藻谨序。"（《丛书》第一集首）

刘按，朱文藻，见乾隆三十九年条按语。

八月，单炤《知不足斋丛书序》。

单炤序云："新安鲍子以文，学博而行古，家藏图籍数万卷，近刻其尤珍秘者为《知不足斋丛书》，而谒序于其友人富春单炤。……乾隆丙申（四十一年，1776）八月既望富春单炤斗南氏序。”（《丛书》第一集首）

刘按，单炤字斗南，号华藏居士，富阳人，室名小安养斋。

十一月，鲍廷博自撰《知不足斋丛书序》，并制定《凡例》。

鲍廷博序：“聚散者，天地人物，古今不易之定理也。丽于天者有日月、星辰、云霞之属，而日月出入，月有盈亏，星辰有昼夜明灭，若云霞之缥缈，其甚焉者已；载于地者有名山大川，山之高祖于昆仑，南支北干，曼衍于中原，五岳四镇之大，散布四方，终古无可聚之局。若夫南条北条江河之水，汇众流而归于海，固由散而聚矣。而海气细缊，蒸云降雨，复散为细流；其在于人君臣父子夫妇昆弟朋友，人伦聚首最久者不过百年；其在于物，布帛菽粟为日用所必需者流通人间，无久积之势，而珠玉货财，世所宝贵，留贻子孙，传之数世者尠矣。若夫书，则为人精神之所寄，而其人即天地灵气之所钟，虽为百物中之一物，而世之宝贵又不与珠玉货财同。盖珠玉货财，尽人而好也，尽人而好，则尽人得而有之，其散也速；嗜书者千万人中仅一一二焉。于好为最癖，既为癖好，自不难为独聚，然而无好之者继起，则烟云纷乱，又率先珠玉货财而散落人间，思及此，则当谋所以聚之之方矣。

汉唐以降数百年，论著为一家言者，奚啻充栋，史志记载与夫藏弆家所著录名存而书亡者，又何可偻指数，惟荟萃一编，俾有统摄，则诸子百家之撰述，常聚也。宋左氏（圭）之《百川学海》、元陶氏（宗仪）之《说郛》、明陈氏（继儒）之《秘笈》，前人颇以删节讹脱少之，然左氏十集，聚百馀种，陶氏正续多至二千馀种，陈氏五集亦二百馀种，至今裒然具存，要非尽同一脔之尝，较之汉唐亡书仅见于宋人类事及诸书注释所引用，得一鳞片甲以为快者，其所资益不已多乎。此廷博所以汲汲为《丛书》之刻意，盖有感于斯也。特自渐（惭）力薄，不能广求未见之书，仅守先人敝箧可以公世者无几，惟是每刻一书，乐与同志悉力校勘，务求完善，视左、陶诸刻加精审焉。览是编者，亮能鉴此区区之苦心也。自时厥后，远近朋好，常以异本相投，而剞劂之资，将伯有助，以接续于无已，后有好者，亦复踵而行之，庶几古人之精神聚而不散，使天地人物古今不易之定理，矫然而破其一成之例，岂不快哉!”（《丛书》第一集首）

鲍氏自定《凡例》八则：

“一、是编以八册为一函，以一函为一集。得书既有先后，校订亦有迟速，故不能统集部分，只于每集略有诠次。自癸巳岁（乾隆三十八年，1773），恭进遗书，钦蒙皇上御题《唐阙史》及《武经总要》二书，颁示珍藏，因先以《唐阙史》敬谨校刻，冠一集之首。其《武经总要》卷帙稍繁，尚俟续刻。

二、先儒论著凡有涉经史诸子者，取其羽翼经传，裨益见闻，供学者考镜之助，方为入集，以资实用。馀如诗文专集，卓然可传者间为另刻单行，概不搀入，非尽谓吟咏篇章无关学问，盖是编裒集之体例宜然也。至于诗话、文史，每及风雅遗事，多类说家，存之以备尚论取益焉。

三、是编诸书有向来藏弆家仅有传抄而无刻本者，有时贤先辈撰著脱稿而未流传行世者，有刻本行世久远，旧板散亡者，有诸家丛书编刻而讹误脱略，未经人勘正者，始为择取校正入集，若前人已刻传世甚广，而卷帙更富，概未暇及。

四、编中诸书，或敝箧旧藏，或书肆新得，或友人持赠，或同志借抄，其间流移授受之原委，与夫反覆订证之苦心，皆为表微缀之卷末，多藉光于良友间，僭附以鄙言，至于原本跋语，虽仅记年月，无关书指者，亦悉仍旧观，不敢湮没也。

五、旧本转写承讹袭谬，是编每刻一书，必广借诸藏书家善本参互校雠，遇有互异之处，择其善者从之，义皆可通者两存之，显然可疑而未有依据者仍之，而附注按语之下，从未尝以已见妄改一字。盖恐古人使事措辞，后人不习见，误以致疑，反失作者本来也。详慎于写样之时，精审于刻竣之后，更番铅椠，不厌再三，以期无负古人，间有未尽，则几尘风叶之喻，前人已难之矣，尚期同志随时指示，以便刊正。

六、古书流传，每多缺佚，万难求全者，留心购访，久而不得，姑仍其旧。每憾昔人刻书遇脱简处连缀及之，贻误后人，非细故矣。海内之大，岂无完善异本珍秘石仓！凡大雅君子得有邺架善本，可以补集中诸书之阙者，尚冀多方因缘寄示，俾成完书，此则公世之盛心，爰及古人，惠施来学，非廷博一人之私幸也。

七、廷博一介寒士，囊橐易尽而刻书之志无已时，是编经营已半，藉同人之力，兹后尚望爱我者慨然将伯之助，俾得丛编嗣出，津逮无穷，实古哲先灵所抃手称庆者也。

八、是集不独阐述陈编，兼之表扬幽隐，海内名人贤裔家藏祖父遗书、前贤秘册未经流布，悉望寄刊，使不朽之业显出于名山，而集腋之裘日有所增益。盖家集专行未始不可以传永久，然与名贤旧制荟萃一函，存与俱存，相为依倚，刻费多寡随有力者助之，总期成全美举而已。知不足斋后人鲍廷博识。”

刘按，鲍氏手定《凡例》八则，于《丛书》的收录范围、收录标准、文字校勘、刊刻样式、资金来源等诸问题，均作了详细、明确规定，这样就保证了《丛书》的高质量，使《知不足斋丛书》成为清代丛书中的翘楚，向为人称道不已。

是年秋，杨复吉见书贾来求售残本阎若璩《尚书疏证》及《书目》十四帙，以

价昂未购，后鲍以文告之《书目》乃杭世骏《历代艺文志》草稿，杨始悟失之交臂，良可惋惜。

杨复吉云："丙申（乾隆四十一年，1776）秋，书贾持抄本不全求售，内阎氏《尚书疏证》只第一卷暨末二卷，又有《书目》十四帙，俱撮举大意，不列总目撰人，不分部类，余以价昂置之。后晤鲍子以文，始知为杭堇浦（世骏）先生《历代艺文志》之草稿也。复证之《道古堂题跋》，则康熙壬寅（六十一年，1722）堇浦得《疏证》第一卷于绣谷吴氏，雍正乙卯（十三年，1735）得四、五两卷于钱塘龚明水，特为传抄，兼系跋语。余所见者卷次悉符，交臂失之，良可惋惜。"（《梦阑琐笔》）

刘按，据陈鳣《简庄随笔》云："杭堇浦先生辑《历代艺文志》，用数十年之功搜罗记注，诚巨观也。稿存于家，其子以半部质于维扬马氏玉（裕）（小）玲珑（山）馆，一半质于武林孙氏寿松堂，今马氏藏书俱散，不知归谁何矣。"

杨复吉，见乾隆三十一年条按语。

十月中浣，校刻宋朱翌《猗觉寮杂记》二卷，入《知不足斋丛书》第三集，并作跋文。

鲍廷博跋云："朱翌字新仲，龙舒人，汉桐乡啬夫之后，政和间以太学生赐第，为溧水簿，高宗南渡，秘书监中书舍人，与修《徽宗实录》。秦桧逐赵鼎，以为鼎党，谪居曲江，已而放归，朝廷悯其饥寒计，贬所十四年，衣俸悉以予之。初流寓桐庐，爱芦茨山水，遂家焉。谪归后，卜居于鄞，所著《潜山集》四十四卷，今已失传。右《杂记》二卷，盖在曲江时所著。方流离迁徙，索手无书，而能细绎经史，探索百氏，旁印曲证而折衷之，亦足以征腹笥富已。晚年自号省事老人，尝作《信天缘堂记》，云：'天生匹夫，一饭前定，多图未必得，坐视未必失，岂有一门困于无饭者乎？'其天怀放旷又如此。此本卷末题'康熙丙申（五十五年，1716）六月借小山从汲古阁得本付抄'，不知何人笔。予购自文瑞楼金氏（檀），乾隆乙未（四十年，1775）以付梓人，逾年蒇事，甲子偶符，殆亦所谓前定者耶？丙申（乾隆四十一年，1776）十月中浣二日，长塘鲍廷博识。"（《丛书》第三集）

牌记题："乾隆丙申（四十一年，1776）九月，鲍氏知不足斋校刊。"

刘按，是书《四库全书》据马裕家藏本录入《子部·杂家类》。

金檀字星轺，徽州休宁人，寄籍浙江桐乡，晚年迁苏州，生卒年不详，约雍乾间诸生，家有文瑞楼，藏书甚富，编有《文瑞楼藏书目》，亦喜刻书。侄金弘勋（字元功），孙金可埰（字心山）皆以藏书名。

十月，校刻宋黄彻《䂬溪诗话》十卷，入《知不足斋丛书》第二集。

黄模跋云："吾家诗学，肇自莆阳监察公昆仲，厥后文节（黄庭坚）为江西鼻祖，而闽中一派流衍特长，论者以晚唐体目之，不知宗法有本，厚人伦，维风教，常明公（黄彻）《䂬溪诗话》具在，可考而知也。模自壬午（乾隆二十七年，1762）入闽，得拜族尊莘田（黄任）先生。先生官四会令，罢归家居，萧然环堵，焚香著书，不特文章媲美前人，气节尤与常明公符合，益信君子之泽未有艾焉。新安鲍君以文，近有《丛书》之刻，模因检所藏曝书亭旧抄，亟请开雕。以文复购善本，校其讹脱，详载前后序跋。又皆竹垞（朱彝尊）先生当日所未见，而常明公之生平功绩于灿然。发潜阐幽，以文高谊，感不朽矣。乾隆丙申（四十一年，1776）阳月，无双后裔黄模敬书。"（《丛书》第二集）

刘按，是书以朱彝尊藏旧抄本为底本。故末附有康熙戊子（四十七年，1708）朱彝尊跋文。

黄任字莘田，福建永福人，康熙举人，著有《香草斋集》等。

黄模字相圃，钱塘人，室名寿花草堂，馀不详。自称"无双后裔"，则视汉孝子黄香为远祖。

是书《四库全书》据鲍士恭家藏本录入《集部·诗文评类》。

十月，校刻宋费衮《梁溪漫志》十卷《附录》一卷，入《知不足斋丛书》第二集，并作跋文。

鲍廷博跋云："右《梁溪漫志》十卷，宋国子免解进士费衮补之撰。梁溪，以梁伯鸾（梁鸿）寓居得名，在无锡县城西南，补之（费衮）其邑人而行事无可考。所纪多当代前言往行，而典章制度居三之一。观其自序，隐然有空言无补之叹，盖抱用世之志不获已，而以述作自见者也。然书成于绍熙壬子（三年，1192），刻于嘉泰辛酉（元年，1201），至开禧丙寅（二年，1206）即奉国史实录院牒请以备参修，去成书时仅十有五年，似亦不为空言矣。第考补之所著，自《漫志》外，尚有《续志》三卷、《文章正派》十卷、《文选李善等五臣注异同》若干卷。仕虽不达，固亦称笃学之士已，而邑乘不为立传，向非此书幸存，将并其姓氏无闻焉，是则深可太息耳。是书宋雕不可得见，胜国时梁溪、槜李俱经翻梓，传亦渐寡，海昌吴葵里（骞）两以明刻见贻，复为借周芚兮（春）先生家藏影宋抄本，俾博参校以传，是为皇清乾隆丙申（四十一年，1776），距嘉泰元年（1201）晋陵施济开版时，盖六百四十又九年矣。是岁十月既望长塘鲍廷博识。"（《丛书》第二集）

刘按，鲍刻是书乃据吴骞所赠明刻本，校以周春藏影宋抄本。鲍跋称是书之刻"距嘉泰元年晋陵施济开版时，盖六百四十又九年矣"，应误。二者相距应为五百七十五年。

吴骞，见乾隆二十一年条按语。

周春（1729—1815）字芚兮，号松霭，浙江海宁人。乾隆十九年（1754）进士，任知县一年告归。家有著书斋，插架环列，曾以藏宋刻《礼书》及汤汉注《陶靖节先生诗注》故事，有“礼陶”“宝陶”“梦陶”诸斋名。著有《松霭遗书》。

是书《四库全书》据内府藏本录入《子部·杂家类》。

是年，命于敏中等将昭仁殿所藏宋、金、元、明及影写宋本编成《天禄琳琅书目》十卷（前编）。

颁谕销毁沈德潜《国朝（清）诗别裁》版片。

乾隆四十二年（1777）丁酉，五十岁

正月，刻唐李淳风等注释《五曹算经》五卷，入《知不足斋丛书》第四集，并有牌记。

书前牌记题：“大清乾隆四十二年（1777）正月，仿汲古阁影宋抄本重雕。”（《丛书》第四集）

刘按，此书鲍氏知不足斋抄本，一册，今藏中国台北“中央图书馆”，见该馆编《标点善本题跋集录·子部·历算类》著录。

原抄本有丁传跋二则，其一云：“予年二十岁时，有以宋雕此书来售者，计以二十金而不卖，因为手摸（摹）一本。雕本即毛氏物。丁酉（乾隆四十二年，1777）六月十二日，以毛氏影宋本为校此册，深幸与是书获奇缘也。希曾记于贞复堂。”其二云：“此书余得毛氏所藏宋雕本，曾手摸（摹）一部，印本是广东棉纸，帘纹甚旧”云云，末署：“丁酉六月观音大士降诞之次日，鲁斋记于贞复堂。”（均见《标点善本题跋集录》）

是书《四库全书》据《永乐大典》辑本录入《子部·天文算法类》。

二月，刻唐李淳风等注《孙子算经》三卷，入《知不足斋丛书》第四集，并有牌记。

书前牌记题：“大清乾隆四十二年（1777）二月，仿汲古阁影宋抄本重雕。”（《丛书》第四集）

刘按，此书鲍氏知不足斋抄本，一册，今藏中国台北“中央图书馆”，见《标点善本题跋集录·子部·历算类》著录。

据原抄本，有丁传跋，云：“此经布算之法与大射礼立马相类，所用布算

之具，乃是筹也，又为算子，程子所谓与一握算子是也。其上下乘□□，又与欧逻巴人笔算同也。丁酉（乾隆四十二年，1777）六月二十一日，希曾记于贞复堂，为勘定若干字。”

是书《四库全书》据《永乐大典》辑本录入《子部·天文历算类》

丁传，见乾隆二十九年条按语。

贞复堂乃鲍氏室名，可见上述二书均为丁氏助鲍校勘者。

夏，借慈溪毕氏藏本传录何焯校本唐陆龟蒙《笠泽丛书》。

吴骞云：“乾隆丁酉（四十二年，1777）夏日，鲍君以文为借得慈溪毕氏所藏何义门（焯）校本，因录于此。（《拜经楼藏书题跋记》卷五）

刘按，是书《四库全书》据内府藏本录入《集部·别集类》。

慈溪毕氏，未详其人。

八月，从汪启淑飞鸿堂传抄后蜀何光远《鉴诫录》十卷，以金氏（德舆）桐华馆藏本相校，并作跋文。

鲍廷博跋云：“乾隆丁酉（四十二年，1777）八月，传飞鸿堂汪氏本，再以金氏桐华馆本勘一过，两本谬误正同，非得善本覆校不可读也。十八日灯下记。”（《标点善本题跋集录·子部·小说家类》）

刘按，汪启淑，见乾隆三十九年条按语。

金德舆（1750—1800）字鹤年，号云庄，又号鄂岩，原籍徽州休宁，居浙江桐乡。以献书赐官至刑部主事，家有桐华馆，富收藏，精鉴别，亦喜刻书，著有《桐华馆诗抄》等。

九月，鲍士恭等承刊承印《武英殿聚珍版丛书》

丁申云：“丁酉（乾隆四十二年，1777）九月，颁发其书（《武英殿聚珍版丛书》于东南五省，敕所在锓版通行，用广流布……（浙江）承刊者大理寺丞衔汪汝瑮、盐运司运同衔孙仰曾、国子监生鲍士恭、钱塘学廪膳生汪庚。书凡二十函，一百二十四册……省城振绮堂汪氏、寿松堂孙氏、大知堂汪氏、知不足斋鲍氏，公印通行，皆进书之家而承刊者。”（《武林藏书录》卷上）

法式善云：“鲍氏知不足斋重刊聚珍版……皆初颁之本，惜后来大部书未尽付锓。”（《陶庐杂录》卷四）

刘按，乾隆三十八年（1773）金简奉弘历之命，以木活字刻印成《聚珍版丛书》，收录凡一百三十四种，称“内聚珍”。四十一年颁行东南各省，并准锓版通行。江南及浙江所刻为巾箱本，江西、福建所刻依原式，故称“外聚珍”。

据丁申云，所谓外聚珍版者，江南凡八种、江西凡五十四种、福建一百二十三种，浙江凡三十九种。卷帙多寡不一，以福建最富、浙江最精。

据清法式善《陶庐杂录》卷四载，鲍氏知不足斋重刊聚珍版书共计三十八种二百九十卷，并列有著者、书名、卷数，此不赘录。

大知堂汪氏即汪庚。庚字耦耕，廪生，汪启淑之子，著有《万卷楼藏书目》。

秋，吴骞从鲍氏知不足斋借得宋刻本王禹偁《东都事略》一百三十卷，属朱允达校己藏影宋抄本，吴有跋文记之。

吴骞跋云："昔钱遵王（曾）有宋椠《东都事略》，荣木楼屡求不与，宋椠最为难得。丁酉（乾隆四十二年，1777）之秋，偶从贡院前书肆收得影宋抄本，虽亥豕间或不免，然视翻刻之妄改错误，则犹是中郎之虎贲也。适从知不足斋主人借得是本，因属朱君允达，彼此互校而还之。百卅卷之书辄复将伯之助，予之勤惰于此亦可征矣，是岁腊月既望，兔床记。"（《浙江文献展览会专号·乡贤遗书四》，载《文澜学报》第二卷第三、四期）

刘按，钱遵王即钱曾。曾（1629—1701）字遵王，号也是翁，江苏常熟人，钱谦益族曾孙。一生好书，藏书，家有也是园、述古堂，收藏极富极精，著有《读书敏求记》《也是园书目》等。

荣木楼乃钱谦益室名。谦益（1582—1664）字受之，号牧斋，常熟人。明万历进士，入清官至礼部侍郎。博学善诗文，好藏书，家有绛云楼，藏书极富极精。著有《牧斋初学集》等。

朱允达即朱型（？—1809），字允达，号巢饮，海宁人。

吴骞，见乾隆二十一年条按语。

秋冬之际，寄家藏宋王得臣《麈史》至吴翌凤。吴翌凤有跋文记之。

吴翌凤云："丁酉（乾隆四十二年，1777）仲秋，借青芝山堂张氏（位）本丐海阳余一匏抄录。""抄写甫竟，武林鲍丈以文以藏本寄余，因加校勘，别用朱笔标出……小除日（十二月二十九日）棘人翌凤又书。"（傅增湘《藏园群书经眼录》卷八《子部二·麈史》）

刘按，《麈史》三卷，道光初年刻入《知不足斋丛书》第三十集。《四库全书》据两江总督采进本录入《子部·杂家类》。

张位字立人，号青芝，长洲人。康熙副贡生，官直隶新乐知县。家有青芝堂，抄书藏书颇富，与吴翌凤友善。其子怀荣、德荣也喜抄书藏书，一时颇知名。

十月，吴门陆贯夫（绍曾）赠以所藏明人抄本元鲜于枢《困学斋杂录》一卷，鲍据以校影写吴氏瓶花斋抄本，并作跋。

鲍廷博跋云："丁酉（乾隆四十二年，1777）十月朔，吴门陆贯夫（绍曾）先生以所藏明人旧抄本辍赠，萧闲无事，取旧时录本校雠一过，改定凡数十字。初十日知不足斋书。"（《丛书》第二十九集）

刘按，陆绍曾字贯夫，号白斋，吴县人。喜藏古书名迹，精鉴赏，工书，著有《续铁网珊瑚》《飞白录》。

孟冬，至苏州访吴翌凤，从吴借抄传录的汲古阁本宋史氏《钓矶立谈》一卷，有题识记之。

鲍廷博题识云："丁酉（乾隆四十二年，1777）孟冬，予访旧吴閶，获从枚庵（吴翌凤）借录，既赏毛本之旧。"（《丛书》第四集）

刘按，吴翌凤（1742—1819）字伊仲，号枚庵，徽州休宁人，居苏州。家贫而笃好典籍，无力购买，从人借抄，家有古欢堂，手抄秘册甚多，与鲍廷博、卢文弨友善。编有《古欢堂经籍略》，著有《逊志斋杂抄》等。

是年，手抄元刘实撰、元刘茂实注《敏求机要》十六卷。

"《敏求机要》十六卷，元刘实撰，元刘茂实注，清乾隆四十二年（1777）鲍氏知不足斋抄本。"（《中国古籍善本书目·子部·类书类》）

刘按，是书今藏上海图书馆。据《皕宋楼藏书志》卷六十一载，是书为鲍氏于乾隆四十年闰十月传抄于吴氏瓶花斋。

是年，萧山汪辉祖馆平湖刘雁题家，结识鲍廷博，并推崇鲍"博通典籍，为人醇雅有气谊"。

汪辉祖云："（乾隆四十二年丁酉）是年交歙县鲍以文（原注：廷博，字以文，诸生，博通典籍，为人醇雅有气谊，世所称知不足斋主人也）"（《病榻梦痕录》卷上）

刘按，汪辉祖（1730—1807）字焕曾，号龙庄，浙江萧山人。乾隆四十年（1775）进士，官至道州知州，曾长期做省、府、县幕僚（师爷）。家有环碧山房，富藏书，博学洽闻，尤精史学、姓氏学，著有《龙庄遗书》《佐治药言》《史姓韵编》等。

是年，乾隆弘历撰诗，表彰朱彝尊《经义考》，以阐崇经学。

江西举人王锡侯（新昌人）撰《字贯》，删改《康熙字典》，被人告发，斩决。

是年，鲍廷博以武英殿聚珍版《鹖冠子》一书赠卢文弨，卢有跋文记之。

卢文弨《聚珍版本〈鹖冠子〉书后》云："今年鲍君以文以武英殿聚珍版赠余，余复阅一过，与余先所得本无甚异。"（《抱经堂文集》卷十）

刘按，是书《四库全书》据马裕家藏本录入《子部·杂家类》。乾隆弘历曾于马家进呈的明弘治活字本册首赐题御诗。武英殿版即据明活字本重新排印的。

乾隆四十三年（1778）戊戌，五十一岁

二月，校刻宋史氏《钓矶立谈》一卷《附录》一卷，入《知不足斋丛书》第四集，并作跋文。

鲍廷博跋云："右《钓矶立谈》一卷，作者自称'叟'，不署姓名，据《十国春秋》以为南唐史虚白撰。楝亭曹氏（寅）刻于维扬，遂以其名列之首简。予以自序及他书考之，盖虚白仲子之笔也。虚白在烈祖时曾为校书郎，故序称'先校书'。又龙衮《江南野史》云：'虚白二子：长早卒，次举进士。孙温，咸平中擢第。'今序有云：'使小子温成诵于口'，知其出于仲氏矣。卷中述虚白事曰隐士、曰山东隐君子，并讳先校书之称，或者疑之。考虚白初以说于（干）烈祖，度不能用，遂绝意世事，犊车载酒，山童负瓢，超然尘埃之外，身隐焉文，此固其先志也。元本凡百二十条，已亡佚过半，楝亭刊本复多残阙，枚庵漫士（吴翌凤）得汲古阁旧抄，凡'殷'、'征'、'桓'、'构'、'惇'、'廓'等字俱讳末笔，一仍宋刻之旧，颇称完善，因就曹本详加雠勘，补录自序一首，脱简二翻，订其缺误，复数百字，顿还旧观矣。丁酉（乾隆四十二年，1777）孟冬，予访旧吴阊，获从枚庵借录，既赏毛本之佳，益惜曹刻之陋，遂命梓氏亟刊正之，且以酬枚庵校录之勤也。乾隆戊戌（四十三年，1778）二月上浣，得闲居士鲍廷博识。"（《丛书》第四集）

刘按，是书《四库全书》据江苏巡抚采进本录入《史部·载记类》。

鲍刻该书正文下双行小字为鲍氏校语，恕不录。

三月，鲍廷博在自行校勘之后，又延请钱大昕、钱大昭兄弟重行校勘宋熊方《后汉书年表》，两阅月而毕。

钱大昕《后汉书年表后序》："歙鲍君以文得熊氏《后汉书年表》，手自雠校，将刻以行世。以予粗涉史学，属覆校焉。予弟晦之（大昭），尤熟于范史（即范晔

《后汉书》)，因与参考商略，正其传写之讹脱者，两阅月而毕事，乃识其后。……”（《潜研堂文集》卷二十四）

刘按，宋熊方《后汉书年表》十卷，乃补范晔《后汉书》所缺而作，故又称《补后汉书年表》。是书未刻入《知不足斋丛书》。《四库全书》据汪如藻家藏本录入《史部·正史类》，书名即作《补后汉书年表》十卷。嘉庆中金德舆将其录入《桐华馆史翼》中，书名无“补”字，亦十卷。钱大昭有《后汉书补表》八卷，后收入《粤雅堂丛书》《后知不足斋丛书》中。

是书后又经卢文弨等人校勘，参见乾隆四十七年条。

钱大昕（1728—1804）字晓征，号辛楣，又号竹汀，江苏嘉定人。乾隆十九年（1754）进士，官至詹事府少詹事，尝主讲江浙书院多年。好藏书，家有潜研堂，尤长于史学考订，著有《潜研堂文集》《十驾斋养新录》等。

钱大昭字晦之，号竹庐，大昕之弟。嘉庆举人。淹贯经史，著有《后汉书补注》等。

是年徐述夔文字案发生，以其诗集《一柱楼诗集》有“明朝期振翮，一举去清都”，述夔遭戮尸，其孙斩监候。

于敏中、王际华等奉命纂《四库全书荟要》成。

四月，卢文弨借抄鲍廷博所得汲古阁旧抄《钓矶立谈》，并赞鲍氏新刻，卢有跋文记之。

卢文弨跋云：“丁酉（乾隆四十二年，1777）七月一日，东里卢弓父阅竟。元本有汲古主人毛子晋父子图章，盖善本也。托江宁李生育芬抄之，戊戌（乾隆四十三年，1778）四月回杭，见鲍氏新刻，因再阅一过。二十五日。”（《皕宋楼藏书志》卷二十八）

五月初六日，借书客金元宰抄本校宋张唐英《蜀梼杌》不分卷，并补录序文六篇，有题跋记之。

鲍廷博跋云：“乾隆戊戌（四十三年，1778）端午后一日，雨窗。从金元宰书客借得抄本，补录前后序文六篇，并校勘一过。”

又题识云：“乾隆戊戌端午后一日，知不足斋补录。”（以上均见《北京图书馆古籍善本书目》著录，原抄本所载）。

刘按，是书为知不足斋抄本，十行二十字，左右两边，版心下镌“知不足斋正本”。《四库全书》据吴玉墀家藏本录入《史部·载记类》，称二卷。

是书有清劳格辑《补遗》一卷，缪荃孙撰《校记》一卷。有“荃孙”“长乐郑振铎西谛藏”印。

七月十六日夜，陈亦亭招鲍廷博、吴骞等集湖舫观荷达曙。吴骞有诗记之。

吴骞云："座有鲍子都（原注：渌饮），主得陈孟公。自馀殷何辈，各擅文酒雄……"（《拜经楼诗集》卷三《七月十六日夜陈亦亭招集湖舫观荷达曙》）

刘按，陈亦亭，也作奕亭，未详。据诗云孟公当为其字号。

夏，卢文弨从鲍廷博借宋刻本宋黄伯思《东观馀论》，卢有跋文记之。

卢文弨《东观馀论跋》云："今年（乾隆四十三年，1778）夏，归杭州，就鲍以文氏借得是书，乃宋四明楼攻媿（钥）为之订正，以付其子□所开雕者……乾隆四十三年（1778）十月既望后二日书。"（《抱经堂文集》卷十六）

刘按，是书《四库全书》据浙闽总督採进本录入《子部·杂家类》。

十月十七日夜，鲍廷博偕同赵怀玉、金德舆月夜泛舟西湖。

赵怀玉云："（乾隆四十三年戊戌，三十二岁）十月十七夜，鲍以文廷博、扫妇弟金云庄（德舆）湖上玩月，水天交明，楼阁如梦，万籁既寂，一钟独鸣，翛然有出世之想。"（《亦有生斋集·收庵居士自序年谱略》）

仲冬，鲍廷博校宋叶绍翁《四朝闻见录》五卷，刻入《知不足斋丛书》第四集，有跋文记之。

鲍廷博《保母砖》跋云："保母墓砖，宋嘉泰间（1201—1204）出土，未久即归秘省，当时模拓甚少，世罕流传，独弁阳翁周公谨（密）所遗巨卷，本朝藏高詹事士奇家。前模曲水砚式上有'晋献之'三字，帖存一百五字，颜行与戏鸿堂摹刻迥异，内云'八百年知为予之乳母，非七百年也'。帖后题识多宋元名流篆隶真行，各擅其胜，白石道人（姜夔）小字二千馀，备尽楷则，尤为希世之宝，不特赏其评鉴之确也。予偶得寓目，亟手录之尽二十馀纸，因校绍翁所记《曲水砚事》附刊卷末，庶几览者益加评焉。乾隆戊戌（四十三年，1778）仲冬望后一日，知不足斋书。"（《知不足斋丛书》第四集）

刘按，是书《四库全书》据江苏巡抚采进本录入《子部·小说家类》。

戏鸿馆，又作戏鸿堂，明董其昌室名。其昌（1555—1635）字玄宰，号思白，华亭人，明万历进士，授编修。著名书法大家，著有《画禅室随笔》等。

《四朝闻见录》五卷，又有分作甲、乙、丙、丁、戊五集，集各一卷者。据《中国古籍善本书目》载国家图书馆藏两部是书五集卷本，一署清初抄本，有吴长元、赵信跋，一署清抄本，有鲍廷博、顾广圻跋。

乾隆四十四年（1779）己亥，五十二岁

三月，校刻宋王鞏《清虚杂著》三编（《闻见近录》一卷、《甲申杂记》一卷、

《随手杂录》一卷，《补阙》一卷），入《知不足斋丛书》第五集，并作跋文。

鲍廷跋云："右清虚居士《杂著》三编，编各一卷，宋大名王巩撰，《补阙》一卷，则其从曾孙从谨所补录也。

案，巩字定国，文正公旦之孙，尚书素之子。史称其有隽才，长于诗，从苏轼游。轼得罪，巩亦窜宾州，或云初倅扬州，谪监筠州盐税，数年得还，历官宗正丞，以跌荡傲世屡为言者所议，故终不显。方先生在海上时，尝注《论语》十卷，及放还，诣东上阁门奏上之，秦少游（观）为之序云：'熙宁初，王氏父子以经术得幸，下其书于太学，凡置博士，试弟子，皆以新书从事，不合者黜之。定国处放逐之中，乃能自信不惑，著成一家之言。至天子闻之，取其书，非其气过人，何以及此？'东坡序其诗云：'定国以予故贬海上三年，一子死贬所，一子死于家，定国亦病几死，予意其怨我甚，不敢以书相闻，而定国归至江西，以岭外所作诗数百首寄予，皆清平丰融，蔼然治世之音，与志得道行者无异，予每废卷而叹，恨知其人之浅也。'山谷（黄庭坚）云：'定国生长富贵，其嗜好皆老书生事，及流落岭表，更刻苦读诸经，颇立训传以示意得，作诗及他文章，不守近世师儒绳尺，欲以雄长一时，其合处，不减古人。'观三公称道者如此，抑可谓特立独行之士矣。惜所注《论语》及《诗集》俱亡于靖康之乱，而此三书者，淮海张邦基传先生手稿于张彦则，始行于世。从谨因得就向氏录藏焉，是隆兴以前，其家亦未尝有也。

戊戌（乾隆四十三年，1778）之秋，予传竹垞（朱彝尊）老人手抄《随手录》及《补阙》一卷甫竟，复得宋刻《闻见》《甲申》二录于吴兴书贾，窃喜其合并之奇，又惧其久之而复佚也，为汇而刊之，且补录东坡诸公之言以志景仰。读书尚友之士，或不厌其述之之详也。宋刻遇'构'字下注'御名'而不书，知为高宗时版本。《闻见录》书李柬之请老事，《宋史》作李东之，据此为正其误云。乾隆己亥（四十四年，1779）三月三日，长塘鲍廷博识于知不足斋。"（《丛书》第五集）

刘按，是书《四库全书》据马裕家藏本录入《子部·小说家类》，书名以子书名并题，无总书名。

孟夏，印明汪道昆刻汉刘向《列女传》十六卷，延卢文弨序，汪庚书。

卢文弨序云："（汪刻《列女传》）剞劂既备，未及印行，距今几二百年无知之者，有得其版以示吾友鲍君以文。鲍君固歙人，重其乡前辈之书，为重价购焉。乾隆四十四年（1779）孟夏之吉，东里卢文弨撰于西湖之崇文书院，钱唐后学汪庚书。"（见原书首叶）

叶德辉云："明仇英绘图《列女传》十六卷，明汪道昆本，刘书增辑，至乾隆时原版犹存，售于鲍以文廷博，始印行之。"（《书林清话》卷八《绘图书籍不始于

宋人》)

刘按，是书版心下镌“仇英实甫绘图”，版刻印刷均精美无比，今入《中国古籍善本书目》。

王师重民谓汪廷讷《人镜阳秋》图，正与此书图相似，汪书卷十六《宋明帝观裸妇图》，亦见《列女传》卷七，故《列女传》当为汪廷讷辑刻，刻绘出于一手，见《中国善本书提要补编》第10页。

自本年八月起，迄乾隆五十一年丙午（1786）十月止，历经七年有馀，以丁杰藏本校勘宋陈鹄《西塘集耆旧续闻》十卷，待至乾隆五十八年癸丑（1793）刻入《知不足斋丛书》第十九集。

鲍廷博跋（卷一）：“庚子（乾隆四十五年，1780）正月三十日灯下重校。”“乾隆癸卯（四十八年，1783）十一月初四日灯下，丁小山（杰）本重校补末二行，他本所佚也。是日小雨，薄暮微雪，风冷不可当。”（卷二）：“己亥（乾隆四十四年，1779）八月二十日灯下校两卷。是日阴雨，禹新往阳羡，相依数年，家务多以属之，一旦别去，殊难为怀。”“庚子二月朔重校。”“癸卯十一月初四日，丁小山先生本重校。二鼓大风，寒甚，不可支。”（卷三）：“廿一日晨起校，小雨。”“庚子二月朔再校。”“癸卯十一月初五日，晨起，丁本勘定。风冷，十指如槌矣。”（卷四）：“廿一日巳刻校别本，落一页，将求完本补校。”“庚子四月十五日，灯下重校。”“癸卯十一月初五日辰刻小山本重校，落叶已据本勘过。”“冲寒出拜海昌周孝廉勤圃（广业）、天台齐公乔先生。”（卷五）：“廿二日灯下校。是日见一古镜，式如钟，鼻有大环，有篆字云‘王氏子孙永宝用’，此与姚宽《西溪丛语》所记颇相似，但铭文不同耳，疑是六朝时物。”“癸卯十一月初五灯下，小山本重校。”（卷六）：“廿三日灯下校。”“癸卯十一月初五灯下，丁本校。”（卷八）：“廿六日辰刻校。”“癸卯十一月初五日灯下，小山本校。”（卷九）：“廿六日辰刻校。”“癸卯十一月初五灯下，小山本校。”（卷十）乾隆己亥八月廿六日巳刻校完。是日为桐乡之行，勘毕解维矣。”“癸卯十一月初五日灯下，小山先生本勘讫。漏三下矣，严寒，啜粥一盂而卧。”“丙午（乾隆五十一年，1786）十月三十日，青镇寓庐重勘。”（标点善本题跋集录·子部·小说家类）

刘按，是书校勘历经近八年之久，其力可谓勤且精矣。

丁杰（1738—1807）原名锦鸿，改名杰，字升衢，一字小匹、小雅，号小山，归安人。乾隆四十六年（1781）进士，官宁波府学教授。家有小酉山房，聚书数千卷，亦精校勘，长于小学，著有《小酉山房文集》《大戴礼记释》等。

周广业字勤圃（补），号耕岩，海宁人。乾隆举人。著有《蓬庐诗文集》等。

是书《四库全书》据鲍士恭家藏本录入《子部·小说家类》，书名题作《耆旧续闻》。

十月，校刻宋钱文子《补汉兵志》一卷，入《知不足斋丛书》第五集，并作跋文。

鲍廷博跋云："右《补汉兵志》一卷，宋乐清钱文子撰，门人陈元粹为之注，盖以补班史之阙，而慨于南渡后兵食冗滥，思复汉制以救其弊，其忧国之心深矣。当嘉定甲戌、乙亥间（七至八年，1214—1215），瑞昌、淮南一再版行，阅世既深，流传渐寡，予以重值购抄本于吴江沈氏，反覆班、范二书详加雠比，正讹补阙，颇予陈注有小补焉，锓梓家塾，再广其传。考《直斋书录解题》，建安王玲器之亦有《两汉兵志》一卷，又吕夏卿修《唐史》，别著《兵志》三篇，戒其子弟勿妄传。吾家吏部好藏书，就其家苦求得之，著录晁氏《读书志》，惜未得与此书并行耳。先生字文季，号白石山人，历官始末未详，见竹垞先生跋中，录次左方，不更赘云。乾隆己亥（四十四年，1779）十月既望，得闲居士鲍廷博识。"（《丛书》第五集）

刘按，是书《四库全书》据浙江巡抚采进本录入《史部·政书类》。

十月下浣，校刻宋魏泰《临汉隐居诗话》一卷，入《知不足斋丛书》第五集，并作跋文。

鲍廷博跋云："魏泰字道辅，襄阳人。幼爽迈，善属文，博综群籍，喜谈朝野事，亹亹终日，然其为人有口而无行，于曾布为妇弟，恃其势颇为邻里患苦，尝在试院以事上请，殴主文几毙，坐此不许应取。既不得志，乃纪其少时公卿间所闻为《东轩笔录》一书，皆用私意诬蔑前人；心喜章惇，数称其长，其是非多不可信。又撰《志怪集》《括异志》《倦游录》，皆托之武人张师正而自为之序。最后假梅尧臣（圣俞）之名，作《碧云騢》，至毁及范文正，而天下骇然矣。晚节卜居汉上，为《隐居诗话》一卷，其持论主于优柔感讽，深以豪纵怒张为戒，殊不类其为人。虽间一称引章惇，且目王介甫（安石）为孟子后一人，为后世口实，而援据古今，抡扬风雅，尚未获戾于正人，似差胜于《东轩》诸录耳，偶得善本，校而刊之，览者或不以为病云。乾隆己亥（四十四年，1779）十月下浣三日，长塘鲍廷博识于知不足斋。"（《丛书》第五集）

刘按，是书《四库全书》据程晋芳家藏本录入《集部·诗文评类》。

十月下浣，刻金王若虚《滹南诗话》三卷，入《知不足斋丛书》第五集。

鲍廷博跋云："乾隆己亥（四十四年，1779）十月下浣五日，长塘鲍廷博识于

知不足斋。”（《丛书》第五集）

十月下浣，校刻宋刘祁《归潜志》十四卷《附录》一卷，入《知不足斋丛书》第五集，并作跋文。

鲍廷博跋云：“浑源刘祁字京叔，号神川遁士，幼颖异有文名，侍祖父游宦，得从名士大夫问学，及举进士不第，益折节读书，务穷远大，文章议论粹然一出于正，金源一代儒者也。遭乱北归，追述平昔交游谈论与夫兴亡治乱之迹，著为一书，因其堂名目曰《归潜志》，与同时元好问《壬辰杂编》并行于世，金末文献之征于是乎在。遗山《杂编》已亡于明之中叶，京叔是书，元至大间乡人孙和伯曾梓行之，历为藏弆家珍秘，仅有传本而海内或未尽见也。此本传抄于莱阳赵太守起杲，再假文瑞楼、抱经堂诸本互相雠校，略采《宋史》《中州集》及诸家杂说，以疏其异同，梓公同好，用继孙氏刻本于五百馀年之后，亦墨林胜缘也。或者以崔立撰碑一事系遗山名节甚重，独未得《野史亭遗稿》以相印证，为大欠事。然举遗山《外家别业上梁文》，并郝文忠公（经）《辨甘露碑》诗参合观之，亦有以得其是非之公矣。书凡十四卷，其末卷则附录诸贤投赠诗文也。王恽《刘氏世德碑》以为三卷，疑十三卷之误云。乾隆己亥（四十四年，1779）十月下浣五日，长塘鲍廷博识于知不足斋。”（《丛书》第五集）

刘按，鲍氏校刻此书时，文中有校正文字，如卷一《赵学士秉文》条下有“按《金史》‘大定二十五年进士’‘元本作夏四月卒’，按元遗山撰墓志铭‘卒于五月十二日’，予家有《闲闲手书诗》，后遗山跋语亦云‘五月十二日下世’，今据以改正。”

是书《四库全书》据范氏天一阁藏本录入《子部·小说家类》，无《附录》一卷。今有崔文印点校本，为《元明史料笔记丛刊》之一种（1983 年中华书局出版）。

鲍氏此跋手迹，见南京馆藏本《归潜志》，与刻本文字略有出入，此承该馆徐忆农先生录告。

十月，刻宋王灼《碧鸡漫志》五卷，入《知不足斋丛书》第六集。

末有金管斋跋，云：“乾隆己亥（四十四年，1779）小春，吴门陆绍曾据钟人杰《唐宋丛书》本重校一过。钟本节删过半，盖知此本为佳耳。”（《丛书》第六集）

刘按，是书《四库全书》据程晋芳家藏本录入《集部·词曲类》。

陆绍曾，见乾隆四十二年条按语。

十一月，《知不足斋丛书》刻至第五集，鲍廷博延请王鸣盛为之作《丛书序》。

王鸣盛《知不足斋丛书序》："吾友鲍君以文，与予订交一星终矣。其为人淹雅多通，而精于鉴别，所藏书皆珍抄旧刻，手自校对，实事求是，正定可传。会朝廷下求书之令，君择其尤者进奉，以助延阁广内之储。圣情喜悦，御制诗章褒奖，奎文睿藻，光贲里閭，人咸艳美，以为仅事。君不敢自秘，出其所藏，次第寿诸枣木，乐与学者共之。乃汇为五编，曰《知不足斋丛书》。识古如卢学士（文弨）既序之矣，君属予继以言。予翻阅一周，知君之有功于艺林为甚巨也。……乾隆己亥（四十四年，1779）冬日，同学弟吴郡西庄王鸣盛拜撰。"（《丛书》第五集）

刘按，王鸣盛（1722—1797）字凤喈，号礼堂，别号西庄，嘉定人。乾隆十九年（1754）进士，官至光禄寺卿。喜藏书，精考订，著有《十七史商榷》《蛾术编》等。

本年，刻宋赵叔向《肯綮录》一卷。

鲍廷博跋云："《肯綮录》己亥（乾隆四十四年，1779）三月开雕。"（《标点善本题跋集录·子部·杂家类》）

刘按，是书乾隆二十七年、三十九年两度以赵氏小山堂、汪氏飞鸿堂两家藏本校家藏抄本，于本年始付梓，参乾隆二十七年条。

本年，鲍廷博获赐《伊犁得胜图》。

赵怀玉《恩赐举人鲍君墓志铭》："（乾隆）四十四年（1779），赐《伊犁得胜图》一分。"（《亦有生斋续集》卷六）

刘按，清雍正七年（1729）噶尔丹策零屡谋攻扰，清廷设军机处，准备用兵，至十年派策凌大破之，因以绘图记胜。

是年，镇江文宗阁建成。

乾隆四十五年（1780）庚子，五十三岁

是年正月十二日至五月九日，乾隆皇帝弘历第五次南巡，过浙江，鲍廷博迎銮献颂，赏大缎二匹。

赵怀玉《恩赐举人鲍君墓志铭》："（乾隆）四十五年圣驾五巡江浙，君迎銮献颂，赏大缎二疋。"（《亦有生斋续集》卷六）

翁广平《鲍渌饮传》："（乾隆）四十五年，圣驾五次南巡，（鲍）迎銮献颂，蒙赏大缎二匹。"（《听莺居文抄》卷二十，又见《国朝耆献类征初编》卷四百四十一《文艺·十九》）

三月，鲍廷博将刻竟的《知不足斋丛书》第一至第五集，赠卢文弨。

卢文弨（《逸周书》卷十跋）：“乾隆庚子（四十五年）三月十四日校，鲍以（文）兄贻予《丛书》五集。”（《拜经楼藏书题跋记》卷一《逸周书》）

二月中旬至三月中旬，鲍廷博与吴骞、卢文弨、陈鳣等人过从甚密，或相与赏鉴藏品，或同游湖山胜景，或饮酒赋诗。吴骞有日记记其事。

吴骞云：“（庚子二月）十八日黎明入城，雨中同河庄（陈鳣）访绿（渌）饮（鲍廷博）于知不足斋。接朗斋（朱文藻）京师书。”“二十五日得松霭（周春）书，同河庄过卢绍弓学士（文弨）抱经堂，夜饮，绿（渌）饮过谈。”“（三月）朔日，绿（渌）饮以戴无忝（移孝）诗画册及杨忠愍公（继盛）书册借观。”“初八日，晨起自莱园还寓。午后同绿（渌）饮、河庄游昭庆寺山房，际晚入城。绿（渌）饮复以明高丽许篈所书其妹景樊诗借观，书法秀逸，颇类赵吴兴（孟頫）。景樊号兰雪，其诗苍浑悲壮，有须眉丈夫所不能道者。朱竹垞（彝尊）《明诗综》选五首，皆不在此卷内，馀详河庄《武林寓目记》。”“初九日，芝山（宋葆淳）、晋斋（赵魏）过访。予与河庄各出行箧所有金石书画供鉴赏。别后复与河庄至昭庆寺山房，遇绿（渌）饮茶话，邂逅抱经（卢文弨）、嘉树（倪一擎）于段家桥。薄暮与河庄步月入城。是日藉山过访，不及晤。”“十一日，复与绿（渌）饮、河庄游湖山，重过昭庆寺山房，迨暮始还。”“十三日，午后同绿（渌）饮、河庄过卢学士抱经堂，观新校汉魏诸书。”“望日，与河庄探晋斋，午后莱园牡丹盛放，因携觞招同人小集，在座者为卢学士文弨、鲍茂才廷博、张郎中培、项孝廉丰及其二子、沈茂才恩治、陈君鳣、儿寿恒。”（《吴兔床日记》，载邓实《古学汇刊》第一集）

刘按，张培、沈恩治均不详。项丰字文波，号水村，仁和人。倪一擎，见乾隆四十年条按语。

六月，刻宋释文莹《玉壶清话》十卷，入《丛书》第六集，并作跋文。

鲍廷博跋云：“宋僧文莹字道蕴，钱塘人，工诗，喜藏书，尤留心当世之务。老归荆州金銮，记述一时见闻，成《湘山野录》一书，称史材焉。是书亦所撰，体例略同，特所称‘玉壶’为隐居之潭，未详所在耳。其自序云：‘倾十纪之文字，聚众学之醇郁，以成一家之言。’盖方外之士所未有也。文莹尝游丁晋公（谓）之门，谓遇之甚厚，故《野录》书晋公事颇佐佑之。朱少张尝引欧阳公‘后世苟不公，至今无圣贤’之诗以讥之。此书（丁）谓事仅于卷首一见，初无谀词，其他纪载多与史传相印证，似亦未可尽非也。

又直斋陈氏（振孙）云：‘莹及识苏子美（舜钦），欲挽致于欧阳永叔（修），莹辞不往。’予考《湘山野录》云：‘公尤不喜浮图，文莹持苏子美书荐谒之，迨还吴，蒙诗见送，有‘孤闲竺乾格，平淡少陵才’及有‘林间著书就，应寄日边来’之句，人皆怪之’云云。则莹又未尝不诣欧公也。传闻异词，其不可尽信盖如此。《野录》已刻于毛氏（晋）《津逮秘书》，此则脱误相仍，久无善本。是册为吾友枚庵漫士（吴翌凤）手校，庶为精核，其间一二事与《宋史》未合者，偶为正之。刊梓家塾，与隐湖（毛晋）旧刻并行于世，读者应有剑合之喜云。乾隆庚子（四十五年，1780）六月望日，长塘鲍廷博识于宝绘堂。”（《丛书》第六集）

刘按，鲍氏所用底本为吴翌凤手校本。吴于乾隆四十一至四十二年借江帆本传录，四十四年借朱奂藏本用朱笔涂改校补1600余字。吴有跋记其事，见中华书局《唐宋史料笔记丛刊》本。

吴翌凤，见乾隆四十二年条按语。

朱奂字文游，吴县人，生卒年不详，约乾嘉间人。家有滋兰堂，储书甲于吴中，与经学家惠栋交契最深。

是书《四库全书》据两淮盐政采进本录入《子部·小说家类》，书名题《玉壶野史》。

九月，校刻宋吴仁杰《离骚草木疏》四卷，入《知不足斋丛书》第七集，并作跋文。

鲍廷博跋云：“刻斗南先生（宋吴仁杰）《两汉刊误补遗》既竣，姚江邵太史晋涵以宋雕《离骚草木疏》相示，复为校而刊之。考先生是书成于庆元丁巳（三年，1197），维时宁皇（宁宗赵扩）初政，韩侂胄方专拥戴功，与赵汝愚相轧，既而斥汝愚罢朱子严伪学之禁，从而得罪者五十九人。先生官止国录，未敢诵言，乃祖述《离骚》，譬诸草木，按《神农本草》诸书为之别流品，辨异同，薰莸既判，忠佞斯呈，用补刘杳旧疏之亡，因以畅其流芳、遗臭之旨，庶几言者无罪，闻者足戒，观其自序，厥意微矣。至前三卷首列名衔，而末卷自资、菉、葹以下缺而不署，又隐然寓不屑与小人为伍之意，其疾恶之严如此。末疏幽篁而终之以《剿竹记》，云：‘有竹丛生，日光不透，阴气常凝，四时失序，病其蔽翳，因命斤斧’云云。迨开禧丁卯（三年，1207）平原卒罹玉津园之祸，于是苏师旦、程松、陈自强之流，或流或诛或窜，举其党而一空之，苯蕁去而邪正分，其“剿竹”之谓欤？当汝愚责永州而卒于衡也，朱子为之注《离骚》以寄意焉，其成书后于先生二年，而其感时伤逝，缠绵恻怛，不能自已之情，亦时时流露于行墨间。是书也，可谓先得朱子之心矣。乾隆庚子（四十五年，1780）九月上浣，长塘鲍廷博识于知不足斋。”（《丛书》第七集）

卷末牌记：“乾隆庚子（四十五年，1780）季秋，歙西长塘鲍氏知不足斋校正

重雕。”（《丛书》第七集）

刘按，是书《四库全书》据安徽巡抚采进本录入《集部·楚辞类》。

邵晋涵（1743—1796）字与桐，又字二云，号南江，浙江馀姚人。乾隆三十六年（1771）进士，充四库馆纂修官，累至侍读学士。博极群书，长于史学，著有《南江诗文集》等，与修《续三通》。

季秋，校正重刻杭世骏《诸史然疑》一卷，入《知不足斋丛书》第二集，有牌记题之。

牌记云：“乾隆庚子（四十五年，1780）季秋校正重刊。”（《丛书》第二集）

刘按，是书前冠杭世骏自序。《诸史然疑》一卷，作为《三国志补注》之附录，《四库全书》据浙江巡抚采进本录入《史部·正史类》。

杭世骏，见乾隆三十六年条按语。

初冬，吴翌凤来会，于鲍廷博家见宋刻唐王绩《东皋子集》五卷，视己藏校本（旧抄三卷）增多三十馀篇，惜未得借以校补。

吴翌凤《东皋子集跋》云：“庚子（乾隆四十五年，1780）初冬，于鲍以文丈处见宋椠本，凡五卷，视此增多三十馀篇，惜未假得校补，书此俟。十八日延陵吴翌凤又记。”（傅增湘《藏园群书经眼录》卷十二《集部一》）

刘按，吴翌凤藏抄本《东皋子集》三卷，于乾隆四十年（1775）四月校毕。

《东皋子集》一书，据《旧唐书·经籍志》《旧唐书·王绩传》《新唐书·艺文志》、陈振孙《直斋书录解题》、晁公武《郡斋读书志》皆著录为五卷本，然世传为三卷本，而三卷本系后人据宋陆淳所编的二卷本《东皋子集略》而成。鲍藏宋刻五卷本也未刻入《知不足斋丛书》，故有若隐若现之慨。详参万曼《唐集叙录》。

十二月，仿汲古阁影宋抄本，重刻□张丘建撰、北周甄鸾注、唐李淳风等注释《张丘建算经》三卷，入《知不足斋丛书》第八集。

书末牌记题：“乾隆癸卯（四十八年，1783）仲春，重校一过，知不足斋记。”“大清乾隆四十五年（1780）十二月，仿汲古阁影宋抄本重雕。”（《丛书》第八集）

刘按，是书《四库全书》据王杰家藏本录入《子部·天文算法》。

是书有旧抄本一册，丁传跋，今藏中国台北“中央图书馆”，见该馆《标点善本题跋集录·子部·历算类》著录。丁跋云：“此三卷中，影宋本原缺数，如中卷只得二十一张，后补空格一纸，究无从审其数也。丁酉（乾隆四十二年，1777）六月祀灶日，希曾手校一过，记于贞复堂。”

贞复堂乃鲍氏室名，可见此书和《五曹算经》《孙子算经》一样，同为丁传助鲍氏校勘。

十二月，仿汲古阁影宋抄本唐王孝通撰并注《缉古算经》一卷，入《知不足斋丛书》第八集。

书末牌记题：“大清乾隆四十五年（1780）十二月，仿汲古阁影宋抄本重雕。”（《丛书》第八集）

刘按，是书《四库全书》据王杰家藏本录入《子部·天文算法》。

十二月二十五日，校抄本宋吴潜《履斋四明吟稿》二卷《诗馀》二卷，并作跋文。

鲍廷博跋云：“乾隆庚子（四十五，1780）十二月二十五日校于知不足斋。是日沈剑舟（叔埏）先生自都中来，得朱朗斋（文藻）书并《销夏记评语》一册。邵二云（晋涵）以《南湖集》见寄，云在沈芦士先生处。沈，不知何处人？当往觅之。”（重庆图书馆藏是书鲍氏抄本，此承袁佳红先生复印录示。）

刘按，是书十行十八字，左右双边，未刻入《知不足斋丛书》。《四库全书》据鲍家（士恭）藏本录入《集部·别集类》，题称《履斋遗集》四卷。

沈剑舟即沈叔埏，沈叔埏（1736—1803）字剑舟，一字埴为，号双湖，嘉兴人。乾隆五十二年（1787）进士，官吏部主事。著有《颐綵堂集》。

邵晋涵，见本年条按语。

朱文藻，见乾隆三十九年条按语。

是年某月，鲍廷博与吴骞雨夜自落星庵至武原。吴骞有诗记其事。

吴骞《雨夜与绿（渌）饮自落星庵至武原》：“残星能化石，远溆转多风。一雨秦溪至，扁舟鲍叔同。披蓑惊宿鹭，灭烛听归鸿。不分征途上，犹馀两断蓬。”（《拜经楼诗集》卷三）

鲍廷博与吴骞于海宁城外雨夜相别，吴有诗记其事。

吴骞《海昌城外与绿（渌）饮别》诗：“握手辞泮冰，移灯过海城。酒欺双鬓短，书放两船轻。不待鸡初唱，似闻潮欲平。东风和别恨，并作两千声。”（《拜经楼诗集》卷三）

是年，鲍廷博与吴骞同游茶磨山，访明许相卿故居，吴骞有诗记其事。

吴骞《同绿（渌）饮游茶磨山许九杞先生故居》：“振衣千仞俯孱颜，岳庙西来第几湾。东海至今通散浦，南云从古护青山（原注：青山在茶磨之南）。输粮鹤喜田多岁，解组人言鬓未斑。杜曲冈边空翠里，高风犹对碧萝间。”（《拜经楼诗集》卷三）

刘按，许相卿（1470—1558）字伯台，又字台仲，号九杞，浙江海宁人。正德十二年（1517）进士，授兵科给事中，切中政弊的谏言皆不纳，遂谢病归里。慕海盐紫云村山水之胜，卜居村南茶磨山。高洁不群，博学好古，聚书万卷，足迹不入城市，著有《云村文集》《史汉方驾》等。

是年，鲍廷博返徽州原籍，并得明郑旼绘《拜经图》，回浙时，适海宁吴骞筑拜经楼藏书成，鲍以《拜经图》相赠，适与楼名相应。吴喜不自禁，作诗记之。

吴骞云：“予以庚子（乾隆四十五年，1780）筑藏书楼，名以拜经。顷渌饮（鲍廷博）游新安（徽州旧称），购得明郑旼画《拜经图》见贻，率酬二绝：‘学古楼名事偶符，故人携赠出天都。只缘个里诗书气，不共烟云化绿芜。’‘三径荒烟带草青，千竿纡竹自娉婷。主人未必全如我，不解穷经只拜经。’”（《拜经楼诗集》卷五）

刘按，吴骞，见乾隆二十一年条按语。是诗吴作于乾隆五十二年（1787）。

郑旼（1632—1683）字慕倩，号荆蛮民，歙县人。入清著僧服，隐于狂疾。工诗，善画及篆刻，著有《拜经斋集》。

是年扬州文汇阁建成。

乾隆四十六年（1781）辛丑，五十四岁

正月，刻宋楼璹《于潜令楼公进耕织二图诗》一卷《附录》一卷，入《知不足斋丛书》第九集。

书末牌记题：“乾隆辛丑（四十六年，1781）正月十九日壬辰写竟，计一万八千七百零五字，仁和方溥记。”（《丛书》第九集）

三月，跋明抄本宋叶梦得《避暑录话》二卷，时送亲家戴东瞻北上，过苏州会陆绍曾（白斋），有跋文记之。

鲍廷博跋云：“乾隆四十六年（1781）岁次‘乙酉’三月十九日，送戴东瞻亲家北上，次吴门，陆白斋先生以此见赠，谨志勿谖。” “乾隆辛丑（四十六年，1781）吴门陆白斋先生见惠。”（湖南省馆藏本，此承寻霖先生录示，书此鸣谢）

刘按，鲍跋中“乾隆四十六年岁次乙酉”，应为辛丑。乙酉为乾隆三十年（1765），恐系鲍氏笔误。

戴东瞻不详，与鲍廷博为儿女亲家，而廷博之孙媳中无戴姓者（见《鲍廷博世系图》），此疑廷博之子媳之父，或鲍之女、孙女嫁于戴姓者。

陆白斋即陆绍曾，见乾隆四十一年条按语。

该书鲍跋有叶启勋旁注称为鲍氏笔迹。

是书《四库全书》据两江总督采进本录入《子部·杂家类》。

春日，鲍廷博与吴骞同游武原，有书贾造访售书，吴得《容斋五笔》，复从鲍氏借所藏何焯评校本校之。

吴骞云，"乾隆辛丑（四十六年，1781）春日，偕鲍君以文游武原，有书估谒予舟次，携抄本《容斋五笔》求售，有朱笔校，盖陈宋斋先生笔也，因酬以值得之，复从鲍君借所藏何义门（焯）评校本用蓝笔点次。……壬寅（乾隆四十七年，1782）冬日兔床吴某识。"（《拜经楼藏书题跋记》卷四）

刘按，武原在海盐，距杭州约百里。

四月，借吴翌凤手抄本传录宋李上交《近事会元》五卷，五月中校勘，并作题识。

鲍廷博题识："乾隆辛丑（四十六年，1781）四月传枚庵（吴翌凤）手抄本，二十八日毕，五月十五日校勘讫。"（南京图书馆藏本《近事会元》鲍氏手迹，此承该馆徐忆农先生录告）

刘按，是书未刻入《知不足斋丛书》，《四库全书》据纪昀家藏本录入《子部·儒家类》。道光间金山钱熙祚录入《守山阁丛书》，并作《校勘记》一卷。民国间王树楠等撰《考证》一卷，录入《畿辅丛书》中。

吴翌凤，见乾隆四十二年条按语。

四月晦日，由苏州回海宁，与吴骞同访周春于著书斋。是夜鲍廷博痁病发作，不能饮，灯下相谈宋刻《陶靖节先生诗注》事。鲍因不识诗注撰者汤汉其人，轻易把书给了张燕昌，张又转给周春，而鲍氏悔之莫及。

黄丕烈云："辛丑（乾隆四十六年，1781）四月晦日，武林鲍以文自苏州回棹，同新仓吴葵里（骞）过松霭先生（周春）著述斋。是夜以文痁病作，不能饮，灯下谈及于（以下阙十馀字）陶渊明诗一本，序末标汤汉，不知汤汉何许人。先生（周春）便拍案称好书，且告以《宋史》有传，《文献通考》著录，以文爽然若失。随叩《陶集》携行箧否，则答云已送海盐张芑堂（燕昌）矣。重午日，先生（周春）即从芑堂借观，芑堂见书虽破碎，而装面用金粟笺，心疑其为秘册，索还甚急。赖张佩兼（载华）调停互易。初以书画、铜瓷、端砚，俱不可；芑堂适需古墨，先生

（周春）因出叶元卿‘梦笔生花’大圆墨易之，墨重一斤，值白金如数。至癸卯（乾隆四十八年，1783）五月，阅两年而议始定，此书乃为先生（周春）所有。”（《士礼居藏书题跋记》卷五《陶靖节先生诗注》）

刘按，《陶靖节先生诗注》四卷《补注》一卷，晋陶渊明撰，宋汤汉注，南宋刻本，两册。周春得此书后，与其所藏宋刻《礼》书并储一室，颜其斋曰“礼陶斋”，《礼》书卖去后，改名“宝陶斋”，最后连《陶靖节先生诗注》也卖了，再改名“梦陶斋”。后黄丕烈以一百两银子购得是书，与原有的宋刻《陶渊明集》合藏一室，颜其室曰“陶陶室”，并分别题“陶陶室藏靖节集第一本”“陶陶室藏靖节集第二本”，后黄又增以宋刻苏轼《东坡和陶诗》，从此陶陶室之名享誉书林。上世纪30年代，三书由海源阁散出，周叔弢先生不惜重金，购得重聚，并于1952年将此二书连同715种宋元珍本，慨然无偿捐赠北京图书馆，今安然存放在国家图书馆善本书库中，找到最好归宿。

又，《陶靖节先生诗注》上有周春、顾自修、黄丕烈跋，孙延题签。据藏印和题跋，可知由明董宜阳起，传至项禹揆，后依次为鲍廷博、张燕昌、周春、书贾吴东白、蒋梦华、黄丕烈、汪士钟、杨绍和、周叔弢。

吴骞，见乾隆二十一年条按语。

周春，见乾隆四十二年条按语。

张燕昌（1738—1814）字芑堂，号文鱼（渔），又号金粟山人，浙江海盐人。乾隆贡生。家有娱老书巢，藏书多精品，著有《金粟笺说》《金石契》等。

张载华字佩兼，海盐人，家有研古楼。

黄丕烈（1763—1825）字绍武，号荛圃、又号复翁，长洲人。乾隆举人，官户部主事。一生酷嗜藏书、校书，尤喜宋刻本，家有士礼居，藏弆富且精，与周锡瓒、顾之逵、袁廷梼并称“乾嘉四大家”。著有《荛言》《士礼居藏书题跋记》等。

七月，刻唐林慎思《伸蒙子》三卷，入《知不足斋丛书》第十集，吴翌凤为之跋。

吴翌凤跋云：“右传同里马君渟珊本，是徐兴公𤊹家旧藏。按，慎思之死甚烈，而新旧《唐书·忠义传》中俱不列其名，且二书（另《续孟子》二卷）自宋人著录外，藏书家有之者亦罕，为可宝也。乾隆庚子（四十六年，1781）秋七月枚庵漫士吴翌凤书。”（《丛书》第十集）

刘按，《续孟子》二卷，卷端下署“枚庵漫士古欢堂秘册”。似与《伸蒙子》同刻于一时（乾隆四十六年）。

是书影印鲍氏家藏《知不足斋丛书》本末有“乾隆甲辰（四十九年，1784）闰三月初三日顾锡奇校”笔迹。

是二书《四库全书》均据福建巡抚采进本录入《子部·儒家类》。

约是年夏日，鲍廷博与张燕昌诸人于涉园雅集。吴骞未赴，然有诗记之。

吴骞《夏日闲居，闻绿（渌）饮、文渔诸君涉园雅集却寄》：“绿竹名园旧凤阿，沧江逸兴起酣歌。永嘉南渡才尤少，汉上题襟句孰多。花落几惊春婉婉，乌啼莫问夜如何。也知吴质新来病，不得絺衣挂薜萝。”（其一）“公子归来晚更忙，莺莺燕燕比相羊。桃源不似人间世，濠濮居然水一方。镜里芙蓉凄露粉，岩前松桧饱风霜。好留第五风流在，重醉陶家九日觞。”（其二）（《拜经楼诗集》卷三）

刘按，张燕昌、涉园张氏均见乾隆四十六年条按语。

十二月朔，校刻宋蔡絛《铁围山丛谈》六卷，入《知不足斋丛书》第九集，并作跋文。

鲍廷博跋云：“旧藏蔡絛《丛谈》，得于璜川吴氏者，误书棘目，几不容读。此则《读书敏求记》所谓雁里草堂旧写本也，楮墨虽古，脱缪略同。再假涉园藏本，互相雠比，又以他书寻绎之，稍有条理矣。按，絛为蔡京季子，京最钟爱，助父作奸，罪与攸等。逮投鼠（窜）南荒，不知自诵，犹复文奸怙恶，肆其论说，冀求白于当世，亦已愚已。更于其父一切滥恩固宠之事，幸清议之偶逃，为士论所不齿者，犹津津而乐道之，是非羞恶之心澌灭殆尽。梁溪费衮斥为无忌惮之小人，宜矣。顾其纪建隆、乾德以来轶事，历历在目。嗜古之士，或于稽典故，资博识，助谈谐，时有取焉。刻梓以传，是以圣人不以人废言之旨欤。卢学士抱经堂本有宽山一跋，其指陈靖康祸乱之由，颇得要领。养痈贻患，絛虽百喙，何所置辨哉！因并录而存之。乾隆四十六年（1781）岁在辛丑十二月朔，歙西鲍廷博识。”（卷端下署：“雁里草堂本雕，璜川吴氏、涉园张氏抄本参校。”《丛书》第九集）

鲍廷博题记：“乾隆癸卯（四十八年，1783）仲春，重校一过，知不足斋记。”（《丛书》第九集）

刘按，雁里草堂为明秦汝操室名。汝操无锡人。该书文中有鲍氏校勘语，恕不录。“璜川吴氏”即指吴铨。铨字容斋，号璜川，祖籍徽州休宁璜源人，随父迁松江，晚年又迁苏州。曾官江西吉安知府。家有璜川书屋，藏书甚富，后传至子孙。

“涉园”指海盐张惟赤所建藏书处。惟赤字君常，号螺浮，浙江海盐人。顺治进士，官礼部给事中。建涉园藏书处，收藏图书、彝鼎甚富，后传至子孙，直至近代张元济先生，仍在重振张氏涉园书香文脉。

刘按，是书《四库全书》据鲍士恭家藏本录入《子部·小说家类》。

初冬，校刻宋张镃《南湖集》十卷《附录》三卷，入《知不足斋丛书》第八集，鲍廷博作刻书缘起，朱文藻后序。

鲍廷博《刻〈南湖集〉缘起》云："《南湖集》，宋循王曾孙张公约斋（镃）所著，集成于嘉定庚午（三年，1210），故不见收于晁氏《读书志》，而陈氏《书录解题》及《宋史·艺文志》亦不详其目，惟明文渊阁及叶氏《菉竹堂书目》并载《南湖集》五册，其馀藏家罕有著录者。国朝顺治己丑（六年，1649）慧云住僧行盛纂辑寺志，求公诗文渺不可得，则此集之佚已久矣。恭遇圣天子右文稽古，命儒臣检集《永乐大典》中遗籍汇入《四库全书》，于是历代名家诗之散见于各韵者，俱得裒录成帙，而约斋之诗始出，诸体具备，以类相从，厘为诗九卷词一卷。据方万里（回）《题词》，称其前集二十五卷三千馀首，兹所得者计诗一千十七首词七十八阕，虽较方所称仅三之一而已，灿然可观矣。博于《武林先哲遗书》颇多采辑，向者张助教潜亭（羲年）入都，曾以搜求未备为托，阅岁书来，以馆中新得《南湖集》见报。未几，助教忽归道山，继而邵太史二云（晋涵）闻之，赴官之后，亟求馆中校定副本传抄一编，适沈侍御芦士南归，寄以相示，熟复数过，见集中诸作大半皆纪所居南湖、桂隐、玉照诸胜，及与同时士夫游谳酬答之篇。公舍宅所建之慧云寺，颓圮未尽，今过其处，水云飞淼，菰蒋丛生，而雉堞之环列依然，禽鱼之翔泳如昨，皆可因诗而想见其园居之乐也。公之事迹散在杂说，其淡忘荣仕具详寺碑，而丰仪秀整则塑像俨然。今之裒公之诗，拜公之像，恍如与公晤语焉。夫公之于诗善参活法，远宗香山，于唐而近，则得力于诚斋、方翁诸人。诚斋（杨万里）至以上将目之，虽同时忌之者，谓为将家子强吟小诗而不能掩也。是集湮没六百馀载，遭逢盛世，晦者复显，公之厚幸非偶然矣。谨依馆阁原编，校写既毕，偶检志乘，补其漏佚，至于遗之逸事与夫后人景仰题咏之作，亦辑而附焉，爰付剞劂以广流传，开雕于庚子（乾隆四十五年，1780）初冬，竣工于辛丑（乾隆四十六年，1781）首夏，为文告公以志盛事，并详录其缘起于首简云。乾隆四十六年（1781）岁次辛丑闰夏既望，鲍廷博谨识。"（《丛书》第八集）

刘按，是书杨万里《约斋南湖集序》末附鲍廷博识语云："右序从杨文节公（万里）《诚斋集》第八十一卷录补。乾隆丁未（五十二年，1787）正月初十日鲍廷博记。"

是书末有牌记："庚子（乾隆四十五年，1780）初冬开雕。"又卷一题："乾隆庚子九月廿六日辛丑写竟，计六千六百五十一字，仁和方溥记。"卷二：

“十月十三日戊午写竟，七千九百零九字，溥记。”卷三：“月廿日写竟，计七百九十九字，溥记。”卷四：“十月二十八日癸酉写竟，计六千四百零五字，溥记。”卷五：“十一月七日辛巳写竟，计七千零八十四字，溥记。”卷六：“十一月十七日辛卯写竟，计七千八百九十五字，溥记。”卷七：“十一月十八日壬辰写讫，计五千五百六十八字，仁和陈性安记。”卷八：“十一月二十二日丙申写竟，计六千七百五十七字，仁和高攀亭记。”卷九：“十一月廿二日丙申写竟，计四千九百八十二字，溥记。”卷十：“十一月二十七日辛丑写竟，计六千三百八十七字，彭记。”附录上：“十二月初七日辛亥写竟，计四千零十三字，溥记。”附录中：“十二月初七日辛亥写竟，计一千八百四十一字，性安记。”附录下：“十一月三十日甲辰写竟，计一千三百六十三字，性安记。”

朱文藻《书后》：“己亥（乾隆四十四年，1779）仲冬，藻客京师，从邵太史二云（晋涵）得见四库全书馆裒集《永乐大典》中所载张镃诗词，编定为《南湖集》十卷，传抄副本，携虎坊寓斋，粗校一过而未能详考也。鲍君以文增辑遗文逸事为附录、外录，合刻竣工，复受而读之。……鲍君之为功于公也不待言矣。……乾隆辛丑（四十六年，1781）夏五月，仁和朱文藻。”

“张助教潜亭”谓张羲年。见乾隆四十年条按语。

“沈侍御芦士”不详，疑或为沈德潜（确士）。

朱文藻，见乾隆三十九年条按语。

是书《四库全书》据《永乐大典》辑本录入《集部·别集类》，无《附录》。

是年《四库全书总目》告成，嘉奖纪昀、陆锡熊等人。

是年抄校元宋褧《燕石集》一卷，并作校记，五十六年再作题记。

鲍廷博题记（一）“乾隆辛丑（四十六年，1781）三月十六日校于吴门葱菜河舟次”。（二）“越十年辛亥（乾隆五十六年，1791）八月二十五日，从长水胡鹤溪抄本重校于杨树滨寓庐，胡本少近体乐府一卷，谬误尤多，彼此互校，改正百馀字耳”。（《北京大学图书馆藏〈大仓文库〉书志》（四）第1202页）

刘按，是书高28.4厘米，宽17.3厘米。版框高18.1厘米，宽12.5厘米，每半页十行，行二十一字，上下黑口，上下黑鱼尾，上鱼尾下题“燕石集”及卷次，版心下口右侧刻“知不足斋正本”。书中有朱、墨、蓝笔校，钤有“知不足斋藏书”白文方印。并有吴翌凤、光绪戊申（三十四年，1908）吴昌硕题记，下钤“宛伯审定”朱文方印。

此承北大姚伯岳先生告示，今又见《北京大学图书馆藏〈大仓文库〉善本图录》（下）第 406 页。

乾隆四十七年（1782）壬寅，五十五岁

正月，刻元尤玘《万柳溪边旧话》一卷，入《知不足斋丛书》第十集，延朱文藻序。

朱文藻序云："吾友鲍子以文，出旧本属予取静寄东轩所藏互校，两本误处多同，知其传写源出一本也。复据成化中孙伟德增修《毘陵志》改正数处。……乾隆甲午（三十九年，1774）四月浴佛日，武林东青居士朱文藻书。"（《丛书》第十集）

鲍廷博跋云："绍兴十八年（1148）同年小录第三甲第三十七名尤袤，字延之，小名盘郎，小字季长，年二十二，二月十四日生。外氏耿永感下第百九，兄弟四人二举，娶唐氏。曾祖大成故，不仕，祖申故，不仕，父时亨故，不仕。本贯常州无锡县开化乡白石里，父为户。"（《丛书》第十集）

鲍廷博题识："乾隆甲辰（四十九年，1784）季春，重校一过，知不足斋记。"（《丛书》第十集）

书末牌记题："乾隆壬寅（四十七年，1782）正月二十九日校写毕，计八千一百八十九字，陈世彭记。"（《丛书》第十集）

刘按，是书《四库全书总目》据鲍家（士恭）藏本录入《史部·传记类存目》。

静寄东轩为汪宪藏书与宾朋会所，参乾隆三十四年条按语。

正月，陈鳣从鲍氏借抄宋刘昌诗《芦浦笔记》十卷，有跋文记之。

陈鳣跋云："余于乾隆四十七年（1782）正月，从鲍君渌饮借《芦浦笔记》，观于小桐溪馆，命门人传录一本，手自勘正。后十馀年，渌饮又得旧本。……嘉庆十九年（1814）九月十一日陈鳣记。"（《北平图书馆月刊》第 272 页，载《近代著名图书馆馆刊荟萃续编》第一册，2005 年 4 月国家图书馆出版社）

刘按，是书鲍氏嘉庆三年（1798）刻入《知不足斋丛书》第二集。

嘉庆十九年正月，陈鳣从黄丕烈借所藏旧抄本穴观斋本合校于吴翌凤抄本上，又以鲍氏《丛书》本重勘，正误甚多，并补第五卷所缺之九行，刘昌诗后跋一篇，惜时鲍廷博已下世，不及见。

二月，校刻明萧洵《故宫遗录》一卷，入《知不足斋丛书》第十一集。

是书卷末牌记："壬寅（乾隆四十七年，1782）二月二十七日校写竟，计三千

三百八十九字，陈世彭记。（《丛书》第十一集）

刘按，是书《四库全书总目》据马裕家藏本录入《史部·地理类存目》

约是年初夏，鲍廷博同吴骞、陆绍曾、陈鳣西湖泛舟，吴骞有诗记其事。

吴骞《初夏雨后同陆白斋、鲍绿（渌）饮、陈河庄西湖泛舟》："玛璃坡前唤渡航，清游容易感流光。铺来弱絮堤浑软，洗尽秾花水更香。黛影也如云意淡，离愁莫共雨丝飏。只期鱼鸟邻同结，妻子琴书同一庄。"（《拜经楼诗集》卷三）

刘按，陆绍曾字贯夫，号白斋。见乾隆四十一年条按语。

陈鳣（1753—1817）字仲鱼，号简庄，又号河庄，海宁人。嘉庆四年（1799）举人。不乐仕进，家有向山阁，藏书甚富，精版本校勘，与黄丕烈、吴骞、鲍廷博结交甚密。著有《经籍跋文》《简庄文抄》等。

秋七月，余集在知不足斋读明杨继盛《杨忠愍公手书赠应养虚册子》，并为之跋。

余集跋署："此册之归于以文非偶然者也。他日勒贞珉以不朽之，亦足以激发人忠义之气也乎。壬寅（乾隆四十七年，1782）秋七月，拜读于知不足斋而为之跋。"（《秋室学古录》卷三《跋杨忠愍公手书赠应养虚册子》）

刘按，余集，见乾隆二十六年条按语。

关于杨继盛手书赠应养虚册子，参见乾隆五十一年汪辉祖过访乌镇鲍以文条按语。

九月，校刻宋曾宏父《石刻铺叙》二卷《附录》一卷，入《知不足斋丛书》第十集，并作跋文。

鲍廷博跋云："家塾藏《石刻铺叙》凡四册，一为钱塘丁征君敬龙泓馆校本，一为云间沈先生大成手临何义门（焯）评本，一为嘉定钱宫詹大昕新刻本，一为海盐张君燕昌瓜圃抄本。丁本为某氏借阅不归，谨就三本参校开雕，而疏其异同如左。刻甫竣，适有以（庐陵曾氏）凤墅《石刻禊图》求售者，复为校勘下卷《兰亭序》一过，似亦非偶然也。乾隆壬寅（四十七年、1782）九月一日，知不足斋记。"（《丛书》第十集）

鲍廷博于卷下跋云："《戴石屏集》（宋戴复古撰）有曾幼卿携歌舞者，凤山诗《闲者轩帖考》作'又卿'，竹垞老人（清朱彝尊）作'季卿'，俱似误书。"（《丛书》第十集）

鲍廷博题识："乾隆甲辰（四十九年，1784）季春，重校一过，知不足斋记。"（《丛书》第十集）

刘按，是书《四库全书》据黄登贤家藏本录入《史部·目录类》，无《附录》一卷。

《附录》为鲍氏校勘记录。

九月，校刻宋桑世昌《兰亭考》十二卷附《群公帖跋》一卷，入《知不足斋丛书》第十集，并作跋文。

鲍廷博跋云："右《兰亭考》十三卷，宋天台桑世昌泽卿所辑录也。初名《博议》，凡十五卷，馀姚高内翰文虎为之序，及再刻于浙东庾司，高之子似孙为削去集字附见两篇，其他率任意翦裁，多致文理断续，乖其本义，甚于其父。《弁言》亦妄加窜改，不令成章，非俞松《（兰亭）续考》录其旧作，则彦升之才尽之，诮文虎且无以自解矣。庾司旧刻业已节删过当，嗣经槜李翻雕，益增脱误。百馀年来，藏书家再从项本辗转传抄，则别风淮雨，几无文义可寻，又不止承讹踵谬而已。偶得柳大中（佥）影写宋本，喜其行款未移，略存面目，聊尔仿行，以供清玩，所惜未得《博议》元书，播之文苑，以还桑氏旧观耳。似孙登淳熙甲科，在馆职时《上韩侂胄生日诗》九首，皆暗用锡字，为清议所不齿，知处州以贪酷闻，其父暮年出银花帖以示人不孝之名，又以昭著。直斋陈氏（振孙）深恶其人，故于似孙著述时加抨驳，且疏其过端于《书录解题》，以为文人无行者戒。至泽卿是考，别具胜情，颇称好事，乃亦以作为无益，玩物丧志，短之斯则过已。或曰泽卿为陆放翁（游）诸甥，书成，不就正于舅氏，转俾宵人任其笔削，不智孰甚焉，其取讥宜矣。愚案，文虎之序《博议》，在开禧乙丑（元年，1205）（原注：今改本作嘉定戊辰），据同时鞏仲至题词，则泽卿年已七十余矣。迨嘉定甲申（十七年，1224）仓司齐硕始属似孙汇正重刊，相距又十有九年，度泽卿已未必及见。放翁卒于嘉定己巳（二年，1209），亦不及为之审定，然则废《博议》而令今本独行于世，此固台使齐公之责，亦泽卿之不幸也夫。乾隆壬寅（四十七年，1782）九月初二日，歙长塘鲍廷博书于知不足斋。"（《丛书》第十集）

刘按，是书《四库全书》据鲍士恭家藏本录入《史部·目录类》，无附《群公帖跋》一卷。

十一月，录完宋陈起《江湖后集》二十四卷，并点校，至次年正月校抄毕，有题识记其事。

鲍廷博题识："乾隆壬寅年（四十七年，1782）十一月初七日，知不足斋录竟。"（墨笔）

"癸卯（四十八年，1783）正月十四日校完，计四百六十纸。"（朱笔）（以上均见《木樨轩藏书题记及书录》第353页）

刘按，是书今藏北京大学图书馆。该书十行二十一字，黑格。包括宋人巩丰、刘子澄、周端臣、赵汝鐩、郑清之、赵汝绩、赵庚夫、姚宽、林希逸、万俟绍之、胡仲弓、曾由基、程炎子、王志道、释圆悟、吴仲方、敖陶孙、李龏、黄文雷、俞桂、吴惟信、陈起等人诗作。《中国丛书广录（上）》第776页著录（1999年4月湖北人民出版社）。

卢文弨致书鲍廷博，言宋熊方《后汉书年表》校勘事。

卢文弨《与鲍以文书》（壬寅）："熊氏《后汉书年表》今录出清本，可以授梓人矣。所以迟至今日者，实以此书纰缪极多，若徒校订一一传写之讹，未便即称善本，仍然留后人指摘，何益？前与钱宫詹（大昕）书中已略道一二，今书中凡改正增删之处，俱有校语系于其下。"（《抱经堂文集》卷二十一）

又据卢氏《校定熊方后汉书年表序》云："吾友鲍君以文，得宋梓本，欲复开雕，以裨补东汉史遗阙。既手自雠校，又益以嘉定钱宫詹辛楣弟兄之覆审，而复以示余。余偕老友江阴赵君敬夫重加考核，粗讫功，携之入燕，又携之入晋，夺于他事，此书置几案间四阅岁矣。今年正月，兀坐精舍，无应酬之烦，自念此书若不及今整顿，恐后精力益不支。于是发愤为之，位置高下，排比疏密，一一皆经手定。……乾隆四十七年（1782）岁在壬寅，孟陬月下旬六日，杭东里卢某书于三立书院之须友堂。"（《抱经堂文集》卷四）

赵敬夫名肃，初名大润，晚更名曦明，号瞰江山人，江阴人，家有中隐堂。参见乾隆四十三年条。

是年过访震泽杨复吉，杨赠以抄本元周霆震《石初集》。

杨复吉云："周霆震《石初集》较他本多几倍蓰，损持先生（张尚瑗）任兴国时抄本。壬寅岁（乾隆四十七年，1782）鲍渌饮过访，见而爱之，余因持赠。"（《梦阑琐笔》）

刘按，是书未刻入《知不足斋丛书》。《四库全书》据鲍士恭家藏本录入《集部·别集类》，作十卷《附录》一卷。故杨复吉有言："（杨）后有《元文选》之役，向渌饮索之，久无以报，存亡不可必矣。"

杨复吉，见乾隆四十一年条按语。

张尚瑗字宏蘧，一字持斋，吴江人。康熙二十七年（1688）进士，官江西兴国知县。从朱鹤龄游，讲《春秋》之学，著有《三传折诸》等。

是年杭州文澜阁建成。

是年，鲍士恭等参与杭州书局梓行的《四库全书简明目录》校勘。

赵怀玉云："臣怀玉幸预分校之役，尝就全书恭录副墨，以归东南，士林借抄接踵，时恐不给。臣（金）德舆、臣（鲍）士恭并以书籍经进，上邀宠赉，感叨异数，矢报无由，爰其悉心雠勘，敬畀剞劂……臣等无任踊跃欢汴，谨拜稽首，以识简末。内阁中书臣赵怀玉、刑部奉天司行走主事臣金德舆、监生臣鲍士恭恭纪。"（《四库全书简明目录·恭纪》，又见《亦有生斋文集》卷七）

刘按，四库馆总纂纪昀、陆锡熊等遵照乾隆弘历御令，将《四库全书》内抄录得各书，依四库门类次第列卷，并撰人姓名，撮取大要，纂成《四库简明目录》，凡二十卷，赵怀玉录副南归，乾隆四十九年（1784）刻成于杭州，地方始有此书流传。

乾隆四十八年（1783）癸卯，五十六岁

仲春，校宋王铚《默记》一卷，刻入《知不足斋丛书》第八集

是书卷末有牌记题："大清癸卯（四十八年，1783）仲春重校一过，知不足斋记。"（《丛书》第八集）

刘按，是书《四库全书》据马裕家藏本录入《子部·小说家类》，题三卷。鲍氏手校本今藏国家图书馆。

仲春，重校宋岳珂《愧郯录》十五卷，刻入《知不足斋丛书》第六集。

鲍廷博题识："乾隆癸卯（四十八年，1783）仲春重校一过，知不足斋记。"（《愧郯录》卷十五末，见《丛书》第六集）

刘按，是书《四库全书》据江苏巡抚采进本录入《子部·杂家类》。

仲春，刻卢文弨校宋张世南《游宦纪闻》十卷，刻入《知不足斋丛书》第七集。

是书卷末牌记题："乾隆癸卯（四十八年，1783）仲春重校一过，知不足斋记。"（《丛书》第七集）

刘按，是书末有乾隆己亥（四十四年，1779）十一月卢文弨跋。云："此书会稽商濬曾刻入《稗海》第四卷中，文有颠错，他卷亦有脱文，余从知不足斋借得旧人抄本参校，乃始完善。"

《四库全书》据两江总督采进本录入《子部·杂家类》。

二月，校吴翌凤抄本宋钱杲之《离骚集传》一卷，并作跋文。后刻入《知不足斋丛书》第十二集。

鲍廷博跋云："乾隆癸卯（四十八年，1783）二月初四日灯下，宋刻再校一过。丙午（乾隆五十一年，1786）十月初八日写刻竟。十六日校于青镇。共一万零七百三十九字。"

吴翌凤跋云："乾隆壬寅（四十七年，1782）秋日，借海虞刘希圣所藏汲古阁宋椠本对录，间尝质之，吾友得闲居士亦未之见也。九月二十三日吴翌凤伊仲氏书于古欢堂。"（国家图书馆藏本，见《北京图书馆古籍善本书目》著录）

刘按，是书刻入《知不足斋丛书》第十二集，丛书本无鲍跋及吴翌凤跋。《四库未收书目提要》据影宋抄本收录。

仲春，校刻朱文藻、吴骞校订的梁元帝（萧绎）《金楼子》六卷，入《知不足斋丛书》第九集，汪辉祖为之跋。

鲍廷博题识："乾隆癸卯（四十八年，1783）仲春，重校一过，知不足斋记。"（《丛书》第九集）

刘按，是书末有乾隆四十六年（1781）嘉平月汪辉祖《书后》，云："（周永年）太史从《永乐大典》辑录《金楼子》六卷，命致鲍君以文者亦俨然在焉。赍达以文，相与欣幸久之。……而《金楼子》梓入丛书。"

汪辉祖，见乾隆四十二年条按语。

朱文藻，见乾隆三十九年条按语。

吴骞，见乾隆二十一年条按语。

是书《四库全书》据《永乐大典》本录入《子部·杂家类》。

鲍刻《丛书》本与《四库全书》本皆出《永乐大典》，而两本互有短长，皆有出入，有四库本误而鲍本不误者，也有鲍本误而四库本不误者，更有二本皆误者。今人钟仕伦撰有《库本、鲍本〈金楼子〉疑误举例》一文，载《四川师范大学学报》（社会科学版）2002年第6期，叙其较详。

仲春，重校元白珽《湛渊静语》二卷，刻入《知不足斋丛书》第九集。

鲍廷博题识："乾隆癸卯（四十八年，1783）仲春，重校一过，知不足斋记。"（《丛书》第九集）

刘按，是书鲍氏据吴氏瓶花斋藏本付梓。《四库全书》据两淮盐政采进本录入《子部·杂家类》。

鲍廷博刻是书时，为文中作按语数条，关于皇甫湜的艰涩怪僻条下称："按，陶宗仪《辍耕录》云：宋王晟、刘忱尝为之解释，今不复有。因据赵仁举笺注本传其句读，以便观览。又按吴师道补注本跋云二本，一为欧公集古清玩石刻，是樊自书；一则赵仁举本也。金湛渊所录与陶、吴本互异处颇多，文本艰涩，无从正其是非，姑就元书校刻，览者宜恕其疏略云。廷博识。”关于陶渊明杂诗条下称：“按，《简斋集·陪诸公登南楼啜新茶诗》云‘满月堕九天，紫面光磷磷’，湛渊盖指此也。又石龟子《施觉心老诗》云‘知君游世磨不磷，往作道人之石友’，亦作平声使。廷博识。”又“按，《杜集》惟草堂本作‘借’，别本俱误‘惜’，汪氏《杜韩集韵》因之，归十一陌惜字韵下，学者或不探本源，作‘惜’字，使转以杜为口实，则《集韵》之过也。谨附正之。又按，谢灵运《山石居赋》‘怨浮龄之如借’亦叶入声，而元稹《代书一百韵》有云：‘逃席衡门出，归倡借马骑。’‘借’字下注云去声，益知古人用字不苟也。廷博识。”

仲春，重校明方鹏《责备馀谈》二卷《附录》一卷，刻入《知不足斋丛书》第九集。

鲍廷博题识：“乾隆癸卯（四十八年，1783）仲春，重校一过，知不足斋记。”（《丛书》第九集）

刘按，是书《四库全书总目》据范氏天一阁藏本录入《史部·史评类存目一》，无《附录》一卷。

鲍廷博手抄元许有孚《圭塘欸乃集》一卷赠彭元瑞。

彭元瑞《圭塘欸乃集跋》云：“此编知不足斋主人抄赠，校以钱辛楣（大昕）宫詹潜研堂本，芸楣记。癸卯（乾隆四十八年，1783）春分后三日。”（《木樨轩藏书题跋及书录》第318页）

刘按，彭元瑞（约1732—1803）字辑五，号芸楣，江西南昌人。乾隆二十二年（1757）进士，官至协办大学士、太子太保。家有知圣道斋，收藏甚富，著有《经进稿》等，又尝奉敕编《天禄琳琅书目后编》。

彭元瑞《知圣道斋书目序》云：“余捐俸购书，又借抄范氏天一阁、吴（赵）氏小山堂、马氏丛书楼、鲍氏知不足斋诸旧本，虽未能略备，然颇费心力，它日当结茅数楹其中，与乡人共读之。唐杜兼有言：‘清俸买来手自校，子孙读之知圣道，鬻与借人为不孝。’此余名斋之意。鬻则不孝，不借人，隘矣。”（《恩馀堂辑稿》卷一）此序为罗振玉于宣统元年刻《知圣道斋书目》（《中国著名藏书家书目汇刊》第二十三册）未载，特转录于此。

刻唐张志和《元真子》三卷，入《知不足斋丛书》第十三集。

末有卢文弨题识：“乾隆癸卯（四十八年，1783）六月之望，以藏本校。弱冠

外有此书，老来方一阅。弓父（卢文弨）。”（《丛书》第十三集）

刘按，是书《四库全书》据纪昀家藏本录入《子部·道家类》，并附唐人《天隐子》一卷。

六月，跋抄本宋毛滂《东堂集》十卷。

鲍廷博跋云：“癸卯（乾隆四十八年，1783）六月二十三日，秀水沈叔埏用底本校，诗用槜李□□校补。”（重庆图书馆藏是书鲍氏抄本，此承袁佳红先生复印录示。）

刘按，是书十行二十一字，白口，版心下书“知不足斋丛书”。卷首下钤有“巴陵方氏功惠柳桥甫印”（白方）、“巴陵方氏碧琳琅馆珍藏秘笈”（朱文）、“荃孙”（朱方）诸印。

是书未刻入《知不足斋丛书》。《四库全书》据《永乐大典》辑本录入《集部·别集类》。

沈叔埏见乾隆四十五年按语。

秋，鲍廷博赠周广业《知不足斋丛书》一部，凡十集，周转报业师邱芷房师。

周广业云：“鲍氏书《知不足斋丛书》纸贵一时，且各集先后踵出，非积年不能全。余既不能买，又艰于借，偶窥一斑而已。癸卯（乾隆四十八年，1783）秋，荐后谒邱芷房师，谋所以报知己者，渌饮慨然见赠一部，凡十集。”（《四部寓眼录补自序》）

刘按，周广业（1730—1798）字勤补，号耕厓，祖籍钱塘，后家海宁。乾隆四十八年举人。后不遇乃杜门著述，著有《孟子考》《经史避名汇考》《四部寓眼录》等。性嗜书，家有听雨楼，曾任四库馆分校。

邱芷，未详。

十一月三十，鲍廷博于集英堂购得旧抄本宋周密《武林旧事》。

吴寿旸跋云：“《武林旧事》旧抄本甚精，渌饮先生题云‘癸卯十一月三十日得于集英堂’。”（《拜经楼藏书题跋》卷三）

十一月下旬至十二月上旬，在往来杭州与桐乡间旅途舟次中，校《白石道人歌曲》。

鲍廷博题识：“癸卯（乾隆四十八年，1783）十一月廿二日，从维扬马氏得底本校。”“癸卯十一月廿四日，半山舟中底本校第二、第三卷，辰刻。”“癸卯十二月初三日，泊舟原上，底本校于烛下。”“癸卯十二月十二日，舟次乌青，底本校。”“癸卯十二月十五日，清晓临平道中校注。”（唐氏（鸿学）怡兰堂藏鲍廷博手校

本）

刘按，《白石道人歌曲》六卷《别集》一卷，宋姜夔撰。据徐无闻先生《跋鲍廷博手校张奕枢本〈白石道人歌曲〉》一文（载《西南师范学院学报》1982年第三期），该书由唐氏递藏崔之雄，1982年四川人民出版社拟照原书套色影印出版，然笔者尚未获见。

宋陈思所辑编的姜夔《白石道人诗》，原为《南宋群贤小集》中之一种，今宋刻本不存，《小集》和《白石道人诗》今存抄本若干种。鲍氏知不足斋除重刻过乾隆八年（1743）陆钟辉水云渔屋《姜白石集》九卷《附录》一卷外，也还自刻过，均见于《中国古籍善本书目·集部·总集类》和《别集类》。

鲍氏尝有《题宋刻六十家小集》诗，诗云："国宝争新落枣花（原注：原名《国宝新编》），江湖处处擅才华。只须小换红羊劫，侥倖寒灰六十家（原注：原刻一百二十家）"。"卌年馋眼慰琼琚，好事曾惊出烬余。更五百年重照眼，定知何处走蟫鱼。""春风杨柳相公桥，诗案南都抵北朝。输与垂虹舟一叶，小红低唱自吹萧（原注：《白石道人诗》今在集中）。""大街棚北睦亲坊，历历刊行字一行。喜与太邱同里闬（原注：余家亦在睦亲坊），芸编重拟续芸香（原注：陈解元诗名《芸香稿》，子号续芸）。"诗中不仅述及宋刻诗集流传，而且描述了陈思及其刻书事迹、姜夔事迹。此诗见于《梦阑琐笔》，姑将鲍氏此诗附录于此。

是书《四库全书》据许宝善家藏本录入《集部·词曲类》。

陕西巡抚毕沅礼贤下士，一时俊彦多投门下，如孙星衍、吴泰来、钱坫、严长明、洪亮吉，皆延至幕府。

乾隆四十九年（1784）甲辰，五十七岁

季春，重校唐王棨《麟角集》一卷《附录》一卷，刻入《知不足斋丛书》第十集。

鲍廷博题识："乾隆甲辰（四十九年，1784）季春，重校一过，知不足斋记。"（《丛书》第十集）

刘按，是书《四库全书》据汪启淑家藏本录入《集部·别集类》。

是书鲍刻之后，嘉庆十五年（1810）庚午王学贞麟后山房重刻，补鲍之脱佚，并附棨之遗像，则优于鲍刻。光绪十年（1884）福山王祖源天壤阁据麟后山房刻本三刻。参见万曼《唐集叙录》第316页。

夏，吴骞乘舟从小桐溪去乌青镇，访鲍廷博，吴有诗记其事。

吴骞《夏夕，从小桐溪泛舟径硖石至乌青访绿（渌）饮道中即事二首》："微凉生远梦，竹露月初明。紫硖连星动，青溪浴鸟惊。故人葛句漏，词客庾兰成。萧瑟乡关计，何时感慨平？"（其一）"渔火沿汀白，苹香到枕浓。忽闻歌水调，知已出云峰。草没乌墩戍，风传宋堡钟。平明聊倚棹，隔岸见晨舂。"（其二）（《拜经楼诗集》卷四）

刘按，吴骞，见乾隆二十一年条按语。

鲍廷博作诗吊珠泪。

鲍廷博《珠泪》诗三首："桦烛辉生绮席霞，虚将好事向人夸。谁知红影双摇处，不是人间并蒂花。"（其一）"采药归来自怪迟，补天石在手难施。瑶池宴罢椒花落，消得仙翁一首诗。"（其二）"合浦明珠去不回，老怀更复向谁开？碧桃花下春长在，愿与仙人扫绿苔。"（其三）（《拜经楼诗集》卷四吴骞《读绿（渌）饮珠泪诗题后三首》附）

刘按，珠泪，未知是鲍廷博小女抑或孙女，无他文献可证。吴骞《题后》诗云："鲍家小女离魂日，句漏仙人徙宅时。肠断青溪花下路，一棺秋雨瘗琼枝。"（其一）"月上归来月未斜，萋萋芳草奈天涯。维摩示病渠真病，始悟拈花是扫花。"（其二）"那复围棋伴谢公，青鸾一去渺无踪。彩云易散琉璃碎，也算麻姑小劫终。"（原注：女夙工手谈，势有麻姑十三著，女年适符其数）（其三）。

七月，校刻元孟宗宝《洞霄诗集》十四卷，入《知不足斋丛书》第十一集，鲍以诗代跋。

鲍廷博《题〈洞霄图志〉并诗集后寄张礼恭炼师》："九锁青山未易寻，偶披云笈寄登临（原注：予家去洞霄不及百里，平生游屐未尝至也）。探奇墨妙欣逢厉（原注：诗集后厉征君（鹗）手书《重游洞霄诗》有'十月探奇'之语），入画诗清雅爱林（原注：集中和靖先生（林逋）'秋山不可画'一篇最工）。大药敢希元骨篛，疏弦未断伯牙琴（原注：《图志》并《诗集》托始于邓高士牧心。高士所著《伯牙琴》一卷，遗佚过半，亦附刻焉）。一庵闲地能相借，迟我来歌嗣好音。乾隆甲辰（四十九年，1784）早秋，长塘鲍廷博手稿。"（《丛书》第十一集）

刘按，是书见《四库未收书目提要》著录。

张礼恭号友桐，吴人，住清真观，从吴江陆廷瓒学，工八分书。

秋，吴翌凤从鲍氏借抄宋陈模《东宫备览》六卷，吴有跋文记之。

吴翌凤跋云："乾隆甲辰（四十九年，1784）秋日，借长塘鲍氏本丐张生云瞻

录，十月五日告竣，漫记岁月于卷尾。枚庵。”（《皕宋楼藏书志》卷四十一《子部·儒家类三》）

刘按，吴翌凤，见乾隆四十二年条按语。

是书鲍氏未刻入《知不足斋丛书》，也未见单刻，《四库全书》据吴玉墀家藏本录入《子部·儒家类》，提要谓：“取经史旧文有关于训储者汇成一编，凡分二十条。”

是年内廷《四库全书》全部告竣。

是年，鲍廷博由杭州迁居桐乡乌青镇。

赵学敏《知不足斋丛书序》注云：“（鲍廷博）先生甲辰岁（乾隆四十九年，1784）移家檇李。”（载《知不足斋丛书》第十二集）

翁广平《鲍渌饮传》：“先生壮岁，父母相继卒于杭，乃卜葬湖州乌程县某乡，迁桐乡县之乌戍。”（《听莺居文抄》卷二十）

魏之琇《鲍以文移居桐溪》诗：“年年有兴狎樵渔，卜宅桐溪计未疏。家具满船无长物，牛腰笥束半图书。”（其一）“蛱蝶翩翩趁舵牙，临平过去藕初花。儿童乍见溪山景，笑指丹青觅画叉。”（其二）“地偏心远竟如何？一榻南窗荫绿萝。尘事自从今日减，著书应比旧时多。”（其三）“屈指平生几素心，廿年回首一沉吟。清风旧筑依然好，莫遣苔痕取次侵。”（其四）（《柳洲遗稿》卷下）

刘按，鲍廷博移居桐乡时间，久未为学人明确指出。鲍氏在《西塘集耆旧续闻》卷十跋文说：“乾隆己亥（四十四年，1779）八月二十六日巳刻校完。是日为桐乡之行，勘毕解维矣。”解维，指开船。则鲍氏始迁桐似在此时。在《白石道人歌曲》中有记，乾隆四十八年癸卯（1783）十一月下旬至十二月上旬在杭州与桐乡之间的半山、原上、乌青、临平舟次题识。乾隆五十年正月十九日鲍廷博在《昭德先生郡斋读书志》题识末署“青镇寓庐”，这是最早见于题署青镇的题识，表明此时鲍由杭移家桐乡已毕，并能安心校勘了。同年三月吴骞有《小寒食同兰坻乌青泛舟即事》诗，其二诗注有云：“绿（渌）饮移居宋堡。”五十年九月，鲍廷博在《鉴诫录》题识中有云“由乌镇至苏州，舟次宝带桥”语。五十一年三月，好友汪辉祖北上，迂道乌镇与鲍廷博相别，又同至吴门，赠诗四首。五十一年十月鲍廷博《庆元党禁跋》末署“校于青镇寓舍”，《离骚集注》题识记“（十月）十六日校于青镇”。五十一年赵怀玉在其《收庵居士自叙年谱略》中自记“桐乡地僻，无酬应之繁”，“与鲍以文、方兰士晨夕相处，日以校勘经史为事”的记载。嘉庆九年（1804）吴骞《题鲍绿（渌）饮韵花（花韵）轩咏物诗后》其三有云：“短蓬芦渚三更梦，夜雨桐华廿载情。”据此，姑将鲍氏移家桐乡定于本年，或者说最早始迁在乾隆四十四年，至迟在乾隆四十九年完毕。

按，乾隆四十九年（1784）至嘉庆九年（1804）正二十年矣。盖迁家之事非一时之功，其中包含许多准备工作。

鲍廷博何以离开商业和文化都发达的杭州而迁居相对偏僻的桐乡呢？从魏之琇的诗看似乎为寻找僻静之地，避开尘事纠缠，方便读书、刻书。但同时又应注意到其父卒卜居乌程之后他迁居桐乡。魏诗说“卜宅桐溪”，这里可能也有堪舆家之言。

据《［光绪］桐乡县志》卷五《建置下·园宅》载：“渌饮村居，在青镇东乡之杨树湾，为鲍渌饮孝廉廷博故居，多畜异书，隐居不出。阮文达公（元）视浙学时，尝就观之，老屋数椽，至今无恙，惜孙曾无继起者。”又录金德舆《过渌饮村居》诗，云：“豆花棚下结书堂，秋到窗前引兴长。久住渐知耕凿趣，爱闲翻为校雠忙。偶烹野蔬如兼味，每借奇书润薄装。如此村居良不易，劝君何必羡衡阳（时君拟作楚游，未果）。”

嘉庆二十四年（1819）闰四月常熟张金吾经张铎介绍，与其师黄廷鉴同访桐乡乌镇之鲍氏知不足斋，为编纂《金文最》查阅鲍家获朝廷颁赐的《古今图书集成》。据黄氏所记：“其斋去镇四五里，于将行之日造焉。村落几家，绿水环门，青山入牖，桑麻竹树，弥望一色，真读书耕隐之所也。”见《第六弦溪文抄》卷二《读知不足斋赐书图记》。

卷三

乾隆五十年至六十年（1785—1795）

五十八岁至六十八岁

乾隆五十年（1785）乙巳，五十八岁

正月，鲍廷博校清康熙六十一年陈师曾刻宋晁公武撰《昭德先生郡斋读书志》四卷《后志》二卷，宋赵希弁《附志》一卷《考异》一卷，并作题识。

鲍廷博题识云："乾隆乙巳（五十年，1785）正月十九日青镇寓庐校"（国家图书馆藏本）

刘按，此则鲍氏题识，是已知他题于青镇寓庐的最早一篇，表明时至乾隆五十年正月，鲍氏已完成从杭州移家桐乡的迁徙家务，并能安下书桌，静心校勘书籍了。鲍氏移家桐乡则在乾隆四十九年（1784）甲辰之前。赵学敏《知不足斋丛书序》（《丛书》第十二集）注云："先生于甲辰岁（乾隆四十九年，1784）移家檇李。"二者相吻合。

仲春，校刻宋谢枋得《诗传注疏》三卷，入《知不足斋丛书》第十一集。

书末牌记："乾隆乙巳（五十年，1785）仲春校刊，计二万四千五百三十三字。"（《丛书》第十一集）

刘按，是书见《四库未收书目提要》著录。是书《宋史·艺文志》不载，朱彝尊《经义考》谓已久佚。四库馆臣从《永乐大典》中辑录164则，鲍廷博又续辑得137则，共301则厘为三卷，刊于《丛书》中，后阮元刊入《宛委别藏》中。鲍刻底本今藏上海图书馆。

赵怀玉作《知不足斋丛书序》，盛赞鲍氏藏书与刻书。

赵怀玉《知不足斋丛书序》云："鲍君以文识旷行高，自其先人即嗜书籍，君复勤搜暇访，积数十年家累万卷，丹铅校勘，日手一编。人从假借，未尝逆意。既又以其异本刊为《丛书》，曰：'物无聚而不散，吾将以散为聚耳。金玉玑贝，世之所重，然地不爱宝，耗则复生。至于书，则作者之精神性命托焉，著古昔之唔唔，

传千里之忞忞者，甚伟也。书愈少，则传愈难，设不广为之所，古人几微之绪，不将自我而绝乎？乞火莫若取燧，寄汲莫若凿井，惧其书之不能久聚，莫若及吾身而善散之也。’鲍君于是远矣，特锓书流布，类有力者之所为，君产廛中，节缩以供剞劂，虑或难继。岂知声色、狗马、饮食、博弈之属，可以损其赀者多矣，彼好之者，犹甘徇而弗顾，君亦行其所好而已，安能鳃鳃过计哉！……今知不足斋之名，彻于九重，其书尘（呈）于乙览，海内藏书家已无不羡其食报之厚，使闻鲍君聚散之说，当益惕然于古书之不可无传。……君以梨枣寿古人，世必抚丛残而尸祝君矣。”（《丛书》第十一集）

刘按，本集前冠乾隆四十六年（1781）吴长元（丽煌）《弁言》。

三月，吴骞同方薰乌青泛舟，作诗三首，中有诗记鲍廷博。

吴骞《小寒食同兰坻乌青泛舟即事三首》诗：“蠹鱼堆里辟蚕丛，踪迹年来似转蓬。野水平桥寻宋堡，人间何处鲍清风。”（其二）（原注：绿（渌）饮移居宋堡。）

刘按，小寒食为寒食（农历清明前或后一日）的第二天，一说清明前一天。

《［光绪］桐乡县志》谓鲍廷博居县东乡杨树湾，此谓宋堡。是一地二名，或另一地名（再移居），不得知。

六月，借吴翌凤藏本宋朱肱《北山酒经》三卷，刻入《知不足斋丛书》第十二集，并作跋文。

鲍廷博跋云：“右《北山酒经》三卷，宋吴兴朱肱撰。肱，字翼中，元祐戊辰（三年，1088）李常宁榜进士第，仕至奉议郎直秘阁。归寓杭之大隐坊，著书酿酒，有终焉之志。无求子、大隐翁，皆其自号也。潜心仲景之学。政和辛卯（元年，1111）遣子遗直赍《南阳活人书》上于朝。甲午（四年，1114）起为医学博士，旋以书东坡诗贬达州。逾年以朝奉郎提点洞霄宫，召还。此书有流离放逐及御魑魅转炎荒之语，似成于贬所，而题曰北山者，示不忘西湖旧隐也。《活人书》当政和间京师、东都、福建、两浙凡五处刊行，至今江南版本不废。是书虽刻于《说郛》及《吴兴艺文志补》，然中下两卷已佚不存。吴君仲伊（翌凤）喜得全本，曲方酿法，粲然备列，借登枣木，以备《齐民要术》之遗，较之窦苹《酒谱》徒摭故实而无裨日用，读者宜有华实之辨焉。

肱祖承逸，字文倦，归安人，为本州孔目，好善乐施，代人偿势家债钱三百千，免其人全家于难。庆历庚寅（庆历应为皇祐，庚寅，即皇祐二年，1050）岁饥，以米八百斛作粥，活贫民万人。父临，历官大理寺丞，尝从安定先生（胡瑗）学，为学者所宗。兄服，熙宁六年（1073）进士甲科，元丰中擢监察御史，里行章惇遣袁默、周之道见服，道荐引意，服举劾之。绍兴初，拜礼部侍郎，出知庐州，坐与苏轼游，贬海州团练副使、蕲州安置，改兴国军，卒。与肱有‘二难’之目云。乾隆乙巳（五十年，1785）六月既望，歙鲍廷博识于知不足斋。"（《丛书》第十二集）

书末牌记云："乾隆壬寅（四十七年，1782）四月初校毕写讫，计一万二千四百八十四字。陈世彭记。"（同上）

刘按，是书末有乾隆四十三年（1778）九月吴翌凤跋。吴翌凤，见乾隆四十二年条按语。

是书《四库全书》据安徽巡抚采进本录入《子部·谱录类》，书名题《北山酒经》。

六月，以商濬刊《稗海》本再校宋周煇《清波杂志》十二卷《别志》三卷，刻入《知不足斋丛书》第十八集，并作跋文。

鲍廷博跋云："乾隆乙巳（五十年，1785）六月廿三日，商氏《稗海》本校一过，其间亦有是正处，不敢没其善也。知不足斋书。"（《丛书》第十八集）

刘按，是书《四库全书》据内府藏本录入《子部·小说家类》。

九月，集金德舆之桐华馆。与金德舆、方薰、赵怀玉、程世铨同观宋刻《鉴诫录》。该书原为顾广圻从徐七来家所得，旋转为程世铨所有。程携此书至金家，向众人示其珍秘。

鲍廷博《鉴诫录跋》云："乾隆乙巳（五十年，1785），吴郡程君叔平（世铨）厚价得之，携示金君鄂岩德舆。适予与方君兰如薰、赵君味辛怀玉同集于桐华馆，得寓目焉。"（《丛书》第二十二集）

刘按，宋刻后蜀何光远《鉴诫录》十卷，鲍云程世铨"厚价得之"，黄丕烈则说"余友顾千里（广圻）向为余言曰：有宋刻《鉴诫录》得诸徐七来家，程念鞠（世铨）豪夺去"（《荛圃藏书题识》卷六）。孰是孰非，不详。

十三日，鲍廷博以家藏抄本《鉴诫录》属赵怀玉校勘。

赵怀玉《鉴诫录跋》云："右宋椠《鉴诫录》十卷，今归长洲程君叔平。顷从叔平借观，重校一过，凡两日而竟，复得讹谬七十馀处，馀从阙疑者尚多也。乾隆乙巳九月十日，漏下三鼓，试方于鲁石绿锭子书，时寓桐乡金氏之素行堂。怀玉识。""十三日，鲍君以文复携一本来互相参校，又得误处三十馀条。其从《全唐诗》采入者间有异同，仍阙而不补，以存其旧。甚矣，雠勘之难如扫落叶也。鲍君

行将刊入《丛书》，以公天下，即以此为祖本，叔平其宝之。怀玉亿孙甫。”（《荛圃藏书题识》卷六《鉴诫录》）

赵怀玉《重刻鉴诫录书后》云：“后蜀何光远纂《鉴诫录》十卷，宋椠本外无别刊本。是书初为项氏（元汴）天籁阁藏书，朱锡鬯（彝尊）先生得之，一时名人多有题识，后归桐乡汪氏，今在长洲程叔平（世铨）家。昨过浙中，语鲍君以文，鲍君忻然欲刊入《丛书》，以公同好，且属校练句义，因从叔平借得，取鲍君所装抄本对雠，尽两日毕事。于新城王氏（士禛）所校外，复得讹百馀处，虽风林坠叶未能尽扫，所得已十之六七矣。”（《亦有生斋文集》卷七）

鲍廷博《鉴诫录跋》：“并以家抄本互相雠比，正讹补缺，十得八九。”（《丛书》第二十二集）

刘按，据宣统元年（1909）吴昌绶《鉴诫录跋》（《标点善本题跋集录·子部·小说家》）云：“乾隆丁酉（四十二年，1777）渌饮传抄汪氏（启淑）飞鸿堂本，又以金氏（德舆）桐华馆本对勘。阅八年乙巳（乾隆五十年，1785），赵味辛（怀玉）从长洲程叔平（世铨）借得宋本，是正讹谬七十馀事，又得三十馀事，详校卷端，盖即《知不足斋丛书》底稿。宋本出麻沙翻雕，脱误颇多，且经蚀损，前辈各以意改补，不尽原书面目，渌饮一一疏记，俾后来犹可考见，其详慎殊可法也。”

是书于嘉庆八年（1803）刻入《知不足斋丛书》第二十二集。鲍氏手校本今藏中国台北“中央图书馆”。

程世铨（？—1806）字叔平，号念鞠，吴县人，尝宦游江西。家有逸园，集园林之胜。

方薰（1736—1799）字兰坻，号兰如，一号樗庵，寓居嘉兴（原籍石门）。善画，工书，与奚冈（铁生）齐名，并称“方奚”。著有《山静居画论》《诗稿》等。

赵怀玉，见乾隆三十九年条按语。

金德舆，见乾隆四十二年条按语。

是年，乾隆颁谕，云：“《通志堂经解》系徐乾学裒辑，令成德出名刊行，藉此以市名邀誉，为迎逢权要之具耳。”

乾隆五十一年（1786）丙午，五十九岁

二月上浣，校刻宋邓牧《伯牙琴》一卷《续补》一卷，入《知不足斋丛书》第十一集，并作跋文。

鲍廷博跋云："钱塘邓牧心先生，宋晚季薄于荣名，工古文词，雅以作者自命。元大德间遁迹馀姚大涤山，手定诗文六十馀首，名曰《伯牙琴》，慨赏音之难也。由元迄明，亡佚过半，南濠都少卿（穆）藏本已有文无诗矣。予为缀缉丛残，于旧存文二十四篇外增文五篇，补诗十有三章，授住山张君礼恭刊附孟集虚（宗宝）《洞霄图志》以传。洞霄山深境寂，游屐罕至，其行未广也，为别梓此本以遗同嗜。先生所撰《大涤洞天记》三卷，已归《道藏》，琅函金检，永与上清灵宝诸书，并垂不朽。惟《游山志》及张叔夏所题《东游诗卷》，与林霁山唱和《陶山十咏》，无从物色，遂成广陵散矣，惜哉。乾隆丙午（五十一年，1786）二月上浣，歙县鲍廷博识于知不足斋。"（《丛书》第十一集）

刘按，鲍刻是书正文中有校正，如该书卷末《逆旅壁记》条下指明有脱文。是书《四库全书》据浙江巡抚采进本录入《集部·别集类》，无《续补》一卷。四库本仅录文二十四篇，鲍刻本增文五篇，诗十三章。

张礼恭，见乾隆四十九年条按语。

二月，刻友人萧山汪辉祖《佐治药言》一卷《续佐治药言》一卷，入《知不足斋丛书》第十二集，并作跋文。

鲍廷博跋云："《佐治药言》四十则，吾友汪君焕曾（辉祖）游幕之学也。焕曾秉两节母义方之训，守身如执玉，自为诸生至成进士，以读律为养，为人至性纯笃，尚气谊，慎交游，与之处者久而益挚。佐州县吏数十年，声称灿然，独不受主者关防，尝曰：'邪以存诚，是方寸中事，未尝以非礼自冒而主人防其非礼，是犹遇守真之女，而曰若无诲淫也，其谁能受之，受之而甘焉。转恐不可问矣。夫主之与宾不尽素识，猝然举身名以任之，关防固其所也。节阴察其实而不阳著其目，则不贤者无可隐也，而贤者有以自居，斯两得之耳。'闻者韪其论，以故为之主者无不推诚相倚。焕曾亦不以形迹自拘，凡游迹所至，邑之魁儒硕士常相晋接，因得周知其地之俗尚人情，措之于事缓急相协，人亦莫敢干以私者。余尝过其幕斋，经史鳞比，而所为幕学之书，百无一二。客为予言，其佐理官事率有恒度，虽在剧邑，日不过三二时便了。暇则读书自娱。辨色起，丙夜方息，不以寒暑少间。遇公宴，必以漏刻补之。韩子（非）有言：'业精于勤。'岂不诚然乎哉！今将身自为治录素行自勗者，授其甥孙君兰启，余从兰启假而读之，大旨律己以立品为先，佐人以尽心为尚；以俭为立品之基，以勤为尽心之实。读律以裕其体，读书以通其用，乃知佐治之不易如此，而益叹焕曾之所以到处有逢迎者，非无本也。

夫在官之身，百务丛焉，簿书期会之繁，势不能不分寄于幕宾之手。幕宾之责，实佐官以理民，顾号称名士，以风流自赏者，往往不耐碎琐，一切以阔略付之，而墨守律令之士，又拘文牵义唯兢焉，主人之考成，是顾其弊也。操切为道，吏治之未能尽肃，安在不由于是耶！是编而三复之，宾尽其心，主勤其职，事不隳而民无扰，仁人之言其利不且溥欤？古之言吏治者多矣，未有及幕宾之佐治者，余故急付剞劂，以广其传云。乾隆五十一年（1786）二月，古歙鲍廷博跋。”

鲍廷博《续》跋云：“余以《佐治药言》印本贻焕曾后，焕曾谒选，入北上，挈其甥兰启过余叙别，联舫至吴门，兰启复出焕曾《续纂药言》二十六则。惓惓然条省事之目，申辣手之诫，缀以征应，而自著师资所由及怀刑之益，盖仁人之用心，深挚矣。余尝读《双节堂赠言集录》，至赵太守书后具记焕曾办平湖洋匪始末，以身之去就争囚罪出入，卒得平反，慨然于焕曾之善，禀慈训为能，不挠其志。及见芮明府书后，焕曾之举于乡也，其初卷未出房，夜有飞瓦示警，覆校荐售，则又晓然于天之所为报。焕曾以章二母之教者，固若是其响应也。当焕曾总角时，其父为更今名，早信世泽涵濡，韬光必耀。复继以厥考淇尉公之廉惠，二母之贤节，其发迹固宜然。焕曾乡举即在洋匪狱后，则焕曾之佐治，仁恕不忍遏佚前光之苦心，鬼神不既昭鉴之乎？读《药言》而知不敢负心造孽之语，誓于二母；读《续药言》而知辣手不堪之联，本于祖训。呜呼！焕曾之所佐治名也，其来有自矣。他日以佐人者自为推此心而广之，福世福身，又可易量乎哉！是为跋。乾隆丙午年（五十一年，1786）三月二十一日，鲍廷博书于平江舟次。”（《丛书》第十二集）

汪辉祖云：“撰《佐治药言》二卷，鲍以文刻入《知不足斋丛书》第十二集。（《病榻梦痕录》卷上）

刘按，二书均为汪氏三十年幕友（即师爷）之经验总结。《佐治药言》前有乾隆五十年中秋汪辉祖自序。

汪氏在《病榻梦痕录》中将《药言》刊刻记于乾隆五十年谱下，似不确。

汪辉祖，见乾隆四十二年条按语。辉祖父楷之官淇县典史，卒于南粤，继室王氏、妾徐氏，盛年守志，操作持门历二十四年，事闻旌。父卒时，辉祖方十岁。见张羲年《啖蔗全集·文集》卷三《王孺人传》。

三月，汪辉祖入京谒选，抵湖州后绕道乌镇，向鲍廷博道别。鲍与汪同至苏州，舟中相与读书、论书。鲍赠书以作别。

汪辉祖云：“（乾隆五十一年三月）迂道乌镇别以文，同至吴门。舟中读《天水冰山录》，为严嵩籍没入官赀产簿，题跋归之。以文又出示《杨忠愍公（继盛）手书册子》，凡十八叶，通十种。盖公在锦衣狱，感提牢应养虚（名明德）调护之义，书此以赠。后有王凤洲（世贞）、王治哀挽诗文，敬跋数行于后。以文以抄藏秘本沈棐《春秋比事》二十卷、吴澄《春秋纂言》十二卷《总例》二卷赠别而去。”

（《病榻梦痕录》卷上）

刘按，杨继盛字仲芳，蓉城人，嘉靖进士，官至兵部右侍郎，遭严嵩迫害至死，有《杨忠愍集》。王凤洲即王世贞，字元美，号弇州山人，嘉靖进士，著有《弇州山人四部稿》等。王治字本道，忻州人，嘉靖进士，官至太仆卿。应养虚即应明德，字养虚，海宁人，嘉靖进士，官刑部主事。

汪辉祖作《过乌镇访鲍茂才渌饮，同至吴门，临别留赠四首诗》。

汪诗其一云："纡程申别绪，世味辨咸酸。扫壁方题凤，回航恰卸帆（原注：余到门时，绿（渌）饮先生之桐乡，正欲解维而绿（渌）饮还舟）。相逢真倒极，出语总非凡。幸许窥缃秘，临行更启函。"

其二："小舫冲风急，吴门舣棹联。谁图歧路别，又缔浃辰缘。眉白忻逢马（原注：谓马上舍东来），堂虚记叩鳣（原注：谓杨慧楼）。诗情兼酒分，是处快缠绵。"

其三："乍掩《冰山录》，重翻忠愍书（原注：绿（渌）饮既出严嵩籍没产旧簿曰《天水冰山录》属余题跋，又奉《杨忠愍公（继盛）手书应养虚册子》索题，皆于舟中应之）。臭芳分若此，清戒定何如。神悚披函后，心斋授简初。良朋珍重意，敢不畏翘车。"

其四："老作诸侯客，方心幸未刓。敢因行作吏，翻便情犹湍。割许□鲜试，骑愁下虎难。应怜双佳势，长忆硕人宽。"（以上均见《龙庄先生诗稿》，稿本，藏浙江图书馆，此蒙袁逸先生复印录告）

刘按，关于明杨忠愍公（继盛）手书墨迹，赵怀玉有跋称："杨忠愍公手迹十八番，嘉靖己卯（应为乙卯，三十四年，1555）八月书。公触奸（严嵩）下狱时已三载，提牢应养虚明德调护甚至，公作文以赠，并杂书他文畀之也。今检公集，赠养虚文独不载，得此可补公文之遗。应氏既世藏弆。王弇州（世贞）以下多有题识，临海陈木叔尝手录一通，属养虚孙宪臣公剞劂，然罕传本，或世乱未果耶？国朝惟林西仲一跋。吾友鲍君以文购得之，复属同志并题其后。乌程陈焯刊入《寓贤编》，于是养虚之义与忠愍同炳于天下矣。养虚籍宁海，海宁旧志误入。"见《亦有生斋文集》卷八。

七月，刻明佚名《天水冰山录》不分卷《附录》一卷、明文嘉《钤山堂书画记》一卷，入《知不足斋丛书》第十四集，赵怀玉作序，汪辉祖跋。

赵怀玉序云："《天水冰山录》一卷，分宜严氏嵩籍没之册，周石林从残本重抄锡以今名者也。自金玉服玩至良田甲第之属，悉数之不能终，可谓夥矣。……乾隆

丙午（五十一年，1786）七月味辛居士赵怀玉。”（《丛书》第十四集）

汪辉祖跋云：“余将赴京师，过鲍君以文话别，遂联舫至吴门。以文出《天水冰山录》相示，录中载严嵩籍没资产甚详。雍正五年（1727）周石林因刊本残缺，手抄成此书，以昭炯鉴。前有沈志雍、严言、鹊华游子三序，乃吴郡吴枚庵（翌凤）弆藏而以文借之者也。展卷若有馀腥，何足污目，虽然录此者有深意焉，固不可不终卷也。……观是录能不悚然惕乎，固归录以文而识此以自儆云。乾隆丙午（五十一年，1786）三月十八日，汪辉祖跋于万年桥舟次。”（《丛书》第十四集）

刘按，赵怀玉，见乾隆三十九年条按语。赵序又见其《亦有生斋文集》卷七，题署“天水冰山录跋”。

文嘉字休承，文徵明次子。承家学，善诗画。

汪辉祖，见乾隆四十二年条按语。

七月，以宋本校抄本宋魏野《钜鹿东观集》十卷，有跋文记之。

鲍廷博跋云：“乾隆丙午（五十一年，1786）七月初十日，宋本校于乌镇寓馆。”（朱笔）又：“魏仲先（野）《草堂集》，《世善堂书目》中有之。”（墨笔浮笺）（国家图书馆藏本，见《北京图书馆古籍善本书目》著录）

刘按，是书未刻入《知不足斋丛书》，《四库全书》据两江总督采进本录入《集部·别集类》。

此承国图善本特藏部赵前先生入库代录，书此志谢。

七月，校刻宋沈□《鬼董》五卷，入《知不足斋丛书》第十二集，并作跋文。

鲍廷博跋云：“右《鬼董》五卷，不署撰人姓名，据泰定间钱孚跋语，似为宋孝光时沈某著，特传之者关汉卿耳。考第四卷有‘嘉定戊寅（十一年，1218）予在都’之语，则其人宁宗时尚存。明蒋一葵《尧山堂外纪》竟以为关撰者，误矣。所记多涉鬼神幻惑之事，宜为儒者所讥，而劝惩之旨寓焉。予固不敢以无稽目之，复梓以传，庶几于世教有少补云。乾隆丙午（五十一年，1786）七月既望，歙鲍廷博识于知不足斋。”（《丛书》第十二集）

刘按，《鬼董》一书未录入《四库全书总目》及《四库未收书目提要》。后有《龙威秘书》本和《说库》本、《旧小说》本。

七月，吴翌凤假鲍氏知不足斋藏明钱穀手抄本元陶宗仪《游志续编》一卷传抄，吴有跋文记之。

吴翌凤跋云：“《游志续编》一册，钱罄室（穀）先生手抄本，余假于长塘鲍君以文，命胥录之。古人于小碎文字，编之录之，不遗馀力若此。惜陈氏《初编》仅存其目，异日一一按目补之也。乾隆丙午（五十一年，1786）秋七月晦日，吴翌凤志。”（《铁琴铜剑楼藏书题跋集录》卷二《史部》）

刘按，吴翌凤，见乾隆四十二年条按语。

吴翌凤所借鲍家的钱穀手抄是书，录后未还，后随家藏书一并散佚。参见嘉庆九年条。

七月，赵怀玉从鲍廷博处借阅唐司空图《司空表圣文集》十卷，重校己藏抄本，赵有跋文记之。

赵怀玉跋云：“乾隆丙午（五十一年，1786）七月，味辛居士从知不足斋主人借阅重校一过。”（国家图书馆藏本）

刘按，是书鲍氏未刊刻，《四库全书》据马裕家藏本录入《集部·别集类》。今国家图书馆藏有是书道光二十二年（1842）劳权抄本，有劳权跋并录何焯、赵辑宁、鲍廷博、赵怀玉跋题识。

赵怀玉，见乾隆三十九年条按语。

《司空表圣文集》亦名《一鸣集》。据傅增湘《藏园群书题记》卷十二载，知不足斋抄本系鲍廷博据宋刻本抄校，赵怀玉校本也见该书同卷，为八行二十字。

参见万曼《唐集叙录》第335页（1980年11月中华书局）。

吴骞从鲍氏借抄何焯评本《唐音戊签》，后六册系朱巢饮（型）补完。

吴骞云：“何义门（焯）学士评点《唐音戊签》，功韵语者得之不翅枕中鸿宝，恨其流传甚少，此本予从知不足斋主人借录，有六册未竟，朱巢饮（型）茂才时馆于姑胥小漆园中，适见予行箧有此六册，遂为卒业，嘉庆庚午（十五年，1810）春兔床山人识，时巢饮没已越岁矣。”

朱型跋云：“《戊签》六册，临始于闰七月之朔，毕于九月九日。日间不无作辍，过于灯下者居多，是以作字粗细不匀，中间缺页俱为补写，但未钉入耳。至字画疑者阙之，无疑者易之，然尚有疏忽处，巨眼可复校正焉。丙午（乾隆五十一年，1786）九月灯下书于金阊之客馆，巢饮识。”（以上均见《拜经楼藏书题跋记》卷五）

刘按，朱型，见乾隆四十二年条按语。

十月，刻旧抄本宋樵川樵叟《庆元党禁》一卷，入《知不足斋丛书》第十二集，并作跋文。

鲍廷博跋云：“文公（朱熹）梦奠语蔡沈曰：‘道理只是恁地，但须做些坚苦工夫，能甘其苦于禁盛行之时，而不少坚忍于禁已解之日，岂不甚可惜也。’尝谓庆元党祸不幸，如大愚西山（真德秀）身死于谪，虽曰天不憖遗，然全其节，以立千万世守道者之标准，未为无所赖也。文公卒于庆元之庚申（六年，1200），学禁弛于嘉泰之辛酉（元年，1201），天也。文公在天下出处，惟公是视而士节益光明矣。西山临终别文公，有书曰：‘天下不患无人才，但师道不立，为可忧。’噫，师道之立，非人才扶植之也。长堤屹然，众流归顺，无复东奔西决之忧，善人之多，良以此也。至此益信善类真是为天下福，师儒真足为善类主，而庆元之学禁，为人心祸真酷且深也。余既以其首末遗帖并刻，因并取侯氏之说，以俟后之君子。”“鲍氏以文手跋曰：‘丙午十月初十日写样讫，十六日校于青镇寓舍。’”（《皕宋楼藏书志》卷二十七《史部传记类二》）

刘按，是书《四库全书》据《永乐大典》辑本录入《史部·传记类》。

是书《丛书》本鲍跋末未有署年，而影印鲍氏家藏《知不足斋丛书》本，则跋文未署鲍廷博名。

刻明黄煜辑《碧血录》二卷附周茂兰《周端孝先生血疏贴黄册》一卷，入《知不足斋丛书》第十三集，赵怀玉为之序。

赵怀玉未署年《碧血录序》云：“是编向藏钱塘卢学士（文弨）家，鲍君以文将锓以厉世，问序于余，……既应鲍君之属，因并书之，谂后之居是邦者。”（《丛书》第十三集）

乾隆五十一年（1786）闰月赵怀玉《血疏》题辞云：“怀玉少时，既闻端孝先生《血疏贴黄》遗迹，屡欲见，不可得。今年夏，晤彭进士绍升，知此疏已归吴江同姓，念将访之而未暇。顷过桐乡，适鲍君廷博从吴江来，携以见示，思通鬼神，抑何幸也。”（《丛书》第十三集，又见《亦有生斋文集》卷八）

刘按，是书《四库全书总目》及《四库未收书目提要》均未录。

彭绍升（1740—1796）字允初，号尺木居士，长洲人。乾隆二十六年（1761）进士，授官不就。工古文，喜陆王之学，又深研佛学，著有《一行居集》《二林居集》等。

据黄宗羲的《黄氏续抄》本《今水经》一卷《表》一卷，刻入《知不足斋丛书》第十二集，黄宗羲玄孙黄璋有跋文记之。

黄璋跋云：“壬辰（乾隆三十七年，1772）秋，奉檄来省，适卢子京甫举《今水经》《匡庐游录》二帙相畀，则续抄堂故物也。寒家无抄胥，系子初握管者所录，字多鱼鲁。因先取《今水经》校阅一过，谋梓以行。友人新安鲍君以文，好古士

也，一见忻然，即任剞劂而属识于后……乾隆癸巳（三十八年，1773）闰三月上浣，元孙黄璋谨识。”（《丛书》第十二集）

刘按，是书《四库全书总目》据浙江巡抚采进本录入《史部·地理类存目》。

是书编刊于《丛书》第十二集，当刻成于乾隆五十一年，姑置此。

黄宗羲（1610—1695）字太冲，号南雷，学者称梨洲先生，浙江馀姚人。入清隐居不仕，致力学术著述，为清初大学者，家有续抄堂，藏书甚富，著有《黄梨洲集》《南雷文抄》等，其子黄百家编有《续抄堂书目》。

黄璋字稚圭，一字华陔，乾隆二十一年（1756）举人，官江苏沭阳知县，著有《大俞山房集》。

鲍廷博赠汪辉祖《双节堂卷跋》墨迹。

汪辉祖云：“往岁丙午（乾隆五十一年，1786）以文赠前明《双节堂卷跋》墨迹。”（《梦痕录馀》）

刘按，双节，谓明永乐间常熟朱昌妻钱氏、弟朱亮妻陈氏，二人寡居守节之事。后汪氏以其事类其二母，辑《双节堂赠言集录》及《续集》《三集》。

在桐乡，与赵怀玉、金德舆、方薰过从甚密，晨夕相处，日以校勘经史为事。

赵怀玉《年谱略》云：“（乾隆五十一年丙午，四十岁）金云庄（德舆）招课其子承荫。桐乡地僻，无酬应之繁，云庄又许素冠从事，遂赴其招。与鲍以文、方兰士（薰）晨夕相处，日以校勘经史为事，暇则写《孝经》《金刚经》，以作书课。”（《亦有生斋集·收庵居士自叙年谱略》卷上）

刘按，赵怀玉，见乾隆三十九年条按语。

金德舆，见乾隆四十二年条按语。

方薰，见乾隆五十年条按语。

邵晋涵从鲍氏借叶树廉手抄本宋尹洙《五代春秋》二卷与卢文弨手校本对勘，后又经赵怀玉复校。邵、赵均有跋文记之。

邵晋涵云：“鲍君以文以叶石君抄本见示，因取卢绍弓（文弨）手校本对勘，参以旧时所见本，为校正四十一字。至张颢作灏，漠谷作幕，薛、欧二史本有异同，今仍其旧。”

赵怀玉云：“乾隆丙午（五十一年，1786）闰月，从知不足斋假阅，复为校正数字，怀玉。”（以上均见《善本书室藏书志》卷七，又见《中央大学国学图书馆第二年年刊》）

刘按，邵跋未署年月，此据赵跋列入本年条。

邵晋涵，见乾隆四十五年条按语。

赵怀玉，见乾隆三十九年条按语。

是书《四库全书总目》据两江总督进呈本录入《史部·编年类存目》，提要有云：是书“已载入所作《河南集》中，此盖别行之本，以初原自为一书，故仍存其目焉”。

是年杨复吉过访鲍廷博，鲍以箧中秘本数册相赠，杨有文记之。

杨复吉云：“武陵（林）鲍丈以文好古嗜奇，《知不足斋丛书》甲于两浙。丙午岁（乾隆五十一年，1786）过访，慨举箧中秘本数种见贻，俾得增广竹素。百朋之锡，奚敢或忘?”（杨复吉《昭代丛书续编·例言》）

乾隆五十二年（1787）丁未，六十岁

春，鲍廷博同吴骞、吴翌凤访杨复吉，适逢王鸣盛同至。吴骞有诗记其事。

吴骞《同绿（渌）饮、家枚庵访杨慧楼进士于松陵，小集湖楼，王西庄光禄适至》诗（二首）：“蹑屐下姑苏，扬帆径石湖。为怜扬子宅，可钓季鹰鲈。屏拓峰千叠，楼高酒百壶。此中容啸傲，身世一菰芦。”（其一）“远塔垂虹外，孤城钓雪边。碧萝三径雨，芳树五湖烟。客至巾初垫，春移景未迁。三高祠下水，相与定忘年。”（其二）（《拜经楼诗集》卷五）

刘按，王鸣盛，见乾隆四十四年条按语。

杨复吉字列欧，号慧楼，见乾隆三十一年条按语。

吴骞，见乾隆二十一年条按语。

吴翌凤，见乾隆四十二年条按语。

鲍廷博、张燕昌同访吴骞于南祠，晚步湖塘，吴骞有诗记其事。

吴骞《綠（渌）饮、文渔过访南祠，因同晚步湖塘即事三首》：“户凿烟霞窘，庭垂橘柚阴。往来逢二妙，臭味本同心。白鹭沧洲阔，青山碧里深。紫芝能共采，聊此散怀襟。”（其一）（《拜经楼诗集》卷五）

刘按，张燕昌字文渔，一作文鱼，号芑堂。见乾隆四十六年条按语。

七月十二日，从丁杰藏本校《相台书塾刊正九经三传沿革例》一卷

鲍廷博题识：“乾隆丁未（五十二年，1787）七月十二日，从丁小疋（杰）本校。青堆寓舍。”（墨笔）（傅增湘《藏园群书经眼录》卷二《经部二·相台书塾刊正九经三传沿革例》）

刘按，丁杰，见乾隆四十四年条按语。

鲍氏将此书刻入《知不足斋丛书》第十三集，约为乾隆五十二年（1787）。此书原鲍氏困学斋抄本，今藏上海图书馆。经周广业校并有跋文三则（时为乾隆五十二年五月）。

《四库全书》据两江总督采进本录入《经部·五经总义类》，书名作《刊正九经三传沿革例》。

仲秋，吴骞从鲍氏借抄元吴师道《吴礼部别集》。

吴寿旸云："右（《吴礼部别集》）抄本一册，先君子从知不足斋借录，书后云：'乾隆丁未（五十二年，1787）秋仲，从鲍君以文借抄，卷首题卷一，而尾书卷下，终书则止一卷，且书中有云详下卷而未见者，疑尚有阙佚，当面质鲍子，某记。'"（《拜经楼藏书题跋记》卷四）

刘按，《吴礼部别集》一卷，系鲍之好友郁礼所赠赵氏小山堂抄本，嘉庆初刻入《丛书》第二十二集，书名作《吴礼部诗话》。鲍跋文也指出："今下卷亦不传。"参见嘉庆八年条。

是书《四库全书》据两淮盐政采进本录入《集部·别集类》，作《礼部集》二十卷《附录》一卷。

秋，鲍廷博从吴中得宋赵孟奎《分类唐歌诗》残本六册，示吴骞，吴有文记其事。

吴骞云："他日与鲍君以文言之，以文负书癖不减斧季（毛扆），即往吴中物色之，已不可得（宋椠本），未几获此旧抄本，凡六册，首尾间有阙翻，约可一十二卷，盖江都马氏玲珑山馆所散出者，欣然示予，予观其跋虽非斧季手书，并少（王）石谷、孔明二日札，然抄手端整，犹为中郎之虎贲……乾隆丁未（五十二年，1787）秋日。（《愚谷文存》卷四）

刘按，是书录入《四库未收书目提要》。

十月，刻宋吴淑《江淮异人录》一卷，入《丛书》第十二集，并作跋文。

鲍廷博跋云："右《江淮异人录》一卷，宋职方郎中润州吴淑正仪撰，记南唐时道流、侠客、术士凡二十五人，与直斋陈氏《书录解题》相符，惟陈本作二卷耳。淑在江南举进士，擢高第，尉丹阳，以秘书郎直内史，从后主（李煜）归朝仕宋。其传耿先生甚详，独不书宝华宫事，与徐铉受诏撰《江南录》不及后主之过，用意略同，君子深有取焉。淑有《文集》二十卷，久佚不传，惟所撰《事类赋》士林雒诵，至今不辍。是录明嘉靖中伍光忠本，稍经润色，尚未失真。近刻首列明皇游月宫事，展卷即知其伪矣。喜得善本，特梓以存其旧云。乾隆丁未（五十二年，1787）十月既望，歙长塘鲍廷博识于知不足斋。”（《丛书》第十二集）

刘按，黄丕烈《尧圃藏书题识》卷六，载是书题跋凡七则（中黄氏题跋五则、吴翌凤题跋二则）。据黄氏题跋称，鲍刻是书入《丛书》者，乃据明伍光忠（或作‘伍中光’）刊本，非以鲍藏宋本校正者。嘉庆二十年（1815）黄丕烈得秀野草堂藏抄本，胜于鲍刻《丛书》本，黄云：“此触处多妙处，鲍君已作古，不及语之。”又云：“渌饮笔墨不轻与人。余订交二十年，求其手迹率不可得，得此补阙，良慰余怀。嘉庆庚午（十五年，1810）复翁记。”吴翌凤尝据鲍校本传录，后也归黄丕烈。

是书《四库全书》据《永乐大典》辑本录入《子部·小说家类》，并作二卷。

刻宋段昌武《昌武段氏诗义指南》一卷，入《知不足斋丛书》第十二集。

刘按，是书末有朱彝尊跋，云：“《诗义指南》一卷，《宋史·艺文志》暨诸家藏书目俱未之载，康熙甲子（二十三年，1684）五月，购之慈仁寺。按，段氏字子武，庐陵人，官朝奉郎，有《丛桂堂毛诗集解》三十卷，惜未见其全书。此书则为举业发题作也。”（《丛书》第十二集）

本集首冠乾隆五十二年（1787）丁未孟夏钱塘赵学敏《知不足斋丛书序》，乃集《文选》句而成，句凡一百六十三，皆注明出自《文选》篇章名。《诗义指南》当刻于本年。

是书见《四库未收书目提要》著录，书名作《诗义指南》。

赵学敏（1719—1805）字依吉，一字恕轩，浙江钱塘人。一生淡于仕途，弃儒从医，为著名药物学家，著有《本草纲目拾遗》《串雅》等。

约是年鲍廷博为吴翌凤词作题诗四首。

吴翌凤云：“数年以来，余得词四十馀阕，汇为一卷。长塘鲍廷博怂恿刻之，并题四诗于后。云：‘乌丝艳趁烛花红，乐府新调锦字工。不枉江宁夸白苧，高楼一带雁声中（自注：“一带高楼都在雁声中”，武林词人艳称之）。’‘玉筝银筦冷无声，一树幽花扑眼明。楼影沉沉帘寂寂，更知何处觅深情。’‘爱唱西湖杨柳枝，扶烟泣雨一丝丝。晓风残月红牙板，多久吴郎绝妙词（自注：“集中柳词极工”）。’‘老来客里恨情多，子夜清词午夜哦。已是无肠为君断，不须重唤雪儿歌’。”（《东斋脞语》）

刘按，吴翌凤自云：“余自惭荒秽，终未敢出以问世也。”吴氏词作不曾付梓。

吴翌凤，见乾隆四十二年条按语。

吴翌凤于乾隆三十三年至五十二年（1768—1787）尝寓同邑陶氏东斋，寝馈书史，几二十年。五十二年应湖北巡抚姜晟之聘，举家赴楚，后又掌教湖南浏阳南台书院，嘉庆十七年（1812）归里，逾七年卒。《东斋脞语》付梓在嘉庆十一年，故吴词及鲍诗当作于本年前后，姑附于此。

本年，鲍廷博获赐《金川得胜图》。

赵怀玉《恩赐举人鲍君墓志铭》："（乾隆）五十二年（1787）赐《金川图》一分。"（《亦有生斋续集》卷六）

刘按，大金川之役始于乾隆十二年，至十四年结束（1747—1749），小金川之役始于乾隆三十六年，至四十一年（1771—1776）结束。两金川之役，兵费达七千万两之多。乾隆皇帝自诩"十全武功"，即指两攻准部（新疆）、一攻回部、两攻金川、台湾林爽文之役与安南、缅甸各一次、廓尔喀尔亦作两次。

是年，方薰作《还瓻图》以报向鲍廷博借书之盛情。赵怀玉为之赋诗纪事。赵又为鲍廷博《风雨闭门图》题诗。

赵怀玉《方大薰尝向鲍大廷博借书，因作〈还瓻图〉以报，为赋此诗》："得闲居士万卷积，寓安居士六法秘。借书还画一瓻偿，小变束脩羊旧例。湾环长水舴艋舟，缥缃瓮缶坐两头。却疑西塞山前客，来作谟觞石室游。何当同结岁寒友，再许相从十年久。红蟫绿蚁我兼收，尽读奇书醉名酒。"（《亦有生斋诗集》卷九）

赵怀玉《题风雨闭门图为鲍大》其一："雪满衡门老木疏，此中大似汝南居。知君别有排冬计，新买丛残几寸书。"其二"木榻长穿管幼安，纸窗竹屋且盘桓。人间不少羊羔酒，也只消磨一晌寒。"（《亦有生斋诗集》卷十）

刘按，方薰，见乾隆五十年按语。赵怀玉，见乾隆三十九年条按语。

是年乾隆弘历以《四库全书》中错讹甚多，处罚一应官员。

卢文弨集一生校勘所得，纂成《群书拾补初编》三十九卷。

钱大昕应天一阁主人范懋敏之请，与张燕昌、范懋敏共同纂成《天一阁碑目》一卷。

乾隆五十三年（1788）戊申，六十一岁

正月，刻魏何晏集解、梁皇侃《论语集解义疏》十卷，入《知不足斋丛书》第七集。此书是由汪鹏从日本携回的中土久佚之本。卢文弨为之序。

卢文弨序："吾乡汪翼沧氏（鹏）常往来瀛海间，得梁皇侃《论语义疏》十卷于日本足利学中，其正文与高丽本大略相同，彼国亦知中夏之失传矣。……新安鲍以文氏广购异书，得之喜甚，顾剞劂之费有不逮，浙之大府闻有斯举也，慨然任之，且属鲍君以校订之事，于是不外求而事已集。既而大府以他事获谴死，名不彰，人曰是鲍子之功也。以文曰：'吾无其实，敢冒其名乎？'谓文弨曰：'是书梓成时，未为之序者，人率未知其端末，夫是书入中国之首功则汪君也，使天下学者得以家置一编，则大府之为也。《春秋》褒毫毛之善，今国法已伸，而此一编也，其功要不容没，子幸为之序而并及之，使吾不尸其功，庶几不为朋友之所讥责，吾始得而安焉。'以文之命意也如此，用是据实书之。……乾隆五十三年（1788）元夕（正月十五日）前一日杭东里叟卢文弨书。"（《丛书》第七集）

刘按，是书《四库全书》据浙江巡抚采进本录入《经部·四书类》，书名作《论语义疏》。提要有云：此书"乃发其光于鲸波鲛室之中，藉海舶而登秘阁"，则当出自鲍氏家藏本。

卢序言及"浙之大府闻有斯举也，慨然任之，且属鲍君以校订之事"，鲍氏以为"其功要不容没"。大府，乃明清时对总督、巡抚的通称。以其年代和事迹，当即谓陈辉祖。辉祖以父陈大受荫，授户部员外郎，官至闽浙总督，兼署浙江巡抚（乾隆四十六至四十七年）。先以其弟严祖昌赈案获罪，继以抄没王亶望家产时藏匿金玉器论断，终赐自裁。

末署"钱塘汪庚校字"。

谢国桢先生谓："《论语疏》即为浙江巡抚伍纳拉出资刊刻的，伍纳拉被罪论斩以后，廷博即将其姓名剜去。"（见《江浙访书记》第118页，1985年12月生活．读书．新知三联书店出版）"伍纳拉"应作"伍拉纳"，姓爱新觉罗，满族正黄旗人，乾隆五十四年（1789）授闽浙总督，六十年（1795）督台湾，以受贿被斩。陈东谓王亶望捐资刊刻，"乾隆四十六年（1781）被参劾，诛死，而鲍廷博因清廷之忌，削去版心'王亶望校刊'"（《关于皇侃〈论语义疏〉的整理与研究》，载《恒道》第3辑，2005年3月吉林文史出版社，此处辑录自周生杰、杨瑞《鲍廷博评传》第65页）。亶望（？—1781）山西临汾人，乾隆四十二年（1777）擢浙江巡抚，以实仓储为名开捐例，虚报灾情，贩粟分银，乾隆四十六年（1781）被劾，诛死。陈辉祖、王亶望及伍拉纳传记均见《清史稿》卷三百 三十九列传一百二十六。未知孰是，也未及详考。

二月，校刻元蒋子正《山房随笔》一卷，入《知不足斋丛书》第十九集，并作跋文。

鲍廷博跋云："右《山房随笔》，元蒋子正平仲著。明初写本，较商氏（濬）《稗海》所刊殊胜，开卷'平仲'二字，即商本所脱也，中如党怀英《孔子庙诗》末句'泰岱参天汶泗长'，误为'汾水'，相去不啻千里矣。'梅梁松牖'一联，证以石刻亦此本为是。聂碧窗《北妇诗》云：'江南有眼何曾见，争卷珠帘看鹧鸪'，初不解其旨，乃检此本，则'鹧鸪'为'固姑'，由校者不知'固姑'为妇人冠名，妄易'鹧鸪'以趁韵耳。《题赵太祖真容》'河北、山东总旧臣'，误'臣'字为'君'字，则并上新神之韵不押矣。大抵《稗海》中无一佳刻，其间如赵德麟《侯鲭录》、周煇《清波杂志》、王辟之《渑水燕谭录》、张邦基《墨庄漫录》、方勺《泊宅编》之类，脱谬尤甚。吾家藏本俱极完整，惜未能一一刊正，以还旧观，闲窗展玩，抚几太息而已。乾隆戊申（五十三年，1788）二月上浣，知不足斋书。"（《丛书》第十九集）

刘按，是书《四库全书》据纪昀家藏本录入《子部·小说家类》。

是书卷端下题"金愚蒋正子平仲"。《四库全书总目》作"蒋子正"。或云蒋子正一名蒋正子。

春，赵怀玉亦有生斋刻宋苏过《斜川集》六卷《附录》二卷《订误》一卷，鲍廷博以诗致吴长元并志贺。

鲍廷博《赵味辛舍人刻〈斜川集〉成，寄丽煌》："奇文一卷抵璠瑜，寄远曾劳使载驱。汗简空期毛子晋，布金端藉赵凡夫。几闻艺苑名三世，曾见书林榜四苏。瀹茗焚香还细读，赏音千载未应殊（原注：放翁诗'焚香细读《斜川集》'）。"（见赵氏亦有生斋刻本《斜川集》）

五月，鲍廷博寓两广会馆手抄《永乐大典》本宋苏泂《冷然斋诗集》八卷，六月抄毕，五十九年（1799）八月，嘉庆五年（1800）正月再重校，鲍有题识记之。

鲍廷博卷一末题识云："乾隆戊申（五十三年，1788）五月……寓两广会馆抄。"

鲍廷博卷八末题识云："乾隆戊申六月初五抄竟。"

鲍廷博题识云："乾隆乙卯（五十九年，1794）八月初四日，恭诣西湖文澜阁新颁《四库全书》是正一过。"

鲍廷博卷四末题识云："嘉庆庚申（五年，1800）正月二十三日重校此书。""原本邵太史晋涵录自《永乐大典》，脱误处无从校正，略以（己）意改数字而已。"

鲍廷博扉页题识云："记（计）一百四十六页，《永乐大典》钞入《四库全书》，恭诣文澜阁校正讫。"（以上均见中华收藏网）

刘按，《藏园群书经眼录》卷十四、《文禄堂访书记》卷四皆著录此书抄自《永乐大典》本者，然均无鲍氏题识。傅增湘云是书由盛昱传至完颜景贤。

邵晋涵，见乾隆四十五年条按语。

十二月，鲍廷博于平望舟次校宋刻本宋杨囦道《云庄四六馀话》一卷，有题跋记之。

鲍廷博跋云："乾隆戊申（五十三年，1788）十二月二十七日校于平望舟次。宋刻本无缺第四页、第十四页、十六页、二十三页。"（《皕宋楼藏书志》卷一百十八卷）

刘按，是书后经鲍氏再校，刻入顾氏《读画斋丛书·辛集》，参见嘉庆十六年条。

腊月，校刻宋张先《张子野词》二卷，自辑《补遗》二卷，入《知不足斋丛书》第十三集，并作跋文。

鲍廷博跋云："张都官以歌词擅名当代，与柳耆卿（永）齐名，尤以韵高见推同调三中'三影'，流声乐府，至今艳称之，而《安陆集》独见遗于汲古阁《六十家词》刻之外，诚词坛憾事也。顷得绿斐轩本汗青，又得亦园《十家乐府》所刊，去其重复，得六十三阕，诸家选本中采辑一十六阕，于是子野词收拾无遗矣。昔东坡先生称子野诗笔老妙，可以追配古人，歌词乃其余事，惜全集久亡，无从缀辑，以存其梗概耳。乾隆戊申（五十三年，1788）腊月朔，歙鲍廷博识。"（《丛书》第十三集）

刘按，张先，乌程人。宋天圣八年（1030）进士，官至都官郎中。其词集自明以来流传甚稀，毛氏汲古阁刻《六十家词》独不及先。《四库全书》据纪昀家藏本《安陆集》一卷《附录》一卷，录入《集部·词曲类》，该集录诗八首，词六十八首。

抄校唐温庭筠《金奁集》一卷，有题识记之。

鲍廷博题识："右《金奁集》一卷，计词一百四十七阙。明正统辛酉（六年，1441）海虞吴讷所编四朝名贤词之一也。编纂各分宫调，此他词集及词谱所未有，间取《全唐诗》校勘，中杂韦庄四十七首，张泌一首，欧阳炯十六首。温词只八十三首，疑是前人汇集四人之作，非飞卿专集也。按，飞卿有《握兰》《金荃》二集。'金奁'岂即'金荃'之讹耶？元本为梅禹金（鼎祚）先生评点，余从钱唐汪氏借抄得之。"（《劳氏碎金》卷中）

刘按，咸丰戊午（八年，1858）十月，劳权传此书知不足斋抄本。并云：

“《欧阳文忠集》一百三十二近体乐府《应天长》第三篇校云：‘金奁集作温飞卿词。’权按，《花间集》实作韦庄，欧集校误，惟集名与此本合。”见《劳氏碎金》卷中。

梅禹金即梅鼎祚，字禹金，明宣城人。诗文博雅，又喜藏书，有《梅禹金集》等。

鲍题识未署年，姑置于此。

刻方琛《雪屏诗存》一卷，并撰跋文。

鲍廷博跋云：“乙巳（乾隆五十年，1785）冬，过方君兰坻寓斋，见其检点箧中故纸，偶举一诗，风格甚古，询之即其尊甫雪屏先生所作也。（方琛）先生著有《白岳樵吟》《舟车漫兴》等集，舟覆上海，片楮不存，晚年手稿懒自收拾，多散落交游间。兰坻于先生身尾（后）码（缀）辑成编，予荐为诠次，请付剞劂，才十一耳，名曰《诗存》。盖诗存而先生之品谊、先生之性情有与俱存者，固不独存其诗而已。同学侄歙鲍廷博谨识。”（上海图书馆藏乾隆五十三年刻本《雪屏诗存》，此承梁颖先生录告）。

刘按，方琛（1714—1762）字逊一，一字圣因，号雪屏，又号抱璞山人，浙江石门人。工书善画。赵怀玉《亦有生斋文集》卷七有其墓志铭。子方薰也承家学，见乾隆五十年条按语。

是书前有乾隆五十三年（1788）朱方霭序。上海、南京两馆有藏。

是书既未入《知不足斋丛书》，亦未录入《四库全书总目》《四库未收书目提要》。

自本年末起，至嘉庆九年（1804）十二月止，鲍廷博校明末毛氏汲古阁刻本宋陆游《剑南诗稿》八十五卷，历年有跋文题识记之。

鲍廷博于该书卷一《病中作》条跋云：“一部《剑南集》中述梦诗不少，就其中可观可味者，又当十之五六，读者试详之，是必有获。少时喜读是集，吾友冯古浦（柷）以梦诗为放翁一病，今再读之，知冯之失言矣。七月十二日夜书。”

卷一末题识：“乾隆戊申（五十三年，1788）腊月二十七日舣舟吴江，剪烛毕此卷。嘉庆甲子（九年，1804）十月廿二日，许母扫先墓，回舟次袁家汇。重读，二孙正字、三孙正身从行。”

卷二末题识：“廿八日胥门旅泊，申刻尽此卷。晚泊施溪，烛下终卷。是日舟过戴家坝，访朱君宝田，则于四月廿三日下世，且闻硖石殷君配乾之讣。噫，老友尽矣，能无怃然！殷君至今无恙，不觉破涕一笑。嘉庆丁卯（十二年，1807）三月望，偶阅此卷记之。八十翁廷博。”

卷三末题识："是日沈兄还所借柳文，予为之借《骖鸾录》。""二十九日巳刻，舟过太湖，毕读此卷。""廿三日至双林访沈溶涛兄。午刻反。舟中读完。"

卷五《秋夜读书戏作》条眉上题识："余所遇士人年当不惑而用眼镜，盖十之九也。至灯下细书，或弄笔，或展卷，便复个（徊）偟，余每讶之。读放翁此诗，可谓助我张目者矣。时亦秋夜灯前，且吟且志，问我年纪，记得生于康熙戊午（十七年，1678），今为乾隆己巳（十四年，1749）。"

卷六《西楼夕望》条眉上题识："乙巳（乾隆五十年，1785）八月廿九日午饭后，读《西楼夕望》一首，爱其景趣适合。"

卷六《花时遍游诸家园》条下题识："乾隆二十年（1755）二月四日社寓中，垂丝海棠于二十日后始开，老病杜门，不知他处有后先于此者否，适观此什记。"

卷六末题识："午刻抵青堆寓庐，毕卷，二十六日灯下读。"

卷七末题识："戊申（乾隆五十三年，1788）除夕桐乡返棹，次墟镇。读完，漏下三十刻矣，劳生可叹，且自慰也。""二十七日巳刻读完。"

卷八末题识："乾隆己酉（五十四年，1789）元旦读。""嘉庆甲子（九年，1804）十月廿八日重阅。"

卷九末题识："十月廿九日阅。""二日灯下读。"

卷十末题识："正月初三日晨起读。""嘉庆甲子十月二十九日再阅。"

卷十一末题识："正月初四日晨起读完。""甲子十月卅日重阅。"

卷十二末题识："正月五日晨起读完。""甲子十一月六日舟中阅，由新市至双林，访沈柳塘先生。"

卷十三末题识："正月六日晨起读。十一月初八日舟中阅。是日为吴阊之行，午后解维，晚至北栅。"

卷十四末题识："己酉人日读。""十一月初九日舟次尹山，泊娄门。"

卷十五末题识："正月初八日读。""十一月十日泊阊门。"

卷十六末题识："正月初九日读。""甲子（嘉庆九年，1804）十一月十一日，次万年桥阅。薄暮过五龙桥，乘月渡太湖，水天一色，风平无波，天下绝景也，惜无放翁妙笔作一诗咏之。是日得吴枚庵（翌凤）兄手抄《游志续编》（元陶宗仪撰），又得《马石田集》（元马祖常撰）四册，快正。泊吴江南门外，读《游志》，烛尽始睡去。"

卷十七末题识："十一月十二日□小南门候杨□先生，借《任松乡集》（元任士林撰）归，舟阅竟。己酉（乾隆五十四年，1789）正月二十四日，寓乐安书舍，读。"

卷十八末题识："十二日午刻自吴江开行，暮次平望，阅。"

卷十九末题识："月下过莺脰湖，阅。十一月十二日。"

卷二十末题识："嘉庆甲子（嘉庆九年，1804）十一月十二日，自吴□（门）还家，日中过周家溪，阅。"

卷二十一末题识："甲子十一月十六日夜起读。"

卷二十三末题识："甲子十一月十六日重阅。申刻毕。"

卷二十四末题识："嘉庆甲子十一月十六日灯下再阅。"

卷二十五末题识："嘉庆甲子十一月十八日读。"

卷二十六末题识："十九日晨起读。连日重阴，窗外有雨声矣。"

卷二十七末题识："二十日早起读。晴。"

卷二十八末题识："嘉庆甲子十一月二十二日阅。日长至始冰。

卷二十九末题识："嘉庆甲子十一月二十二日重阅。"

卷三十末题识："二十三日重阅于知不足斋。晴。"

卷三十一末题识："二十四日重观。晴。"

卷三十二末题识："甲子十一月二十五日重阅。晴。"

卷三十三末题识："甲子十一月二十六日灯下阅。晴。"

卷三十四末题识："二十七日阅。"

卷三十五末题识："二十八日读。晴。"

卷三十六末题识："嘉庆甲子十一月廿有九日重阅。阴雨。"

卷三十七末题识："十一月三十日重阅。阴。沈蓉舟兄解馆回新市，乡居岑寂矣。"

卷三十八末题识："嘉庆甲子十二月朔，知不足斋读。晴冷。"

卷三十九末题识："初二日重读。晴，风冷。"

卷四十末题识："嘉庆甲子十二月初三日读。阴。是日游华亭之行，午刻登舟。"

卷四十一末题识："晚次桐乡，晤富秋鹤（廉），夜行。"

卷四十二末题识："初四日午次魏塘，毕此卷。"

卷四十三末题识："申刻泊枫泾，候潮，阅竟。"

卷四十四末题识："嘉庆甲子十二月初五日未刻泊松江西门内阅。购《皇元风雅》（元傅习辑）六册。"

卷四十五末题识："同日申刻阅。"

卷四十六末题识："初五日灯下阅。"

卷四十七末题识："初六日松江西门舟中阅。巳刻走访朱寓琴。"

卷四十八末题识："同日舟中阅。"

卷四十九末题识："同日阅。"

卷五十末题识："初七日早回棹，次枫泾。阅。"

卷五十一末题识："次魏塘已薄暮，剪烛毕卷。夜行。"

卷五十二末题识："甲子腊八日辰刻抵家。连日俱晴，霁。往还顺风，可喜。巳刻出镇，舟中阅。"

卷五十三末题识："十二月初九日阅，临平莼洲（屠文漪）宗兄过访，岑友端先生来。"

卷五十四末题识："同日灯下重读。"

卷五十五末题识："嘉庆甲子十二月初十日重阅。阴。"

卷五十六末题识："十一日阅。阴。吴兔床（骞）先生寄赠诗五首。"

卷五十七末题识："十二月十二日阅。"

卷五十八末题识："嘉庆甲子十二月十三日阅。晴。"

卷五十九末题识："嘉庆甲子十二月十四日重阅。晴。"

卷六十末题识："十二月十五日重阅。晴，有冰，月蚀。"

卷六十一末题识："十六日阅。晴，有冰。如杭州，夜半泊新市，霜月洗空，拥衾坐看，四鼓始睡去。"

卷六十二末题识："十七日早候西席沈溶洲兄，登舟，阅毕。"

卷六十三末题识："午过唐栖，读毕此卷。"

卷六十四末题识："晚泊拱宸桥，阅。"

卷六十五末题识："十八日早待关，呵冻点阅。晴，砚冰。"

卷六十六末题识："泊松木场点阅。"从晋斋（赵魏）借《宋遗民录》（明程敏政辑）足本，可补家藏本第十五卷末阙佚，为之大快，盖耿于（心）中者四十馀年矣。"

卷六十七末题识："嘉庆甲子十二月十九日松木场舟中阅。"

卷六十八末题识："嘉庆甲子十二月廿二日舟泊松木场，阅。繁霜，晴。"

卷六十九末题识："二十一日松木场舟中阅。阴。""何梦华（元锡）三兄赠《长春子西游记》（元李志常撰）一册，嘉定钱竹汀（大昕）先生新刻也。"

卷七十末题识："廿二日松木场舟中阅。"

卷七十一末题识："廿三日回舟，辰刻出关，阅。晴。"

卷七十二末题识："舟过王家庄，阅，巳刻。"

卷七十三末题识："午次唐栖，阅。"

卷七十四末题识："申刻舟过荷叶浦，阅。"

卷七十五末题识："过曹春漾，阅。"

卷七十六末题识："晚泊新市，阅。"

卷七十七末题识："嘉庆甲子腊月廿四日辰刻过含山，阅。西北风，微雨。"

卷七十八末题识："午过琏市，阅。"

卷七十九末题识："未刻阅。"

卷八十末题识："申刻抵舍阅竟。"

卷八十一末题识："嘉庆甲子十二月廿五日阅。"

卷八十二末题识："廿六日阅。阴，微霰。"

卷八十三末题识："廿六日午刻阅。"

卷八十四末题识："廿六日未刻阅。"

卷八十五末题识："嘉庆九年（1804）岁次甲子十二月二十六日，通介叟再读讫，时年七十七。"（以上均据国家图书馆藏本。此承刘蔷先生录示）

刘按，是书鲍廷博于乾隆五十三年（1788）十二月初次校读，至嘉庆九年（1804）十二月再校读，十二年（1807）年已八十的鲍廷博仍有读是书题识。全书八十五卷中除卷四、二十二外，各卷皆有鲍氏题识或跋文，包括眉批、夹批，内容十分广泛，有校勘时间、地点、气候、交游、家事、感慨等，其中以嘉庆九年十一月至十二月往来杭州、桐乡、苏州之间的舟次中为多，临晨薄暮，深夜寒冬，均不废书卷，可谓勤至矣。而卷五《秋夜读书戏作》和卷六《西楼夕望》眉批、《花时遍游诸家园》题识，恐非鲍氏所为，前者谓"生于康熙戊午（十七年，1678），今为乾隆己巳（十四年，1749）"，显非鲍廷博的行年（鲍生于清雍正六年，1728）。后者谓乾隆二十年（1755）"老病杜门"，也非鲍氏，是时鲍年方二十八岁，不得称"老病杜门"，此三则显出他人。究竟是鲍氏过录，抑或他人所书，因未见手迹，不敢遽断。

冯柷（柷亦作祝）字古浦，号涧，又号一棕居士，娄县人。著有《一棕居士诗稿》。

朱宝田、殷配乾、朱寓琴、岑友端均不详，当皆为鲍氏之友朋之字。鲍氏称"西席沈溶舟兄"，则沈为鲍氏家塾之师。

杨□，疑即杨海（澥），初名海，后改作澥，字龙石，号聋道人、石公山人，吴江人。

何梦华即何元锡，见嘉庆二年条按语。

沈柳塘即沈雄。雄字偶僧，号柳塘，吴江人。著有《柳塘词》《古今词话》。

屠文漪字莼洲，松江人。著有《九章录要》。鲍称之为“宗兄”，当本鲍姓。

富秋鹤即富廉，满族镶蓝旗汉军都统，预修《四库全书》，辑有《家谱易知录》。

沈蓉洲（舟）即沈起凤，号红心词客，吴县人。

晋斋即赵魏，见乾隆三十八年条按语。

钱竹汀即钱大昕，见乾隆四十三年条按语。

吴兔床即吴骞，见乾隆二十一年条按语。

是书鲍廷博以朱墨两色笔校读，钤有“歙鲍氏知不足斋藏书”“老屋三间，赐书万卷”诸印，以及“高淳孔氏耕馀堂”“唐仁寿读书记”等印。

高淳孔氏耕馀堂，未详何人。

唐仁寿（1829—1876）字端甫，号镜香，海宁人。藏书多达万卷，曾供职金陵书局。

鲍氏以《御选唐宋诗醇》、吴自牧《宋诗钞》、杨大鹤《剑南诗钞》等七种本子校读，每书以一字代指。

毛氏汲古阁所刻是书为八行十八字，白口，左右双边，今藏国家图书馆。《四库全书》据内府藏本录入《集部·别集类》。

乾隆五十四年（1789）己酉，六十二岁

六月，为顾修校勘《读画斋丛书》丁集中元郑元佑《遂昌山人杂录》，并作跋文。

鲍廷博跋云：“是书商氏（濬）《稗海》本行世，题曰《遂昌杂录》，脱去‘山人’二字，开卷‘廉希贡’便误作‘希真’，他可知矣。此册为虞山钱遵王（曾）家影元抄本，中如‘徭役’作‘繇役’，‘银椅’作‘银倚’之类，较商刻为近，固知述古堂多善本也。元佑生于元中叶，本遂昌人，寓家平江，见闻最广，所述宋季轶闻，颇足征信。惟云西湖大佛头、耳、窍可坐七人，未免夸张过甚，至今为游人口实耳。或曰七人盖一人之讹，理或然也。乾隆己酉（五十四年、1789）六月六日，歙鲍廷博识于知不足斋。”（《读画斋丛书》丁集《遂昌山人杂录》）

刘按，是书《四库全书》据内府藏本录入《子部·小说家类》，书名作《遂昌杂录》，即出于《稗海》本。书名相差二字，而其意相殊甚远。遂昌为地

名，乃浙江处州府属县；遂昌山人为郑氏之号，为人名的别称。该书非专记遂昌一地遗闻佚事，而是作者郑元佑之杂记笔录，故不可不辨。

孟冬，从沈叔埏传抄宋洪刍《老圃集》上下卷，六十年八月据文澜阁《四库全书》本校，至嘉庆三年四月重抄校完，鲍有题跋记之。

鲍廷博跋云："乾隆己酉（五十四年，1789）孟冬，传嘉兴沈比部叔埏本并校。"

"乾隆乙卯（六十年，1795）八月初四日，文澜阁《四库全书》本恭校。"

"嘉庆戊午（三年，1798）四月十四日重抄完，次日校讫。"见（傅增湘《藏园群书经眼录》卷十四《集部三》；又见《木樨轩藏书题跋记及书录》第291页）

刘按，是书鲍氏未刊刻，《四库全书》据《永乐大典》辑本录入《集部·别集类》。

沈叔埏，见乾隆四十八年条按语。

仲冬，借沈叔埏藏本校抄本宋谢逸《溪堂集》十五卷，后于乾隆六十年（1795）再据文澜阁《四库全书》本校正，有题跋记之。

鲍廷博云："乾隆己酉（五十四年，1789）仲冬，借沈比部叔埏本对录。""乾隆六十年（1795）八月初五日，偕仁知赵魏恭诣文澜阁，就《四库全书》本是正一过。是月二十日校于青堆寓庐。""乾隆辛卯（三十六年，1771）八月十一日知不足斋收藏。"（国家图书馆藏本，见《北京图书馆古籍善本书目》著录）

刘按，是书《四库全书》据《永乐大典》辑本录入《集部·别集类》，题称"十卷"。

是书《中国古籍善本书目》及《北京图书馆古籍善本书目》均著录为"乾隆五十四年鲍氏知不足斋抄本"，不确。应为乾隆三十六年鲍氏知不足斋抄本，五十四年系鲍借沈藏本对录之年。

赵魏（1746—1825）字晋斋，号蒃森，浙江仁和人。乾隆岁贡生，尝为毕沅幕客。家有竹崦庵，喜收藏，精金石碑版考订，藏宋刻《金石录》十卷，名著一时，刻有"金石录十卷人家"印鉴，编有《竹崦庵传抄书目》。

沈叔埏，见乾隆四十五年条按语。

是书有"铁琴铜剑楼"白文藏印。

仲冬，鲍廷博从沈叔埏处借录宋洪朋《洪龟父集》二卷，次年四月重校，至六十年八月校正补诗，鲍有跋文记之。

鲍廷博跋云："乾隆己酉（五十四年，1789）仲冬，借沈比部叔埏本对录。庚戌（五十五年，1790）四月初十日晨起重校，改正五字。”“乾隆六十年岁次乙卯（1795）八月初四日，阁本校正补诗四首。鲍廷博识。”（《艺风藏书续记》卷六）

刘按，是书鲍氏未刊刻，《四库全书》据《永乐大典》本录入《集部·别集类》。提要云宋黄庭坚所言及陈氏《直斋书录解题》皆作一卷，今乃溢为二卷，疑《永乐大典》所据之本别经后人辍辑，续有所增。沈叔埏藏本即《永乐大典》辑出本。

沈叔埏，见乾隆四十五年条按语。

据《中国古籍善本书目》载，是书鲍廷博手校本今藏山东省图书馆。

仲冬，鲍廷博从沈叔埏处借抄宋洪炎《西渡集》一卷，并自辑补遗附后，鲍有跋文记之。

鲍廷博跋云：“乾隆己酉（五十四年，1789）仲冬，借沈比部叔埏本对录，庚戌（五十五年，1790）四月初十日晨起重校，改正五字。乙卯（六十年，1795）八月初四日，阁本校正补诗四首。鲍廷博识。”（沈德寿《抱经楼藏书志》卷五十五）

刘按，是书鲍氏未刊刻，《四库全书》据鲍家（士恭）进呈本录入《集部·别集类》作二卷《补遗》一卷。提要云，末附其兄洪朋诗九首，洪刍诗二十四首、记二篇，皆康熙中人所集。

是书鲍氏抄校本今藏上海图书馆，九行十八字。

是书鲍氏题跋与宋洪朋《洪龟父集》中鲍跋文字略有小异（一作‘乙卯八月初四日’，一作“乾隆六十年岁次乙卯八月初四日），而内容相同。窃以为二书当为鲍氏同时从沈叔埏抄录，而跋文如此雷同，费解，待考。

沈德寿字乐庵，清末至民初嘉兴人，家有百幅楼，藏书五万卷，又多得清卢址抱经楼散佚书，沿其书楼名称，刻有《抱经楼丛刊》，著有《抱经楼藏书志》。

十二月二十七日，于苏州书肆购得明毛氏汲古阁刻宋龚明之《中吴纪闻》六卷，有毛扆、陆贻典校跋。鲍有题识记于上。

鲍廷博题识：“乾隆己酉（五十四年，1789）十二月廿七日购于吴郡紫阳居书肆。知不足斋记。”（朱笔）（傅增湘《藏园群书经眼录》卷五《史部三·中吴纪闻》，又见《标点善本题跋集录·史部·地理类》）

刘按，毛扆据明叶盛菉竹堂藏抄本校正，勘误甚多，有两跋记其事。后陆贻典又据叶本再校，留一题识。道光二十八年（1848），此书为刘喜海（燕庭）所得，刘有题识两则。傅增湘《藏园群书经眼录》《藏园群书题记》皆有著录。

是书于道光初年刻于《知不足斋丛书》第三十集。

《四库全书》据鲍士恭家藏本录入《史部·地理类》。鲍氏藏本今存中国台北“中央图书馆”。

是年秋后，鲍廷博同赵怀玉、李芝、金德舆过秋阁，观其所藏贝叶经、九莲观音像。赵怀玉有诗记之。

赵怀玉《偕鲍明经廷博、李处士芝、金比部德舆过秋阁，观咸平三年所进贝叶经、明慈圣李太后赐画九莲观音像》：“寒林霜净鹫峰幽，高阁来登已过秋。病后闲踪佳客共，劫馀名迹老僧收。册番贝叶佉卢字，九色莲花大士舟。都是华胥梦中物，深宫想见几焚修。”（《亦有生斋诗集》卷十一）

刘按，李芝字瑞五，富顺人，家有贤己堂。

金德舆，见乾隆四十二年条按语。

秋阁，疑即何元锡（字梦华）之秋神阁。

是年《四库全书总目》写定，并由武英殿刊版。

是年仲夏，周永年辑刻《贷园丛书》，收书十二种。

乾隆五十五年（1790）庚戌，六十三岁

孟冬，刻宋袁采《袁氏世范》三卷、宋方昕《集事诗鉴》一卷，入《知不足斋丛书》第十四集。

袁廷梼跋云：“乙巳（乾隆五十年，1785）春，予于书肆检阅旧编，得此宋本，书分三卷，后附方景明（昕）《诗鉴》一卷，有予从祖陶斋公（袁表）、谢湖公（袁褧）二跋，称其校刻精善，洵为世宝，是吾家故物也。……予方辑入家乘（谱），鲍丈以文见而赏之，爰付（复）梓入《知不足斋丛书》中，附《颜氏家训》后，以广其传，是作书者之幸甚，而予之购得此书亦幸甚。非敢以为训俗，藉以不忘先泽云尔。乾隆庚戌（五十五年，1790）孟冬，吴县袁廷梼跋。”（《丛书》第十四集。刻本与影印本此跋文字有差异。）

刘按，《世范》前冠乾隆五十三年杨复吉序，云：“又恺（袁廷梼）重登梨枣，顿还旧观。”则袁氏拟刻而未果，让与鲍廷博刻入《丛书》中。

是书《四库全书》据《永乐大典》辑本录入《子部·儒家类》。

袁廷梼（1762—1809）字又恺，一字寿阶、绶阶，吴县人。博闻强记，精于考订，家有五砚楼、红蕙山房，藏书以精博称，与黄丕烈、周锡瓒、顾之逵并称“藏书四友”，与钱大昕、王鸣盛、阮元、鲍廷博、黄丕烈友善。著有《红蕙山房集》。

是年，赵怀玉为鲍廷博《夕阳诗》题后。

赵怀玉《书鲍大廷博〈夕阳诗〉后》："人间谁重晚晴时，多事参军自咏诗。绝唱肯教孤雁吕，新愁难许夕阳知。直将倩女魂呼出，恐惹春人鬓易丝。我是倚楼吟倦客，只贪花坞影来迟。"（《亦有生斋诗集》卷十一）

刘按，鲍廷博作《夕阳诗》凡二十韵，载《花韵轩咏物诗存》。阮元称其诗"可谓极体物之妙"（阮元《花韵轩咏物诗存序》），一时和者甚众，除赵怀玉外，尚有沈景良（字敬履，仁和人）、何淇（字春渚，杭州人）、方薰（字兰如，石门人）、金德舆（字鄂岩，桐乡人）、郁礼（字佩先，仁和人），魏之琇（字玉横，钱塘人）、郑竺（字弗人，慈溪人）、范廷甫（字圣谟，钱塘人）、夏璜（字望珍，钱塘人）、吴长元（字丽煌，仁和人）、戴镐（字肇周，仁和人）。盛传于世，遂有"鲍夕阳"之称。又，《花韵轩咏物诗存》原为国家图书馆、中山大学图书馆、安徽省图书馆三家藏抄本。现《国家清史编纂委员会·文献丛刊》的《清代稿抄本》第二十五册，据中大本影印行世（2007 年 4 月广东人民出版社。国家馆藏本现影印于《国家图书馆藏稿抄本丛刊》中）。

又顾修有《和鲍丈渌饮庭花诗》，见《菉厓诗外集》卷一，不载于《诗存》。

《花韵轩咏物诗存》是鲍氏晚年从记忆中录出（清嘉庆十年，1805）的新作，其《夕阳诗》二十韵当作于此年前后。

是年乾隆颁谕，准许京中士子入翰林院，江南士子前往文汇、文宗、文澜阁检视抄录《四库全书》。

乾隆五十六年（1791）辛亥，六十四岁

二月，校手抄宋陈棣《蒙隐集》二卷，后又据文澜阁《四库全书》本再校，有跋文记之。

鲍廷博跋云："乾隆五十六年岁次辛亥，二月初七日抄完，并校。"又"乾隆六十年岁次乙卯八月初四日，恭诣文澜阁校正一过。"（国家图书馆藏本，见《北京图书馆古籍善本书目》著录）

刘按，是书未刻入《知不足斋丛书》，《四库全书》据《永乐大典》辑本录入《集部·别集类》，亦二卷。

傅增湘《藏园群书经眼录》卷十四《集部三》："蒙隐集二卷，宋陈棣撰。乾隆五十六年辛亥二月，鲍渌饮手写本，又据阁本手校（原注：辛酉二月朔见于蒋梦苹家）。"时为民国十年（1921）。是书九行二十字，左右双边，白口。

蒋汝藻，字元采，号孟苹，吴兴人。蒋凤藻，字香生，长洲人。家有密韵楼，藏书颇富。

八月下浣，严元照于乌镇访鲍廷博，鲍以宋庆元刻本宋周必大《周益文忠公书稿》残存两册、宋陈思刻《中兴群公吟稿·戊集》五册赠之，严有三跋记其事。

严元照跋（一）云："辛亥秋八月下浣，仆访知不足斋主人鲍君以文于乌镇，言及《周益公集》，以文出宋椠残本两册观之，云得自苏州，纸墨古雅可喜，欲从假读，以文即举以相贻，良友之惠，不敢忘也。亟记之册后，以志勿谖云。二十八日漏三下，独坐书房，芳椒堂主人严元照。"（王文进《文禄堂访书记》卷四）

严元照跋（二）云："去岁仲秋，余过乌镇，以文先生赠予《周益公书稿》首二卷残本，纸墨绝佳，有'贞元''季雅'二图记，知是王凤洲（世贞）藏书。季冬之月，以文家厄于火，是册得免落他人之手，于乎悕与。壬子（乾隆五十七年，1792）元旦，芳椒堂主人严元照偶书。"（同上）

严元照跋（三）云："以文又赠陈思所刻《中兴群公吟稿·戊集》七卷五册，仅戴石屏（复古）、高菊磵（翥）、姜白石（夔）、严葺谷四家，纸墨古艳，板甚狭小，行十格十八字，为前后断烂，不可书跋，附识于宋本《周益公集》尾。元照又书。"（同上又见《浙江文献展览会专号·乡贤遗著四》，载《文澜学报》第二卷第三、四期）

刘按，是书宋庆元刻本，存卷一至二，每半叶十行行十六字，白口，版心上记字数，下记刻工姓名。有"甲""宋本""贞元""季雅"诸印。严氏之后传于学林堂、蟫庵、群碧楼。天津图书馆藏宋刻七卷本《中兴群公吟稿·戊集》为十行十八字，细黑口，左右双边，有戈宙襄、黄丕烈跋。后退还藏家。

鲍氏知不足斋另藏有抄本《周益文忠公集》二百卷《附录》五卷《年谱》一卷，系得自金氏文瑞楼，后进呈四库馆，《四库全书》即据鲍家（士恭）进呈本录入《集部·别集类》，题称《文忠集》，见《涵芬楼烬馀书录》第695页。

十二月，家遭火厄，藏书损失有半。赵怀玉嘱托商定的清汤大奎《炙砚琐谈》稿及从严元照处所借周荣起过录明朱存理精楷抄本《铁网珊瑚》幸存，鲍廷博当即归还赵、严二人。

赵怀玉《炙砚琐谈序》云："予从里中得《炙砚琐谈》初集稿数帙参阅之，删其复沓，厘为三卷，念卷帙太简，若令孤行，恐仍湮没，欲付歙县鲍君以文《知不足斋丛书》以传。会其家多故，迟之两年未及付梓。辛亥（乾隆五十六年，1791）冬，以文以其中尚可汰减，复寄稿商定，未浃旬而以文家失火，所藏梨枣半付六丁，是书仅仅获免，可谓幸矣。……乾隆五十七年（1792）春三月。”（清乾隆赵氏亦有生斋刻本《炙砚琐谈》，又赵怀玉《亦有生斋文集》卷二）

刘按，可能因为这次火厄之故，鲍氏未将此书刻入《知不足斋丛书》，赵怀玉之亦有生斋单刻行世。据津图藏赵刻本，是书为十行二十字，左右双边，书口下镌“亦有生斋”，刻工系著名的江宁刘文奎、刘文楷兄弟。此书后又收入《常州先哲遗书后编》。

严元照《铁网珊瑚跋》云：“辛亥（乾隆五十六年，1791）孟冬，有书贾王某携朱存理性甫《铁网珊瑚》十四卷求售，纸薄而光，新若未触，乃国初江阴周砚农手录本。砚农名荣起，馆于毛子晋家。子晋所刻书籍，砚农为之校正。”“后吾友知不足斋主人鲍以文先生借去。季冬之月，先生携来见还，自言家遭火厄，是书仅而得免。予为之惊叹不已已。翻看之余，追理先生之言，亟捉笔识其后。廿六日，芳椒堂主人严元照书。”（清钱泰吉《曝书杂记》卷下）

刘按，清胡尔荣《破铁网》卷上也录严氏此跋，文字同。又录严元照另一跋云：“是书首有砚农《缘起》一篇，云从汲古阁所藏性甫稿本录出。元照又书。”

赵怀玉，见乾隆五十年条按语。

严元照（1773—1817）字修能，一字久能，号悔庵居士，浙江归安人。贡生。工诗古文，好藏书，精版本目录之学，家有芳椒堂，藏弆甚富，著有《悔庵诗文抄》等。妾张秋月字香修，一字幼怜，也识书好书。

是书《四库全书》据马裕藏本录入《子部·艺术类》，书名题《赵氏铁网珊瑚》十六卷。提要云：撰者“非朱存理也”，所称“赵氏”者，乃谓明万历中赵琦美“得无名氏残稿所编”。又称：“雍正六年（1728）年希尧刻此书，其跋称别有十四卷者，传为朱存理原本，今亦未见。”

乾隆五十七年（1792）壬子，六十五岁

春，书贾吴震东从鲍廷博处借抄明毛氏《汲古阁刊书目》《汲古阁珍藏秘本书目》，吴有跋文记其事。

吴震东跋云：“右汲古阁刊书之目，从知不足斋渌饮先生处假录。余鬻书凡二十载，汲古阁所刊之书未之尽晓，今得此目，方知汲古阁刊书之富。细校其中尚有未备，即《楞严》《蒙钞》等书，余所素熟知，其中失载，未知何故。此目有卷有叶，适遇残篇以备索配，其为有益于吾业者乎！乾隆五十七年（1792）岁次壬子谷雨日，篑亭居士吴震东白氏书于拜经斋。”

李遇孙跋云："吴子养恬出其尊甫筤亭翁所写《汲古阁书目》两册，云'从鲍丈渌饮处钞来'，奇书满目，由此可见汲古阁之珍藏，并毛、潘（稼堂）二家还往。今秋渌饮已归道山，遗籍零落，是书弥可宝也。甲戌（嘉庆十九年，1814）冬至前一日，金澜李遇孙识。"（以上均见天津图书馆藏拜经斋抄本《汲古阁刊书目》）

刘按，吴震东号筤亭居士，设拜经斋书肆于吴门，经营长达二十馀年，亦书业之老手，其子吴养恬承父业。

《汲古阁刊书目》与《汲古阁珍藏秘本书目》今合为一册，毛装，九行，无栏格，版心下标"拜经斋写本"，书扉页有"甲戌（嘉庆十九年，1814）秋七月藙庵钱人杰观"，书中尚有乾隆五十七年吴震东题识，钱天树、凌鸣喈、吴琛（震东族曾孙）题识。原书为周叔弢先生藏，后捐入天津馆。

李遇孙字庆伯，号金澜，嘉兴人。嘉庆优贡生。著有《括仓金石志》等。据李跋，鲍廷博卒后之当年，藏书已经开始散佚。

钱人杰字子仁，号藙庵、东湖钓渔师，平湖人。家有华陔吟馆。

钱天树字仲嘉，一字子嘉，号梦庐，平湖人。家有是耶楼。著有《是耶楼初稿钞》。

暮春，刻宋黄晞《聱隅子歔欷琐微论》二卷，入《知不足斋丛书》第十五集。

刘按，是书末有严树萼跋，云："近从书贾搜得宋本（《聱隅子歔欷琐微论》），季沧苇（振宜）及健庵（徐乾学）各有图记，知即传是楼藏本也。时吾友鲍君以文方刻丛书，亟命元照赍示，俾刻入第十五集，以广其传。刻既成，为识于末简。乾隆壬子（五十七年，1792）暮春，芳椒堂主人严树萼题。"

是书见阮元《四库未收书目提要》著录。

严树萼字茂先，号半庵，归安人，严元照之父。

秋七月，刻明袁袠《世纬》二卷《附录》一卷，入《知不足斋丛书》第十五集，袁廷梼为之跋。

是书末有袁廷梼跋，云："于是致书馆局，录副寄吴，楚弓重得，如获瑰宝，展卷敬读待诏（文征明）之言，洵非溢美，不敢秘为私有，谋之鲍丈以文，刻入《丛书》，以广其传焉。谨录《四库全书》内提要冠首，并以文待诏所撰《墓志铭》附后，俾读是书者可以考见公之节概云。乾隆五十有七年（1792）壬子秋七月朔，十世从孙廷梼跋。"（《丛书》第十五集）

刘按，是书《四库全书》据江苏巡抚采进本录入《子部·儒家类》，作一卷，无附录。

袁廷梼，见乾隆五十五年条按语。

七月，刻明宋濂《浦阳人物记》二卷，入《知不足斋丛书》第十七集，戴殿泗为之作后序。

戴殿泗云："家兄襟三（殿江，号履斋）氏、瀛三（殿海）氏惧其久而将遂不存也，手抄是编，商之长塘鲍以文氏重校梓以传，庶几前贤遗迹复睹其全。……乾隆壬子（五十七年，1792）七月浦阳后学戴殿泗谨撰。"（《丛书》第十七集）

刘按，是书《四库全书》据范氏天一阁藏本录入《史部·传记类》，底本为明弘治中重刊本。

戴殿泗号东珊，浦江人。嘉庆元年（1796）进士，官编修。著有《凤希堂集》等。

宋濂字景濂，浦江人。明初官至翰林学士。博极群书，有《宋学士全集》。

八月，卢文弨撰《征刻古今名人著述疏》，竭力推崇鲍廷博其人及其刻书事业，呼吁有识之士鼎力相助，共襄盛举。

卢文弨曰："若吾友鲍君以文者，生而笃好书籍，于人世一切富贵利达之足以艳人者举无所概于中，而唯文史是耽，所藏弆多善本，并人间所未尽见者，进之秘省之外，复不私以为枕秘，而欲公之，晨书暝写，句核字雠，乃始付之梓人氏，枣梨既精，剞劂亦良，以是毁其家不恤也。同志者乐斯举也，而率金以为助，已裒然成数十百种行于世，世之学者每闻《知不足斋丛书》出，必争先购之以为快，抑其未尽出者尚多也，向之相助者，鲍君之交游也，闻风而踊跃者，近地之人也。……今好行其德者世多有，有佐公上之急者，有助国家养其民者，其善之所及，可以济一乡一邑，即久而不倦，亦仅及身而止耳，孰如传书之利益于人也。中国海外罔不暨焉，传之二三百年犹不尽，纸敝而墨渝焉，二三百年中亦必有能继斯志者。鲍君岂独享其名？嘉鲍者亦必嘉众君子相与为助之功，旧刻之斑斑具列者，至今犹未沫也，年寿有时尽，荣禄止于其身，孰若斯名之不朽也。……乾隆五十有七年（1792）八月二十七日，杭东里人卢文弨疏，时在石门舟中书。"（《丛书》（民国影印本）第二十六集）

刘按，卢文弨，见乾隆二十六年条按语。

仲冬，鲍廷博拟在金盖山建御书楼，以储朝廷颁赐的《古今图书集成》，后因家中失火而未果。

闵苕敷云："忆自壬子（乾隆五十七年，1792）仲冬，（鲍廷博）先生在金盖为营御书楼计，书为纯庙（乾隆皇帝）所赐书，曰《图书集成》，是缘住宅被灾故。

先生气宇闲雅，未尝亟亟也，事遂中止。”（《知不足斋主人传》，见本书附录（二））

刘按，鲍家于乾隆五十六年冬家遭火灾，参见乾隆五十六年赵怀玉《炙砚琐谈序》、严元照《铁网珊瑚跋》。

鲍家所藏钦赐的《古今图书集成》，一直存放桐乡居所，光绪六年（1880）其曾孙鲍寅献于修复的文澜阁，见本书《谱后纪要》中光绪六年条。

金盖山在湖州，参嘉庆十六年条。

乾隆五十八年（1793）癸丑，六十六岁

端阳，刻宋徐兢《宣和奉使高丽图经》四十卷《附录》一卷，入《丛书》第十六集，并为之跋。

鲍廷博跋云：“宋徐兢撰《宣和奉使高丽图经》，遭靖康之变，已亡其图，乾道三年（1167）从子蒧始刻于澂江郡斋，仁和赵氏（昱、信兄弟）小山堂又有高丽本，不知刻于何时，今俱不可得见矣。近世流传惟明末海盐郑休仲（宏）重刊本，其间脱字凡数千，第二十七卷又错简不可读。同里胡夏客曾以抄本雠对，亦仅正十数字而已。予家所藏，虽缮写不工，较为完善，因参合郑本刊以行世。中有与郑本互异及小有脱漏处，仍俟博古家藏有宋刻者订正焉。乾隆癸丑（五十八年，1793）端阳，歙鲍廷博识于知不足斋。”（《丛书》第十六集）

吴骞跋云：“近吾友鲍君以文复以家藏善本刻入《知不足斋丛书》，校补郑（休仲）本脱字凡数千字，又正二十七卷错简数条，允推善本。”（《拜经楼藏书题跋记》卷二）

刘按，是书《四库全书》据马裕家藏本录入《史部·地理类》，无《附录》一卷。

郑休仲名宏，海盐人。明末与姚士粦同刻《宣和奉使高丽图经》。

胡夏客字宣子，海盐人，胡震亨之子。顺治中诸生，著有《谷水集》。

吴骞，见乾隆二十一年条按语。

五月，校刻宋周密（泗水潜夫）《武林旧事》十卷《附录》一卷，入《知不足斋丛书》第十六集，并作跋文。

鲍廷博跋云：“南宋遗老周公谨氏（密），入元后追忆乾（道）、淳（熙）旧事，撰述此书。凡朝廷典礼、山川、风俗，与夫市肆、节物、教坊、乐部，无不备载，而于孝庙奉亲之事尤致意焉。武林征掌故者，多就取材，而流传绝少善本。此册得之红豆山房惠氏（栋），即《读书敏求记》所谓元人传自仇山村（远）家，足

本也。自序一篇，声情绵邈，悽然有故国旧君之思，不仅流连今昔而已，而旧刻遗之，失其旨矣，爰就明时宋、陈两刻参校以传，不惟艺苑增一佳本，亦以慰作者于百世之上也。乾隆癸丑（五十八年，1793）端阳后一日，歙鲍廷博书于知不足斋。”（《丛书》第十六集）

刘按，明正德十三年（1518）浙江巡按宋廷佐刻本为四卷，嘉靖间杭州知府陈珂刻本为六卷。《增订四库简目标注》谓“知不足斋本佳”。

《四库全书》据内府藏本录入《史部·地理类》，亦十卷。提要云：“明人所刻，往往随意刊除，或仅六卷，或不足六卷，惟存故都宫殿、教坊、乐部诸门，殊失著书之本旨。”

惠栋（1691—1758）字定宇，号松崖，长洲人。父士奇，祖惕周，三代经学世家，有红豆山房，藏书颇富，著有《松崖文抄》《周易述》等。

五月，刻顾广圻、卢文弨校宋吴缜《新唐书纠缪》二十卷，钱大昕校补《附录》一卷，入《知不足斋丛书》第十五集。

刘按，是书末有顾广圻、卢文弨校勘手札二则，于顾札末鲍廷博题识云：“右札于癸丑（五十八年，1793）五月初三日惠寄，节刊卷后，以志教益。廷博记。”

是书《四库全书》据两淮盐政采进本录入《史部·正史类》，无钱氏校补之《附录》一卷。

卢文弨，见乾隆二十六年条按语。

顾广圻（1770—1839）字千里，号涧苹，又号思适居士，江苏元和人，嘉庆诸生，家有思适斋，喜藏书，尤精于校勘，与黄丕烈、孙星衍、张敦仁等友善，并为之校勘书籍，著有《思适斋集》《思适斋书跋》。

十月朔，校刻《西塘集耆旧续闻》十卷，入《丛书》第十九集，并作跋文。

鲍廷博跋云：“右《西塘集耆旧续闻》，署曰‘南阳陈鹄录正’。鹄，宋南渡后人，其行事无可考见，曰‘录正’，其字耶？抑就正之义耶？曰‘续闻’，似前有一书矣；曰‘西塘集’，殆其别集之一耶？抑西塘为所居，而是书辑录于其地耶？考第七卷云：‘余淳熙甲辰（十一年，1184）（初）识曾于临安郡庠。’第六卷云：‘余乙亥岁为滁教。’以其时考之，则宁宗嘉定八年（1215）也。是鹄为孝庙时人而仕于宁宗朝，其踪迹略可彷佛。然书中采录诸家论说例注，所引书于下，传录辗转，多所脱漏，则此二条为鹄自述，为录他人之文，盖不可识别矣，予家所藏凡两本，又借归安丁小山杰、吴郡吴枚庵翌凤两家抄本，参互雠比，稍稍可读，刊梓以贻藏

书家，目力为不虚费矣。乾隆癸丑（五十八年，1793）十月朔日，歙鲍廷博识于柳塘寓舍。”（《丛书》第十九集）

鲍廷博于该书卷八末一则《后唐明宗公卿大僚》中有云：“赵叔灵（赵湘），清献（即宋赵抃）之祖也。初举进士，主司先题其警句于贡院壁上，遂擢第。有诗集数十篇，闲雅清淡，不作晚唐体，自成一家。清献漕成都日，宋祁公（宋祁字子京）镇益都，为序其诗。”又补赵氏佚诗五首，即“叔灵有《南阳集》，近有聚珍版版本行世，予（鲍廷博）从宋本《严陵集》复得佚诗五首，附录于此：《新定旅馆中作》云：‘岁月乡关外，溪山暝色中。孤城闻秋雨，独客夜闻鸿。病使新髭出，贫令旧业空。思归不得梦，欹枕近梧桐。’《桐江晚望》云：‘叠浪浸天青，离愁望处生。雨馀孤岛暝，花落一船横。岸远红兰湿，鱼狂白鸟惊。无人问行客，山寺暮钟声。’《暮冬新定郡楼闲望》云：‘江城逢岁暮，独自倚楼台。积雪明孤岛，微阳在早梅。水摇冰欲泮，春近雁思回。故国还如此，归心但暗催。’《秋晚停舟桐江》云：‘严子陵边水自流，夕阳无语倚松舟。乍逢风月羞为客，及到溪上识尽秋。移树断蝉初过雨，立沙孤雁偶随鸥。乡心旅思何人会，芦苇萧萧一笛幽。’”

刘按，赵湘的《南阳集》，《宋史·艺文志》著录为十二卷，但早已亡佚。清四库馆臣从明《永乐大典》中辑出，成六卷，入《四库全书》卷一百五十二《集部·别集类五》，后刻入《聚珍版丛书》。

鲍云辑得赵湘佚诗五首，此只四首，《丛书》本原缺。

刘按，是书《四库全书》即据鲍家（士恭）藏本录入《子部·小说家类》。影印文渊阁《四库全书》本，是书首又有乾隆四十四年（1779）三月，总纂官纪昀、陆锡熊、孙士毅，总校官陆费墀上呈提要一篇。

丁杰，见乾隆四十四年条按语。

十月，校刻宋苏轼、沈括《苏沈内翰良方》十卷，入《知不足斋丛书》第十七集，并作跋文。

鲍廷博跋云：“《良方》托始于沈梦溪（括），迨宋南渡后或益以东坡论说，而苏沈之名著焉。元明以来，其传渐寡，近年吴郡程君永培始出藏本，授梓以行。会朝廷诏颁内殿聚珍版本于各直者，于是其书复大显于世。顾殿本初颁，藏弆家争先快睹，既不敷承领命，而程刻又不列坊肆，无以餍四方之求。博因参合两本，益广其传，上以仰副圣天子嘉惠艺林之至意，而程君活人济世之心抑又推而广之矣。殿本辑自《永乐大典》，大概详沈而略苏，程刻较完，而承讹袭谬无从是正。往时程君过予，语次及之，若有歉然于中者，盖虑其贻误较他书所系尤重也。今证以殿本，尽刊其误，其为愉快当何如耶！刊成，谨冠《提要》于简端，以还殿刻之旧，卷末仍先以程跋，用示不敢掠美之意云。乾隆癸丑（五十八年，1793）十月上浣四日，歙鲍廷博识于柳塘寓庐。”（《丛书》第十七集）

刘按，程永培，号瘦樵，吴县人。

是书《四库全书》据《永乐大典》辑本录入《子部·医家类》。

是年乾隆颁谕，嘉奖安徽学政朱珪所辑《御制说经古文》

乾隆五十九年（1794）甲寅，六十七岁

正月，校刻宋黄庭坚《宜州乙酉家乘》一卷，入《知不足斋丛书》第十八集，并作跋文。

鲍廷博跋云：“《宜州家乘》不载于《山谷全集》，惟罗大经《鹤林玉露》云：山谷谪死宜州，时有永州唐生者从之游，为之经纪后事，收拾遗文，独所作《家乘》为人窃去，了不可得。后百馀年，有持以献史魏王者，史复以贶双井族人蜀帅黄伯庸之行。及考费衮《梁溪漫志》，则以从游者为成都范信中，顷从维扬新刻《山谷遗文》中得《家乘》，读之，知信中实以崇宁乙酉（四年，1105）三月十四日至宜州，与山谷相得甚欢，其年九月山谷卒于南楼，盖棺时仅信中一人在侧，是罗所谓唐生者即范之讹，而《漫志》为得其实也。若《家乘》既仓卒失去，旋得于绍兴癸丑（三年，1133），明年甲寅（四年，1134）镂版行于世，范自序甚明。罗所称百馀年后始为史相所得者，其时尚未见版本耳。信中好学，既见称于山谷，其奇节伟行，落落不可一世之概，《梁溪漫志》复详书之，世有因山谷而贤其人者，尚于彼取征焉。乾隆甲寅（五十九年，1794）正月立春日，对雪书于知不足斋。”（《丛书》第十八集）

刘按，是书未录入《四库全书总目》。《四库未收书目提要》亦未录入。

正月，刻宋董史《皇宋书录》三卷，入《知不足斋丛书》第十六集，并作跋文。

鲍廷博跋云：“右《皇宋书录》三篇，钱塘郁君佩先（礼）抄自小山堂赵氏（昱、信兄弟）以贻余者，原本有‘至正丁未（二十七年、1367）三月十四日录办’一行，知在元时刻本已艰得矣。上篇脱二十四行，中篇脱十六行，序文亦残缺不完，篇首署名董史，不系里居。详阅下篇所列多江西人，于杜良臣下复缀以小跋，云：‘窃比《华阳国志》之例，窭儒贫女，莫不咸具，故处乡郡，耳目所接，不敢偶遗。’始知西江实其乡国，而尚未悉何郡也。又后序称‘闲中老叟董更良史’，颇疑‘更良’为字，而‘史’其名也。及观他书目，亦有以董更著录者，久未能明。

近检《江村销夏录》载：适适堂董氏旧藏《捣练诗帖》，中有闲中叟一诗，及洪董史良史收藏印记，于是知其隶籍洪都，而序中‘更’字为‘史’，转写之讹，无疑矣。以未得他本印证，不敢遽改，其他谬误略正其可知者，余仍旧贯（观），俟览者思之成一适而已。开卷首书艺祖皇帝，系以建隆御书矣，次条复大书太祖皇帝，系以‘天下一统’字，叠床架屋，未知其旨安在？或云是必抄胥之失，然亦不当谬戾若此，殆有不可致诘者矣。乾隆甲寅（五十九年，1794）人日，歙鲍廷博书于知不足斋。”（《丛书》第十六集）

刘按，是书《四库全书》据吴玉墀家藏本录入《子部·艺术类》，作“三卷”又“外编”一卷。提要云：“史字更良，不详其里贯，自称‘闲中老叟’，盖未登仕版者。”

七月二十八日，钮树玉来会，相品藏书。

钮树玉记道：“（甲寅）七月廿八日，会鲍渌饮，云有惠松崖（栋）、沈果堂（彤）所校《逸周书》、宋本《论衡》半部，明抄补完。”（《钮匪石日记》）

刘按，鲍廷博将惠栋、沈彤所校的《逸周书》，于嘉庆十一年（1806）连同毛氏汲古阁抄本《宾退录》《苹洲渔笛谱》，一并售于黄丕烈，见《士礼居藏书题跋》卷四《宾退录》跋。

钮树玉（1760—1827）字蓝田，号匪石，吴县人。业商而好藏书，家有守朴居，与黄丕烈、顾广圻、袁廷梼、周锡瓒等友善。著有《段氏说文注订》等。

惠栋，见乾隆五十八年条按语。

沈彤字冠云，号果堂，吴江人，生卒年不详。尝预修《三礼》《一统志》，长于经学，著有《果堂集》。

仲夏，复校唐王棨《麟角集》，改正十九字，有题识。

鲍廷博题识：“甲寅（乾隆五十九年，1794）仲夏，覆校改正十九字。廷博识。”（《丛书》第十集）

刘按，是书刻入《知不足斋丛书》第十集，虽已刊刻成书，仍不辍校勘。《四库全书》据汪启淑家藏本录入《集部·别集类》。

抄校元揭傒斯《揭文安公文集》九卷《诗集》三卷《续集》二卷，录宋宾王（蔚如）跋并自跋。

鲍廷博跋云：“右三卷汲古阁已刊，次第悉同，惟第三卷《送孔文学》《送李都事》《送于孔昭》三首此本所佚，而《登祝融峰》以下十六首又汲古阁所未刊也。”

鲍廷博《续集跋》云："右《续集》二卷，俱就《揭文安全集》校正，其间未经朱笔点句者，《全集》所遗，当觅他本正之。《全集》未刊凡五十七首。"（均见傅增湘《藏园群书经眼录》卷十五《集部四》）

刘按，是书有"歙西鲍氏"藏印，后归巴陵方功惠（有钤印），再归傅增湘。

宋宾王字蔚如，亦名宋定国，娄县人。布衣，以冶银为业，笃好诗书，与黄丕烈友善，尝赠书与黄。

该书未刻入《知不足斋丛书》，《四库全书》据汪汝瑮家藏本录入《集部·别集类》，题《文安集》十四卷（文八卷、诗四卷、续集二卷）与此本不同。

九月，抄校《鬼谷子》三卷于两广会馆。

丁丙《鬼谷子》提要云："《鬼谷子》三卷，鲍以文校抄本，梁贞白先生丹阳陶弘景注。孙渊如（星衍）编修读《道藏》于华阴庙时所录本，秦编修敦夫（恩复）叙而刊之，考其篇目，补其逸文，阮氏芸台（元）跋尾，可称精审。鲍以文甲寅（乾隆五十九年，1794）九月寓两广会馆又加校订，改正不少。"（《善本书室藏书志》卷十八）

刘按，秦恩复（1761—1844）字敦夫，江都人。乾隆进士，官编修。家有石研斋、玉笥山馆，藏书颇富。

冬，于杭州谢蕴山臬署会凌廷堪，相谈甚密。鲍示以全祖望撰《明故权兵部尚书兼翰林学士鄞张公（煌言）神道铭》，并云将为张公建祠，欲以此文刻石于张公墓前。凌廷堪致书鲍氏，直指全氏撰文中纰谬，应另谋作者撰文。

凌廷堪《与鲍丈书》："此文（全氏撰《张煌言神道铭》）字句多未检点，当是草创未经修饰者，若遽以勒石，是形前人之短也。似宜别求作者，以忠烈事实另作墓碑或祠堂记而刻之，庶几此举得尊君亲上之体矣。"（清张其锦《凌次仲先生年谱》卷二）。

刘按，凌廷堪（1757—1809）字次仲，歙县人。早年从商，后弃贾为儒，乾隆四十八年（1783）进士，任宁国府教授，为皖派学者中著名朴学大师，所著有《礼经释例》《燕乐考原》《校礼堂诗文集》等。

鲍士恭等出资刊刻《四库全书总目》（文澜阁本）。

阮元《浙江刻四库书提要》："四库卷帙繁多，嗜古者未及遍览，而《提要》一书，实备载时地、姓名及作书大旨，承学之士抄录尤勤，毫楮丛集，求者不给。乾隆五十九年（1794）浙江署布政使司臣谢启昆、署按察使司臣秦瀛、都转盐运使司臣阿林保等，请于巡抚兼署盐政臣吉庆，恭发文澜阁藏本校刊，以惠士人。贡生沈青、鲍士恭等咸愿输资鸠工集事，以广流传，六十年（1795）工竣。学政臣阮元奉命直文渊阁事，又籍隶扬州。扬州大观堂所建曰文汇，在镇江金山者曰文宗。每见江淮人士瞻阅二阁，感恩被教，忻幸难名，兹复奉命视学两浙，得仰文澜阁于杭州之西湖，而是书适刊成，士林传播，家有一编，由此得以津逮全书，广所未见，文治涵濡，欢腾海宇。”（《揅经室二集》卷八）

阮元又云：鲍廷博“尝刻《知不足斋丛书》及《四库书提要》”（《定香亭笔谈》卷三）。

刘按，《四库全书总目》于乾隆五十八年（1793）冬由武英殿刊刻成书，分贮南北七阁。此乃据文澜阁所藏殿本翻刻，至此《总目》方得以广为流传。

阮元（1764—1849）字伯元，号芸台，江苏仪征人。乾隆五十四年（1789）进士，历官河南、浙江、江西巡抚，湖广总督，云贵总督。生平以收藏整理、刊刻图书为己任，家有揅经室、嫏环仙馆，刻有《十三经注疏》等，著有《揅经室集》《定香亭笔谈》等。沈青，浙江湖州南浔商人。

是年顾广圻入黄丕烈家馆，借窗读书，助黄校勘。

乾隆再颁谕，嘉奖安徽学政朱珪所辑《御制论史古文》。

乾隆六十年（1795）乙卯，六十八岁

二月，校刻宋彭叔夏《文苑英华辨证》十卷，入《知不足斋丛书》第十九集，并作跋文。

鲍廷博跋云：“《文苑英华辨证》十卷，明正德丙寅（元年，1506）无锡华燧得陈湖陆氏宋本，以会通馆活字印行，第一卷‘用’字门，仅白居易《贺雨诗》、权德舆《李国贞碑》二条，固疑有脱简矣。既借钱塘吴氏、慈溪郑氏两抄本互校，则尚有“玉有瑕秽”等一十九字，脱佚显然，盖华氏削之以掩其不全之迹耳。顷从吴郡顾君涧宾（广圻）假得手校影宋抄本，卷首空白二纸，知为活字祖本，而吴、郑本所自出也，摹以开雕，仍虚其端以待补焉。宋刻凡遇庙讳俱缺末笔，今不固遵，惟序文提空处略仍其式，以还旧观云。乾隆乙卯（六十年，1795）二月十八日，歙鲍廷博识于西湖沈氏山庄。”（《丛书》第十九集）。

刘按，是书末有乾隆癸丑（五十八年，1793）十月顾广圻跋。

《四库全书》据内府藏本录入《集部·总集类》。

钱塘吴氏谓吴焯，见乾隆三十年条按语。

华燧字文辉，无锡人。家有会通馆，以铜活字版印书著称。

慈溪郑氏，谓郑性。性（1665—1743）字义门，号南溪，慈溪郑梁之子。家有二老阁，为纪念黄宗羲及先祖郑溱而设，藏书颇富，著有《南溪寐歌》等。

五月，校刻明陈第《世善堂藏书目录》二卷，入《知不足斋丛书》第十九集，并作跋文。

鲍廷博跋云："右《世善堂书目》，明万历间连江陈第手自编定，而其子若孙时时增益其间者也。第字季立，号一斋，起家京营，历官游击将军，同时大帅如俞、戚辈俱以名将期之，居蓟镇者十年，慨然有长驱远略之志，卒为督府所忌，不得稍展其才，角巾归里，以著述老焉。平生借抄于金陵焦氏（循）、宣州沈氏者尤多，藏弆二百馀年，后嗣不复能守，乾隆初，钱塘赵谷林先生昱赍多金往购，则已散佚无遗矣。目录一册，即其家元本，予从赵氏匄得之，内经谷林先生圈出所称断种秘册者，约三百馀种，予按其目求之，积四十年一无所得，则当时散落诚可惜也。特刊其目附《丛书》以行，庶与海内藏书家共留意焉。乾隆六十年（1795）五月十二日，歙西鲍廷博识。"（《丛书》第十九集）

刘按，陈第字季立，福建连江人。明万历时官游击将军。家有世善堂。是书《四库全书总目》未录，鲍氏手抄校本今藏国家图书馆。

七月，与赵魏同登文澜阁，借阁本校勘所抄沈叔埏藏本宋赵孟坚《彝斋文编》四卷，自辑《补遗》一卷，并作跋文。

鲍廷博跋云："乙卯（乾隆六十年，1795）七月十八日，偕仁和赵晋斋魏恭诣文澜阁，就《钦定四库全书》纂修本校勘一过，凡补文一篇、诗三首，改正讹字若干。其间舛误相同者，误由《永乐大典》，无从改诘矣。"（《木樨轩藏书题跋及书录》第305页）

刘按，是书《四库全书》据《永乐大典》辑本录入《集部·别集类》。鲍氏抄校本今藏北京大学图书馆。

鲍跋前云是书于"乾隆辛亥（五十六年，1791）正月，假于秀水沈带（双）湖叔埏，抄录甫竟，旋毁于火，明年冬，为重录焉。《补遗》一卷，则葺自他书者也"。

沈叔埏，见乾隆四十八年条按语。

赵魏，见乾隆五十四年条按语。

七月，为顾修校勘《读画斋丛书》丁集中宋赵希鹄《洞天清禄集》，并作跋文。

鲍廷博跋云："右本传自陆朗夫（燿）中丞家，元澹生堂抄本，经何义门（焯）

手校者，较胡文焕刻本多一十九条，又不特如义门所云序次不同而已，宝之宝之。乾隆乙卯（六十年，1795）七夕，歙鲍廷博书于西湖沈庄。”（《读画斋丛书》丁集《洞天清禄集》）

刘按，是书末附康熙五十二年（1713）何焯跋，称“近时刻本皆讹‘清禄’为‘录’，且去‘集’字，又讹分为十一门，似未读本序者也。《古画辨》中次第多错乱，皆当以此本为正”。

陆朗夫即陆燿。燿字朗夫，一字青来，吴江人。乾隆举人，官至湖南巡抚。著有《切问斋集》。

秋周广业购鲍廷博等督刊的《四库全书总目》（文渊阁本）全部，赠其师周眉亭（樽）。

周广业云：“去秋（乾隆六十年，1795）携懋儿应试武林，寓西湖沈庄，监梓《四库全书总目提要》，走访之，将购全部，遗方伯周眉亭（樽）师，以方伯甚爱此书，久欲觅买也。十月印就，托吴君兔床交来，……嘉庆元年（1796）丙辰七月初五立秋日，耕厓子识于复初书院。”（《四部寓眼录补自序》）

刘按，乾隆五十九年（1794）浙江署布政史司谢启昆主持，鲍士恭等出资刊刻文澜阁本《四库全书总目》，至六十年（1795）年十月告成。由此《总目》方较广传于世。

周眉亭即周樽，字寿南，号眉亭，云南昆明人。馀不详。

是年岁末，时在楚湘的好友吴翌凤作诗怀鲍廷博，高度称赞鲍氏刻书、藏书及诗才。

吴翌凤《怀友诗十四首》之一《歙县鲍明经廷博》云：“刊尽丛残宛委披，江湖陈起是吾师。绛云汲古都销歇，玉轴牙签好护持。冶有梅根空素业，炉焚柏子写乌丝。夕阳传得骚人咏，想见微吟倚杖时。”（吴翌凤《与稽斋丛稿》卷十四《湘春漫与下》）

刘按，吴翌凤，见乾隆四十二年条按语。

岁末，为亡友卢文弨完成刊刻所著《抱经堂文集》三十四卷。

徐鲲《抱经堂文集跋》云：“乙卯（乾隆六十年，1795）之春，先生（卢文弨）整此自著文集，至冬十一月已刻成二十五帙，犹未定卷数先后，而先生遽归道山，鲍君以文力任剞劂蒇工。”（《抱经堂文集》目录后嘉庆二年（1797）萧山徐鲲跋）

刘按，徐鲲字北溟，一字白民，浙江萧山人。家贫好学，阮元招之参加《经籍籑诂》之编辑。

据严元照《悔庵学文》卷八《书卢抱经先生札记》云："文弨垂没之年，始以文集付梓，未及五之一，即下世。钱塘梁同书为刊成五十卷，而芟汰已甚，非复原稿之旧。"今梁刊五十卷本未见，通行者乃三十四卷本，已由上海古籍出版社影印于《清人别集丛刊》中。

刻清万斯同撰、万经补《历代纪元汇考》五卷。

刘按，是书天津图书馆藏本书名页题"纪元汇考，知不足斋重雕"。一册，十二行，黑口，左右双边，大开本，前有康熙四十二年（1703）温睿临序，次五十四年侄万经识语（在目录后），可见鲍氏乃据万经增刻本重刊。其风貌当为乾隆晚期刊本，姑置于此。又据《嘉业堂藏书志》第223页著录，此书还有乾隆十五年（1750）吴之骥刻本。国家图书馆藏是书鲍氏知不足斋刻本有李慈铭跋。

以明正统刻本校清康熙吴调元刻宋林逋《林和靖先生诗集》四卷，有跋文记之。

鲍廷博跋云："宋刻诗不分体，曾于顾抱冲（之逵）家见之，惜未借校，今以正统八年（1443）陈挚刊本校。按刘后村（克庄）《诗话》：逋一生苦吟，自摘出五言十三联，今惟五联见集中，如'隐非唐甲子，病有鲁春秋''水天云黑白，霜野树青红''风回时带溜，烟远忽藏村'，以及郭索钩朝之联，皆不在焉。七言十七联，集逸其三，非有摘句图旁证焉，则皆成逸诗矣。"（《善本书室藏书志》卷二十六《集部·别集类》）

刘按，是书有鲍氏知不足斋单刻本。《四库全书》据安徽巡抚采进本录入《集部·别集类》，题《和靖诗集》四卷。

鲍氏校本今藏南京图书馆。

鲍氏另有明正德刻《宋林和靖先生诗集》四卷《附录》一卷，见《善本书室藏书志》著录。

是书康熙四十七年（1708）李调元刻本还包括《省心录》一卷，《四库提要》谓"实李邦献所作，误以为逋"。

跋文未署年，姑置于此。

是年阮元赴任浙江学政。浙江翻刻《四库全书总目》（文澜阁本），此后《总目》方得以较广流传。

鲍廷博尝得宋刻残本《金石录》十卷，并以此镌印示荣。

何琪云："砚祥（冯文昌）既工诗，兼好古诗画，有宋刻《金石录》十卷，极宝爱之。手跋其后，又刻印文曰'金石录十卷人家'。其书四册，吾友鲍以文以十金购于湖州书贾。卷末有朱文石跋。李易安（清照）《金石录后序》，其侍儿书也。笔亦秀整有致，惜冯跋不知何人割去，为可恨耳。是书以文寤寐有年，一旦得之，此欧阳氏所谓'物聚于所好'。"（《唐栖志略》卷下，见《武林掌故丛编》第二集）

刘按，宋刻残本《金石录》十卷，初为冯文昌（梦桢之孙）所得，后由冯传至江立（字玉屏，号云溪，初居杭州，后籍仪征）。由江氏传至鲍廷博、顾广圻跋后，被丁杰持去售之扬州阮元，由阮再传至韩泰华、汪诚、赵魏、潘祖荫。此何琪称应由冯传至鲍，然后再下传。今原宋刻残本十卷，入藏上海图书馆。

《金石录》系宋赵明诚撰，为我国金石学之开山之作，原书三十卷，明清以来多以抄本或据抄本刊刻的印本传世。能得宋刻残本十卷，向为藏书家盛事。故皆刻有"金石录十卷人家"之印章，以示荣耀。

中华人民共和国成立后在南京发现《金石录》三十卷全帙，系宋淳熙龙舒郡刊刻，今入藏国家图书馆。宋刻残本十卷本系宋开禧元年凌仪刻本。

何文未记年月，鲍得此书何年月不详，姑置于此。

卷四

嘉庆元年至十年（1796—1805）

六十九岁至七十八岁

嘉庆元年（1796）丙辰，六十九岁

二月，赵魏从鲍氏借抄宋陈起《江湖后集》二十四卷毕，二十四日归还。

鲍廷博题识云："嘉庆元年（1796）岁次丙辰，赵晋斋借抄，二月廿四日见还。人间又多一本矣。西湖沈庄旅次记。"（墨笔）（《木樨轩藏书题记及书录》第353页）

刘按，鲍氏知不足斋抄校本今藏北京大学图书馆。《四库全书》据《永乐大典》辑本录入《集部·总集类》。

赵晋斋即赵魏，见乾隆六十年条按语。

四月十六日、十七日，重勘宋张邦基《墨庄漫录》卷一至三。

鲍廷博题识："嘉庆元年四月十六日，从高瑞南旧抄本校于柳塘寓室。"（卷一）"嘉庆元年四月十七日，高本勘定。"（卷二）"嘉庆元年四月十七日，高本校。"（卷三）（国家图书馆藏本，此承刘蔷先生代录）

刘按，高瑞南即高濂。濂字深甫，号瑞南，明浙江仁和人。于西湖虹桥建妙赏楼，藏书甚富，善版本鉴别，工戏曲，著有《遵生八笺》等。

此鲍氏题识三则，系清劳格（字季言）过录于明商濬所刊《稗海》本上，原校本未刻入《知不足斋丛书》。上世纪30年代中张元济据明抄本景刊于《四部丛刊三编》中，并附诸家校语题识。《涵芬楼烬馀书录》第509页有著录。

是书《四库全书》据纪昀家藏本录入《子部·杂家类》。鲍氏手校本今未见，国家图书馆藏有劳格和傅增湘过录鲍跋两种本子（均《稗海》本）。

五月，赵箕从鲍氏借其抄本宋郑伯熊《敷文郑氏书说》一卷，校自藏旧抄本，赵有跋文记之。

赵箕跋："乾隆壬辰（三十七年，1772）予读书杭堇浦（世骏）先生家，得见

（《敷文郑氏书说》）抄本，急录而藏之。今又见吾友鲍以文抄本，借而互校，正其讹字，写一净本。以此等书乃世所罕见者，故不惜笔墨之劳也。嘉庆元年（1796）岁在丙辰五月一日，素门赵辑宁识。”（《皕宋楼藏书志》卷四《经部·书类》）

刘按，赵篔字素门，号辑宁，钱塘人，赵之玉之父。家有竹影庵、星凤阁，藏书甚富，著有《闽游杂诗》。

是书鲍氏未刻入《知不足斋丛书》，《四库全书》据马裕家藏本录入《经部·书类一》，题《郑敷文书说》一卷。

是年，内廷建知不足斋。嘉庆皇帝颙琰有诗记其事。

《御制内府知不足斋诗》云：“斋名沿鲍额，《阙史》御题诗。集书若（苦）不足，千文以序推。”《注》云：“斋额沿杭城鲍氏藏书室名。乾隆辛卯、壬辰（三十六至三十七年，1771—1772）诏采天下遗书，鲍士恭所献最为精夥，内《唐阙史》《武经总要》二书，曾经奎藻题咏，嗣后其家刊《知不足斋丛书》，以《唐阙史》冠册，用周兴嗣《千（字）文》以次排编，每集八册，今已十八九集，可为好事之家矣。”（《丛书》同治补刻本首册，又见清翁广平《鲍渌饮传》载《听莺居文抄》卷二十）

刘按，是诗不见于《知不足斋丛书》初刻本和家藏本（即民国十年上海古书流通处影印之底本），颙琰的《御制全韵诗》《味馀书室全集定本》也未载，唯见于《知不足斋丛书》同治补刻本首册。以诗注中云：“今已十八九集”言，该两集刻于乾隆五十九年至六十年，则诗作于此后无疑，故姑置于此。

又诗注所云“用周兴嗣《千（字）文》以次排编”，今所见《知不足斋丛书》上海古书流通处影印鲍氏家藏本，各册封面题签，起“天地玄黄”，止“寸阴是竞”，计二百四十字，与《丛书》三十集，每集八册，共二百四十册相应，其他版本多缺失。

据齐秀梅、杨玉良等著《清宫藏书》（2005 年 4 月北京紫禁城出版社），清宫藏书处为昭仁殿（天禄琳琅所在）、五经萃室、四库馆和摛藻堂，未见有知不足斋藏书之处，故所谓内廷知不足斋或为嘉庆皇帝一时兴起所设，或为其小规模的书室名号。

是年阮元重修朱彝尊曝书亭，胡敬之为之作《曝书亭记》。

嘉庆二年（1797）丁巳，七十岁

冬，刻元李冶《益古演段》三卷，入《知不足斋丛书》第二十一集。

嘉庆二年十一月李锐跋，云：“知不足斋主人刻《海镜》既成，复以《演段》

介钱唐何君梦华元锡，属锐算校而梓之，其表扬古人之心，真足尚已，校毕因书此于简末。”（《丛书》第二十一集）

刘按，是书末有题“元和李锐算校”、“钱塘厉鹗（锷）覆校，桐乡马以艮再校”。

《四库全书》据《永乐大典》辑本录入《子部·天文算法类》。

厉鹗，见乾隆二十六年条按语。

何元锡（1766—1829）字梦华，号蝶隐，钱塘人。监生，官主簿。好古喜收藏，家有梦华馆，收藏颇富，著有《秋神阁诗抄》。

是年十月，命彭元瑞编《天禄琳琅书目后编》，次年五月编成，书凡二十卷。

阮元集浙江学人臧庸、臧礼昆仲等六七十人在杭州纂《经籍籑诂》一百六卷。次年八月成。

是年毕沅卒。阮元踵毕氏《关中金石志》《中州金石志》之后，纂《山左金石志》。

嘉庆三年（1798）戊午，七十一岁

正月，鲍廷博刻元李冶《测圆海镜细草》十二卷，入《知不足斋丛书》第二十集，延请阮元作序。

阮元《重刻测圆海镜细草序》：“元视学浙江，从文渊阁《四库全书》中抄得一本，宁波教授丁君小雅杰，又以所藏旧本见赠，但通之者鲜。《细草》多讹，因属元和李君尚之锐，算校一过。其文字隐奥难晓，及立术于率不通者，李君又杂记数十条于书之上下方。盖敬斋（李冶）此书为数百年绝学，（阮）元知学友中，惟尚之（李锐）独能明之，其精通妙悟，即今之敬斋也。且其所以发明古人之术，阐绎圣祖之言者，为功亦巨矣哉！歙县鲍君以文廷博，请以是刊入《知不足斋丛书》第二十集，即以畀之。及其刻成，而为序之如此。嘉庆三年（1798）正月乙酉，内阁学士兼礼部侍郎、文渊阁直阁事仪征阮元序。”（《丛书》第二十集）

刘按，是书《四库全书》据李潢家藏本录入《子部·天文算法类》。

是书末有嘉庆二年（1797）三月十九日元和李锐跋，及“元和李锐覆校”。

李锐字尚之，一字四香，江苏元和人，精于算学，尝力助阮元辑刻《畴人传》。

七月，刻清宋大樽《茗香诗论》一卷，入《知不足斋丛书》第二十集。

刘按，是书前有嘉庆三年（1798）七月德清陈斌序。

宋大樽（1746—1804）字左彝，号茗香，浙江仁和人。乾隆举人，官国子监助教，以母老引疾归。性嗜书，家有牧牛村舍，颇多精本，且乐与人借读。工诗，著有《学古集》等。

陈斌字陶邻，号白云，德清人。嘉庆四年（1799）进士，官安徽同知。能诗文，著有《白云文集》。

秋，刻清方薰《山静居画论》二卷，入《知不足斋丛书》第二十集。

刘按，是书卷下末一条记："鲍子以文出示明石斋黄公（黄道周）画松长卷，笔墨简远，殊出人意。"则鲍氏与方薰过从甚密。

末有嘉庆戊午（三年，1798）立秋前三日钱塘陈希濂书于石萝庵后序。

方薰，见乾隆五十年条按语。

陈希濂字瀫水，浙江钱塘人。举孝廉，工隶书，善画花卉。

是书录入《美术丛书三集》三辑，作一卷；录入《清瘦阁读画十八种》，作不分卷，题书名为《山静居论画》。

七月，刻宋刘昌诗《芦浦笔记》十卷，入《知不足斋丛书》第二十集，并撰跋文。

鲍廷博跋云："余传是书在壬午（乾隆二十七年，1762）之春，弹指三十五年矣。屡经校雠，意未惬也。丙辰（嘉庆元年，1796）七月始得谢肇淛小草斋旧抄，补脱文二行（原注：《王公家传》补十六字，《祭蝗虫文》补十三字）。《荆佽非庙》一条，'得宝剑干将'，据本改'得宝剑于干队'。《馀干》一条，'越人欲为变，必先由馀干界中'，据本改'由'作'田'。《屏星》一条，'唐韵驾车藩'，'驾'上据本增'别'字。其他更定不一而足，庶几成善本矣。亟寿梓氏以传无穷。惜樊榭（厉鹗）、意林（赵信）诸老宿不及见也。小草斋本末有'辛亥（万历三十九年，1611）七月望，丰城张应桂手录，题字一行，以抄藏岁月计之，仅先谢兆申本数月，特未经转写，故未失真，为足据耳。前有周栎园（亮工）图记。今藏桐乡姚君正夫家。刻成，记于西湖沈氏湖楼。时嘉庆戊午（三年，1798）七月十二日，廷博书。"（《丛书》第二十集）

刘按，芦浦或云华亭芦沥场，或云宁波边海之区，未知孰是。

是书有赵信、陈鳣、祝堃、丁杰、厉鹗、徐鲲等多人题识，一并刻入《丛书》中。

周亮工字元亮，号栎园，祥符人。明崇祯进士。工古文词，家有赖古堂。

是书《四库全书》据两淮盐政采进本录入《子部·杂家类》。

冬十二月，去苏州访黄丕烈等吴门书友，并介袁廷梼将程世铨藏宋刻《战国策》，售于黄丕烈。

黄丕烈嘉庆四年二月跋云："既闻海内藏书家尚有两宋本，一在桐乡金云庄（德舆）家，一在歙汪秀峰（启淑）家，余渴欲一本为幸。去年，鲍渌饮来苏，以金本（宋刻《战国策》）介袁绶阶（廷梼）示余，订观于钮非石（树玉）寓楼，遂议交易，以白镪八十金得之。"（《荛圃藏书题识》卷二《新雕重校战国策跋》）

刘按，宋刊《战国策》初为苏州毛榕坪购得，后为其亲金德舆豪夺，金托程世铨，以鲍廷博之介售于黄丕烈。其间金与黄因书有隙，黄丕烈有诗及诗注详记之。

本年冬，在苏州，访黄丕烈，相谈黄得宋刻《咸淳临安志》事。

黄丕烈《咸淳临安志跋》云："得书前夕，鲍丈适来晤，言及此（《咸淳临安志》），云向所得残宋本在吴兔床（骞）处。兔床，余亦往来，拟作札商之，或二卷宋刻可得，岂非美哉！嘉庆三年（1798）岁在戊午冬月中浣八日，雨窗剪烛，棘人黄丕烈。"（《士礼居藏书题跋记》卷二）

桐川顾修仿鲍氏《知不足斋丛书》例，编刊《读画斋丛书》，鲍廷博力助之。

嘉庆三年（1798）十月仁和孙志祖《读画斋丛书序》云："由是鲍君以文感赐书之荣，悉出其所藏善本，不限时代，凡又以信今而传后者汇付之梓，世所行《知不足斋丛书》已刻二十集，计一百数十种而未有已也。士之笃志嗜古者擩染沐浴，闻风兴起，予所知桐川顾司马菉厓（修）性好蓄书，而虑其采之弗广，择之弗精也，每得一书，必与以文商榷论定之。萧山徐君北溟（鲲）互相校勘，书中一字之误，必参验众本，求其至是而后安，因仿鲍书之例，刻《读画斋丛书》。"（孙志祖《读画斋丛书序》）

刘按，《读画斋丛书》刻于嘉庆四至十六年（1799—1811），分甲、乙、丙、丁、戊、己、庚、辛八集，每集一函八册，不以四部为分，不以时代先后为次，且亦巾箱本。

孙志祖字诒穀，号约斋，浙江仁和人。

嘉庆四年（1799）己未，七十二岁

三月三十日、四月初二日，校抄本宋郑樵《夹漈遗稿》三卷。十二年二月，再以吴省兰《艺海珠尘》本重校，均有跋文记之。

鲍廷博跋云："嘉庆己未（四年，1799）三月三十日校。""三月三十日，朱竹垞本对。""四月初二日手抄本重校。""嘉庆丁卯（十二年，1807）二月二十日，以南汇吴氏新刻《艺海珠尘》本校一过，谬误极多，又在此本之下矣。"（国家图书馆藏鲍氏抄校本）

刘按，《艺风藏书记》卷六著录此书鲍跋两则不全。吴省兰（？—1810）字泉之，号稷堂，南汇人。乾隆四十三年（1778）进士，官至工部侍郎。家有听彝堂，藏书颇富，嘉庆中辑刻《艺海珠尘》丛书八集（以八音分编），收书一百三十六种，《夹漈遗稿》为其金集中一种。道光三十年（1850）其婿金山钱熙辅据原版重印，并增刻壬、癸两集（改以天干分编），并增收书四十二种。

是书十行二十字，白口，四周双边。前录该书四库提要，可见为传抄四库本。上有"荃孙""涵芬楼""海盐张元济经收"诸印。此承清华大学图书馆刘蔷先生录告。鲍跋又见《涵芬楼烬馀书录》第693页。

四月，鲍廷博两校家藏抄本宋王铚《雪溪集》五卷，附《逸文补遗》，鲍有跋文记之。

鲍廷博跋云："嘉庆己未（四年，1799）四月初一日校，次日用吴石仓（允嘉）本重校。"（《艺风藏书记》卷六）

刘按，是书鲍氏未刊刻，《四库全书》据两江总督采进本录入《集部·别集类》。提要谓"《宋史·艺文志》、陈振孙《直斋书录解题》并作八卷，此本五卷，知今世所传已佚其三卷"。今《中国古籍善本书目》著录有浙江馆藏明抄本（清黄丕烈跋），南京、上海、国图、湖北诸馆藏是书清抄本，然皆五卷，唯上海馆藏有是书五卷《补遗》一卷《逸文》一卷本，题清抄本，十行二十一字，无格，未知是否为鲍氏抄校本，补遗及逸文是否鲍氏手辑。

《艺风藏书记》卷六著录该书有"知不足斋抄本收藏"，有"钦奖世守陈编之家"双龙椭圆印、"老屋三间，赐书万卷""长塘鲍氏知不足斋藏书"两朱文印。

吴允嘉，见乾隆二十五年条按语。

十一月，舟中校旧抄本元侯克中《艮斋诗集》十四卷，有题识记之。

鲍廷博题识云："嘉靖（应为嘉庆）己未（四年，1799）十一月二十九日舟次大麻校毕。"（《群碧楼善本书目》卷六）

邓邦述云："此编（《艮斋诗集》）校笔确为鲍渌饮书，末一行记年月而不署款，前后亦无图记，非熟于先生笔迹者不知也。昔人校书之勤，虽舟车不舍其时，亦无

日行千里之飙轮，蓬窗茅店之中，正多宽闲岁月耳，甲子（1924）七月正闇。”（同上）

刘按，是书鲍氏未付梓，《四库全书》据鲍家（士恭）进呈本录入《集部·别集类》，今《中国古籍善本书目》录是书有南京图书馆藏清抄本，未著录有鲍氏题识，只著录为丁丙跋。

冬，舫贾吴步云从海盐张晋乔（卒于杭州府学教授任）侄孙手中得金刻本《中州集》，送与鲍廷博处，鲍许元银十二金，吴贾要加价，二人协议未成。鲍于大雪中泛舟往杭州，夜半遭风，舟几覆溺，遂感人生之危。后金刻本《中州集》吴贾售于黄丕烈。

黄丕烈《中州集》十卷题跋详记其事：“吴（步云）姓曰：‘君真有福分者。是书为海盐人张晋乔物，任杭州府学教授，卒于官，余得诸伊侄孙手，实钱十千文。后送诸鲍以文先生处，渠许过元银十二金，余尚须请益。适渠于大雪中泛舟往杭州，夜半遭风，舟几覆溺，遂翻然曰：吾身子尚不免，何况身外物，此书毋使诸失所也。余取归书船，今为君有，岂非冥冥中有若或使之者乎?’交易既成，书此缘起，并著物之归宿，有在不可勉强者，爰什袭而藏读未见书斋，命儿子玉堂归诸金、元文集部。”（《士礼居藏书题跋记》卷六《中州集》十卷（金本））

刘按，据此，时鲍廷博当居桐乡乌镇。黄跋末署“嘉庆庚申（五年，1800）三月三日”，故置于本年冬月。

是年仁宗颁诏求言，王念孙以言官密折，奏请诛权奸和珅，和珅被逮下狱，令自尽，抄家没产。

阮元创编《畴人传》告竣。

洪亮吉以“肆意妄言，有心诽谤”获罪，遣发伊犁。

嘉庆五年（1800）庚申，七十三岁

春，往苏州访黄丕烈，相谈宋刻《咸淳临安志》事。

黄丕烈记道：“岁庚申春，从吴兔床（骞）处借得（《咸淳临安志》）六十五、六十六卷，仍系抄本，旁有‘知不足斋影宋抄’字样，当非无据也。爰嘱西宾顾涧苹（广圻）传录，俟装潢时一并补入。顷鲍渌饮来访，谈及此书，遂取视之。问其在杭州曾见过此书否，渌饮云书虽未见，然闻其为黄姓物，所称知稼主人，当用宋人知稼翁故事。则竹林（姓曹，杭州人，黄丕烈书友）传述，以为王姓者误尔。又询其所多二卷宋刻何在，云在孙氏。盖鲍得此书有两部，一归孙，一归吴。吴之二卷即从孙之二卷影写者，以之补阙，尚非不知所作云。五月朔，坐读未见书斋书此。

荛圃。”（《士礼居藏书题跋记》卷二。

刘按，嘉庆七年（1802），黄丕烈在都中购得《夏季搢绅》，检得宁波府定海县训导有王学增其人，指出“（曹）竹林之言为不谬，而渌饮所闻为未确也”。

闰四月，从沈叔埏借抄宋李彭《日涉园集》十卷，五月初校毕，鲍有跋文记之。

鲍廷博跋云：“嘉庆五年（1800）庚申闰四月，借嘉兴沈带湖比部叔埏本对写，五月初四日毕，端午日校于知不足斋。”（《皕宋楼藏书志》卷七十八，又见《静嘉堂秘籍志》卷三十四）

刘按，沈叔埏，见乾隆四十五年条按语。

是书鲍氏未付梓。《四库全书》据《永乐大典》辑录本录入《集部·别集类》。提要于是书颇推崇，称之“在江西派中与谢逸、洪朋诸人足相颉颃，终非江湖末派所能及也”。

闰四月，鲍廷博延顾广圻以明姚咨抄本《履斋示儿编》校明潘方凯刻本，顾为之作跋。顾校之前，此书历经卢文弨、孙志祖、徐鲲、钱馥校过。

顾广圻跋云：“鲍丈渌饮以卢抱经、孙怡谷、徐北溟三君校正潘刻，属用姚抄覆勘，爰细雠一过。……时在嘉庆庚申（五年，1800）闰四月，元和顾广圻书于城南草堂。”（《丛书》第二十五集）

九月，跋顾氏《读画斋丛书》本《文渊阁书目》。

鲍廷博跋云：“右明《文渊阁书目》，恭就《钦定四库全书》录出，较家塾藏本为完善。中惟‘日’字号第三厨缺宋朝文集二百馀种，藉塾本补全，最为愉快。塾本不分字号，每类以完全、残、缺三等编次，似当日官本之外，别编以便稽考也。今次第悉遵官本，而以全、缺分注于各书之下，其中部帙间有不同，亦详著焉。依元编字号，‘天’字起，‘往’字止，分二十卷。与官本四卷小异，则以帙小叶繁，聊便展阅耳。嘉庆庚申（五年，1800）九月朔，歙鲍廷博识。”（《读画斋丛书》戊集《文渊阁书目》）

刘按，明杨士奇等撰《文渊阁书目》，《四库全书》本作四卷。顾修于嘉庆四年（1799）刻入《读画斋丛书》戊集，作二十卷。

九月，传抄宋徐铉《徐公文集》三十卷，十一月初据别本重勘第三册，鲍有题识记之。

鲍廷博题识云：“庚申（嘉庆五年，1800）九月二十三日录完第三册。”“庚申

十有一月初三日别本重勘第三册毕。”（南京图书馆藏此书鲍氏知不足斋抄本）

刘按，是书眉端尚有丁传题跋一则，云：“右以旧刊《它韵誁序》校正四字，颠倒者两字，失落者两字，戊子（乾隆三十三年，1768）六月二十四日，丁传记于贞复堂。”

《中国古籍善本书目·集部》著录此书为乾隆二十五年鲍氏知不足斋抄本（卷一至十六、二十五至三十配清抄），鲍廷博校并跋，丁丙跋，南京馆藏。

是书鲍氏未刊刻，《四库全书》据马裕家藏本录入《集部·别集类》，题称《骑省集》三十卷。

十月，鲍廷博渡钱塘江探访病愈后之汪辉祖，逗留三日，相聚甚欢。

汪辉祖云：“（嘉庆五年）十月十四日，以文渡江相访，款留三日。日晨起畅谈至二更馀，不觉少疲，真病后快事。”（《梦痕录馀》）

鲍廷博与汪辉祖相谈刻书价格上涨情况。

汪辉祖云：“（嘉庆六年，1801）四月朔，属梓人开雕《三史同名录》。曩刻《双节赠言初集》，每百字版片写刻共制钱五十六文，追刻《续集》增工价七文。丙辰（嘉庆元年，1796）儿辈刻《梦痕录》又增十七文，今欲八十文之数，承揽者尚有难色，强而后可。昨年以文言杭苏已至一百十文，而刻手不如《初集》之工，镂版日增，势实使然。”（《梦痕录馀》）

本年，鲍廷博妻郑氏卒。

赵怀玉《恩赐举人鲍君墓志铭》：“娶仁和郑氏，例赠孺人，有壶德，先君十四年卒。”（《亦有生斋续集》卷六）

刘按，鲍廷博卒于嘉庆十九年（1814）八月十三日，享年八十七，其妻先十四年卒，当在本年。生年不详，享年几何不得知。

阮元任浙江巡抚，于杭州建诂经精舍。

南京臬署失火，所存两宋监本书版及明初移送南京的“三朝版”尽毁。

是年鲍廷博过访金德舆，二人饮酒笑谈，金溘然倒地去世，鲍有诗吊之。

鲍廷博《再用前韵悼鄂岩》：“誓向西湖毕此生，无端一语我心惊。老轻书画兼金直，死避穷愁两字名（原注：藏青（清）书画法帖数千金，晚年脱手散去不计直也）。诗卷新排宁有意，酒杯笑掷已无声（原注：方与予晚酌，独未见跋（罢），把杯一笑而逝）。电光石火须臾景，除是《斜阳》写得成。”（《花韵轩咏物诗存》，又见《［光绪］桐乡县志·人物传·金德舆》）。

刘按，金德舆，见乾隆四十二年八月条按语。

嘉庆六年（1801）辛酉，七十四岁

四月，跋元丁鹤年《丁鹤年诗集》四卷《附诗》一卷《诗补》一卷《集外诗》一卷《附录》一卷。

鲍廷博跋云："右丁孝子鹤年诗，分《海巢》《哀诗》《方外》及《续集》为四卷，其门人戴稷等编次，前有至正甲午（十四年，1354）九灵山人戴良序，先生诗之最初刻也。今传世本为正统二年（1437）四明章琦重刻，已合四集为一编。本朝顾氏（嗣立）选元诗，仅据卷前释至仁跋语，题曰《海巢集》，当时盖未见此本也。吴郡顾君涧苹（广圻）于金陵市上得之，以赠黄君荛圃（丕烈）。予以章琦本丐涧宾就校，标其次第，正其讹误，命孙正言录成此本，以还旧观，亦老年乐事也。惜床头金尽，不能重刊行世，于先生若有歉焉。章刻校此增铭六首、诗五十馀篇，今并重刻时序跋、小传辑为一卷，《列朝诗（集）》所收集外诗三首附焉。先生卒于明永乐时，葬钱塘西湖之滨，俗所为回回坟者，见陈景钟《清波小志》，而《西湖志》佚之，此续修湖志者所当留意也。嘉庆辛酉（六年，1801）四月初七日，通介老人识于知不足斋。"（《标点善本题跋集录·集部·别集类》，又见王重民《中国善本书提要》第549页）

鲍正言题识一："嘉庆六年（1801）岁次辛酉，依元刻本录于知不足斋，四月初三日写竟并校。鲍正言识。"（转录自王重民《中国善本书提要》第549页）

鲍正言题识二："辛酉四月初六日补写完。正言。"（同上）

刘按，是书鲍氏暮年已无力刊刻，深有愧于古人，其情可慨。《四库全书》据直隶总督采进本录入，只一卷耳。鲍校本，今藏中国台北"中央图书馆"。

章琦字云陛，号梅亭，海宁人。

《清波小志》为徐逢吉撰，收入《读画斋丛书》《昭代丛书》《武林掌故丛编》中，陈景钟所撰为《清波小志补》一卷、《清波三志》三卷，收《武林掌故丛编》中，此鲍翁记录有误。

八月，重刻日本片野东四郎梓汉郑玄《孝经郑注》一卷、清洪颐煊《补证》一卷，入《知不足斋丛书》第二十一集，并作跋文。

鲍廷博跋云："《孝经郑氏注》废于唐，亡于五季，至宋雍熙间日本僧奝然以献于朝，诏藏秘阁，后历元及明，未有述之者，讫无传焉。入我朝一百五十年，岁在癸丑（乾隆五十八年，1793）日本冈田字挺之者，复于其国《群书治要》中得之，残缺不完，稍为补辑，序而行之，复以其本附估舶来，意欲予刊入《丛书》，以广其传，序中极为郑重，若跋足以俟者，且言书之灾厄不独水火，靳秘之甚有至澌灭

者，与予流通古书之旨颇合，乐为传之。至考渠国所刊《七经孟子考文补遗》中《孝经》，但有孔传，并无郑注，不知所谓《群书治要》辑自何人，刊于何代何人，历久不传，至近时始行于世，其所收是否奝然献宋原本，或由后人掇拾他书以成者，茫茫烟水，无从执而问难焉，亦俟薄海内外穷经之士论定焉可耳。大清嘉庆辛酉八月朔日，古歙鲍廷博识于知不足斋。"

牌记："大清嘉庆辛酉（六年，1801）八月，歙县鲍氏知不足斋重雕。"（以上均《丛书》第二十一集）

刘按，是书首有癸丑（乾隆五十八年，1793）日本冈田挺之（尾张）序，次嘉庆七年（1802）钱侗序。书末尚有"书林片野东四郎梓"牌记。

洪颐煊字筠轩，临海人，孙星衍门人。精研经史，有《读史考异》等。

《孝经》郑氏注，尚有王谟、袁钧、孔广林、陈鳣、严可均、黄奭、臧庸诸家辑本，刊于《汉魏遗书抄》《郑氏佚书》《涉梓旧闻》《咫进斋丛书》《汉学堂丛书》中。

《群书治要》五十卷（原缺卷四、十三、二十），唐魏征等奉敕撰，《四库未收书目提要》著录，有《宛委别藏》《粤雅堂丛书》《四部丛刊》本。

十二月十八日，往访汪辉祖，越五日别去。

汪辉祖云："（嘉庆六年）十二月十八日，以文来，越五日别去。"（《梦痕录馀》）

刘按，汪辉祖，见乾隆四十二年条按语。

阮元聘顾广圻、臧庸、何元锡等校勘《十三经注疏》。

冯集梧刻毕沅《续资治通鉴》成。

鲍廷博于宋陈起《南宋群贤小集》的传录及递藏原委有文较详细介绍。

鲍廷博云："右南宋陈起编刻《江湖群贤小集》，借钞于汪氏振绮堂主人（汪宪）。汪本传自瓶花斋吴氏（焯）。其传录始末，绣谷（吴焯）述之详矣。其云：'曹楝亭（寅）所得宋刻归之郎温勤，今见于家石仓书舍者。温勤为三韩郎中丞廷极，石仓则钱塘吴允嘉志上也。宋刻最为温勤宝爱，常置座右，朝夕把玩。郎卒于官署，家人将并其平生服御烬之以殉。时石仓在郎幕，仓卒间手百馀金贿其家僮出之烈焰中，携归秘藏，非至好不得一见也。石仓没，家人不之贵，持之以售。厉征君鹗得之，以归维扬马氏曰琯、曰璐小玲珑山馆。'乾隆壬辰（三十七年，1772）仲冬，予于吴门钱君景开书肆见之。惊喜与以百金，不肯售，许借校雠，才及三之一，匆匆索去，以售汪君雪礓（大畬）。不数年，雪礓客死金闾，平生所藏书画尽化云烟，而是书遂不可踪迹矣。宋刻实六十家，装二十八册，绣谷云仅得其半，盖尔时石仓老人不肯全出示之耳。予钞是书在乾隆辛巳（二十六年，1761）之春，维时亟于成书，友人二严昆季、姚君竹似、潘君德园（庭筠）、郝（郁）君潜亭（礼），俱踊跃助予手抄录成。思请善书者人书一卷，重梓以行，事重费烦，时作时辍，因循迄今，汗青未就，弹指遂四十馀年矣。一日石门顾君松泉（修）在予案头见之，力任开雕，期年蒇事。其镂刻之工较宋刻为尤胜。嘉庆辛酉（六年，1801）鲍廷博记。"（《南宋群贤小集·补遗》，国家图书馆藏清抄本，转录自周生杰《鲍廷博藏书与刻书研究》第195页）

刘按，据《中国古籍善本书目·集部·总集类》著录，国家图书馆藏赵氏小山堂抄本（九十六卷），吴允嘉抄本（七种七卷），国图、南京、清华大学等多家藏有清抄本，而种数、卷数不一。

鲍云"其传录始末，绣谷述之详矣"，今《绣谷亭薰习录》不载。

汪宪，见乾隆三十二年条按语。曹寅（1658—1712）字子清，号楝亭，汉写正白旗人，曹雪芹之祖父。官通政使，江宁织造。喜藏书。著有《楝亭诗钞》。

郎廷极字紫衡，号北轩，奉天广宁人，郎永清之子。康熙间累官漕运总督，卒谥温勤。著有《北轩集》。

钱景开号听默，湖州人，占籍苏州。乾隆间苏州最著名书贾之一，熟于书籍，与黄丕烈、吴骞等友善。

汪雪礓即汪大畲。大畲字中也，号雪礓，歙县人，居江都。善画山水、花卉，精金石之学。

"友人二严昆季"，未知指谁氏。昆季乃兄弟之敬称，长者为昆，幼者为季。疑或指严果、严诚兄弟，参乾隆二十八年条按语。

"姚君竹似"，未知指谁氏。

"潘君德园"谓潘庭筠。庭筠字兰公，号德园，钱塘人。乾隆进士，官至御史。工绘画，后遁入佛门。

"郝君潜亭"，"郝"当为"郁"之误，谓郁礼，见乾隆二十一年条按语。

顾君松泉谓顾修，见乾隆三十七年条按语。顾氏于嘉庆六年（1801）刊《南宋群贤小集》凡七十四家一百二十七卷。是书又称《江湖小集》，四库馆据两淮盐政采进本录入《四库全书·集部·总集类》，只六十二家九十五卷。王国维《两浙古刊本考》云："《江湖集》以钱唐吴氏（焯）瓶花斋所集为最多，凡六十四家，即阁本之九十五卷是也。石门顾氏（修）所刊又有增加，凡九十九卷。”故顾刊本为世所重。

嘉庆七年（1802）壬戌，七十五岁

鲍正言辑元顾瑛《玉山璞稿》二卷，有题识记之。

鲍正言题识云：“嘉庆七年（1802）岁次壬戌十二月初三日，写于知不足斋。鲍正言。”

鲍正言《逸稿》卷四末题识云：“嘉庆七年岁次壬戌除夕，写于知不足斋，长塘鲍正言识。”

鲍正言《逸稿》卷四末题识云：“嘉庆癸亥（八年，1803）谷日，书于知不足斋。”

鲍正言《逸稿》卷四《续补诗》末题识云：“嘉庆癸亥九月十三日，知不足斋续补。”（以上均见《中国善本书提要》第547页）

刘按，是书尚有杨海题识两则：“嘉庆壬申（十七年，1812），松陵杨海偕知不足斋主人访张君忆鲈于分湖之滨，舟次读毕。”“嘉庆壬申（十七年，1812）立夏，松陵杨海读于舜水舟次。”见《中国善本书提要》第547页。

鲍正言号听香，后更号衍香，鲍士宽之子，廷博之长孙，善书能诗，工篆刻，落落寡谐，贫老以终。

杨海即杨澥，见乾隆五十三年条按语。

张忆鲈即张孝则，字绳祖，号忆鲈，吴江人，家有松竹书屋。

鲍廷博于乾隆三十七年（1772）辑元顾瑛《玉山逸稿》四卷《附录》一卷，刊于《读画斋丛书·辛集》中，后又由其长孙鲍正言从《铁网珊瑚》《吴都文粹》等书中辑出《玉山璞稿》二卷，凡得诗二百七十五首，较毛晋、顾嗣立所辑溢出五十馀首。

刻汉郑玄撰，清臧庸、臧礼堂辑《孝经郑氏解》一卷，入《知不足斋丛书》第二十一集，鲍延阮元作序，阮只作了臧辑本序。

阮元《孝经郑氏解辑本题记》：“往者鲍君以文，持日本《孝经郑注》请序，余按其文辞，不类汉魏人语，且与群籍所引有异，未有以应。近见臧子东序（庸）辑录本，喜其精核，欲与新出本合刊，仍属余序，余知东序治郑氏学几二十年，有手订《周易》《论语注》等，所采皆唐以前书，为晋、宋、六朝相传《郑注》，学者咸所依据，鲍君耄而好学益笃，凡有善本，靡不刊行。然则《孝经》旧引之注、新出之书，二本并行，亦奚不可？嘉庆辛酉（六年，1801）季冬，仪征阮元题。”（《知不足斋丛书》）第二十一集）

刘按，是书末题："武进臧镛堂述，同怀弟礼堂学。""嘉庆壬戌（七年，1802）孟冬，钱塘严杰读。时寓西湖诂经精舍之第一楼。"

臧庸字在东，一字拜经，初名镛堂，江苏武进人，从卢文弨游，弟礼堂字和贵，昆季皆经学家。

诂经精舍为阮元任浙江巡抚时创立的书院，地在西湖孤山。严杰，字厚民，号瓯盟，馀杭人。尝助阮元编《经籍籑诂》《四库未收书目提要》。

是书《四库全书总目》未录。

十二月十二日，鲍廷博携长孙正言探访汪辉祖，时身体尚健。

汪辉祖云："（嘉庆七年十二月）十二日，以文挈其冢孙来，好学可爱。以文性畏江行，北不渡扬子，东不渡钱塘。庚申（嘉庆五年，1800）以来，念余三顾，皆于冬月。长余二岁，精力甚健，聚谈竟日，意兴甚适。"（《梦痕录馀》）

刘按，鲍廷博于嘉庆五年、六年、七年三度过钱塘江访汪辉祖，可见二人情谊甚笃。"挈其冢孙"，当指鲍正言。

是年谢启昆在胡虔、陈鳣相助下纂成《小学考》，并刊刻毕。

嘉庆八年（1803）癸亥，七十六岁

春，鲍廷博访黄丕烈，相谈《圣宋文选》一书流传掌故。

黄丕烈云："岁癸（嘉庆八年，1803）春，长塘鲍渌饮来谈及是书（《圣宋文选》），云数年前与味辛（赵怀玉）同在吾郡故家所得，同得者有刘后村（集）（即宋刘克庄《后村居士集》），亦宋刻。此书后有石门吕晚邨（留良）长跋，方信义门（何焯）所见抄本即从此出，而此书所去图记，或即吕氏故，并长跋亦去之欤。渌饮所言乃书林故事，急取而书尾，因追述其得书颠末如右。嘉庆八年（1803）春三月望后二日，荛翁黄丕烈识于百宋一廛。"（《荛圃藏书题识》卷十）

黄丕烈云："今此本（《圣宋文选》）味辛于数年前，得于吾郡宋氏，末有吕晚邨跋，其付装时去之，此长塘鲍渌饮亲为余言。"（《百宋一廛书录》）

刘按，吕晚邨即吕留良（1629—1683），字庄生，又名光纶，字用晦，浙江石门人。明亡誓不仕清，雍正时以曾静文字狱案，阖门被祸，著述被毁。

《圣宋文选全集》三十二卷，《四库全书总目》未录，今《中国古籍善本书目》著录国家图书馆、南京图书馆有宋刻残本。

八月，校刻宋赵令畤《侯鲭录》八卷，入《知不足斋丛书》第二十二集，并作跋文。

鲍廷博跋云："《侯鲭录》近惟《稗海》本行于世，误书脱简，殊不耐观。予家塾藏有三本：一芸川书院本，不知刊于何时，脱误与《稗海》略同，似即商本所祖也。一明天启间海虞三槐堂坊刻，密行细字，颇具雅致，而缪戾时复不免。三旧抄本，分上下卷，较诸本为胜，惟删削《辨传奇莺莺事》一卷耳。暇日参合校订，又时检他书证其异同，虽不敢信为善本，以较商刻则径庭矣，刊以质诸藏家。嘉庆癸亥（八年，1803）八月上浣三日，古歙鲍廷博识。"（《丛书》第二十二集）

刘按，《四库全书》据内府藏本录入《子部·小说家类》。

秋，鲍廷博以抄本元虞集《道园遗稿》六卷赠吴骞，吴有跋记之。

吴骞跋云："予友鲍渌饮尝云生平见《（道园）学古录》数本，独未见此本（吴藏元刻五十卷本），验其楮墨之精，当属元时初刻本，又为觅旧抄《学古录续编》（即《道园遗稿》）见遗，俾成合璧云。嘉庆癸亥（八年，1803）秋九月既望，吴某。""右抄本（《道园遗稿》）六卷，渌饮先生所赠。"（《拜经楼藏书题跋记》卷五）

刘按，《道园遗稿》又称《道园学古录续编》，乃虞集从孙虞堪等所辑，时在元至正初年。

吴骞，见乾隆二十一年条按语。

《道园遗稿》六卷，《四库全书》据江西巡抚采进本录入《集部·别集类》，《道园学古录》五十卷，据浙江巡抚采进本录入《集部·别集类》。

十月，刻后蜀何光远《鉴诫录》十卷，入《知不足斋丛书》第二十二集，并作跋文。

鲍廷博跋云："宋刻《鉴诫录》十卷，明万历初藏于项氏（元汴）天籁阁，国朝归秀水朱氏（彝尊），本出麻沙坊贾重雕，谬误特甚，因后有康熙间诸名宿题识，又经渔洋山人（王士祯）手校，遂为此书增重。乾隆乙巳（五十年，1785），吴郡程君叔平（世铨）厚价收之，携示金君鄂岩德舆，适予与方君兰如薰、赵君味辛怀玉同集于桐华馆，得寓目焉。并以家藏抄本，互相雠比，正讹补阙，十得八九，较渔洋所改不啻过之。叔平嘱予刊入《丛书》，以广其传，忽忽十有九年始践宿诺，而兰如、鄂岩已相继下世，味辛又远宦山左，俱不及预枣梨之役，回视桐华馆，遂如黄公酒炉，邈然有河山之感矣。刊成，寄示叔平，相与致慨，然叔平公世之心系切盼是书之成久矣，感念之馀，又当欣然开卷也。嘉庆癸亥（八年，1803）十月二十四日，通介老人鲍廷博识。"（《丛书》第二十二集）

刘按，是书为乾隆四十二年（1777）鲍氏传抄汪氏飞鸿堂，校以金氏桐华馆藏宋刻本、赵怀玉藏本之后付梓，题称《重雕足本鉴诫录》。

是书末有查嗣瑮、徐嘉炎、汪士鋐、朱彝尊、曹寅、赵怀玉诸家题跋。

是书《四库全书》据江西巡抚采进本录入《子部·小说家类》。

鲍氏抄校本，今藏中国台北“中央图书馆”。

十一月，校刻宋李季可《松窗百说》一卷，入《知不足斋丛书》第二十二集，并作跋文。

鲍廷博跋云：“右《松窗百说》一卷，南宋绍兴间永嘉李季可撰，极为王公梅溪（十朋）所赏，以唐杜牧拟之，同时诸贤又各题识其后，行都尹大任以其有补世教，为之梓行，盖亦一时闻人，百家之绪论也。然稽之志乘，既不列其名，访之藏书家均不著于录，以故楮数十馀番沉埋于蠹简败箧中，积六百余年之久，卒能不绝于世，非真卓论宏议自足以不朽，岂一二占毕之士所能为之哉！然续其坠绪、益衍其传，后之学者固当任其责也。顾以传抄既久，讹误相承，风叶满庭，扫除有待，此在览者或能谅之，所惜出之稍晚，未经《四库全书》采录，俾藏之天府，垂示无穷，不无遗珠沧海之慨尔。嘉庆癸亥（八年，1803）十一月五日，歙鲍廷博识于知不足斋。”（《丛书》第二十二集）

刘按，是书录入《四库未收书目提要》。

十一月，核刻元白珽《湛渊遗稿》三卷《补遗》一卷，入《知不足斋丛书》第二十三集，并作跋文。

鲍廷博跋云：“《湛渊先生诗集》二十卷，戴帅初（表元）为之序，时曾锓梓以行，著录于明《文渊阁书目》者凡五册，今传世仅仅顾氏（嗣立）《元诗选》中数十篇耳。钱塘沈君萩町（景良）特爱其诗，求全集不可得，乃遍搜群籍，掇拾丛残，稍稍附益之，积久成帙，编为三卷。今《四库全书》所收即其手辑也。萩町名景良，字敬履，贫居北郭，性嗜异书，时就人借录，所居湫溢，不蔽风雨，尝缚盖著履，握管其中，穷日夕不少休，所传秘册堆积几上，至数百册，每当舂炊不继、侘傺无聊时，辄指以自慰曰：‘陶朱猗顿，宁亦有是乎？’盖未尝不以此傲人也。性嗜酒，苦不时得，黄小松易归自济宁，袖资以赠，占诗谢之曰：‘酒人归访故山栖，怪我葫芦久不提。笑赠青铜三百片，晚来依旧醉如泥。’可想见其风趣矣。于诗，唐喜郊、岛，宋则林逋、魏野，元则仇远及湛渊数家，亦就其性之所近也。而于湛渊犹有偏嗜，尝书其‘饱看贵人，而不若饥看天’二语于壁，以为此吾之所欲云也，因颜其斋曰看天。其为湛渊编辑遗稿，盖亦以此，予尝许为梓行，惜刊成而君已不及见矣。予惟湛渊诗名自在天地间，萩町所补益曾不得其什一，然其嗜好之笃，用心之勤如此，使湛渊地下有知，未必不以后世子云许之也，予因附何君春渚

（琪）所作《菘町小传》于后，使附骥以行，庶不致有名氏翳如之叹。菘町不娶，无子，予无能恤其身后，所藉手以报故人者如此而已，悲夫。嘉庆癸亥（八年，1803）十一月四日，鲍廷博识于知不足斋。”（《丛书》第二十三集）

刘按，《四库全书》据鲍士恭家藏本录入《集部·别集类》。提要云：“其中又间杂伪作，如《［成化］杭州府志》所载《三月八日过西马塍》一首，中四句全与《月泉吟社》诗同，而第二句以‘塍’字与‘晴’声名字同押，是于至正之初已用《洪武正韵》，其为依托淆混，不问可知。”然提要著录辑者为“近时杭州菘町所辑”，未注出原名沈景良，见鲍廷博《花韵轩咏物诗存·书沈菘町夕阳诗后序》。

黄易字小松，仁和人。工诗文，善画，著有《小蓬莱诗》。

元白珽的《湛渊静语》二卷，约乾隆四十六年（1781）鲍氏刻入《知不足斋丛书》第九集。鲍家藏是书抄本两种，卢文弨尝从其借抄，卢有跋记其事，云：“始余见白廷玉是书，纸墨已刓敝，文字脱烂致多断续，重是乡前辈著作，抄而藏之箧中。越三年，从鲍君所借得一本，书皆全，唯序尚有阙文。更一年复从鲍君所见一本，并序文亦完好，喜而录之。”（《抱经堂文集》卷十《湛渊静语跋》）

十二月，致书汪辉祖，告以秀水蒋虞氏案真相，了却汪氏晚年一桩心事。

汪辉祖云：“（嘉庆八年十二月）二十日，得鲍以文书，书曰：‘屡欲东渡，常被病牵，怅怅无已。五月间于禾嘉遇秀水朱君闲云履贞，偶谈及蒋虞氏事，渠乃亲办此案，称烈妇张姓，夫为陈经叔，非蒋虞氏也。旋至其家，招册尚在，案情与录相同。惟许天若作许五，询朱君，则许五本名天若，前修府志已载蒋虞氏事，后得张烈妇事，因姓氏殊异，遂致两案重载。闻许五死后，令君曾给妇扁。顷朱君至烈妇旧闾，屋屡易主，扁字无存，老邻龚叟引至烈妇侄女陈家，陈年老未亡，言烈妇催审后，天若昼夜恶詈，且污以不洁之名，致速妇死。迨天若问徒逃回，伊兄力拒不纳，奔至衫青闸投河淹毙。县给扁时，妇遗子十岁，妇亡后，夫死，子亦殇，今三棺暴露，朱君相商欲为设法埋葬，并置些小祀产以为久计。大兄似可量力酌助，并勒碑立石，藉瞑烈妇之目，亦仁者之用心也。先此奉布，馀俟明春面罄不尽。’（汪）即允捐银四两，作札先答。”（《梦痕录馀》）

刘按，朱履贞号闲云，嘉兴人，工书法，与鲍廷博、赵魏友善，著《书学捷要》，鲍刻入《知不足斋丛书》第二十四集。

刻宋王辟之《渑水燕谈录》十卷，入《知不足斋丛书》第二十三集，并作

跋文。

鲍廷博跋云："《渑水燕谈录》，自商氏（濬）《稗海》残缺本行于世，海内不见全书久矣。此帙出自明正德间白沙贡氏，吴郡赵清常（琦美）又以宋刻补足末卷，详具李北苑跋中。惜《先兆》一门，尚有缺叶，未能符自序三百六十馀事之数。海内藏弆家有以完本见贻，俾补一篑之亏，则造福于古人尤不浅矣，通介叟鲍廷博谨白。"（《丛书》第二十三集）

吴骞跋云："《渑水燕谈录》，右十卷，明商氏《稗海》刻本，绿（渌）饮先生（鲍廷博）于乾隆甲辰（四十九年，1784）、嘉庆壬戌（七年，1802）两次从宋本校，均识岁月于后，丹黄排比几遍，并于卷首补录绍圣二年（1095）自序。"（《拜经楼藏书题跋记》卷四）

刘按，是书《四库全书》据内府藏《稗海》本录入《子部·小说家类》。

是书初刻于宋绍圣二年（1095），《宋史·艺文志》《直斋书录解题》《郡斋读书志》皆有著录。撰者王辟之字圣涂，青州人。治平四年（1067）进士，从仕四方，后退居渑水。该书取与四方贤士燕谈中可记事，凡三百六十馀则，分帝德、谠论、名臣、知人、奇节、忠孝、才识、高逸、官制、贡举、文儒、先兆、歌咏、书画、事志、杂录、谈谑，凡十七类。《稗海》本录十五类二百八十五则，缺"文儒""谈谑"两类，且所缺卷十，竟以卷四析为两卷，以充完帙。鲍刻《丛书》本，类别齐备，记事多出三十一则。唯"先兆"类略有短缺。

鲍跋未署年，姑置于此。

刻元吴师道《吴礼部诗话》一卷，入《知不足斋丛书》第二十二集，并作跋文。

鲍廷博跋云："右小山堂赵氏写本，郁君佩先（礼）所赠，惜传抄多谬，无从得维扬马氏元刻本正之耳。至卷内舒道纪《赤松诗》及时天彝诗二条，元注云'见下卷'，今下卷亦不传，惜哉。知不足斋书。"（《丛书》第二十二集）

刘按，鲍廷博未署年，姑置于此。

是书《四库全书总目》未录。

是年黄丕烈集所藏宋刻书于一室，辑《百宋一廛书录》。

跋抄本元张翥《蜕庵诗》四卷，有跋文记之

鲍廷博跋云："苏（伯衡）序云公所作最多，掇其遗尚有五百馀首，今集实五百九十三篇。别本有释宗泐跋云选得九百首，疑传写之讹耳。"（《善本书室藏书志》

卷三十四《集部·别集类》)

刘按，上述鲍跋系丁丙过录。丁氏又云，是书乃“鲍廷博从明虞山梅林潘京倩藏本录出并跋”。《中国古籍善本书目·集部·别集》著录是书为“清嘉庆八年（1803）鲍正言抄本，清鲍廷博校并跋，鲍正言、丁丙跋”。因未见原抄本，廷博之孙鲍正言跋文无从录出，而丁氏跋文载《善本书室藏书志》。鲍氏祖孙抄校是书，今藏南京图书馆。

1932年傅增湘从藻玉堂得《蜕庵诗》四卷本，系衡山释大杼北山编集，为影写明洪武刻本，乃海源阁之旧物，傅有题跋载《藏园群书题记》卷十六。

又据《中国古籍善本书目》著录：《蜕庵诗》五卷，清鲍氏知不足斋抄本，八行二十一字，上海馆藏；《蜕庵诗》五卷《补遗》一卷《附录》一卷，清鲍氏知不足斋抄本，清奚冈补佚，十行二十一字，左右双边，上海馆藏；《蜕庵诗》五卷《蜕岩词》二卷，清鲍氏知不足斋抄本，南京馆藏；《蜕庵诗》五卷《蜕庵词》二卷，清抄本，丁丙跋。

是书鲍氏未刻入《知不足斋丛书》，也未见单刻，《四库全书》据浙江巡抚采进本录入《集部·别集类》，题《蜕庵集》五卷，提要云：四卷本出洪武三年（1370）锡山郎成抄本，五卷本出明初释大杼手抄本，为朱彝尊旧藏。

鲍氏抄校此本，今藏南京图书馆，有“老屋三间，赐书万卷”“世守陈编之家”“歙西长塘鲍氏知不足斋藏书”诸印。

鲍廷博与吴骞尝结读书会，每月过从，以书相假，吴骞有诗记之。

吴骞云：“尤喜鲍明远，岁月成交会（原注：予与渌饮各以书相假，且仿昔人岁月为书会）。奇觚每传抄，秘册互钩寄。契勘敢辞劳，丹黄亦有致……”（《拜经楼诗续集》卷一《宛委摊书图为雪樵骑尉题》)

嘉庆九年（1804）甲子，七十七岁

五月，嘉兴、湖州一带遭大水，鲍廷博时居杭州赵魏家，不得归桐乡乌镇，与赵相互研究、校勘旧抄本元鲜于枢《困学斋杂录》，以遣愁怀，鲍有跋记之。

鲍廷博跋云：“嘉庆甲子（九年，1804）五月，霪雨兼旬，嘉、湖两郡几成泽国，寓晋斋（赵魏）书种堂，欲归不得，愁坐无聊，相与反复研究，校出讹误十馀字，以消闷怀，遣积虑耳。廿五日大雨中识。”（《丛书》第二十九集)

刘按，是书后由其子士恭刻入《知不足斋丛书》第二十九集。《四库全书》据吴玉墀家藏本录入《子部·杂家类》。

赵魏，见乾隆六十年条按语。

吴骞为鲍廷博《花韵轩咏物诗》题诗五首，称赞鲍氏。

吴骞《题鲍绿（渌）饮韵花（花韵）轩咏物诗后》五首："玉尺纱厨汗简量，白头涵泳尚青箱。定香亭下清风在，争看诗人鲍夕阳。"（原注：君以《夕阳诗》著名，见《定香亭笔谈》。）（其一）"野鹤孤云意自如，遐搜万卷注虫鱼。久重欲遂高人愿，不赐头衔只赐书。"（其二）"旧恨新愁组织成，沉吟往事一凄清。短蓬芦渚三更梦，夜雨桐华廿载情。"（其三）"探骊剩有珠盈握，涉笔皆成龙点精（睛）。可但鸡林传纸贵，长埼岛外识君名。"（其四）"唱和松陵偶寄踪，齐云采药悔疏慵。何时更把宣城句，吟上光明顶山峰。"（原注：君家天都，予居白岳，家山咫尺，遥相望也。）（其五）（《拜经楼诗集续编》卷二）

刘按，吴诗未录入今影印传抄本《花韵轩咏物诗存》。

吴诗其三有云："短蓬芦渚三更梦，夜雨桐华廿载情。"可证鲍廷博自杭州迁居桐乡，至是时二十年矣（或为概数）。其始迁或于乾隆四十四年，至四十九年已毕。

十一月，跋吴翌凤手抄元陶宗仪《游志续编》一卷，有跋文记之。

鲍廷博跋云："明钱罄室（榖）手抄《游志续编》，吴郡陆白斋（绍曾）先生所贻，吴君枚庵（翌凤）借录未还，出游逾十稔不归，家所藏书散失殆尽。此书幸为黄孝廉荛圃（丕烈）所得，余辍元刻《道园遗稿》易之，不可，则以枚庵手抄本归于余，喜过望望，如获瑰宝，旧本不复置念矣。枚庵书法秀逸，手书秘册几及千卷，他所收储，亦皆善本，今之钱罄室也。一旦化为烟云，其归也盖有大为难者矣，展卷叹息久之。嘉庆甲子（九年，1804）十一月望，通介叟鲍廷博识于知不足斋。"（《铁琴铜剑楼题跋集录》卷二，瞿良士辑，1985年4月上海古籍出版社。又见《爱日精庐藏书志》卷七）

黄丕烈《游志续编跋》云："此钱罄室（榖）手抄《游志续编》真迹。去冬（嘉庆九年，1804）陶五柳（蕴辉）携以示余，云是吴枚庵（翌凤）家所散出者，余爱之甚，因索直二十金，因循未交易。至今春，始以家刻《（战）国策》十部相易，盖价亦约略可抵也。相易后，适鲍丈渌饮闻之，欲以所刻《知不足斋丛书》二十部向五柳相易，五柳告以与余交易，故思欲属抄副本，以元刻《道园遗稿》相易，余惮烦未之允。余叩五柳，渌饮何以必欲相易故，五柳云此书原为渌饮物，后为枚庵借去，故欲易归耳。枚庵客楚久耳未归，此书杳无踪迹，今知散出，故欲易归耳。适又收得枚庵传录本，作书致渌饮，渌饮如前约，相易而去。余谓此书收藏源流不可没其实，缘表而出之……甲子（嘉庆十年，1805）冬至前一日，微雪初霁，窗明几净，重检书此，荛翁黄丕烈识"（《荛圃藏书题识》卷三）

黄丕烈《道园遗稿六卷跋》（元刻本）云："此知不足斋藏书也。其主人鲍渌饮以是书易余所得吴枚庵（翌凤）手抄陶九成（宗仪）《游志续编》去，其所以相易之故，有不可不著者，因详著之：先是渌饮有钱叔宝（榖）《游志续编》，借于吾郡吴枚庵，枚庵客楚中，久无音耗，妻子亦踪迹而去已数年矣，家中一切书籍，或寄诸亲友，或托诸学徒，年来陆续散出，此书遂为余有。渌饮觇知之，托余友陶蕴辉（五柳）致意欲余缮一副本，以元刻虞（集）《道园遗稿》相易，而余恐抄胥传录损伤元本，因婉词谢之。适又收得枚庵传录本，余作书致渌饮，渌饮以此本见畀……甲子（嘉庆十年，1805）十一月冬至前二日甲辰荛翁黄丕烈识。"（《荛圃藏书题识》卷九）

刘按，是书钱榖于嘉靖四十年（1561）抄自吴郡彭年（字孔嘉，室名云光阁）。吴翌凤于乾隆五十一年（1786）秋七月假鲍氏知不足斋藏钱氏手抄本传抄。吴翌凤藏书散佚，所借于鲍氏的钱抄本为黄丕烈所得，黄不肯转让鲍氏（虽以元刻虞集《道园遗稿》易之，也不允），鲍氏乃得吴氏传抄本，且亦喜之过望。

是书钱榖跋文及吴翌凤跋文皆见于《铁琴铜剑楼题跋集录》卷二。

吴翌凤、陆绍曾均见乾隆四十二年条按语。

陶蕴辉名珠琳，陶正祥（庭学）之子，父子均为书业老手。

宋陈仁玉有《游志》一编，陶氏拟续之。《续志》有一卷本和二卷本。钱罄室抄本今藏国家图书馆，作不分卷，有黄丕烈题跋，劳健题款。见《中国古籍善本书目·史部·地理类》著录。

十二月二十一日，何元锡赠以清钱大昕刻本元李志常《长春子西游记》一册，鲍有跋文记之。

鲍廷博跋云："（嘉庆九年，1804）（十二月）二十一日松场舟中阅，阴。何梦华（元锡）三兄赠《长春子西游记》（元李志常撰）一册，嘉定钱竹汀（大昕）先生新刻也。"（国图藏本《剑南诗稿》卷六十九题识）

刘按，《长春子西游记》又称《长春真人西游记》，凡二卷《四库未收书目提要》著录，今有《道藏》本、《指海》本、《丛书集成初编·史地类》本、《四部丛刊》本等。

何元锡，见嘉庆二年条按语。

钱大昕，见乾隆四十三年条按语。

嘉庆十年（1805）乙丑，七十八岁

长至日，刻好友郁礼所赠的元盛如梓《庶斋老学丛谈》三卷，入《知不足斋丛书》第二十三集，作跋文，并作附记，深情地记下与郁氏笃厚友谊。

鲍廷博跋云："右盛庶斋《丛谈》，楷书精整，出自钱塘汪西亭（立名）氏，吾友郁君潜亭（礼）所贻也。间有误书，思之不适。闻某公有善本，欣然偕潜亭往借，秘不肯宣，仅录林吉人（佶）两跋相授耳，是为乾隆甲午（三十九年，1774）。迨嘉庆甲子（九年，1804）始据常熟钱功甫（允治）手抄本，一扫乌焉之讹，而潜亭已修文地下，惜不及见也。往读某公所著《清暇录》，历数近来藏书家，而自述其储蓄之富，曾几何时，悉已散为烟云，渺兹一粟，漂流沧海中，杳不知其所之也，因慨生死旦暮无常。予家所藏，异时岂能独保，徒令后人复哀后人耳目间。尝语儿辈，与其私千万卷于己，或子孙不为之守，孰若公一二册于人，与奕祀永其传，此区区校刻《丛书》之苦心，窃欲共白于当世，而一为之劝也。展阅此书，益增振触，亟命梓以慰老怀，且不辜潜亭殷勤持赠之意耳。庶斋，扬州人，曾为衢州教官，见龚璛《存悔斋集》，他未能详也。嘉庆乙丑（十年，1805）长至日，通介叟鲍廷博识于知不足斋，时年七十有八。"（《丛书》第二十三集）

刘按，是书《四库全书》据安徽巡抚采进本录入《子部·杂家类》。

汪立名，见乾隆二十一年条按语。

钱允治（1541—1624）字功甫，吴县人，钱穀之子。承父喜抄书藏书。

鲍廷博《庶斋老学丛谈》附记："郁君名礼，字佩先，潜亭其自号也，钱塘诸生。家世素封，储书充牣。潜亭又增益所未备，成巨观焉。时小山堂赵氏（赵昱、赵信兄弟）藏书业已散佚，所馀残帙，尚多异本，君悉力购之。家在城东，去厉征君鹗樊榭山房不一里，传录其秘册尤多。征君殁，其家出所著《辽史拾遗》手稿，君以四十金购焉。中间缺五十纸，百计求之不得。一日，与予步至青云街，见拾字僧肩废纸两巨簏，检视之，皆厉氏所弃，征君平日掌录《辽史拾遗》在焉。亟市以归，纷如乱丝，一一为之整理，闭户两月，缀辑成编，适符所缺，若有鬼物阴相之者，事亦奇矣。君恂恂儒雅，与人交有晏子之风，而尤与予昵，无三日不相过，过必挟书而来，借书以去，虽寒暑风雨，不为少间。藏书东啸轩，轩额董香光（其昌）所书。庭前古桂二树，相传明万历间所植，交柯接叶，清阴覆檐。室中牙签万轴，都成碧色。君凭几校录，晨夕不休，经其庭，阒如也。花时每招余信宿其中，时出法书名画以相评品，或随意抽架上书共读，或谈往事，或赋小诗，香炉茗碗，婆娑竟日。更深月上，两人徘徊花影下，意思闲适，仿佛东坡与张怀民承天寺之游，

尚惜两公当时不在金粟世界中耳。解衣就寝，香染襟袖。自予移家乌戍，遂无复有此乐矣。君弃世不数年，邺架曹仓渐就零落，主人避客，尘榻空悬，惟旧时明月流光碧树间耳。因校刻所赠书，为之凄然搁笔。通介叟记。”（《丛书》第二十三集）

刘按，此则从拾字僧废纸筐中得厉鹗《辽史拾遗》散佚五十纸残稿事，丁申《武林藏书录》记为郁礼事，欠确。

厉鹗《辽史拾遗》二十四卷，《四库全书》据浙江巡抚采进本录入《史部·正史类》，后有汪氏振绮堂刻本和《广雅书局丛书》本。

闰六月，借维扬秦恩复石研斋所藏明弘治十四年（1501）范文恭手录本元方回《桐江集》四卷，校传抄汪氏振绮堂本，并作题跋。

鲍廷博跋云：“嘉庆乙丑（十年，1805）闰六月，借维扬秦氏（恩复）石研斋所藏弘治十四年（1501）范文恭手录本重校，凡改正数百字，补录者数千字，始为善本。去乾隆庚寅（三十五年，1770）借振绮堂（汪宪）本抄录时，忽忽三十六年矣，掩卷为之抚然。念八日志，知不足斋鲍廷博识。”（《标点善本题跋集录·集部·别集类》）

刘按，秦恩复（1760—1843）字近光，一字敦夫，号澹生，江都人。乾隆五十二年（1787）进士，官至太史。好蓄书，家有石研斋，藏书数万卷，亦精校勘鉴别，著有《石研斋集》《享帚词》等。

汪宪，见乾隆三十四年条按语。

鲍氏手校本今藏中国台北“中央图书馆”。此书原为铁琴铜剑楼藏书。

是书见《四库未收书目提要》著录。题称八卷，后有《宛委别藏》本，亦八卷。又《善本书室藏书志·集部·别集类》著录有鲍氏抄校四卷本。

重九，刻宋范成大《石湖三录》中《揽辔录》一卷《骖鸾录》一卷，入《知不足斋丛书》第二十三集，并作跋文。

鲍廷博跋云：“《石湖三录》，明嘉靖间吴郡卢襄曾合刻于建安书坊，去今二百馀年，流传绝少，此本其仅见也。外此惟（陈继儒）宝颜堂先后刻入《秘笈》，传世尚多，然《秘笈》所刊书草率误人，往往失昔人面目，是为古书一厄，有识者恨之。此《三录》中《吴船录》尤缪戾，有脱去数行者，予得是本，则刊正之矣，今并《揽辔》《骖鸾》二录补入《丛书》，而附以《桂海虞衡志》，仍卢氏之旧也。惟《揽辔录》元本二卷，是晁氏（公武）《读书志》著于录，今卢氏所刻，卷帙寥寥，与《秘笈》本相同，视二录详略迥殊。眉公（陈继儒）盖云抄自《说郛》，则元本之亡，由来旧矣，惜哉。嘉庆乙丑（十年，1805）重九后一日，通介叟鲍廷博寓友

人赵晋斋竹崦庵识。”（《丛书》第二十三集）

刘按，《石湖三录》中《吴船录》一卷，鲍氏约于乾隆五十九年（1794）刻入《知不足斋丛书》第十八集。

据所附卢襄跋，卢氏合刻于明嘉靖六年丁亥（1527）二月。

赵晋斋即赵魏，见乾隆六十年条按语。

九月十九日，从元刻本校抄本元周伯琦《近光集》三卷《扈从诗》一卷。其孙鲍正言又传录《周翰林集补遗》二卷。鲍氏祖孙均各有跋文。

鲍廷博朱笔跋：“嘉庆乙丑（十年，1805）九月十九日，从元刊本校正，惜元刻亦有漶漫处，未能悉补耳。通介叟记，时年七十有八。”又，“渌饮又手书补入《理公岩记》《杭州三生石题名》《戴九灵画像赞三首》。”

鲍正言《补遗》题识：“嘉庆九年正月二十五日录毕，鲍正言。”（均见傅增湘《藏园群书经眼录》卷十五《集部四》）

刘按，是书未刻入《知不足斋丛书》。《四库全书》据江苏巡抚采进本录入《集部·别集类》，无《补遗》二卷。

十一月，校刻元杨允孚《滦京杂咏》二卷，入《知不足斋丛书》第二十三集，并作跋文。

鲍廷博跋云：“乾隆己丑（三十四年，1769）十月二十一日，阻风虞山，阅市购此。”“《滦京杂咏》，通百有八首。罗璟跋（即明成化十三年，1477刻本）云百首，举成数耳。秀野草堂（顾嗣立）选《元诗》，遂乃删去八首，以符其数，举世遂不见其全，中如‘故乡不是无秋雨，听过匡庐始怆神’及‘不比江南花事早，家家儿女鲜伤春’诸作，在卷中尤极风韵，转置不录，不知操选之意何在？亟为刊定，以还旧观。嘉庆十年（1805）十一月十八日通介叟鲍廷博识。”（《丛书》第二十三集）

刘按，鲍氏在虞山所购的明成化罗璟刻本进呈于四库馆，《四库全书》即据鲍家（士恭）藏本录入。今明成化本已佚，今日尚能见此书者，全赖鲍氏之功。

鲍氏又有据明成化本传抄本，见傅增湘《藏园群书经眼录》卷十五《集部四》。

冬，鲍廷博出借手校宋项安世《平庵悔稿》给赵魏校阅，赵有跋文记之。

赵魏《平庵悔稿跋》云：“右《平庵诗稿》从《永乐大典》录出……旧录不分卷，编为三帙，有分体错误者，余为正其讹，辑《平庵悔稿》十五卷《悔稿后编》

为六卷，仍《书录解题》之旧。《丙辰悔稿》佚去为多，只存一卷。闻松阳尚有旧藏刊本，当访辑之，以为全璧。嘉庆乙丑（十年，1805）冬日，仁和赵魏借知不足斋本。”（《皕宋楼藏书志》卷八十六）

刘按，项氏《平庵悔稿》，亦作《平安悔稿》，《四库未收书目提要》著录，当即出鲍氏家藏而赵氏校阅者。提要云：“此则依旧抄过录，合前后集凡一千二百八十五首，分卷与《宋志》不合。”

此处“松阳”当谓陆陇其（1630—1693），字稼书，平湖人，家有三鱼堂，喜收藏，著有《三鱼堂文集》。

冬，黄丕烈致书鲍廷博，询问其旧藏残本《元朝秘史》事。

黄丕烈《嵇康集跋》：“去冬（嘉庆十年，1805）曾作札，询其（鲍廷博）旧藏残本《元朝秘史》。”“嘉庆丙寅（十一年，1806）寒食日，晨雨小润，夜风息狂。荛翁书。”（《士礼居藏书题跋记》卷五《嵇康集》）

十二月中旬，鲍廷博再东渡钱塘江，探访汪辉祖，盘桓五日。汪劝鲍氏作书籍考订笔录。

汪辉祖云：“（嘉庆十年）十二月十二日，鲍君以文东渡，喜阴雨连日，藉可信盘桓。予交以文四十年，《双节》诗文刻碑镂板，具费心力。尔来岁一访余，今七十有八，精神愈健，谈说旧事，靡靡可听，于书籍尤殚见洽闻，尝劝其录记异同存佚，以资考订，以文每笑颔之，至今尚未属笔。……十七日，以文病头晕，急西渡，余用自危也。”（《梦痕录馀》）

冬，抄校元龚璛《存悔斋诗》一卷《补》一卷《续补》一卷，并作跋文。后嘱孙鲍正言抄录副本，正言亦作跋。

鲍廷博跋云：“龚子敬（璛）宣城诗凡十一首，顾氏（嗣立）秀野草堂《元诗选》仅刻其九，偶于李竹懒（日华）《味水轩日记》中获见全帙，因并句曲（张雨）、云林（倪瓒）二跋录附存稿之后，以补其佚云。嘉庆十年（1805）岁在乙丑冬至前二日，介叟记于知不足斋，时年七十有八。”

鲍正言跋云：“家塾旧藏《存悔斋诗》，屡经吾祖手校，乾隆癸丑（五十八年，1793。应为癸巳之误。癸巳为乾隆三十八年，1773）呈送四库馆收入《全书》矣。老人近理故箧，出所存副本展玩，丹黄满卷，嫌妨病目，令言重录清本，以娱晚景。承命欣然，四日终卷，末附宣城诗帖十一首及游天平山诗一首，又介叟顿时所增入也。嘉庆乙丑（十年，1805）冬至前二日灯下，孙正言谨志。”（均见沈津《书城挹翠录》第220页）

刘按，是书未刻入《知不足斋丛书》。《四库全书》据鲍士恭家藏本录入

《集部·别集类》。

是书半页十行二十字，黑格，首叶书口下有“长塘鲍氏知不足斋正本，嘉庆乙丑慎斋（正言号）手抄”。国图藏鲍廷博手校本。

是书知不足斋初抄本进呈四库馆收录后，发还原本，首叶有“翰林院印”。书中朱笔皆鲍廷博手校，今藏复旦大学图书馆，见《嘉业堂藏书志》卷四《金元别集》著录。

李日华（1565—1635）字君实，号竹懒，嘉兴人。明万历二十年（1592）进士，官至太仆寺少卿。善书画，精鉴别，家有六研斋，著有《味水轩日记》《六研斋笔记》等。

仲冬，跋抄本元吾丘衍《竹素山房诗集》三卷《附录》一卷，有两跋记之。

鲍廷博跋（一）云：“右吾《竹房诗集》，郁君佩先为予抄自樊榭山房。读杭太史（世骏）跋，知其本近年始出于维扬马氏也。予考朱性父（存理）《吾氏类集题词》，是书自性父《虞山杂抄》录出，始传于世。今第三卷末《招雨师》以下诸诗文，皆朱所补录数十则，亦其所手辑，是马氏所得，实野航（姚文奂）先生所遗留，其功不可没也。乾隆癸巳（三十八年，1773）朝廷开四库馆，予别缮洁本进呈乙览，诏儒臣采入《全书》，以不朽之矣。然密阁所储，人罕得见，登之梨枣，广其传，诚好古者所宜留意也。时嘉庆十年（1805）岁在乙丑仲冬下浣，歙西鲍廷博识于知不足斋。”

鲍廷博跋（二）云：“仇山村（远）《金渊集》，堇浦（杭世骏）太史始于竹房诗题中耳其名，诧为异闻而深惜其不传。未几，高宗纯皇帝开馆采访遗书，得之《永乐大典》中，既纂入《四库全书》，复颁武英殿集珍版于各直省承学士，遂家有其书，而樊榭（厉鹗）、堇浦已相继下世矣。博末学小生，幸天假之年，转得见所未见，岂非平生望外之喜欤？通介老人又笔，时年七十有八。”（《皕宋楼藏书志》卷九十六《集部·别集类三十》，又见《静嘉堂秘籍志》卷三十九）

鲍正言跋云：“嘉靖戊申（二十七年，1548）秋，董元子（子行）校勘于寒玉堂。乾隆壬午（二十七年，1762）春传樊榭山房本于知不足斋。嘉庆乙丑（十年，1805）冬，长塘鲍正言重抄。”（《抱经楼藏书志》卷五十八）

傅增湘云：“是书旧写本题‘鲁郡吾丘衍子行’。有杭世骏跋，嘉庆十年鲍廷博跋，又跋一则，题诗八首，又鲍正言诗四首（原注：杨耀松自杭州寄来。戊午）。（《藏园群书经眼录》卷十五《集部四》）

刘按，据瞿冕良《中国古籍版刻辞典》载：“董子行，明嘉靖间人，抄本有宋邓牧《伯牙琴》一卷、元吾丘衍《竹素山房诗集》三卷。”馀不详。

樊榭山房为厉鹗室名，见乾隆二十六年条按语。

国家图书馆藏是书清抄本，为鲍廷博校，钤有“海昌陈琰”“歙西长塘鲍氏知不足斋藏书印”“老屋三间，赐书万卷”“嘉兴刘氏嘉业堂藏书记”诸印，然只有校字并无诸跋文及诗作，或失落欤？傅氏经眼此书署“戊午”为民国七年（1918），距今已九十年矣。

厉鹗，见乾隆二十六条按语。

杭世骏，见乾隆三十五年条按语。

郁礼，见乾隆二十一年条按语。

朱性父即朱存理。存理（1444—1513）字性甫（父），明长洲人。博学工文，善画，嗜书，藏弆达十万馀卷，著有《铁网珊瑚》等。

野航即元姚文奂。文奂字子章，号娄东生，崑山人。家有野航亭，人称姚野航，博极经史，有《野航亭稿》等。

是书鲍氏未刻入《知不足斋丛书》，《四库全书》据汪汝藻家藏本录入《集部·别集类》。谢国桢先生《江浙访书记》据苏州顾鹤逸（麟士）旧藏清乾隆三十七年郁礼抄本录入，三卷之外，有《附录》一卷《闲居录》一卷。

是年，鲍正言从赵氏竹崦庵传录元刻本宋杜大珪《皇朝名臣续碑传琬琰集》八卷，有题记。

鲍正言题记云：“嘉庆十年（1805）录于赵氏竹崦庵。”（转自周生杰、季秋华辑《鲍廷博题跋集》，2012年浙江人民出版社）

刘按，竹崦庵乃赵魏室名，见乾隆五十四年条按语。

是书《中国古籍善本书目》未著录，而著录是书上集二十七卷中集五十五卷下集二十五卷者宋刻本多部。据网上称，是书历明末毛氏汲古阁、清鲍氏知不足斋递藏。

傅增湘《藏园群书经眼录·史部·传记总录》著录该书十六卷（前集八卷后集八卷），宋刻本（疑元翻刻本），有鲍廷博跋、孙星衍跋、徐渭仁跋，然未录鲍跋文，系顾鹤逸藏书，民国元年（1912）二月十一日，傅观。未知孰是。

是年鲍氏将自己诗词之作编为《花韵轩咏物诗存》，延阮元为之序。

阮元《花韵轩咏物诗存序》云：“歙县鲍君以文少有书癖，搜罗繁富，凡古人之长笺小疏，谰言剩语，一一掌录。中朝开四库馆，进书至七百种以上，名动当宁，因刻其所得《知不足斋丛书》二十馀集，虽明人如虞山毛子晋无以逾之。余赠诗所谓‘当世应无未见书’者，此也。中年后尤耽吟讽，杖笠所至，一草一木，流连竟日，如《夕阳》一题，多至二十咏，可谓极体物之妙矣，而隶事渊雅，即于小注中见其一二，因裒为《咏物诗存》一册，请书其缘起。

余思君生清时，无荀卿、屈子之境遇，而又不若李（峤）、谢（宗可）之切切于时名，模山范水，独标冲澹之旨，不蕲名而名自至，昔鲍清风以《孤雁》一篇，至今口之不置，若斯之多且美者，后之人宜若何矜惜之邪？今君年近八十矣，因书此以为之寿。嘉庆十年（1805）扬州阮元序。”（《花韵轩咏物诗存》册首）

袁枚云：“吾乡鲍以文廷博，博学多闻，广镌书籍，名动九重；不知其能诗也。余偶见其《夕阳》二十首，清妙可喜，录其一云：‘一匝人间夕又朝，晚来依旧满闲寮。疏分霜叶秋容淡，细点征帆别思遥。淡淡欲随城角尽，明明还带酒旗摇。迷藏惯匿西楼影，不似春愁不肯消。’其他佳句，如：‘马上看山多倦客，溪边扫叶有闲僧。’‘问谁闲袖遮西手，老我空怀再少心。’‘远引钟来云外寺，渐分灯上酒家楼。’‘愿得少留墙一角，悔教高卧竹三竿。’‘不愁一去踪难觅，却恐重来事转生。’‘山外有山看未足，几回倚杖立衡门。’皆妙绝也。可称古有鲍孤雁（宋鲍当），今有鲍夕阳矣。”（《随园诗话补遗》卷二）

刘按，《花韵轩咏物诗存》或称不分卷，或称三卷（亦题《花韵轩小稿》二卷《咏物诗》一卷），系鲍廷博晚年集诗作而成。鲍氏一生刻印古人与时贤著述数百种之多，而于自己唯一的诗集不曾付梓。据蒋元卿《皖人书录》《中国古籍善本书目》著录，只有抄本传世，藏于国家图书馆、安徽省图书馆、中山大学图书馆，世人难得一见，故历来论及鲍氏“工诗”时，只就阮元《定香亭笔谈》所言，从未涉及其诗集内容。

所幸今《清代稿抄本》（《国家清史编纂委员会·文献丛刊》第25册，2007年4月广东人民出版社）据中山大学藏本影印问世，才有机会让更多人始识庐山真面目。《诗存》共收录诗一百五十九首，词一首，友朋唱和赠答诗作十七首，多为七言律，少数为七言绝。其内容除“咏物”（柳絮、栏干、枕、花、帘等）之外，有以“书”为内容的《书香》《书声》《书灯》《书厨》等，以及友朋题赠之诗。其著名的《夕阳》诗凡二十韵（《［光绪］桐乡县志》卷十五《人物·寓贤》称三十韵，误），阮元谓：“可谓极体物之妙矣。”参本书附录——《鲍廷博〈花韵轩咏物诗存〉》。

据赵怀玉《书鲍大廷博夕阳诗后》，鲍氏《夕阳诗》当作于乾隆五十五年（1790）。参见乾隆五十五年条。

是年，黄丕烈刻季振宜《季沧苇书目》。顾广圻为秦恩复撰《石研斋书目》成。黄丕烈注顾广圻《百宋一廛赋注》成。

卷五

嘉庆十一年至十九年（1806—1814）

七十九岁至八十七岁

嘉庆十一年（1806）丙寅，七十九岁

春，以老病购药之需，斥卖明姚宽丛书堂抄本《嵇康集》、元刻《契丹国志》、活字本《范石湖集》、旧抄残本《元朝秘史》等，给黄丕烈。黄赠之番饼四十枚。

黄丕烈《嵇康集跋》：“此《嵇康集》十卷，为丛书堂抄本，且匏庵（姚宽）手自雠校，尤足宝贵。”“余得此于知不足斋，渌饮年老患病，思以去书为买参之资。去冬（嘉庆十年，1805）曾作札往询其旧藏残本《元朝秘史》，今果寄余，并以此集（《嵇康集》）及元刻《契丹国志》、活（字）本《范石湖集》为副，余赠之番饼四十枚。”“嘉庆丙寅（十一年，1806）寒食日，晨雨小润，夜风息狂。荛翁书。”（《士礼居藏书题跋记》卷五）

孟夏，散出毛抄本《宾退录》、毛抄《苹洲渔笛谱》、沈彤过录惠士奇、惠栋父子校阅本《逸周书》。本嘱其子书归黄丕烈，不料中途为捷足者先得之，欲转售于黄丕烈，黄拙于财力、只假借一校而未购。

黄丕烈《宾退录跋》：“顷鲍渌饮以是书（《宾退录》）毛抄本嘱其子归余，中途为捷足者得之，同得者尚有毛抄周公瑾（密）《苹洲渔笛谱》、沈冠云（彤）临惠氏父子校阅本《逸周书》共十番。今欲倚价归余，余之力亦同莲泾（王闻远），遂效莲泾故态，扃户屏客，细加校阅，用朱笔涂改，亦竭二日之力而毕。”“丙寅（嘉庆十一年，1806）孟夏，荛翁识。”（《士礼居藏书题跋记》卷四《宾退录》）

刘按，宋周密《苹洲渔笛谱》二卷，鲍氏于乾隆四十六年（1781）刻入《丛书》第八集。《四库全书总目》未录，《四库未收书目提要》即据鲍氏藏本传抄著录。

王闻远（1663—1741）字声宏，号叔子，又号莲泾居士，吴县人。家有孝慈堂，藏书甚富，编有《孝慈堂书目》。

九月下旬，鲍廷博访汪辉祖，告知其所撰《学治臆说》《善俗书》已收入《知

不足斋丛书》。

汪辉祖云："（嘉庆十一年）九月二十三日，鲍渌饮先生来，知《学治臆说》《善俗书》刻入《知不足斋丛书》第二十四集。"（《梦痕录馀》）

刘按，今《知不足斋丛书》第二十四集均不见汪撰此二书。《学治臆说》二卷，后入顾修《读画斋丛书》庚集及《龙庄遗书》。《善俗书》一卷，收入《龙庄遗书》，或鲍氏拟刻而未果。

《学治臆说》，乃汪辉祖作县令之经验总结。

汪辉祖，见乾隆四十二年条按语。

是年阮元主纂《十三经注疏校勘记》成，凡二百四十卷。

本年，鲍廷博从阮元文选楼借校宋李昉等编《太平御览》一千卷，鲍有跋文记之。

鲍廷博跋云："阮元文选楼藏书多秘简，《太平御览》其一也。嘉庆丙寅（十一年，1806）假得是书雠校，阅二载始毕，其用力可谓勤矣。"（转自蔡文晋《鲍廷博年谱初稿》）

刘按，是书鲍氏未刊刻，《四库全书》据张焘家藏本录入《子部·类书类》。鲍廷博同乡、同姓歙县鲍崇城于嘉庆十二年至十七年（1807—1912）刊刻，现存二百二十卷，藏上海图书馆。今有人将"二鲍"相混，将鲍崇城刻本当作鲍廷博刻本。

阮元，见乾隆五十九年条按语。

嘉庆十二年（1807）丁卯，八十岁

三月，传抄宋俞文豹《吹剑录》一卷，有跋文记之。

鲍廷博跋云："嘉庆丁卯（十二年，1807）三月，通介叟录于菜市桥。"（《皕宋楼藏书志》卷五十八《子部·杂家类四》）

刘按，《吹剑录》一卷，四库馆据两淮盐政采进本录入《四库全书总目·子部·杂家类存目》，提要谓其"议论实多纰缪，于古人多所诋诃"。而其《外集》一卷，则据江苏巡抚采进本录入《四库全书·子部·杂家类五》。鲍氏约于嘉庆十二、十三年（1807—1808）将《外集》刻入《知不足斋丛书》第二十四集，而《吹剑录》一卷未尝付梓。

四月，鲍廷博扁舟过吴，访陈鳣，相谈宋赵彦卫《云麓漫抄》版本及刊刻事。时鲍氏年虽八十而身体尚健。

陈鳣《云麓漫抄题识》："嘉庆十一年（1806）夏日，从拜经楼借得是本，携至吴中。今年春始得倩人传录甫竟，遂手录渌饮前后三跋，并拜经楼主人（吴骞）所跋所评，细校一过，至吾师朱子则称师云，以别之。渌饮扁舟过吴，见访，相与把玩，为之一快，且谓余曰：'此书尚缺图数页，故未刻入《知不足斋丛书》。'渌饮年八十矣，尚健饭，行不扶杖，时携书卷往来杭、嘉、苏数郡间，其好古清兴正复不异昔日也。嘉庆十二年（1807）四月望日，渤海陈鳣记。"（《简庄文抄续编》卷一）

刘按，陈鳣，见乾隆四十七年条按语。

助阮元编纂《四库未收书目提要》。

据阮元弟阮亨云："兄官学政巡抚时，留意于东南秘书，或借自江南旧家，或购之苏州番舶，或得之书坊，或抄自友人，凡宋元以前为四库所未收、存目所未载者，不下百种。为兄访求购借者浙之鲍以文廷博、何梦华元锡、严厚民杰之力居多。丙寅、丁卯间（嘉庆十一至十二年，1806—1807），兄奉讳家居，次第校写，共得六十种。每种皆仿四库书式，加以提要一篇。丁卯（嘉庆十二年，1807）冬，服阕入觐，进呈乙览，蒙赐披阅，奖赏有加。戊辰、己巳（嘉庆十三至十四年，1808—1809）复抚浙，续写四十种进呈，亦各写提要一篇。"（丁申《武林藏书录》卷上，又见阮亨《瀛舟笔谈》卷十一）

阮元之子阮福记道："家大人在浙时，曾购得四库未收古书进呈内府，每进一书，必仿四库提要之式，奏进提要一篇。凡所考论，皆从采访之处先查此书原委，继而又属鲍廷博、何元锡诸君子参互审订。家大人亲加改定纂写而后奏之，十数年之久，进书一百数十部。"（《武林藏书录》卷上，又见《揅经室外集》）

刘按，《四库未收书目提要》中如隋萧吉《五行大义》、宋段昌武《诗义指南》、宋周密《苹洲渔笛谱》、宋黄晞《聱隅子》、宋李季可《松窗百说》、宋谢坊得《诗传注疏》、宋苏过《斜川集》、元方回《桐江集》、元魏仲远《敦交集》、元孟宗宝《洞霄诗集》等，皆出自鲍廷博藏书。

阮元任浙江巡抚时，招集浙江文人鲍廷博、何梦华、严杰等人，组织编纂《四库未收书目提要》，嘉庆十二年（1807）进六十种，十六年在京师编成，凡收书一百七十三种，阮元以此得复官（先以科场案革职）。

《四库未收书目提要》，载阮元《揅经室外集》，今附录于1981年中华书局影印浙江文澜阁本《四库全书总目》之后。

何梦华即何元锡，见嘉庆二年条按语。

严杰字厚民，号鸥盟，钱塘人。家有书福楼。

嘉庆十三年（1808）戊辰，八十一岁

三月，得抄本元钱惟善《江月松风集》十二卷，过录朱之赤跋文一则，有题识记之。

鲍廷博题识云："嘉庆十三年（1808），岁在戊辰，上巳前两日，知不足斋补录。"（《涵芬楼烬馀书录》第725页）

刘按，是书未刻入《知不足斋丛书》，《四库全书》据山东巡抚采进本录入《集部·别集类》。

钱氏《江月松风集》久无刻本，明清两代以多种抄本传世。康熙二十五年（1686）朱之赤跋文叙其传抄收藏原委甚详。直至光绪中丁丙将其辑刻入《武林往哲遗著》中（丁氏嘉惠堂刻本）。

朱之赤字守吾，号卧庵，徽州休宁人，居苏州。为明末皇室之裔，入清为南京朝天宫道士，学问渊博，通天文术数，家有卧庵、留耕草堂，收藏图书及书画多精品，与叶奕、毛扆过从甚密，著有《朱卧庵藏书画目》。

是书钤有"歙西长塘鲍氏知不足斋藏书印""鲍""老屋三间，赐书万卷""世守陈编之家""纸窗竹屋，灯火青荧，时于此间得少佳趣"诸印。后入缪荃孙家，钤有"荃孙""云轮阁"印。

七月，校刻元李衎《竹谱详录》七卷，入《知不足斋丛书》第二十四集，并作跋文。

鲍廷博跋云："元李衎息斋《竹谱详录》刻于大德、延祐间，历年既久，旧刊不复可见矣，即摹写之本，亦稀如星凤，以图画为难耳。幸《永乐大典》曾经收录，《四库全书》因著录焉。博屡拟敬诣文澜阁就抄，以无能任绘事者，因循中辍，然未尝一日去诸怀也。嘉庆甲子（九年，1804）始于故家得明成化间缮本。此君风节宛然，法则具备，为之快慰。惜纸已糜烂，不宜展阅，富君秋鹤（名廉）见之嗟息，亟为予摹写一帙，置之案头，日供清玩，又为缩本，俾刊入《丛书》，永为游艺家一助，可为息斋功臣矣。旧抄缺《久竹》一图，并自序一篇，谨从阁本补全，而柯谦、牟应龙两序，则又阁本所佚也。秋鹤，华亭人，名廉，字谷香，石门方兰如薰入室弟子也。画能尽其师传，临摹古人尤不爽毫发，于此见一斑云。嘉庆戊辰（十三年，1808）七月既望，歙西鲍廷博识于青堆寓庐。"（《丛书》第二十四集）

刘按，《四库全书总目》据鲍士恭家藏本录入《子部·艺术类存目》，为一卷。提要云："衎《竹谱》十卷，已于《永乐大典》中采辑著录，此抄其百（十）分之一，乃改题曰'详录'，傎亦甚矣。"四库本作一卷。

八月，刻清朱履贞《书学捷要》二卷，入《知不足斋丛书》第二十四集。

是书前有嘉庆五年（1800）八月朱履贞自序。末有嘉庆十三年（1808）秋八月望日晋斋赵魏跋。赵跋云："秀水朱闲云（履贞）以布衣而工书法，尝纂《书学捷要》一编出以示余。""是编删繁就简，殚思古法，发挥意指，厘正论误，而于孙过庭《书谱》尤精研确核，辨晰微茫，发前贤之秘奥，其有裨书学岂浅鲜哉。吾友渌饮刊入《丛书》，用为后学津梁，亦不负闲云苦心已，因为识之。"（《丛书》第二十四集）

刘按，赵魏，见乾隆六十年条按语。

朱履贞，见嘉庆八年条按语。

十月，再借平湖钱培名所藏明祁氏澹生堂抄本校明权衡《庚申外史》二卷，并跋文记之。

鲍廷博跋云："嘉庆戊辰（十三年、1808）再借平湖钱梦华□庐所藏澹生堂抄本重校。间有大段脱落处，□□本如一□□。近时常熟张氏新刻正之。十月十二日灯下记。"（国家图书馆藏本，见《北京图书馆古籍善本书目·史部·杂史类》著录）

刘按，鲍校此书底本为明万历四十三年（1615）沈德先等刻《亦政堂广秘笈》本。

权衡字以制，吉安人，元末避居山中。

是书后有周星诒校注并跋。跋云："《庚申外史》二卷，鲍以文先生以旧抄本、澹生堂写本、张氏新刻本会校者。张本得之最后，故附及之，用蓝笔者也……己巳（同治八年，1869）三月潮州道中，季贶记。"又有蒋凤藻跋文一则，云："此《庚申外史》上下两卷，鲍氏知不足斋以文先生手校本也。前有墨笔跋语可证。余宦闽时得同寮周季贶太守斋中。周名星诒，浙江绍（兴）人，卷端末笔一跋，即其手迹云。光绪丙戌（十二年，1886）春日，付工重装，恐致脱漏。长洲蒋凤藻。"

是书《四库全书总目》据汪如藻家藏本录入《史部·杂史类存目》。

钱培名字宾之，号梦华，奉贤人，居常熟，钱熙经之子，熙祚之侄。官县丞，候选训导。承父万卷楼藏书，增益扩建小万卷楼，尝刻有《小万卷楼丛书》。

"常熟张氏新刻正之"，谓张海鹏辑刻的《学津讨原》中《庚申外史》。

跋抄本明虞堪《虞山人诗》三卷，有跋文记之。此书道光间为劳格所得，光绪

间再传入罗振玉。劳、罗均有跋文记之。

鲍廷博跋云："自识云三百三十三首，今本只二百九十三首，凡缺四十首。予别有《鼓枻稿》共四本，计诗三百廿一篇。此据赵本耳。"（国家图书馆藏本，见《北京图书馆古籍善本书目》著录）

刘按，劳格跋云："长塘鲍氏知不足斋藏本，乙巳（道光二十五年，1845）从吴山宝书堂收得，仅二百九十四首，与自识所云三百三十三首不符。戊申（道光二十八年，1848）二月陶鼎翁复以旧抄本见示，多诗三十九首，因命小映郎补足并目录八叶。鲍氏所藏《鼓枻稿》，今归上元朱述之（绪曾）大令，他日当借校之。丹铅生劳季言识。"罗振玉跋云："光绪己亥（二十五年，1899）得之沪上醉六堂，戊申（光绪三十四年，1908）二月重装，距季言先生（劳格）校补时恰六十九年也。上虞罗振玉题记。"

刘按，是书《四库全书》据汪如藻家藏本录入《集部·别集类》，题称《希澹园集》三卷。提要有云："世又有堪诗别本，题曰《鼓枻稿》者，与此集互相检勘，其诗篇数多寡并同，惟前后编次稍异，或即堪之原本，或后人别题以行，均未可定。"

劳格（1820—1864）字季言，一字保艾，浙江仁和人。诸生，尝入资为县训导。唯嗜古籍，家有丹铅精舍，与兄劳权（字巽卿，号蟫庐）专攻经籍，有"二劳"之目。著有《读书杂识》《丹铅精舍藏书目》等。

朱绪曾字述之，号北山，上元人。官至台州知府。家有开有益斋，藏书颇富。

罗振玉（1866—1940）字叔蕴，一字叔言，号雪堂，浙江上虞人。清末曾任学部参事、京师大学堂监督等职，辛亥革命后，逃往日本，伪满时被召入直南书房、伪监察院院长，为学界不齿。然罗氏为著名考古学家，于甲骨文研究贡献尤大，著有《殷墟书契前后编》等，也好藏书、刻书，家有"大云书库"，藏弆甚富，所刻有《玉简斋丛书》等。

鲍跋未署年，姑置于此。罗氏跋称重装此书距劳氏校补"恰六十九年"，计算有误，或笔误所致。

是年阮元嘱编的《宁波范氏天一阁书目》刻成。

严可均辑成《全上古三代秦汉六朝文》，为钦定《全唐文》之前接。

刻明程敏政《宋遗民录》十五卷，入《知不足斋丛书》第二十四集，鲍廷博作跋文数则，又其孙鲍正言跋一则。

鲍廷博《金华游录》卷末跋云："右《游录》一卷。案诸家跋语俱无作者主名，但云方、谢共成之而已。愚考（谢翱）《晞发集》，翱自有《游赤松观石羊记》《金华洞古迹人物记》二篇，其《金华洞记》末云：‘友人方凤既集为《行纪》，志其变怪有差。’则《游录》为（方凤）韶卿作无疑矣。谢记合三洞所见以类识之，总六十有四，并十二而五，得五十七，别出机杼与此不同，而形容变怪，物无遁形，则一也。允宜与方纪并行，而篁墩（程敏政）遗之，惜哉。至《石羊记》韶卿全录其文，不自为记，自是行文变化之法，而两人相与之情，亦具见于此云。嘉庆戊辰（十三年，1808）十月十四日通介叟鲍廷博识。"

鲍廷博《白塔行》后跋云："右诗载王逢《梧溪集》诸书所引，无及（滕）珙者，特附于此。通介叟鲍廷博记。"

鲍廷博《南宋诸陵复土记》后跋云："右记见《别本真迹日录》，予前所刊未有也。赵君晋斋魏从维扬抄得之，会予刻《遗民录》告成，亟补录之，以广异闻。海陵太尉盖张吴王士诚。正王梧溪所云，壤塔甃城时也，嘉庆戊辰（十三年，1808）六月二十八日寓两粤会馆识，通介叟时年八十有一。"

鲍廷博于《寄常州簿郑宗仁》后跋云："右诗采自《百正集》，读此知冬青之役郑亦与其事矣，亟附存之。通介叟。"

鲍廷博于《张千载》后跋云："欧阳夫人先丞相（文天祥）自到死，丞相狱中作文祭之，见张枢文《丞相传补遗》，又汪水云（元量）《浮丘道人招魂歌》其第五云：‘有妻有妻（妾）不得顾，饥走荒山汗如雨。一朝中道逢狼虎，不肯偷生作人妇。左掖虞姬右陵母，一剑捐身刚自许。天上地下吾与汝，夫为忠臣妻烈女。’元量在燕时，与丞相狱中倡和，‘忠臣烈女’，述丞相祭文中语得之目击，安得有张千载心寻访夫人于俘虏中事，此与黄冠归故乡之说，皆当时降元诸臣造作，以污蔑之者，正刘须溪（辰翁）赞中所谓‘昔忌其生，今妒其死也’。陶九成（宗仪）既误信之，载在《辍耕录》，篁墩又从而转述之，不知与第十卷所收张枢丞相（文）相矛盾也。"

鲍廷博于《和吴赞府斋居十咏》后题识云："《十诗》原本署名杨仲相同，未知孰是。杨集自有十首，题曰《东阳十题》。今仍原本之旧，而别录杨诗于后以正之云。"

鲍廷博于《题汪水云集后》跋云："右诗两篇载《永乐大典》第二万二千五百六十三卷第十七页，仁和余编修集自京师寄示，因补录于此，以存沧海中一粟，可谓幸已。嘉庆丁卯（十二年，1807）重九，通介叟鲍廷博寓两粤会馆，时年八十。"

鲍廷博于《宋遗事》后跋云："《水东日记》无‘虽因’二语，别结二句云：‘至今儿孙主沙漠，吁嗟赵氏何其隆。’其他亦多删节，不复校注。"

鲍廷博于《西江月词》后跋云："郎瑛《七修类稿》云：'初二句乃言元世祖德祐二年灭宋（刘按，'德祐'为南宋恭宗年号，二年为公元1276，相当于元世祖至元十三年，是年伯颜入临安，宋奉表投降），至顺帝至正十五年（1355），我太祖（朱元璋）三月起兵和阳（刘按，是年朱元璋克和阳，进兵江南，拔采石，取太平），正当九九八十一之数（刘按，自公元1276至1355年，头尾正八十一年），而三月乃清明时也。米田言番人也，直待龙蛇继马，是太祖以甲辰建国即位（刘按，元至正二十四年甲辰为公元1364年，即小明王龙凤十年，是年朱元璋称吴王。地支辰属相为龙），乙巳（1365年，地支巳属相为蛇）伐元都，至丙午（1366年，地支午属相为马）元亡，岂非龙蛇继马耶？死在西江月下，独言顺帝殂于应昌，猝取西江寺梁为棺之验耳。'右说足以补此注所未备。瑛疑宏吉剌氏非甕却，非北语，无定音。《元史·撒吉思传》中即作甕吉剌氏也。"

鲍正言于卷末跋云："平原陆氏本抄于顺治丁亥（四年，1647），此册又后七年矣。陆本久归家箧，末卷失去三叶，得此补写，遂为完书。竹里老人，姓氏莫详，存其跋语，庶不没老人苦心。正言。"（以上均见《丛书》第二十四集）

按，是书末附竹里老人癸巳四月五日跋文一则。号竹里者一为王云，字汉藻，一字雯庵，号清痴、竹里，高邮人，王斌之子，善画，雍正十三年（1735）作《群仙图》，时年八十四岁；一为彭行先，字务敏，一字贻令，号竹里（一作竺里）、竹里老人，吴县人，明崇祯以贡生授知县不就，入清隐居教授，善书，与金俊明、郑敷教并称"吴中三老"，年九十二卒；一为汪鹏，字翼沧（一作翼昌、翼苍），钱塘人，号竹里山人，工诗善画，贾于日本，得中土久佚之《古文孝经孔氏传》《论语集解义疏》《全唐诗逸》《七经孟子考文补遗》，与鲍廷博友善，前三书鲍氏将其刻入《知不足斋丛书》，后一书阮元之弟阮亨刻入《文选楼丛书》。此处"癸巳"当为顺治十年（1653），底本则出自平原陆氏（嘉颖），而补校则出自彭行先手抄本。

郎瑛字仁宝，仁和人。博综艺文。

陆嘉颖字子垂，又字明吾，嘉定人。天启中官主簿。

鲍正言，鲍廷博之孙，鲍廷博之次子鲍士宽之长子，号听香，一号衍香。

闰月，鲍廷博再传抄元尹廷高《玉井樵唱》三卷，鲍有题识记之。

鲍廷博题识云："嘉庆十三年（1808）岁次戊辰闰月既望，歙西长塘鲍氏知不足斋传抄。"（《抱经楼藏书志》卷五十九）

刘按，是书鲍氏未刊刻，《四库全书》据马裕家藏本录入《集部·别集类》。又今国家图书馆藏是书乾隆三十三年（1768）鲍氏知不足斋抄本（四库底本），说明该书进呈之后未发还，故鲍氏又重新抄录收藏。另国图、上图、复旦藏是书清抄本（均三卷本）。

嘉庆十四年（1809）己巳，八十二岁

正月十四日夜，鲍廷博访吴骞。吴有诗记其事。

吴骞《试灯夕喜绿（渌）饮文学过》（二首）："九帙遐龄叟，春王五夜灯。暗尘随杖屦，华发兴飞腾。酒借银花祝，诗凭玉漏增。素娥尤好客，先破早梅冰。"（其一）"金吾不禁夕，白雪愿丰谣。里药存吴质，烹葵及鲍昭。长恩祠晚岁，脉望载仙桡。却喜传柑会，偏归十二桥。"（其二）（《拜经楼诗集续编》卷四）

试灯日，由梧桐乡往海宁，访吴骞并相谈查慎行《苏诗补注》，吴骞有文记之。

吴骞云："嘉庆己巳（十四年，1809）试灯日，老友鲍渌饮自梧桐乡过访，谓有初白（查慎行）注苏诗手稿，予出此（《苏诗补注》）眎之，相对怃然，盖先生（查慎行）注此书，数易其稿始成，具见良工之苦心也。庚午（嘉庆十五年，1810）夏日，乡后学吴某跋于西篠之小绉云轩，时年七十又八。"（《拜经楼藏书题跋记》卷五）

刘按，查慎行（1650—1727）字悔馀，初名嗣连，字夏重，号他山、初白，浙江海宁人。康熙四十二年（1703）进士，官编修，雍正初以弟嗣庭文字狱入狱，次年赦归。为清初著名诗人、学者，著有《敬业堂集》等。

查慎行《补注东坡编年诗》五十卷，《四库全书》据通行本录入《集部·别集类》，提要有云："非惟邵（长蘅）注新本所不及，即施（元之）注宋本亦出其下，现行苏诗之注，以此本居最。"

十月，鲍正言手录宋于石撰吴师道选《紫岩于先生诗》三卷，鲍正言题识并过录沈廷芳跋。鲍廷博有题识记之。

鲍正言题识云："嘉庆十四年岁次己巳十月廿日，长林鲍正言录于知不足斋。"（下钤"鲍正言印"白方、"慎斋"白方印）

鲍廷博题识云："通介叟过眼，时年八十有二。"（下钤"廷博""通介叟"二白方印）

刘按，是书今录入《上海图书馆善本题跋真迹》（十二册）第427页。有"歙西长塘鲍氏知不足斋藏书印"（朱方）、"世守陈编之家"（朱文椭圆）。

十二月，鲍廷博传抄完元许恕《北郭集》六卷《补遗》一卷《遗集》一卷，有题识记之。

鲍廷博题识云："嘉庆己巳（十四年，1809）嘉平月（十二月）通介叟过眼，时年八十有二。"（上海图书馆藏鲍氏知不足斋抄本）

刘按，是书后经姚瑚校并作跋，然鲍氏未刊刻。《四库全书》据鲍氏家藏本录入《集部·别集类》，无《补遗》一卷。

十二月，鲍廷博为友人手录元许恕《北郭诗集》六卷《补遗》一卷，鲍有跋文记之。

鲍廷博跋云："昔年以北郭先生（元许恕）诗稿相订，三载之前果得腐烂本，特为录出寄上。盖三百年前手泽，真如赤刀大训，知先生必乐得而宝之也。然非先生叮咛，彼时未必搜录，表章有自烈祖须待文孙，后先辉映，固如此耳云云。嘉庆己巳（十四年，1809）嘉平月通小（介）叟过眼，时年八十有三。"（《抱经楼藏书志》卷六十）

刘按，是书为鲍氏从原稿抄录。读鲍跋文当为友人传抄此书（当为姚瑚）。该书今藏上海图书馆，有姚瑚校并跋。

是书鲍氏未刊刻，《四库全书》据鲍家进呈本录入《集部·别集类》

姚瑚，见嘉庆十九年条按语。

鲍廷博寓西湖表忠观，手抄清周二学《一角编》不分卷。与杨澥相聚五月馀，杨助鲍刻《知不足斋丛书》，杨澥、徐楙有跋文记其事。

杨澥跋云："此鲍世伯渌饮先生手录本也。先生不以书名，而笔致颇与倪云林（瓒）相近。澥于嘉庆己巳（十四年，1809）随先生寓西湖表忠观，助理校勘《丛书》，相聚五月馀。后澥在家，先生往来吴门，道出垂虹，必泊舟过寒斋，凡得未见书，定携以共赏，契厚若此，而先生之遗墨阙如也。兹晚菘居士（周二学）《一角编》全帙六十二叶，首尾不懈，真可宝贵，为题红馆主人梅庵（王光祖）所得，澥从其文孙借得。遗像，梅庵倩友人摹以弁首。展读恍聆昔日言笑也。道光壬辰十二年（1832）七月廿四日雪窗杨澥识。"

徐楙跋云："是编经樊榭（厉鹗）、董浦（杭世骏）、龙泓（丁敬）三老品定，渌饮丈手抄，真世间瑰宝也。旧藏赵氏星凤阁赵箕及其子赵之玉，今归王氏（光祖）题红馆，亦可谓物得其主，道光癸巳（十三年，1833）春钱塘徐楙题。"（以上均见国家图书馆藏本《一角编》）

刘按，是书前有厉鹗、杭世骏、丁敬序，周二学雍正六年（1728）题识，钤有"赵辑宁印""贝镛""既勤过眼""王光祖印""古杴王光祖""梅庵珍赏""藏于题红馆中""石莲闇所藏书""重熹珍赏"诸印。

余绍宋《书画书录解题》卷六云："《一角编》二卷，《松邻丛书》本，清周二学撰（原注：二学号晚菘居士，何许人未详）。是编记藏书画，元人仅得松雪（赵孟頫）临《兰亭》一种，馀俱明人之迹。自序谓凡纸敝墨渝者，虽名迹勿录，宜其只有此数，贤于张泰阶、杜瑞联辈远矣。今存甲乙两编，计自康熙壬辰（五十一年，1712）至雍正戊申（六年，1728）止。自序云随得随收，故不分时代，雍正己酉（七年，1729）以后五年所收入丙册，今未见，不知已佚否。记载体例略同于江村（高士奇），惟加装潢而已。"（1982年浙江人民出版社影印民国铅印本）

是书民国初吴昌绶收入所编《松邻丛书》乙编，作二卷，该丛书还收录有周二学《赏延素心录》一卷，民国七年（1918）仁和吴昌绶双照楼刻本。

杨澥，初名海，见乾隆五十三年条按语。

徐楙字仲繇，钱塘人，家有问蘧卢。

周二学，见乾隆二十六年条按语。

赵辑宁即赵魏，其子之玉，均见嘉庆十七年条按语。

张泰阶字爰中，上海人。明万历进士。家有宝绘楼，藏名画真迹甚多，著有《宝绘录》二十卷。

杜瑞联字鹤田，清大兴人，曾任贵州巡抚。著有《古芬阁书画记》十八卷。

余绍宋（1882—1949）字越园，号寒柯，龙游人。曾任民国司法部参事、北师大教授。家有寒柯堂，擅长书画，还著有《画法要录》等。

吴昌绶（？—约1919年前后）字伯宛，号松邻、印臣等，仁和人。光绪举人，官内阁中书，入民国曾任司法部秘书。家有双照楼，喜藏书、刻书，著有《松邻遗集》等。

据藏印，是书传递收藏为赵魏、贝镛（字既勤）、王光祖（号梅庵、古枚，家有题红馆，馀不详）、吴重熹（号石莲，家有石莲闇），亦流传有绪。

是书最可宝贵的是前冠《知不足斋主人渌饮先生遗像》。下署"壬辰（道光十二年，1832）十月吴江杨澥题"。钤"吴昌绶印"白文篆字。《遗像》为收藏者王光祖（题红馆主人）倩友人摹写。像为瘦脸长须、手持书卷之鲍廷博，虽非完全写真，要亦可据此得鲍翁状况之大概，惜绘图者不知。这是迄今可知的鲍氏唯一画像，承郑伟章先生告示，又承国图赵前、陈红彦先生从该书的胶卷中复制，惜不甚清晰。统谢甚。

嘉庆十五年（1810）庚午，八十三岁

二月，鲍廷博重校元郑元祐《侨吴集》并作题识。

鲍廷博题识云："嘉庆十五年岁次庚午二月二十八日重展一过。时年八十又三，介叟记"（《北京大学图书馆藏〈大仓文库〉图录》（下）第403页）

春，鲍廷博出售旧抄本元梁寅《石门集》七卷给戴光曾，戴有跋记之。

戴光曾跋云："此《石门集》乃新喻梁敬孟先生（寅）所著，知不足斋鲍以文兄得于吴门书肆，刻本流传绝少。庚午（嘉庆十五年，1810）春，以文出此书示余，且云'元末明初如此集者真善本也'。因偿值得之并记于此，戴光曾。""以文又云吴中书肆宝是堂徐氏者，以文于壮岁至吴门，识徐氏一老者，生平精于鉴赏，并多蓄秘抄之本，以文与之往还凡十馀年。一日忽为以文曰余所有之书，惟归于子，为得所直可不计，促其携归。惜以文以客囊无几，仅取其精品数十种，此其一也。后再往，则此老已殁，书亦去所归矣。是首页列印章是也，附识之。"（《荛圃藏书题识续录》卷四）

刘按，此书后由戴归黄丕烈。

《四库全书》据汪启淑家藏本录入《集部·别集类》。提要云："其集世有二本，一即此本，乃马氏玲珑山馆所抄，一为新喻知县崇安暨用所刊本。分为十卷，与此本稍有详略，而其大致不甚相远。"则鲍氏得而又传出的此书，则出马氏旧藏。

五月，鲍廷博以手校元陈孚《陈刚中诗集》三卷借姚瑚校朱彝尊藏旧抄本。姚有跋文记之。

姚瑚跋云："右书（《陈刚中诗集》）一册，乃秀水朱氏潜采堂藏本，惜鲁鱼虎帝在所不免，后借得知不足斋校本勘定，始可云善本矣。庚午（嘉庆十五年，1810）天中节后二日钱唐姚瑚识。"（《皕宋楼藏书志》卷九十八）

刘按，《四库全书》据浙江巡抚采进本录陈孚《观光稿》一卷《交州稿》一卷《玉堂稿》一卷《附录》一卷，入《集部·别集类》。提要有云："《观光稿》为至元中孚以布衣上《大一统赋》，江浙行省闻于朝，署上蔡书院山长，考满谒选京师时作。《交州稿》为至元二十九年……孚以翰林国史院编修官摄礼部郎中为（出使安南）副使，往来道中之作。《玉堂稿》皆孚官翰林日作。"又《别集类存目》有云书贾有将《交州稿》改题《安南即事诗》欺世者。

是书鲍氏清风万卷堂抄校本，今藏上海图书馆。

七月，刻宋林景熙撰、元章祖程注《霁山先生集》五卷《首》一卷《拾遗》一卷，入《知不足斋丛书》第二十五集，命其长孙鲍正言作跋。

鲍廷博于《霁山先生集·方玄英故居》跋云："国朝汪士鋐刊本，无'有客招以歌'以下四句，有'转盼东山麓，仿佛见柴门'二句，'徘徊日将暮'作'渔父促归桡'当是元本脱落，后人妄补。盖前既云'遣（遗）构无存矣'，安得更有'柴门'，既云'渔父促归桡'，便不应茅屋酌酒矣。"（《丛书》第二十五集）

鲍正言跋云："吾乡汪士鋐复据辽藩本开雕，而世渐不知有章（祖程）注矣。予祖通介老人尝读而病之，暇时尽出藏本，命正言参校，刻入《丛书》。既竣，谓正言曰：'先生孤忠亮节自在天地间，不必以诗传，即诗亦何必藉我以传，所以区区为此者，庶几昆阳（章祖程）之注，或由此不致泯没尔。卷后补遗诗文四首，乾隆庚辰（二十五年、1760）永嘉张潜哉（綦母）先生抄赠。潜哉以平阳久无其书，从予家抄录以归将寿诸梓，别后不复相闻，忽忽已五十馀年矣，汝其均为我识之。'正言谨志，时嘉庆十五年（1810）岁次庚午七夕。"（《丛书》第二十五集）

刘按，末尚有嘉庆十五年（1810）八月望苏播跋一则，云："今秋至武林，闻歙西鲍渌饮先生汇刻《霁山集》于《知不足斋丛书》，因急买舟访先生于青堆寓庐，索书见示，则已裒然成帙矣。细撷之下，窃叹先生以番番黄发，犹好古不倦，而播蓄志有年，仍瞠乎先生之后，为可愧也。卷末有先生文孙跋，言乾隆庚辰有永嘉张潜哉先生曾以平阳久无《霁山集》，从先生家抄录以归，将寿诸梓之语。播读次因语先生：潜哉名綦母，平阳明经，非永嘉人也。生平好古，工吟咏，今殁已久，所抄录《霁山集》亦散佚无存矣，相与叹息久之，遂语播云：'余于是书五十年前曾与潜哉有重刻之约，今书适成而子于千里之外，复不期而会，且皆霁山乡人，足见文字因缘，子盍为记其事。"“因不辞固陋，谨述一时之欣歉之怀，而为之跋。"

是书《四库全书》据浙江巡抚采进本录入《集部·别集类》，题称《林霁山集》，其底本为康熙三十二年（1693）汪士鋐重刊本。民国四年（1915）冒广生据《知不足斋丛书》本，辑入《永嘉诗人祠堂丛刻》中。据《中国古籍善本书目录》著录，是书今存有明天顺、嘉靖两刻本、清康熙中汪士鋐刻本及清抄本。

汪士鋐，见乾隆三十四年条按语。

苏播，平阳人。家有大雅山房，馀不详。

张綦母，原名元器，字大可，浙江平阳人。乾隆四十二年（1777）岁贡生，工诗。

七月中，再校宋赵孟坚《彝斋文编》，并作题识。

鲍廷博云："嘉庆十五年岁次庚午（1810）七月既望，长塘通介叟鲍廷博识于知不足斋，时年八十有三。"（《木樨轩藏书题记及书录》第305页）

刘按，是书未刻入《知不足斋丛书》，《四库全书》据《永乐大典》辑本录入《集部·别集类》。

八月，《知不足斋丛书》第二十五集成，延顾广圻为之撰序。

顾广圻《知不足斋丛书序》（庚午六月）："尝论刻书之难有三：所据必善本而后可，一难也；所费必多赀而后可，二难也；所校必得人而后可，三难也。此三者不具，终无足与刻书之数，岂非难乎！

今之具此'三难'而以之刻书者，其莫如吾友鲍君以文也。君收储特富，鉴裁甚精，壮岁多获两浙故藏书家旧物，偶闻他处有奇文秘册，或不能得，则勤勤假抄厥副，数十年无懈倦。其称一书，辄举见刻本若（干），抄本、校本凡几，及某刻本如何，某抄本如何，某校本如何，不爽一二也，其于本有如此者；梨枣之材，剞劂之匠，遴选其良，费而勿靳，生产斥弃，继以将伯，千百锱铢，咸归削氏，犹复节衣减食，裨补不足，视世间所谓荣名厚实，快意怡情者，一切无堪暂恋，只有流传古人著述急于性命，乃能黔范其所处，朱顿乎斯事也，其于赀有如此者；并涉四部，旁综九流，奥篇隐事，心识口诵，元元本本。有经丹黄甲乙者，如风庭之扫叶，又况先达闻人洎二三雅素，往复扬榷，集思广益外，此即土壤细流咸不攘择，大要期诸求是。每定一书，或再勘三勘，或屡勘数四勘。祁寒毒暑，舟行旅舍，未尝造次铅椠去手也，其于校有如此者。

是故生平前后所刻不下数百种，独汇而为《丛书》者已至二十五集。人徒见知不足斋板片满家，印本遍天下，几等齐夫寻常刻书之易易也，而亦知君之为其难者有如是乎！

他日见，语曰：'相知二十年馀，且于书有同嗜焉，子何可无《丛书》之序？'夫丛书向有序矣，将奚以序之，亦惟有论君刻书之难而已。抑吾闻知其难，而以难者为难，则其易也将至矣；不知其难而以难者为易，则其难也将至矣。事诚有之，书亦宜然，吾愿今而序丛书也。

后有刻书者，得因以奉教于知不足斋，毋专守兔园册子，毋计较锥刀钱物，毋贻笑造磨弱杖，先其难，后其易，留刻书种子于不绝，则君之有功于书，岂仅在所刻数百种哉！遂不辞而序之如此。嘉庆十五年（1810）岁次庚午六月甲申朔，元和思适居士顾广圻撰。"（《思适斋集》卷十二，又见《丛书》第二十五集）

刘按，顾序不仅高度评介鲍氏其人，而且高度评介其刻书特点，一是广集善本秘籍，二是广集人才精审校勘，三是不惜工本费用，故推为后世楷模。

秋，刻宋孙奕《履斋示儿编》二十三卷，刷印前鲍氏再请顾广圻覆校样稿。

鲍廷博题识云："嘉庆十五年（1810）立秋后四日，长塘鲍廷博识于知不足斋。"（《丛书》第二十五集）

顾广圻《示儿编辛未重校补序》："庚申（嘉庆五年、1800）首夏，为鲍丈渌饮用姚舜咨（咨）校潘方凯刻，去年（嘉庆十五年、1810），甫墨于板。回溯畴昔，阅星终矣。刷印稿样，属事覆勘，数过荒居，再三商榷。""嘉庆十六年闰三月三日。"（《思适斋集》卷十五《题跋二》，又见《思适斋题跋》卷三）

鲍刻《履斋示儿编》，获贝墉资助刊成。

贝墉《重刻履斋示儿编序》："墉因外舅袁绶阶（廷梼）先生获识长塘鲍丈渌饮于枫江草堂（即袁廷梼别业），辱其不弃，出行箧所携《履斋示儿编》两巨册，丹黄灿然，为元和顾君涧苹（广圻）用姚舜咨（咨）家抄本校正，两浙中先辈卢学士弨弓（文弨）及诸君评注者也。""爰欣然捐资成之，逾年鲍丈以刊成见告而命为之序。积愿意偿，良快事矣。惟先外舅于去秋骤病溘化，手聚数万卷，一旦乌有，五研楼头乃有赵清常武康山中之哭。时在嘉庆庚午（十五年、1810）四月下旬。吴县贝墉撰。"（《丛书》第二十五集）

刘按，贝墉（1780—1846）字既勤，号简香，江苏吴县人。喜收藏图书金石，家有友汉居，千墨庵藏所。

陈鳣从鲍廷博借所藏明姚咨本宋释赞宁编《东坡先生物类相感志》十八卷影抄，陈有跋文记之。

陈鳣云："赞宁为吾浙名僧，又出勃海高氏，向藏是书，系秘笈本，每病其不全，今从鲍氏知不足斋影摹姚氏茶梦庵旧本，装潢成册。寒窗展阅，眼目为之一新，因书原委于后，嘉庆十五年十一月望日海宁陈鳣记。"（莫友芝《宋元旧本书经眼录》卷三）

刘按，是书《四库全书总目》据浙江巡抚采进本录入《子部·杂家类存目》，提要云："赞宁为宋初人，轼为熙宁、元祐间人，岂有轼著此书而赞宁编次之理，其为不通，坊贾伪撰售欺审矣。"

陈鳣，见乾隆四十七年条按语。

鲍廷博为答谢贝墉，将手抄明叶盛《菉竹堂碑目》、朱之赤《书画目》、高士奇《书画目》赠之。

贝墉题记："叶氏《碑目》、朱卧庵（之赤）《书画目》、高江村（士奇）《书画目》三种，外间甚少，昔年长塘老友鲍渌饮孝廉以知不足斋所抄秘本录赠……道光庚寅（十一年、1831）秋八月上浣，见（简）香贝墉识。”（《标点善本题跋集录·史部书目类》）

刘按，鲍氏手抄本今藏中国台北“中央图书馆”。

刻宋苏过《斜川集》六卷《附录》二卷《订误》一卷，入《知不足斋丛书》第二十六集，并录各家跋语、题辞，叙其成书及版刻因缘。

是书首有乾隆五十三年戊申（1788）赵怀玉序。赵序云：“乾隆辛丑（四十六年、1781）冬，集大兴翁学士（方纲）苏斋，修东坡先生生日之祀，学士手编示余曰：‘此叔党（苏过）《斜川集》，从《永乐大典》录出，可以证诸赝本之非。’乃取集中《大人生日诗》邀同人和焉。会急南下，未及假抄，以为耿耿。越六年丙午（乾隆五十一年）客授桐乡，偶语鲍君以文，则以文已先属仁和吴君丽煌（长元）录寄……所录残佚之馀，厘厘六卷，乾隆丁未（五十二年、1787）四月付梓，中间作辍，涉冬而后蒇事，商榷雠勘，以文一人而已。岁在戊申（乾隆五十三年、1788）春正月。”

次嘉庆十五年（1810）法式善序，云：“乾隆四十七年（1782）仁和吴君元长（似应作长元）抄得《斜川集》零篇于孙中翰（溶）寓斋，武进赵味辛（怀玉）先一年冬集大兴翁学士斋，亦见此书，会急南下，未及录稿。盖两家本皆采自《永乐大典》中者。吴君寄其乡人鲍氏，属刻于《知不足斋丛书》。是时，味辛适在杭，笃爱斯集，喜其沉晦六百数十年之久，一旦创获，慰藉愉快，遂独任剞劂役，商榷体例，订证讹误，厘成六卷，鲍氏与有力焉……越廿年，太岁在戊辰（嘉庆十三年、1808），诏修《唐文》，善充总纂，检《永乐大典》，偶睹《志隐篇》《（次）叔父所居六首》，昔吴君作跋，致憾缺略者，属草录归，较赵刻，复得遗诗五十三首，文十五篇，遗珠之憾，或尚弗免，就兹勒为二卷……嘉庆十五年（1810）六月十四日柏山法式善病中述。”

书末有乾隆四十七年（1782）吴长元跋，云：“岁在癸巳（乾隆三十八年、1773），朝廷开馆纂修《四库全书》，特诏儒臣从《永乐大典》中搜罗遗籍。时山左周编修永年于各韵下得先生（苏过）诗文散片若干首，缘《全书》提要将外省所进《斜川集》赝本驳去，乃留笥不办，继予妹聓余编修集于孙中翰溶斋中偶见稿本，亟以告予，予惊喜过望，借归录副。从《宋文鉴》《东坡全集》《播芳大全》诸书，考订讹舛，增补阙遗，厘为六卷，又采他书所载遗闻轶事辄录附焉……友人鲍以文嗜奇好古，先世所藏两宋遗集多至三百馀家，亦以未见先生诗文为憾。会有南鸿之便，即以录本寄之……乾隆壬寅（四十七年、1782）二月二十九日，仁和吴长元书于南城张少蓬寓庐。”

吴长元《校录〈斜川集〉寄鲍以文》：“蜑烟蛮雨独相从，笔下波澜嗣乃公。人诵高名琼海外，天留遗稿玉函中（原注：抄自《永乐大典》）。清游乍识匡庐面（原注：旧时行世皆赝本），晚景还倾靖节风（原注：叔党晚景以渊明自况）。寄语隐湖毛处士，苏门会策汗青功。”

鲍廷博《吴丽煌寄示〈斜川集〉志喜》：“湖阴水竹继高踪，海上文章喜亢宗。苏氏昔元推怒虎（原注：‘苏氏三虎，季虎大怒’，当时语也），叶公今始识真龙。《飓风》一赋犹堪补（原注：《飓风赋》从《宋文鉴》补录），《小圃》三诗那更逢（原注：《惠州小圃五咏》仅存三首）。欣赏不忘知已共，远烦千里手题封。”

鲍廷博于《斜川集·附录·老学庵笔记三则》中跋云：“懒真子（宋马永卿）曰：渊明乙丑生（东晋兴宁三年，365），至乙巳（东晋义熙元年，405）赋《归去来》，是时四十一矣，今游斜川，集为辛丑岁（东晋隆安五年，401），则年三十七岁，或云辛酉（刘宋永初二年，421）岁则已五十七。而诗云开岁倏五十，皆非也。近得庐山东林旧本作五日，邵康节（雍）手写渊明诗亦作五日，宜以为正云云。是叔党（苏过）盖为行本所误，而放翁亦未深考也。又案，朱翼《游曹源庵诗序》云：‘渊明以正月五日游斜川，时年五十，予以正月二日游曹源庵，年五十二矣，知承其误者非一人也。”（以上均见《丛书》第二十六集）

鲍廷博跋云：“明仙寺有苏斜川诗碣，前题云：‘路转花溪不踏尘，仰头人语半天闻。到门莫记山重数，但觉衣襟有白云。彦龄己巳三月晦题。’彦龄不知何人，其字类黄涪翁（庭坚），后题政和甲午孟冬中休后一日。苏过叔党、彦明自开化泉至明仙，时念老禅师复出世矣，因题诗壁间：‘暂抛尘土和云扉，山色空濛翠湿衣。涧水松风俱有恨，道人瓶钵几时归。’（周在浚《晋稗》）八十五叟书。”又鲍补《题郭熙平远图》诗三首，编入鲍刻本卷三。末题“右三诗，见《味水轩日记》，嘉庆壬申（十七年，1812）二月二十九日介叟时年八十又五”。

鲍廷博于《斜川集·附录》后题识云：“案《斜川集》诗文中多与岑氏还往之作，岑氏昆季多以彦字排行，则彦龄、彦明必岑姓也。”（见《续修四库全书》本）

刘按，《斜川集》撰者苏过字叔党，号斜川居士，眉州眉山人，苏轼之第三子。以父荫授承务郎。轼遭谪惠州、儋州、廉水等地，过皆随侍。轼卒后，历官太原税监、郾城知县、通判中山府。工诗，著有《斜川集》，陈氏《直斋书录解题》和马氏《文献通考》皆著录为十卷（《永乐大典》卷二四〇）宋晁说之撰《宋故通直郎眉山苏叔党墓志铭》作二十卷，或另一种本子，或误录）。宋刻《斜川集》早已不存，元代又未见有刊刻的记载，所以自元末至清初，书贾们常以宋谢薖（字幼槃）的《竹友集》和刘过（字改之，号龙洲道人）的《龙洲集》改题冒充欺世，以三人姓不同而名相同或相近之故。清初王士祯在《香祖笔记》卷十一记道："乙酉（康熙四十四年、1705）有书贾来益都之颜神镇，携苏过叔党《斜川集》仅三册，价至二百金有奇，惜未得见之。"如此昂贵的《斜川集》是刻本抑或抄本？是真品抑或赝品？王氏语焉不详，无从知晓了。然而我们可以说极大可能仍是赝品，假冒货（尤以《龙洲集》改题为甚），因为只有到乾隆修《四库全书》时，才从《永乐大典》中辑出苏过诗文真本。

据上述诸家跋语、题辞以及现存版本目录可知：乾隆时开四库馆，编修周永年从《永乐大典》各韵下抄出苏过诗文若干篇，吴长元抄录副本又增以《宋文鉴》《东坡全集》《播芳大全》中诗文，编为六卷，乾隆五十二年（1787）冬至次年（五十三年）春，赵怀玉亦有生斋刊刻行世，鲍廷博与之共商体例，校勘订误。过了二十年，即嘉庆十三年（1808）时，因诏修《全唐文》，总纂修官法式善又从《永乐大典》中辑出赵本失收遗诗五十三首、文十五篇，编成《补遗》二卷，不久又再补《讼风伯》等零星诗作九首、文四篇，编为《续抄》一卷，再集宋周紫芝、张侃所撰有关苏过的诗作四首，作为《附录》，嘉庆十五年（1810）由苏州知府唐仲冕增刻。嘉庆十八年（1813）鲍廷博将其刻入《知不足斋丛书》时，不仅包括乾隆赵刻本和嘉庆唐氏增刻本全部内容，而且编次略有更变，新增数篇，并作《订误》，故鲍本是最全的本子，1936年中华书局即据鲍本收入《四部备要》中，于宋刻《斜川集》内容应是十得七八了。

《斜川集》，《四库全书总目》据江苏蒋曾莹家藏本录入《集部·别集类存目》，系据刘薖《龙洲集》改题的伪书。从《永乐大典》辑出之本，见《四库未收书目提要》著录。

赵怀玉，见乾隆五十年条按语。

吴长元，见乾隆三十八年条按语。

翁方纲（1733—1818）字正三，号覃溪，又号苏斋，直隶大兴人。乾隆十七年（1752）进士，官至内阁学士。长于金石考订，工书善诗，家有宝苏斋，藏书三万卷。著有《复初斋集》《经义考补正》等。

法式善（1752—1813）字开文，号时帆、梧门、诗龛，蒙古族，姓伍尧氏，原名运昌，内务府正黄旗人。入四库馆，乾隆四十五年（1780）进士，官至侍读学士。长于诗文，家有存素堂，藏书亦富，编有《存素堂书目》。著有《存素堂诗集》《清秘述闻》等。

周永年（1730—1792）字书昌，号林汲山人，山东历城人。乾隆三十六年（1771）进士，官编修，入四库馆。家有藉书园、林汲山房、水西书屋，藏书甚富，尤提倡“儒藏说”，力主藏书公之于众，更可贵。

唐仲冕字六枳，号陶山，善化人。乾隆进士，官至陕西布政使。著有《陶山文集》等。

鲍刻《斜川集》应为嘉庆十八年（1813），《中国丛书综录》第137页著录为“乾隆五十三年（1788）刊附录嘉庆十五年刊”。实为赵怀玉刻本和唐仲冕增刻本年代。《知不足斋丛书》本该书末附鲍廷博补录的《送仲豫、叔党二承务赴春闱》诗，鲍附记云：“右诗在《参寥子集》第七卷，壬申（嘉庆十七年、1812）六月二十九日曝书得此，因录附之，八十五叟。”

是书鲍跋今录入《上海图书馆善本题跋真迹》（十二册）第225页。

是年阮元以翰林侍讲学士入国史馆，始辑《儒林传》。

江藩撰《国朝汉学师承记》，以备国史采择。

十二月，鲍廷博校明抄本元陈基《夷白斋稿》三十五卷，鲍有跋文记其事。

鲍廷博眉端记云：“此一行刻本亦脱去，今从《草堂雅集》补入，真快事也。嘉庆庚午（十五年，1810）十二月二十八日，通介叟识于知不足斋，时年八十有二。”（《中国善本书提要》第548页）

鲍廷博跋云：“张习刻本每有出于三十五卷之外，当时所据不知何本。又《玉山雅集》录敬初（陈基）诗大半不在集中，知《夷白斋稿》遗佚者多矣，安得好事者广为搜辑，以永其传。”（《拜经楼藏书题跋记》卷五，又见《中国善本书提要》第548页）

刘按，张习字企翱，苏州人。明弘治八年（1495）刻《夷白集》十二卷附录一卷，十二行二十四字，黑口，四周双边，今浙图、北大、人大诸家有藏。三十五卷外集一卷本，今有明清抄本多部。

是书鲍氏未刊刻，《四库全书》据鲍士恭进呈本录入《集部·别集类》。

嘉庆十六年（1811）辛未，八十四岁

正月，为顾修校勘宋杨囦道《云庄四六馀话》，并作题识。

鲍廷博题识：“嘉庆辛未（十六年，1811）正月下浣，通介叟鲍廷博校于知不足斋，时年八十又四。”（《读画斋丛书》辛集）。

刘按，是书刻入《读画斋丛书》辛集。《四库未收书目提要》著录。

三月上巳，鲍廷博为友闵苕敷撰鲍锟评《金盖心灯》八卷作集注并序言。

鲍廷博序云："懒云子（闵苕敷）以礼去官，以病入山，二十年矣。其存心也，忠孝以敬；其守身也，纯粹以精；其与人也，慈祥而溥；其为文章也，有渊云之气机，有班马之疏达。山居日久，著作颇多，均堪传世。庚午（嘉庆十五年，1810）秋夕，出其师传《源流》卷册，并撰《心灯》七卷，商订于余。夫以千百年来，流风逸韵与名山俱隐而未彰，一旦有揭之而行，咸使昭如星月，且其立言得体，崇道德，薄神通，笔笔精严，言言矩薙，诚乎其可以信心，可以传后矣。

惟是宣尼有言曰：夏殷之礼能言之，而杞宋不足征，文献不足故也。若懒云子幸得以父老之流传，复征文以考献，积十馀年耳目心思之力，而成于两旬之间，盖有足多者矣。余恐后之人，以传文之或异而腾其口说也，爰摭其所本据者集注之，第不免有阙漏遗议于作家云尔。嘉庆十六年岁在辛未（1811）三月上巳，新安同学弟鲍廷博既集注已，乃拜叙于古书隐楼，时年八十有四。"（清光绪二年古书隐楼重刊本首。此藏中科院图书馆，承罗琳先生复印录示，书此志谢）

刘按，《金盖心灯》系道家书。金盖即浙江湖州金盖山，相传为唐吕岩、元赵静虚等传道之地。书前有沈秉成、鲍廷博、鲍锟、萧抡诸序及鲍廷博《引用书目》（今多《道藏》失收之书）。卷前冠《道谱源流图》（旧题吕律师编，鲍廷博校。本图详列历代道家之宗派，以玄玄皇帝为道祖，以纯阳帝君为道宗）、《龙门正宗流传支派图》。卷一至五为《龙门心宗》，起元赵虚静至清潘雪峰，叙全真龙门派宗师凡十四嗣传、八十余人。卷六上为《龙门心宗》，凡十三人传略。卷六下为《女贞》，叙女道者六人传略。卷七为名贤、高人、善士、节妇、善女等。卷八上为高僧，下为神仙十一人传略。书末附沈秉成等三人各撰《闵懒云先生传》。是书有道光刻本与此光绪二年（1876）云巢古书隐楼刻本。

沈秉成原名秉辉，字仲夏，归安人，家有听橹楼。萧抡字冠英，号子山，太仓人，家有樊村草堂。鲍锟，不详。

三月初，与黄丕烈相遇于嘉兴双溪桥，二人纵谈书林旧闻，鲍赠以家藏秘册《古逸民先生集》，黄有跋记文。

黄丕烈云："辛未（嘉庆十六年，1811）三月初，游嘉禾，遇渌饮鲍丈于双溪桥下，昼则同席，夜则联舫，纵谈书林旧闻，亹亹不倦，真快事也。越日，同至本立堂书坊，取其家抄秘册赠余，得《古逸民先生集》一卷，精妙绝伦，他日珍之，当不减汲古阁抄本矣。复翁。"（《荛圃藏书题识》卷八《古逸民先生集》）

黄丕烈《赠鲍丈渌饮》："睽迹三年久，澹心半日闲。旧闻探学海，虚愿入书山

（原注：时拟赴知不足斋观书，未之许）。比舫双溪下，扬镳两浙间。故人珍重意，交道慎始终（时余论全交之道）。”（《静嘉堂秘籍志》卷三十八）

刘按，鲍廷博从姚瑚家借抄宋汪炎昶《古逸民先生集》约在此年，嘉庆十九年（1814）鲍有跋文记其事，见下。

黄丕烈，见乾隆四十六年四月条按语。

闰三月，鲍廷博游京师，于厂肆得佚名《汴都遗闻》一卷附《兴龙节集英殿教坊词》一卷，有跋文记其事。

鲍廷博跋云：“嘉庆十六年辛未（1811）闰三月，假居宣城外金香炉胡同黄云庵观察府第，同游于厂肆书坊，得此善本也。古歙鲍氏记于京师。”（上海图书馆藏本，转录于该馆编《上海图书馆善本题跋选辑·史部（续三）》，载《历史文献》第五辑，2001年8月上海科技文献出版社）

刘按，是书未见有刻本传世。《中国古籍善本书目·史部·地理类》著录：“题清三友亭长辑”，为上海馆藏孤本。据此，鲍氏足迹尝至京师。

夏，往苏州，过顾广圻之枫江僦舍，谈及欲刻《古刻丛抄》，嘱顾广圻校勘。先顾氏以家藏抄本（从兄顾之逵小读书堆藏本）、戈宙襄藏本及他本为孙星衍互校，惜未卒业。此又为鲍廷博再校。

顾广圻《古刻丛抄跋（知不足斋本）》：“顷孙伯渊（星衍）观察用时代重编次《古刻丛抄》，寄其稿属以刊行，爰取家本并借戈君小莲（宙襄）藏本相勘。旋因专力治《说文》，未遑卒事也。鲍丈渌饮过余枫江僦舍，谈及《读画斋丛书》刻诸辛集，即出底样见付并勘，乃辍数日功，重理一过，彼此得互为更正。”（《思适斋书跋》卷二）

刘按，《古刻丛抄》一卷，元陶宗仪撰。鲍氏刻入《知不足斋丛书》第二十六集，是书末有乾隆四十六年（1781）钱塘周嘉猷跋，云“右陶南村（宗仪）《古刻丛抄》一帙，假录于李南涧（文藻）所收碑志、铭碣、诗檄、题名之类。”“今仍其阙佚，订其讹舛者，而返原录本于南涧弟秋水（李文涛）。”

顾广圻为《古刻丛抄》作三跋：一为鲍氏知不足斋刻本，一为孙星衍《平津馆丛书》本，末署“壬申（嘉庆十七年、1812）端午后十日”，一为家藏抄本，均见《思适斋书跋》卷二。

《四库全书》据吴玉墀家藏本录入《史部·目录类》。

戈宙襄（1765—1827）字小莲，江苏元和人。不乐仕进，以明道为本，家有半树斋，藏书颇富，钱大昕曾向其借阅。著有《半树斋文集》等。

"南涧弟秋水"，即李文涛，字秋水，号海客。

五月，鲍廷博再校元郑元祐《侨吴集》十二卷附录一卷，并作跋之兼怀魏玉横、程龙骧。

鲍廷博跋云："嘉庆十六年岁次辛未，五月十三日因校《玉山雅集》中郑元祐诗，重展一过，去乾隆庚辰（二十五年）已五十又二年矣。玉横、龙骧久归道山。蓉裳（余集）浮沉宦海，音问□疏，乞休后不复归杭，闻掌教大梁书院，相去数千里，此生恐无再见之期。予已白头一老，尚栖栖鱼蠹中，惟以□□读书，更付未来生之语，聊自慰藉而已。展阅旧题能无存亡聚散之感！通介叟记，时年八十四。"（《北京大学图书馆藏〈大仓文库〉图录》（下）第404页）

刘按，鲍氏此则蓝笔题跋，上海馆藏本无。

传录并校旧抄本元顾瑛辑《草堂雅集》十三卷。

傅增湘谓是书"旧写本。序目及杨维桢序一卷，均鲍廷博手抄。鲍廷博手校，以各词均用本集及他本校过，以朱墨笔题记于上。廷博校此书在庚午、辛未（嘉庆十五至十六年、1810—1811）间，称'通介叟'，已八十二三（应为八十三四）矣。此书为缪艺风（荃孙）所藏，后归吴印臣。"（《藏园群书经眼录》卷十八《集部七》）

刘按，是书《四库全书》据浙江巡抚采进本录入《集部·总集类》。

吴印臣即吴昌绶。昌绶（？—1918前后在世）字伯宛，号印臣，又号松邻，杭州人。光绪举人，官内阁中书，民国初任司法部秘书。家有双照楼，富收藏，著有《松邻遗集》等。

五月，获秦恩复寄赠新刻仿宋本《隶韵》及菉斐轩《词林韵释》，并校秦氏享帚精舍本《词源》。潘景郑先生有跋，并录鲍氏题识。

潘景郑《鲍以文手校本〈词源〉跋》云："秦氏享帚精舍本《词源》所据为元起善斋抄本，世称佳椠。今得此鲍以文先生手校本，审其脱讹，不可胜举，即如《律吕隔八相生》一图，鲍校云：'此图大谬，以黄钟属子位分界为排。'其他误字，以粉涂抹而加墨于上，夺文则以朱笔补入。鲍所校据元本及汪苏潭校本，其胜处自出秦刻之上。卷末识语云：'嘉庆辛未（十六年，1811）五月，维杨秦敦夫（恩复）先生同新刻仿宋本《隶韵》及菉斐轩《词林韵释》寄赠。介叟记，时年八十有四。'按字体精整，具见先生校勘之勤，即新刻亦所佳目，而垂暮不废丹铅，岂斯事足怡精养性，具见寿征耳。通介叟盖鲍先生别署，而贾人不知，遂得以廉价收诸箧衍，为群碧（邓邦述）珍此片帙，是亦不幸中之大幸欤。庚辰（1940）二月四日。"

(《著砚楼书跋》第336页,《中国历代书目题跋丛书》第二辑)

潘景郑先生又云:“南宋绍兴时，高宗命词臣审定《词林要韵》于菉斐轩，当时未及刊布。周草窗（密）得传抄本，秘相授受。元明之际，已成若存若亡之况……有清中叶，秦敦甫（恩复）辑《词学全书》，有新增《词林要韵》一种，加以韵释，而题为菉斐轩者，实仍沈书（明末沈谦创为《词韵》二卷)，而非真本也。”(《寄沤剩稿》第127页)

八月，跋旧抄本宋赵与衮《辛巳泣蕲录》一卷，与次孙鲍正字乘舟由杭州返乌镇。

鲍廷博跋云:“嘉庆辛未（十六年，1811）八月九日购于杭城积书堂书肆。八月十二日阅于菜市桥舟次。十四日舟过谢村，校雠粗毕，与二孙正字舟中看月，至新墅始就睡。十五日午刻抵家记。”(《皕宋楼藏书志》卷二十四《史部·杂史类》)

刘按，鲍廷博三孙，长曰正言，次子士宽出；次曰正勋（一名正字)，次子士宽出；三孙正身，长子士恭出。参雍正六年条按语《世系图》。

秋，鲍廷博将顾广圻等人反覆校勘的宋孙奕《履斋示儿编》二十三卷附《校补》一卷《覆校》一卷刻入《知不足斋丛书》第二十五集，并为之跋，追谢校勘诸人及资助刊刻者。

鲍廷博跋云:“右《示儿编》履斋（孙奕）自序谓考经传、渔猎训诂以示子若孙，使知向学而已，不敢污当代英明之眼。一人子孙可数，人人子孙无穷也。自宋迄今流传不绝，其沾溉学人者不既多乎！惜宋刻尚行于世，然疏于校雠，讹谬百出，予尝请之卢学士文弨、孙侍御志祖，互相雠勘，不特尽扫乌焉之误，于履斋失虑之处，亦时有所纠正焉。萧山徐北溟鲲，精熟选理，海昌钱君广伯馥，精于音韵之学，又各出所长，以资参考。继而元和顾君涧苹（广圻）复得茶梦散人（姚咨）手抄本反覆勘定，不使少有遗憾。于是是编精神焕发，顿还旧观矣。吴郡袁公绶阶（廷梼）见之惊喜，亟怂恿馆甥贝君简香（墉）助资重刊，以公同好，逾年蒇事。惜自乾隆乙卯（六十年，1795）以还，卢、孙二先生相继归道山，而徐、钱两执友俱以盛年攻苦，先后沦谢，绶阶于开雕之始，即修文天上，均不及见其成，是则重可感已。既思，予老而食贫，旧学荒落，精神亦渐衰减，使非简香力任剞劂，不过藏之箧衍，徒饱蠹鱼，久且化为烟云，将诸君子校勘苦心，终付之无何有之乡。非涧苹悉心经理，佐予不逮，则风庭落叶扫除不尽，几何不为潘本之续，再为后人口实耶？用是聊以自慰，又以庆是书之遭云。嘉庆辛未（十六年，1811）秋后四日，长塘鲍廷博识。”(《丛书》第二十五集)

鲍廷博于《校补》后跋云:“第四卷行‘李文正’，按‘明刻倒‘正文’为

‘文正’，已据抄本改正。案放翁《渭南集》跋《资暇录》云：‘予家旧有此本，首曰，陇西李丘文济翁编，丘字犹成文也。’据此则此编宋本必作丘文，后或误作正耳。廷博附志”

“第十五卷‘因物得名’而名‘胡饼’句下注，‘书宗爰辐’四字不知何书。案，明潘（方）凯本谬误不可枚数，即如此条，《资暇录》刻为‘货假钱’、《尔雅注》刻为‘食绕王’。‘陆玑疏’刻为‘陆楼胡’、《吕氏春秋注》刻为‘吕氏喜于桃’，至来禽下注文五十馀字，全无一句成文，幸顾君得旧抄本，一一为之刊正，而‘书宗爰辐’四字，则抄刻相同，究不知其误否也。廷博附识。”（《丛书》第二十五集）

顾广圻《辛未重校补》云：“庚申（嘉庆五年、1800）首夏，为鲍丈渌饮用姚舜臣（咨）抄校潘方凯刻。去岁庚午（嘉庆十五年）甫墨于板。回溯畴昔，阅星终矣。刷印稿样，属事覆勘……嘉庆十六年闰三月三日。”（《思适斋书跋》卷三）

刘按，是书末尚有乾隆六十年卢文弨跋。

顾广圻《思适斋书跋》卷三录有是书顾跋四则。

是书《四库全书》据纪昀家藏本录入《子部·杂家类》

九月，鲍廷博病足不良于行。赵怀玉过乌镇来访，就床头娓娓而谈，盘桓竟日，赠诗而别。

赵怀玉云：“（嘉庆十六年辛未、六十五岁）九月，过乌镇访老友鲍以文廷博。以文为知不足斋主人，藏书之富，甲于海内，时年八十四，病足不良于行，就床头与谈，犹娓娓不倦，盘桓竟日，赠诗而别。”（《亦有生斋文集·收庵居士自述年谱略》）

赵怀玉《乌镇访鲍明经廷博》诗：“桐华溪上判风烟，杨柳浜头又泊船。草草十年劳远梦，依依竟日话前缘。缣缃赠喜归装富，堂构胜知启后贤。倚榻莫愁腰脚倦（时君病足），重来会访地行仙。”（《亦有生斋诗集》卷二十八）

赵怀玉为廷博孙鲍正言《听乌图》题诗三首。

赵怀玉《鲍生正言，明经孙也，以〈听乌图〉乞题》：“谁废蓼莪吟，伤哉孝子心。哑哑试倾耳，乌亦有曾参。”（其一）“呼风天外数点，叫月枝头几声。此际有人无寐，知君兄弟同情。”（其二）“三春容易失慈晖，反哺能酬愿已违。且喜重闱椿荫好，独留老眼看高飞。”（其三）（《亦有生斋诗集》卷二十八）

刘按，赵怀玉，见乾隆三十九年条按语。

鲍正言，监生。其妻张氏，桐乡杨树浜人。咸丰十一年（1861）以兵乱卒，年六十七岁。生子二，长宗海，长媳朱氏，次子毓奎。见《［光绪］桐乡县志》卷十六《列女上·忠烈妇女》。

冬，赵怀玉来乌镇访鲍廷博，鲍虽在病中亦相谈竟日，并许赠赵以明万历刻本元戴表元《剡源戴先生文集》三十卷。赵有跋记其事。

嘉庆二十年（1815）赵怀玉跋："此本（万历刻本《剡源戴先生文集》）而颇不易觏，余欲购之久矣。嘉庆辛未（十六年，1811）冬，访老友鲍以文于乌戍，时君病足不能起，留坐榻前，情话竟日，并许以此书见贻。"（《亦有生斋文集》卷七）

鲍廷博于《唐画西域图记》下跋云："此篇缺后半段，虽黎洲先生（黄宗羲）选补亦未见也，顷从鲍从善抄本补校，惜世无知之者。介叟时年八十又五。"

刘按，是书明万历九年载洵刻本，十二行二十三字，历经曹溶、鲍廷博、鲍正言、赵怀玉、钱杜递藏。1923年傅增湘见此书于上海古书流通处，后著录于《藏园群书经眼录》卷十五。

钱杜原名榆，字叔美，号松壶，钱塘人。工诗善画，有《松壶诗存》。

是书今录入《上海图书馆善本题跋真迹》（第十三册）第29页。并录赵怀玉跋全文。钤有"歙西长塘鲍氏知不足斋藏书印"（朱方）、"世守陈编之家"（朱文椭圆印）。

鲍廷博将拟刊刻的金檀《文瑞楼书目》十二卷转赠顾修，顾延金锡鬯校订，并于是年夏秋之际刻入《读画斋丛书·庚集》。

嘉庆十六年秋金锡鬯《文瑞楼书目跋》云："右《文瑞楼书目》，先曾叔祖星轺（檀）先生所订也。……此册抄自家叔比部鄂岩（金德舆）先生，为桐华馆订正之本，比部属鲍丈渌饮（廷博）剞劂，旋又中止，且佚其跋语。今春鲍丈转以赠之顾君菉崖（修），刻入《（读画斋）丛书》中，锡鬯适至桐乡，菉崖属为参校，遂书其缘起如此。嘉庆辛未（十六年，1811）秋日，金锡鬯敬书。"（《中国著名藏书家书目汇刊·明清卷》第20册。

嘉庆十六年夏杨蟠《文瑞楼书目序》云："此目录抄自明经之从孙鄂岩（金德舆）比部，为桐华馆订正之本……曾以订本属鲍叟渌饮（廷博）剞劂，旋又中止，且轶其跋语。今年春，叟（鲍廷博）转赠菉崖顾君（修）刻入《（读画斋）丛书》，而蟠为述其缘起于卷首。"（同上）

刘按，金檀字轺星，号卷圃，徽州休宁七桥人，寄籍嘉兴，徙娄东，再徙苏州。诸生。不乐仕途，家有文瑞楼，藏书甚富，手自校勘。金德舆（1750—1800）字鹤年，号云庄，又号鄂岩，檀之从孙。家有桐华馆，藏法书名迹及宋刻书甚富。金锡鬯为金德舆之侄，馀不详。

有人将“锡鬯”误作朱彝尊，误也，朱（1629—1709）此时下世已百年之久矣。况跋文称“家叔比部鄂岩”，分明二人同姓氏。

顾修刻入《读画斋丛书·庚集》时题书名作《文瑞楼藏书目》。

校元刘一清《钱塘遗事》十卷

吴寿旸《钱塘遗事跋》：“己卯（嘉庆二十四年、1819）仲秋，芷湘先生（管庭芬）以是本睎属校，因取家藏抄本校勘一过，颇见其善。是本为渌饮丈（鲍廷博）手校，弥足宝贵，且卷九《祈请使行程》多十一、十二、十三日事，余家本亦阙，惜无题识，未详从何本校出耳。”“十月十八日寿旸记。”（傅增湘《藏园群书经眼录》卷四《史部二·钱塘遗事》）

刘按，鲍校是书的底本为嘉庆四年（1799）席世臣扫叶山房刻本，因无题识记事年月，姑置于此。此书为鲍氏晚年所校，且未刻入《知不足斋丛书》。后为周叔弢先生所得，捐入北京图书馆（今国家图书馆）。

吴寿旸（1771—1835）字虞臣，一字周官，号苏阁，浙江海宁人，吴骞之次子。承家学家业，藏书刻书，编其父《拜经楼藏书题记》。

管庭芬（1797—1880）字培兰，号芷湘，浙江海宁人。喜藏书，尤喜抄书，精版本目录，尝馆蒋光煦家，为其校刊《别下斋丛书》，著有《海昌经籍志略》等。

校旧抄本宋朱淑真《断肠集》十卷《后集》四卷，有跋文记之。

鲍廷博跋云：“计诗二百五十七首，潘讱叔本佚九十二首。”（《皕宋楼藏书志》卷八十五《集部·别集类十九》，又见《静嘉堂秘籍志》卷三十六）

刘按，是书鲍氏未刊刻，《四库全书》据鲍士恭家藏本录《断肠集》二卷入《集部·别集类存目》。据周厚堉家藏本录《断肠词》一卷入《集部·词曲类》。

宋朱淑真《断肠诗词》素来传世极稀，今《中国古籍善本书目》著录明初刻递修本，明刻递修本（二者行款有异）外，馀为罗氏恬养斋、汪氏艺芸书舍、刘履芬等诸家清抄本，各本卷帙有差。黄丕烈曾借鲍廷博藏《断肠集》抄本校其二卷本，并列鲍本与潘本之不同，见《荛圃藏书题识》卷十。

1983年8月，长春古籍书店曾影印《断肠诗词》十卷《补遗》一卷《后集》七卷《词》一卷，总计收诗三百零二首，词三十一阕。书前有魏仲恭序，见黄立振《800种古典文学名著介绍续编》第95页。笔者未获见影印本，未知其底本所出。

鲍跋未署年，姑置于此。

跋宋米友仁《阳春集》，有文记之。

鲍廷博跋云："元晖以墨戏继武南宫词翰，惜不传于世，此卷为其书小词，南宋时藏金陀岳氏（珂）录存《宝真斋法书赞》中，予近年始获见之，亟为刊订以补乐府之遗，尚惜竹垞先生（朱彝尊）不及收入《词综》耳。通介叟鲍廷博书。"（《丛书》第二十三集）

刘按，是书未署年，姑置于此。

嘉庆十七年（1812）壬申，八十五岁

正月，借石门吴氏南泉草堂藏本传抄并校宋桂万荣《棠阴比事》二卷，并作跋文。

鲍廷博跋云："嘉庆壬申（十七年、1812）正月借石门吴氏南泉草堂藏本抄，廿四日校。介叟时年八十有五。"（《四部丛刊续编·子部》）

刘按，此"石门吴氏"当指吴之振（字孟举，号黄叶村农，家有黄叶村庄，喜藏书，与吕留良友善）之后裔。

此书与较通行的一卷本卷帙不同，且溢出宋嘉定六年（1213）刘隶序一篇。今藏国家图书馆，1934年影印于《四部丛刊续编》中。

是书《四库全书总目》据浙江巡抚采进本录入《子部·法家类存目》。

三月，跋旧抄本元魏仲远辑《敦交集》一卷。

鲍廷博跋："乾隆三十八年（1773）三月二十四日，传录朱氏（彝尊）曝书亭本（于）两广会馆，并校一过。朱跋云：'作者二十四人，诗七十首。'今本二十六人，诗七十五首，此从朱氏原本对录，似朱跋误也。八十五老人介叟志。"（《标点善本书题跋集录集·别集类》）

刘按，鲍生于雍正六年（1728），八十五岁，为嘉庆十七年（1812），故列于本年。

是书抄校与跋，相距三十九年，可见鲍氏于书至老不减其情。

跋明刘绩《霏雪录》抄本并赠吴骞。

鲍廷博跋云："从《天籁集》改正三字，嘉庆壬申（十七年，1712）正月八日通介叟校，时年八十又五。"（僧仲璋《念奴娇》一阕）"槎客（吴骞）疑'月'乃'日'之讹，未知《天籁集》何如也。"（见《霏雪录》，上海图书馆藏本）

吴骞《霏雪录跋》："（壬申、嘉庆十七年）十月，是本为渌饮先生所贻，有

'世守陈编之家''老屋三间，赐书万卷''歙西长塘鲍氏知不足斋藏书印'三图记。"(《拜经楼藏书题跋记》卷四)

吴骞《霏雪录》题词云："予间从通介叟借得小山堂旧抄本细校，即此本是也，然讹舛大略相同。闻仲鱼（陈鳣）孝廉言黄荛圃（丕烈）主事有藏本，当更从借校，庶几可称完善。通介叟鲍姓名廷博，歙人，世称知不足斋主人也。与予以文字交垂五十年，君长予五岁，知予爱《霏雪录》，即检以见贻，观其手校，笔画端谨挺秀，无异少壮，诚可谓熙朝之人瑞矣。并记于此，以示勿谖……嘉庆壬申（十七年，1812）曝书日于小桐溪之后富春轩，时年八十。"(《愚谷文存续编》卷一)

刘按，是书未刻入《知不足斋丛书》，《四库全书》据吴玉墀家藏本录入《子部·杂家类六》，凡二卷，《提要》云："此书成化间尝有刊行，有胡谧后序。"

吴骞，见乾隆三十六年条按语。

鲍氏题跋今录入《上海图书馆善本题跋真迹（九）》第 227 页。并录有吴骞《霏雪录题词》及跋文。

以元刻本宋杨复《仪礼图》十七卷赠吴骞，吴氏据以校通志堂刻本，其子寿旸有跋记其事。

吴寿旸跋云："(《仪礼图》十七卷）为知不足斋主人所贻，先君子（骞）尝以校通志堂本，经尚无甚异，而图则远胜之。……陈鳣曰：吴槎客（骞）尝以鲍以文所赠元刻校通志堂刊本，则通志堂刻本之图甚谬也。"(《拜经楼藏书题跋记》卷一)

刘按，吴跋未署年，姑置于此。

五月二十六日，从元胡炳文《云峰文集》中手录邓文原《四书通序》一篇，补入家抄本《巴西邓先生文集》，有题识记之。

鲍廷博题识："右从胡云峰文集补录。嘉庆壬申（十七年，1812）五月廿六日，通介叟记。"(《嘉业堂藏书志》卷四《集部·金元别集》)

刘按，参见嘉庆十九年二月条。

八月，湖北王根石寄来宋赵与衮《辛巳泣蕲录》一卷，与家藏本对校，并作跋文。山阴李宏信来访，许助资刊刻是书。

中秋，与长孙正言泛舟吴江黎里，赏月至三鼓。时次孙在都中。

鲍廷博跋云："壬申（嘉庆十七年，1812）八月五日，蕲水王根石先生以家藏本（《辛巳泣蕲录》）于七月十八日寄自湖北，转从令似（嗣）温州通判署，遣役寄到杭州省城。是日，适又至郡接到，悉勘此本之误，与去年得是本时止差三日耳，奇甚奇甚。中秋泊舟汾湖张忆鲈（孝嗣）宅岸，取二本重勘一过。是夜月色皎洁，忆鲈招余同长孙正言泛舟黎里，观灯三鼓乃回，不知二孙在都中见月思乡否。是月二十六日，从王本三校毕，适山阴李柯溪（宏信）先生过访，许助资刊入《丛书》。又曰：'李诚之字茂卿，东阳人，举乡荐第一，庆元初释褐授国子学录。'"（皕宋楼藏书志）卷二十四《史部·杂史类》

刘按，李诚之字茂钦，嘉定中为蕲州守，金兵围城，竭力抵御，城陷与同僚死于难。赵与褱只身逃脱，而妻妾子女无一存者。

李宏信（约1737—1816）字柯溪，浙江萧山人。曾任云南吏目，后辞官业贾，居苏州。往来江浙间，着力收购珍善本书籍，家有小李山房。黄丕烈说他"人本粗豪"，"其所收书大概为转鬻计"（《荛圃藏书题识》卷五《近事会元》），编有《小李山房书目》。

据江澄波《古刻名抄经眼录》载：鲍廷博乾隆间抄校本《辛巳泣蕲录》一卷，钤有"老屋三间，赐书万卷""世守陈编之家""歙西长塘鲍氏知不足斋藏书印""玄著斋""鲍正言""慎斋"诸印。今《中国古籍善本书目》只著录该书有明抄本、清彭氏知圣道斋抄本、钱氏述古堂抄本，而鲍氏抄本未知下落何处。

是书未刻入《知不足斋丛书》，也未见有单刻本，或李宏信之诺言未兑现。《四库全书总目》据吴玉墀家藏本录入《史部·杂史类存目》。今有《指海》本、《芋园丛书》本。

鲍跋中称"二孙在都中"，谓其次孙正字（勋）时在京师，是赴京赶考，抑或贸易京师，不得知，关于"二孙"，参嘉庆十六年条按语。

张孝嗣，见乾隆三十七年条按语。

是年九月初，抄录宋吴龙翰《古梅吟稿》六卷，并作跋文。

鲍廷博跋曰："古梅先生歙县西乡向杲人，去余家长塘二十里而近，予往来郡城经其里，申桑梓之敬，必小憩焉。先生有诗集十六卷杂文二百馀篇，见《新安文献志》，此吉光片羽耳。询其后裔已不可得，则其不亡者几希矣，亟录而传之，元名《古梅吟稿》，前明族裔重雕改题'遗稿'，特更正以存其旧云。嘉庆壬申（十七年，1812）重阳前四日，同里后学鲍廷博识。"（《北京大学图书馆藏〈大仓文库〉书志》（四）第1154页）

刘按，是书高28.9厘米，宽17.9厘米。版框高18.1厘米，宽13.1厘米，每半页九行，行十八字，黑口，左右双边，版心中缝题"古梅吟稿"及卷次，下方记叶次。钤有"歙西长塘鲍氏知不足斋藏书印"朱文方印、"遗稿天留"

朱文长方印，“世守陈编之家”朱文椭圆双龙印、“老屋三间，赐书万卷”朱文方印及“好书堆案转甘贫”等印。

此书二册与《溪堂集》《谢幼槃集》《毅斋诗集别录》及《耕闲集》合为一函。

此承姚伯岳先生录示，今又见《北京大学图书馆藏〈大仓文库〉图录》（下）第426页。

十月，鲍廷博延请吴骞，为卢文弨《抱经堂文集》作序。

吴骞《抱经堂文集序》：“抱经卢先生之归道山，屈指十八载矣。方先生之殁也，骞走哭诸寝门，葬往视其窆，毕封乃去。及同人汇刻遗集，得之为独先。他日，鲍君以文过溪上之敝庐，而言：‘《抱经堂集》梓成久矣，未有序，环顾先生平昔交游，大半零谢，子其可无一言乎？’骞深谢不敏。既而伏念，辱先生之知垂数十年，每抠（驱）趋请业，无少厌倦，谬以直谅多闻之友见许，晚至愿言与夫子结为弟昆之语。且先君子碣墓之文，实出先生手笔。呜呼，是虽欲以不文辞，得乎？先生教人，首重论品而次学术……尝谓士不可顷刻离书，譬鱼不可须臾离水……先生著书满家，已足垂诸不朽，矧研摩经传，起废钩沉，尤有裨于圣贤……爰不揣固陋，聊抒梗概，以谂于鲍君云尔。壬申（嘉庆十七年，1812）冬十月。”（《愚谷文存续编》卷一）

刘按，卢文弨《抱经堂文集》三十四卷，刻成于乾隆六十年。

十一月，吴骞从鲍廷博家借明刻本元马治、周砥《荆南倡和集》一卷传抄，并辑其传记为附录，吴寿旸有跋文记之。

吴寿旸跋云：“先君子（吴骞）从鲍氏知不足斋明刻本传录，并辑《荆南集》附录于后。此册书后云：‘《荆南倡和集》一卷，元明之交，极为郑明德、高青邱（启）、徐幼文（贲）诸公所称赏，传本绝少，予从鲍君以文知不足斋借得，盖犹明初刻本，因亟录其副，并采摭记传为附录系卷末。……嘉庆壬申（十七年，1812）季冬，海宁八十老人吴某跋。’”（《拜经楼藏书题跋记》卷五）

刘按，据吴寿旸跋，此书吴骞传抄后，嘉庆十八年（1813）陈鳣又据以再传录并对勘一过。

吴骞，见乾隆二十一年条按语。其子寿旸，见嘉庆十六年条按语。

郑明德，未详其人。

高青邱即高启（1336—1374），字季迪，号青邱子，长洲人。能文善诗，有《凫藻集》等。

徐幼文即徐贲，字幼文，号悟澹、北郭生，明长洲人。家有蜀山书舍，著有《北郭集》。

十二月，校跋杭州赵氏箕星凤阁所赠抄本元刘岳申《申斋刘先生文集》十五卷。

鲍廷博跋："王雪溪云：'校雠是正文字，固儒者先务，然执一而意改者，所当慎也。'盖一字之疑，后或得善本正之，若率意以改，即疑成实，传世行后，此字由我而废，故学者所宜弛张变通也。此书杭州赵兄完伯（之玉）从其尊人素门先生箕所藏明初抄本，写以见贻，藏之三年矣。以多错误，因借原本勘正，别风淮雨，姑仍其旧，以俟后来，非敢借雪溪之言，自文其不学也。嘉庆壬申（十七年，1812）腊八日，介叟识于知不足斋。"（《标点善本题跋集录·集部别集类》）

刘按，赵之玉字完伯，号梅泉，仁和人，赵箕之子，馀见嘉庆十九年条按语。

《申斋文集》未刻入《知不足斋丛书》，《四库全书》据汪如藻家进呈本录入《集部·别集类》。鲍校本今藏中国台北"中央图书馆"。

十二月，周行仁刻其父周昱《笠芸诗瓢》十二卷，鲍为之校勘，并撰跋文。

鲍廷博跋云："长兴周笠芸先生夙耽吟咏，晚岁更于律细，游情景物具优柔愶荡之致，而不越乎尺度矩获之中，以之嗣响其乡先生徐子与（中行）《青萝馆集》、臧晋叔（懋循）《负苞堂集》，洵不愧也。余侨居乌戍，距长兴仅百馀里，然未获与君谋面，老景颓唐，久荒笔墨。壬申（嘉庆十七年，1812）仲夏，介越舲上人获交令似（嗣）蔼春，因得先生手定《诗瓢》十二卷，反覆读之，则先生性情眉宇宛然见于楮墨间，益以年时不及追裙屐之后为恨。蔼春（周行仁）因属校勘付梓，以供同好。既竣工，述其略以示景仰之意云。至先生平生志操暨其诗之工，则予友陈君然圃（焯）撰序已详言之哉矣。嘉庆壬申（十七年，1812）十二月望日，歙人鲍廷博识于知不足斋，时年八十又五。"（《笠芸诗瓢》）

刘按，周昱（1743—1804）字见薪，号笠芸，浙江长兴人。诸生。先有《自怡集》二卷，殆不得于有司，遂弃举子业，专力于诗。是书为梦笔轩刻本，前有嘉庆十六年（1811）九月七十九叟陈焯序。陈序称，该集系周昱"自五十一至六十二岁十馀年中为诗千馀百首，分为十二瓢，无奇不出，无义不搜，近揖陆、杨，远追元、白，美哉洋洋乎，洵诗家巨观哉"。该书国家图书馆、浙江图书馆有藏。浙藏本还有王修题识。此承浙图袁逸先生复印录示。

冬，将家藏抄校正本《柴氏四隐集》二卷（宋柴望等撰）借予戴光曾，戴据以

传录副本。戴撰跋文四则，并记与鲍氏交谊及鲍晚年景况。

戴光曾跋（一）：“《柴氏四隐集》二卷，宋柴望著，知不足斋鲍氏旧抄校正本，后附补遗、墓志，皆渌饮手抄采录，壬申（嘉庆十七年，1812）十二月，光曾手录。”（傅增湘《藏园群书题记》卷十五《戴松门写本秋堂集跋》）

刘按，戴光曾字松门，号谷原，浙江嘉兴人，居吴泾桥。岁贡生，尝官河工同知。喜收藏，家有省心斋、从好斋，亦能书画，与鲍廷博、朱稻孙、黄丕烈友善。

是书鲍氏未刻入《知不足斋丛书》。《四库全书》所录是书即据鲍士恭家进呈本，其提要于书名及撰人多有评介，此不赘累。

是书一题《宋国史秋堂集》，或简称《秋堂集》。

嘉庆十八年（1813）癸酉，八十六岁

正月，校跋宋华岳《翠微南征录》十一卷。

鲍廷博跋：“宋华子西（岳）先生《翠微南征录》，凡十一卷，元明以来，世鲜传本。国朝康熙间，温陵黄俞邰（虞稷）始于史馆抄得之。池州郎遂字赵客，重以乡里文久失其传，重加编次，刻以行世。此则其原本也，第一卷为《上皇帝书》，二卷以下为古今体诗，古诗先七言后五言，律诗亦然，终之以绝句。赵客析《上书》为首卷，而于皇帝上加‘宁宗’二字，则似后人追述之辞矣。原本于当时宵小姓氏颇有空缺，宋时刊行尚避忌，因而讳之。而郎以明嘉靖间王崇志本改窜填补，又大加删削，竟至失其本真。编诗为十卷，古、律俱以五言冠七言，此似可也。然原本七古中《伤春》一首、《柴氏》一首，通体五字，末结以七字，前人多有此体，郎以入之五古，遂删去末句四字，以合其格，重失作者本意，是则不免截鹤之讥焉。且于题下注，往往删繁就简，时又窜入他书以乱之，爱古者似不应尔也。索居无事，偶出旧本，就郎本雠比以消岁月。乃得其谬误，肆加涂抹，后有得吾书者，勿以有刊本而废弃之，则此书之大幸也夫！嘉庆癸酉（十八年、1813）正月杪，八十六叟书于知不足斋。”（马君骅点校《翠微南征录北征录合集》附录三，1993 年 11 月黄山书社）

刘按，鲍氏上述跋文，嘉庆二十一年（1816）吴锡麒过录在旧抄本上（有上海书店影印本），1916 年邓邦述又将其过录在旧抄《两宋名贤小集》本上（见《标点善本题跋集录·集部总集类》）。

郎遂字赵客，池州人，著有《杏花村志》。吴锡麒（1746—1818）字圣征，乾隆进士。官国子监祭酒，家有有正味斋。

是书鲍氏校于嘉庆十七年（1812）十月至十八年（1813）正月，光绪末贵池刘世珩重刻是书时，在跋语中将鲍氏各卷题识转录如下：（卷二）题："嘉庆壬申（十七年，1812）十二月初五日校。介叟。""癸酉（嘉庆十八年、1813）元宵重阅，改正一字。时年八十有六，辰刻。"（卷三）题："初八日晨起校。""癸酉元宵覆校，改正一字。介叟，午刻。"（卷四）题："腊月初六日郎遂刊本校，午刻长兴周霱春（周行仁）四兄见访。""癸酉元宵覆校，改一字，补五言二联，深愧初校之疏也。介叟。"（卷五）题："初七日晨起呵冻校。""癸酉元宵覆校，是日戌刻月蚀。"（卷六）题："嘉庆壬申腊八日辰刻校。""癸酉正月十六辰刻覆校。"（卷七）题："嘉庆癸酉正月十六日覆校。"（卷八）题："癸酉正月十六日覆校，巳刻。"（卷九）题："癸酉正月十六日介叟覆校。"（卷十）题："癸酉正月十六日覆校，巳刻。""十七日补《千家诗》（中）《冬晴》第二首。"（卷末）题："壬申十二月二十日校毕，一冬晴暖，是日阴寒，饶有雪意。八十五叟廷博呵冻书。""癸酉正月十六日覆校，阴寒呵冻了之。放翁云：'待饭不来还读书'，腹馁甚，放笔一笑。午刻。""嘉庆癸酉正月十八日，通介叟补录于知不足斋。""是月二十六日，以郎遂刊本再校，又改正二十余字，至二十八日辰刻毕。"见马君骅点校本《翠微南征录北征录合集》附录三。又见《劳氏碎金》卷中。

是书未刻入《知不足斋丛书》，《四库全书》据汪如藻家进呈本录入《集部·别集类》。后有刘世珩《贵池先哲遗书》本等，今以马君骅点校本最佳。

五月十日，偕友过戴光曾处。此时鲍已垂垂老矣，多病且贫，以鬻书度残年，已无复往日好书之情。戴有题跋记之。

戴光曾《秋堂集跋》："余与鲍丈渌饮交二十馀年矣。余之性爱古书及搜罗前人秘笈，皆与渌饮讲习讨论。每得异书，彼此借抄，相与传观订正以为乐。渌饮老年贫病，且有家累，不通音问经年矣。癸酉（嘉庆十八年、1813）五月十日，忽偕夏君俨过余，形神枯槁，索然意尽，新患头疽虽愈，而窘态日甚，心计日粗。询以近况，自云：'生平以书为命，今开卷辄忘，精神不能检束，藏书已散，不复向此中讨生活矣。'余闻之酸鼻，送之去。因检渌饮归余之书及借抄之本，内有二册系渌饮手校前人遗集久假未归者，共四种，此《秋堂集》则余已录之副本也。既叹渌饮老境之衰，益惜秘书之不可再得，因附记于此。松门戴光曾。"（傅增湘《藏园群书题记》卷十五《集部五·宋别集类三·戴松门写本秋堂集跋》）

刘按，谢国桢先生《江浙访书记》于《竹素山房诗集》提要中亦录有戴氏此跋，语意大略相同而文字略有差别。谢先生著录《竹素山房诗集》为"元和顾氏（鹤逸）旧藏，清乾隆二十七年郁氏（礼）抄本”。戴跋谓“所藏之书，半为不肖子孙变卖，恐不能再向此中讨生活矣”。廷博子士恭，孙正言，均喜藏书、校刻书，能传其家业家学，且继志完成《丛书》刊刻大业。

傅增湘《藏园群书经眼录》卷十八《集部八》著录有戴光曾抄本《宋国史秋堂集》（后题《柴氏四隐集》）二卷，亦录戴光曾上跋，文字小有差异。

夏俨字守白，秀水人，家有寒碧斋。

五月，校刻隋萧吉《五行大义》五卷，入《知不足斋丛书》第二十六集，并作跋文。

鲍廷博跋云：“右萧吉《五行大义》失传已久，近德清许氏（宗彦）得自日本《佚存丛书》中，既校而刊之矣，惜传之不广，因重寿梓以公同好云。大清嘉庆十八年（1813）五月朔，歙县鲍廷博志。”（《丛书》第二十六集）

刘按，末有嘉庆四年（1799）竹醉日天瀑跋，云：“此书之出萧手，万无一疑，世之相距千有馀年，而此书独完然乎我焉，其亦奇矣，安得不校而传之乎。”

德清许氏，谓许宗彦（1768—1818），字周生，一字固卿、积卿，浙江德清人。嘉庆四年（1799）进士，授兵部车驾司主事，两月后称疾归，居杭州。家有鉴止水斋，收藏颇富，尝与其妻梁得绳续陈端生《再生缘》弹词（演绎唐书生韦皋与妓女韩玉箫故事），著有《鉴止水斋诗文集》。宗彦于嘉庆九年（1804）得日本《佚存丛书》本《五行大义》重刊，其序文见其文集卷十一。

是书《四库未收书目提要》著录。

今朱渊清撰有《〈五行大义〉版本述略》一文，载《古籍整理研究学刊》1996年第4期，述其版本传承及文献价值颇详。

六月二十五日，清仁宗颙琰（嘉庆帝）询及鲍刻《知不足斋丛书》进行情况，并加恩赏赐举人。

“嘉庆十八年六月二十五日奉上谕：生员鲍廷博于乾隆年间恭进书籍，其藏书之知不足斋仰蒙高宗纯皇帝（乾隆）宠以诗章。朕于几暇亦曾加题咏。兹复据浙江巡抚方受畴代进所刻《知不足斋丛书》第二十六集。鲍廷博年愈八旬，好古绩学，老而不倦，著加恩赏给举人，俾其世衍书香，广刊秘籍，亦艺林之胜事也。钦此。”（《丛书》第二十六集首册，又见《仁宗实录》卷二七〇嘉庆十八年六月）

嘉庆十八年八月乌程县令彭志杰云：“古歙鲍叟以文，侨居乌程之乌镇有年矣。余承乏斯邑，今岁夏五月，大中丞方公（受畴）持节来浙，钦奉谕旨：鲍廷博系何功名，所刊《知不足斋丛书》二十五集之外，有无续刊等因，方公莅任，即檄余造庐，传询鲍叟，随以所刊《丛书》二十六集恭呈御览。皇上嘉其好古绩学，老而不倦，特沛恩纶赏给举人，皓首儒生膺旷典，洵士林中千载不易覯之荣也。鲍叟虽年耄耋，精力未衰，继自今秘册奇编，锲而不已，于以仰副圣天子崇学右文之盛意。余为董其事，并捐俸入以速其成焉。至搜罗之富，决择之精，雠勘之审，固夫人而知之美，余不更赘。”（《丛书》第十九集《世善堂书目》卷末）

阮元《知不足斋鲍君传》：“嘉庆十八年（1813），方公受畴巡抚浙江，奉上（仁宗）问鲍氏《丛书》续刊何种。方公以第二十六集进。（六月二十五日）奉上谕：‘鲍廷博年逾八旬，好古绩学，老而不倦，著加恩赏给举人，俾其世衍书香，广刊秘籍，亦艺林之胜事也。’”（《揅经室二集》卷五）

戴光曾《秋堂集跋》：“嘉庆癸酉（十八年，1813）七月，渌饮忽奉特恩，赏给举人，此异数也。晤于省垣，老病初愈，后福正未有艾。”（转录自《藏园群书题记》卷十五《集部·别集类三》）

刘按，鲍廷博以八十六岁高龄时得“加恩赏给举人”，虽于书林为难得殊荣，而于鲍氏本人则也无甚意义，垂暮老人，行将就木，所谓“后福正未有艾”，不过是句劝慰话，祝福语，一年之后鲍氏就与世长辞了。

仲夏，鲍廷博为桂馥《札朴》十卷校雠刊行。李宏信、翁广平皆有跋文记其事。

李宏信跋云：“岁甲子（嘉庆九年，1804），信自滇将束装归，太（大）令未谷（桂馥）手所著《札朴》十卷，属就江浙间刻之，曰‘滇南无工剞劂者，愿以付君’……”“癸酉（嘉庆十八年，1813）鲍先生渌饮锐力专司校雠，工资信勉谋之，而是刻以成。”

翁广平序云：“（李宏信）风雅好古，敦气谊，重然诺，遂出己财，属浙西鲍渌饮先生校刊。时先生年八十余，终日不释丹铅，见此书以为得未曾有，乃潜心雠对，凡五阅，月而剞劂奏功。先生手所刊本，两遇莺脰湖，委余为序。”（以上均见《札朴》嘉庆十八年刻本）

刘按，是书今收入《续修四库全书·子部·杂家类》。据李、翁序跋云，系桂馥将书稿托付给李宏信，并由李出资刊刻，时年八十六岁的鲍廷博“潜心雠对”，历时五月，并称赞此为“以为得未曾有”。

是书书名页题“嘉庆癸酉（十八年，1813）镌，山阴小李山房藏板”，书口下端有“小李山房校刊”，各卷卷末均有“山阴李宏信校正”七字，唯李、翁序跋记录了鲍廷博校勘之功。

桂馥（1776—1805）字未谷，一字冬卉，曲阜人。乾隆五十五年（1790）

进士，官云南永平知县。精碑版考据、小学，著有《说文义证》等。

李宏信，见嘉庆十七年条按语。曾任云南永平县吏目，时桂馥任永平县知县，李宏信为桂之下属，故有此托。

翁广平，见乾隆三十九年条按语。

八月，鲍廷博校正的明初抄本宋王炎午《吾汶稿》十卷散出，为戴光曾重价购得，戴有跋记其事，并涉及鲍氏晚年景况。

戴光曾跋云："予友鲍渌饮老而贫病，藏书散佚，此明初抄《吾汶稿》，乃其所藏校正之本，不知何时售于人，入书贾之手，携以示余，因出重价购得之。渌饮以八十六岁老人，新奉特恩，赏给举人，得偿其一生搜罗秘籍之苦心，真艺林盛事，因附志于此。癸酉（嘉庆十八年，1813）八月光曾又识。"（中国台北"中央图书馆"编印《标点善本书题跋集录·集部·别集类》）

刘按，《浙江文献展览会专号·乡贤遗书》云："此徐兴公㶿旧藏，后归知不足斋，经鲍以文手校，曾藏嘉兴戴松门（光曾）处，现已收入《四部丛刊三编》。"（《文澜学报》第二卷三、四期）

戴氏于嘉庆十六年（1811）秋于吴门书肆得曹溶（倦圃）藏《王梅边集》精抄本《吾汶稿》节本，今复得鲍氏校正本。

据傅增湘《藏园群书经眼录》卷十四《集部三》载："《吾汶稿》十卷，宋王炎午撰，清写本，九行十七字。前欧阳玄序、揭奚斯序、郑元序，后录王士祯跋。版心标书名为鲍渌饮廷博笔迹，审为知不足斋抄本矣。（述古堂书坊取阅。丁卯（1927））"此书今藏中国台北"中央图书馆"。

戴光曾，见嘉庆十七年条按语。

是书未刻入《知不足斋丛书》，《四库全书》据鲍家（士恭）藏本录入《集部·别集类》。

十二月二十四日，致书张燕昌，言及家中经济窘状。

鲍廷博《致张燕昌（芑堂）书》："前走送少迟，不克话别，怅甚罪甚。启者：小儿于廿一日返舍，浦阳之望，全属子虚，空劳跋涉，卒岁之计，毫无措置。于廿四日同两儿往乌镇作避债台矣。大知堂主人廿二日还杭，索纸价甚迫，渠缘丧费之后百凡拮据，亦不能代偿行账。吾兄往吊时，亦未向西兄致意，以至渠有后言。弟不得已于陆氏钱船汇付四千文与彼，馀约正月内清偿。陆船到日，祈措付四千文归之。弟近况兄所深悉，谅不以此见罪也。如吾兄年内稍可支吾，并望将此项一并付陆船新正带杭，更为妥帖，以渠碎刮不置耳。汪纸二块计八千四百文，馀纸系弟付，此项意欲周朗斋兄之急，恐年内不及矣。沈香一枝，弟前与金圣兄谈及，渠肯出价十六金，如吾兄无用处，便中付陆船带桐乡交金宅。弟灯节前大约尚在桐华馆中也。正初得便，或造谭叩贺新祉也。草草不备，谨此候安不一。上岂堂大兄先生，愚弟鲍廷博顿首。”又及：“郑六兄尊堂行述一本并谢帖呈上，代帛一圆存魏三兄处，此刻渠他出未归，再容寄上。六兄需李因屏面，如尚未售去，便中寄杭，以便转寄。元札奉览。廿四日，冲。”（《上海图书馆藏明清名家手稿》（简编本）第162页，2006年11月上海古籍出版社）

刘按，芑堂，乃张燕昌字，见乾隆四十六年条下按语。燕昌少廷博十岁，而与鲍同卒于嘉庆十九年（1814）。书中鲍氏言及因刻书拖欠纸商款项，家中经济窘甚，不得不于年关避债而出。原札未署年，当为鲍氏晚年作，姑附于此。

又，鲍廷博致张燕昌小札，言收悉宣纸及算学书事。

鲍廷博札云：“文鱼大兄先生：宣纸及算学书俱已领到，别纸云云，一切领教。弟约廿外造候面悉耳。使旋率覆，不尽欲言，《丛书》自奉上也。教弟廷博拜。”（清吴修《昭代名人尺牍》第二十四册）。

刘按，鲍氏此小札未署年月，言其事与上札有关，姑亦附于此。

刻宋朱弁《曲洧旧闻》十卷，入《知不足斋丛书》第二十七集。

刘按，是书无鲍氏序跋题识，以其编刊入《丛书》时间，当在本年。此书鲍氏校刻精审，远在各本之上。今人孔凡礼先生点校此书时，即以鲍刻《丛书》本为底本（2002年中华书局《唐宋史料笔记丛刊》本）。孔先生云：“《曲洧旧闻》，知不足斋本最精，如卷一《太祖设场监官》条，各本皆缺起始‘五代以前官制及士大夫碑碣并不见有场务监官亲征所在’二十六字，此本独有。又如卷十《两汉唐宰相用废》条，谓武后时‘吉顼自天官侍郎同平章事贬黄州尉’，嘉靖本‘吉顼’作‘严琐’。按《新唐书》卷六十《宰相表》作‘吉顼’，鲍本是。”

《四库全书》据汪汝瑮家藏本录入《子部·杂家类》。此外今存有明嘉靖沈氏楚山书屋刻本、明纯白斋刻本、明抄本，以及《学津讨原》丛书本等。

跋卢文弨校本宋赵令畤《侯鲭录》二卷，有跋文记之。

鲍廷博跋云：“《侯鲭录》刻于商氏《稗海》者凡八卷，此则通为二卷，行次不甚相远，惟首尾差有更易，间取商氏本校之，其讹误不下七八百处，尤可笑者，第二卷黄鲁直（庭坚）读《太真外传》诗一条，所云‘扶风乔木，斜谷铃声’云云，全然脱去，而以下条滕达道《省试诗》‘寒日边声断，春风塞草长’接入，读之不知所谓。第八卷取东坡《水府赋》诗一则，前入梦一段，凡二百言，俱脱去，竟从

'天地虽虚郭（廓）'刻起，有尾无头。不得此本疑团竟不得破也。惟第六一卷所载王性之《传奇辨正》，凡十八页，此本缺之。又第一卷末卢东《题汴河驿》诗以下四则，七卷末东坡守杭一则，俱此本所无。上卷白乐天《琵琶行》云云以下七则及下卷某某八则，则又商本所缺也。校勘毕，因取其缺失者补之，而一二误字，商本有可从者悉据改正，便称善本矣。惜无力刊布，竟使商本单行，后人或有刻者，讹以传讹，无从正其谬误，是为可恨耳。此本得之吴门，其初亦不以为异也。"（《皕宋楼藏书志》卷六十三《子部·小说类二》）

刘按，是书末有卢文弨跋署"乾隆四十有六年（1781）五月八日，东里卢文弨在晋阳须友堂书"。

《侯鲭录》八卷，鲍氏于嘉庆八年（1803）刻入《知不足斋丛书》第二十二集。《四库全书》据内府藏本录入《子部·小说家类》。二者均出商氏《稗海》本。鲍氏读卢校二卷本后，感其优于商氏本而自己却无力再行付梓公世，心有遗憾。

此鲍跋未署年，当为其晚年所为，姑附于此。

是年阮元与诗僧巨超、诗人王豫在焦山建焦山书藏，规制一如灵隐书藏。

是年，鲍廷博作《恭纪》，表示以"世衍书香，广刊秘籍"来答谢嘉庆皇帝颙琰赐其举人的恩宠。

鲍廷博《恭纪》云："臣鲍廷博窃惟朝廷特重取士之典，士之负才绩学者，三年一试，中式者百中之一耳。今以臣之无似，亦得膺斯恩赐，真旷世之希荣也。

臣知识庸愚，未尝学问，曾两膺乡举，自惭制义不工，遂留心于典籍。其所搜辑皆未刊之书，亦只所好在此，于前人著作之精义未能领会也，抑且好而无力，所校刊诸集半出缙绅之依助。不意草茅之纂录，得蒙册府之收罗，前既拜诵宸章，兹又躬膺荣宠，在皇上陶铸士类之心无所不至，而臣之涵濡于圣泽者，亦感激无涯矣。

伏惟我皇上日星垂统，云汉为章，金函玉几之文词，直俪乎《典谟》《誓诰》；锦赙绣褫之秘籍，远轶乎唐宋元明。复以百家有用之书足以佐政而裨世教者，付之剞劂，训勉臣民。虽虞帝之诞敷文德，周王之寿考作人，无以过也。

"臣今年犬马之齿八十有六，沐浴于高天厚地之中，精力尚可支持，惟有研朱滴露，以度馀年而已。又时时告诫臣子臣孙讲贯服习，订谬正伪，以冀不负上谕'世衍书香，广刊秘籍'之意，庶可仰答渐摩乐育之至教于万一云。"（清翁广平《听莺居文钞》卷二十一《鲍渌饮传》，又见《国朝（清）耆献类征初编》卷四百四十一《文艺十九·鲍廷博》

刘按，嘉庆十八年（1813）皇帝颙琰问浙江巡抚方受畴鲍廷博之《知不足斋丛书》刻至第几集，方立即命乌程县令彭志杰亲赴鲍家，得知《丛书》已刻二十六、二十七、二十八集。方受畴以《丛书》第二十六集进呈，是年六月二十八日（《实录》作“六月二十五日”），嘉庆皇帝颁上谕：“生员鲍廷博于乾隆年间恭进书籍，其藏书之知不足斋仰蒙高宗纯皇帝（乾隆帝）宠以诗章，朕于几暇亦曾加题咏。兹复据浙江巡抚方受畴代进所刻《知不足斋丛书》第二十六集。鲍廷博年逾八旬，好古绩学，老而不倦，著加恩赏给举人。俾其世衍书香，广刊秘籍，亦艺林之盛事也。钦此。”鲍廷博得此殊荣，作《恭纪》以谢皇恩。

嘉庆十九年（1814）甲戌，八十七岁

二月八日，借留耕堂书肆抄本校自抄元邓文原《巴西邓先生文集》一卷，有跋文记之。

鲍廷博跋云：“嘉庆甲戌（十九年，1814）二月八日，借留耕堂书肆抄本校正一过，颇有裨益。介叟记。时年八十有七，目渐昏眊，不能细书矣。”（《嘉业堂藏书志》卷四《集部·金元别集》，吴格整理点校，1997年12月上海复旦大学出版社）

刘按，是书录记铭序赞等文七十九篇。鲍氏用朱、蓝二笔圈点，并识勘语于眉端，复从《元文类》《石渠宝笈》《铁网珊瑚》中补文五篇。后附补遗八则及末一篇从《胡云峰文集》（元胡炳文撰）录出的《四书通序》、目录，皆鲍氏手书。有“歙西长塘鲍氏知不足斋藏书印”“老屋三间，赐书万卷”“世守陈编之家”“遗稿天留”“通介叟”诸印。是书由巴陵方氏碧琳琅馆传入刘氏嘉业堂，今藏复旦大学图书馆。

鲍氏校是书时距其卒仅半年，家贫垂老，无力购藏，只能借书肆书校正，而其于书钟情之盛，笔耕不辍，则至老不倦。

是书鲍氏知不足斋抄本至少有三种，南开大学图书馆藏一种，复旦大学则有两种，除上述之外，另有一种为迻录清整而未及校勘者，钤有“知不足斋抄传秘册”“遗稿天留”“吕文”诸印，见《嘉业堂藏书志》著录。

参乾隆四十年四月、嘉庆十七年五月两条。

春，校刻宋杜绾《云林石谱》三卷附清马汶《绉云石图记》一卷，入《知不足斋丛书》第二十八集，并作跋文。

鲍廷博跋云：“余向至海昌，得交马容海（汶）卿佑，观所藏查伊璜（继佐）孝廉之绉云石及同时诸人题咏，既又出示宋杜绾《云林石谱》三卷。案，绾字季

阳，号云林居士，山阴人，宰相衍之孙，唐杜工部甫之裔也。其书汇载石品一百十六，各详形色、出产，而次第之，洵谱录中不可少之书也。拟欲亟刊以传，因字句间尚多错讹未果。今春敬观钦赐《古今图书集成》，知是书已邀采录，谨即校对一过，改正数十处，并补录绍兴时孔传序一篇，适余方刻《丛书》第二十八集，遂为付梓，并附《绉云石图记》于后，以识容海好古之雅意云。嘉庆十九年（1814）春，歙西鲍廷博识于知不足斋。”（《丛书》第二十八集）

刘按，马汶字容海，海宁人，家有云石山房。

查继佐（1601—1676）字伊璜，号东山，浙江海宁人。明末举人，南明鲁王时任兵部职方主事，以庄廷钺案被逮系狱，吴六奇力奏得免罪。工书，著有《罪惟录》等。

是书《四库全书》据浙江巡抚采进本录入《子部·谱录类》，提要云："毛晋尝刻是书，并为一卷，又佚去孔传之序，而文句则无大异同。”

四月十五日，赵之玉在鲍家传抄宋欧良辑佚名撰《抚掌词》一卷

赵之玉跋：“甲戌（嘉庆十九年，1814）夏四月十五日，灯下写于知不足斋，某泉志。”（王重民《中国善本书提要·集部·词类别集》第686页）。

刘按，赵之玉，号梅泉（或作“楳泉”、“某泉”），乃赵箕之长子。箕字素门，号辑宁，钱塘人，家有星凤阁、古欢书屋、竹影庵，与鲍廷博，赵魏、宋葆淳友善，相互借抄秘籍。《抚掌词》为赵氏《星凤阁手抄宋词十种》之一，均为赵之玉手录，为黑格写本，版心有“星凤阁正本，赵某泉手抄”，钤有“赵印辑宁”，傅增湘《藏园群书经眼录》及《中国善本书提要》均著录，今藏国家图书馆。

《抚掌词》今有《宋元人词》本、《四印斋所刻词》本。

六月六日，跋抄本明都穆《南濠居士文跋》四卷。

鲍廷博跋云：“乾隆二十三年（1758）岁次戊寅，二月二十七日写毕，并校元本，借于钱塘汪氏振绮堂。越三十又九年丙辰，为嗣皇帝嘉庆元年（1796）十月二十日，以旧刻本重校，正讹补佚，盖不胜计，乃知抄本书全不足据，而旧刻为可贵也。内阴长生诗，刻本错迕，则仍当遵抄本耳。嘉庆甲戌（十九年，1814）六月六日，酷暑中检书得此，重阅一过，如与故人相见也。为予录此书者为仁和丁君用中，从予借抄则海昌吴君兔床也。兔床于去冬捐馆舍，用中之亡，盖已三十馀年矣。慨故旧之沦亡，念桑榆之已迫，掩卷复为之黯然。八十七叟记。”（中科院图书馆是书鲍氏抄本。此承罗琳先生复印录示）

刘按，是书未刻入《知不足斋丛书》，《四库全书总目》也未录。民国十三年（1924）江杏溪辑印《江氏聚珍版丛书》（一名《文学山房丛书》，木活字本）时，将其录入第二集。

丁用中，不详，或为鲍家抄胥。

吴兔床即吴骞，见乾隆二十一年条按语。

是书末有劳权题记一则，云：“此本今归迟云楼，兹从主人借传一副，抄本、刻本异同实甚，疑此系初稿也。巽卿书，戊午（咸丰八年，1858）上巳”，下钤“巽卿”（朱文）、“劳权印”（白文）。劳权（1817—?）字巽卿，一字平甫，号蟫隐，浙江仁和人。与弟劳格专攻群籍，有“二劳”之目，家有丹铅精舍。

迟云楼，汪日章室名。日章字云倬，号首禾，晚号迟云，仁和人。乾隆举人，官至江苏巡抚。著有《书画借观录》。

六月，传抄《古逸民先生集》一卷《附录》一卷，并作跋文。

鲍廷博云：“右古逸民先生诗文仅见于《新安文献志》（明程敏政纂），寥寥数篇而已。是集藏书家未有蓄之者，吾友钱塘姚君古香（瑚）得之亲串乱帙中，予首借抄之，好事者因争传录，杭城遂有数本。未几，古香暴卒，使先一年，此书无踪迹矣。然则虽谓古香不死可也。古香名瑚，藏书多秘册，与予交最善，然仅及三年耳。卒时年止三十馀，惜哉。嘉庆甲戌（十九年，1814）六月六日通介叟识于知不足斋，时年八十有七。”（《皕宋楼藏书志》卷九十三《集部·别集类》卷二十七，又见《静嘉堂秘籍志》卷三十八）

刘按，宋汪炎昶《古逸民先生集》一卷《附录》一卷，《知不足斋丛书》与《四库全书总目》均未收录，见《四库未收书目提要》，作三卷，今有《宛委别藏》和《选印宛委别藏》本。

鲍校是书距卒仅两月，可见鲍氏终其一生为书。

姚瑚字古香，钱塘人，生卒仕履不详。

夏，鲍廷博访凌鸣喈，相谈毛氏汲古阁书目事，凌有跋文记之。

凌鸣喈跋云：“甲戌（嘉庆十九年，1814）夏日，渌饮访余于盘溪钓舍，曾谭及毛氏书目而未得见，且言所藏有不止此者。后余在吴门，渌饮亦来索余所著《疏河心镜》刊付《丛书》，未几，而渌饮遽归道山。今观此目，喜吴子（震东）之嗜古，又不禁故人零落之悲也。乙亥（嘉庆二十年，1815）正月廿四日，吴兴凌鸣喈记于觉龛。”（天津图书馆藏吴震东传抄鲍廷博手抄本《汲古阁书目》）

刘按，凌鸣喈字体元，乌程人。博学好古，喜收藏，家有传经堂，著有《疏河心镜》《论语集解》《东林碎语》等。其后裔凌镐、凌镛于道光中辑刻有《凌氏传经堂丛书》收书三十种。凌鸣喈所著四种皆入其中（除上述三种外，还有《盘溪归钓图题辞》），见《中国丛书综录（一）》第175页著录。

鲍廷博访凌鸣喈，距其卒时（是年八月十三日）不过两三月，鲍仍出门访友谈书，可见其一生爱书如命。

鲍廷博本拟将凌氏《疏河心镜》一卷，编刊于《知不足斋丛书》中，无奈"遽归道山"，未竟其愿，后凌氏之裔道光中编刊于《凌氏传经堂丛书》中。《昭代丛书》（道光本）壬集补编也收录此书。

八月十三日，鲍廷博卒于家，遗命嘱子士恭续刊《知不足斋丛书》。

翁广平《鲍渌饮传》："（《丛书》）廿七集将刊成，忽患心痛证（症），自知不起，命士恭继志续刊，无负天语褒嘉之意，言讫而卒，时嘉庆甲戌（十九年，1814）八月十三日也，年八十有七岁。"（《听莺居文抄》卷二十，又见《国朝耆献类征初编》卷四百四十一《文艺十九》）

刘按，据翁广平《鲍渌饮传》和《［光绪］桐乡县志》卷十五《鲍廷博》载，廷博有子二：长士恭，字志祖，仁和县国学生。次士宽，先廷博卒。孙三俱以文学世其家。据清沈豫《群书提要·知不足斋丛书》云："闻先生（鲍廷博）谢世，庋阁鸿宝，多入书贾，识者惜之。"

正言号听香，后更号衍香，取嘉庆皇帝上谕中"世衍书香"语。幼时随祖见汪辉祖，汪赞其"好学可爱"，又善书能诗，工篆刻，落落寡谐，贫老以终。

据《［光绪］桐乡县志》卷十九《艺文志·寓贤》载：鲍廷博著有《花韵轩遗稿》《花韵轩咏物诗存》。今前者未见其他书目著录，恐已亡佚不存，后者今有《国家清史编纂委员会文献丛刊》中《清代稿抄本》第二十五册影印中山大学图书馆藏抄本。

据《浙江文献展览会·乡贤遗书·菊硐集》载：鲍氏"其所得宋元刊本，随时与人博易或投赠（原注：参严氏芳椒堂藏《周益公书稿严跋》），尤以归于黄氏士礼居、汪氏艺芸精舍者居多。乾隆五十六年辛亥冬火灾，书亦稍烬（原注：据《书稿》严跋），及道咸间则抄校诸本，亦归归安丁氏、仁和劳氏及吴兴陆氏十万卷楼云。

是年董诰、阮元等纂《全唐文》成，书凡一千卷。

卷六

谱后纪要：嘉庆二十年至2005年

（1815—2005）

嘉庆二十年（1815）乙亥，卒后一年

十月，赵怀玉过乌镇，作诗挽鲍廷博，并遣儿子往吊。

赵怀玉云："（嘉庆二十年六十九岁）十月，过乌戍，作诗挽鲍以文廷博，遣儿子往吊。"（《亦有生斋文集·收庵居士自叙年谱略》）

赵怀玉《追挽老友鲍孝廉廷博》诗："乌戍丹枫昔系舟，殷殷执手话床头（原注：辛未秋访君，君时病足卧榻）。江湖别作重泉隔，鸡黍邀曾竟日留。长物家犹馀万卷，旷观身早定千秋。乙科晚荷君恩重，也算平生素愿酬。天涯沉痼幸生还，恶耗迟闻老泪潸。德寿世谁如后福，显扬子亦继名山（原注：哲嗣士恭方续刻《丛书》）。明湖莲叶波常冷（原注：君尝招饮西湖看荷），高馆桐华客莫攀（原注：桐乡桐华馆，妇弟金少权所居，君与方兰士及余过从最密，今金、方已先后物故），忍把前尘更追忆，独怜衰病滞人间。"（《亦有生斋诗集》卷二十二）

刘按，赵怀玉，见乾隆三十九年条按语。

鲍氏之知不足斋与内廷知不足斋同名，有人密告僭越之嫌，嘉庆皇帝颙琰明谕二者无碍。

钱泳云："嘉庆二十年（1815），（《知不足斋丛书》）流传禁中，仁宗（嘉庆帝颙琰）见之，传谕抚臣曰：'朕近日读鲍氏《丛书》，亦名知不足斋，为语鲍氏勿改。朕帝王家之知不足，鲍氏乃读书人知不足也。'"（《履园丛话》卷六《渌饮先生》）

刘按，鲍廷博下世后，或浙江有人告密，企图讨好皇室，或者出于对鲍氏献书、刻书而受格外荣宠的嫉妒，结果碰了一鼻子灰。

嘉庆二十一年（1816）丙子，卒后二年

是年八月，鲍廷博之子士恭将明万历刻本元戴表元《剡源集》贻赵怀玉，兑现

其父生前（嘉庆十六年，1811）诺言。

赵怀玉《剡源集跋》："嘉庆辛未（十六年，1811）冬，访老友鲍君以文于乌戍，时君病足不能起，留坐榻前，情话竟日，并许以此书见贻。老人善忘，是冬未能寄。明年春，余有关中之役，及乙亥（嘉庆二十年，1815）返里，已婴末疾，欲往乌戍未果，而君且归道山。余自苕霅还，迂道乌戍，命儿子㬇奠生刍（刘按，时嘉庆二十年十月），值令嗣志祖（士恭）它出，晤于吴门，因及此书。今年四月又见志祖于吴兴，复申前说，既别，辗转觅寄，八月始达常州。知为竹垞（朱彝尊）、秋岳（曹溶）藏本。鲍君以（文）尝校之书，诚不易见，而购之者亦綦劳矣。爰识得此书所从来，并及鲍氏两世交谊。"（《亦有生斋文集》卷七）

嘉庆二十三年（1818）戊寅，卒后四年

夏，其子鲍士恭刻宋程洵《克庵先生尊德性斋小集》三卷《补遗》一卷，入《知不足斋丛书》第三十集。

程均《后记》云："戊寅（嘉庆二十三年，1818）夏，均客吴门，晤鲍君志祖（士恭），出集求校，许附《丛书》行世，乃谨记得集之原委于后。嘉庆戊寅夏四月，二十一世孙均百拜识。"（《丛书》第三十集）

刘按，是书《四库全书总目》未录。

《皖人书录》卷三"洵"作"恂"。并谓："是书原为恂婿黄昭远所辑，凡十卷。明弘治间梅鹗约为三卷。"并著录该书有明嘉靖九年、清嘉庆十五年和宣统元年裔孙木刻和活字本。

嘉庆二十四年（1819）己卯，卒后五年

闰月，张金吾以娄东张椒卿铎之介，偕同里黄廷鉴乘舟去桐乡之乌青镇，访鲍氏知不足斋。鲍正言款待六日，得读鲍家获赐的《古今图书集成》，抄录金代文献资料二十篇。

黄廷鉴记道："月霄张子（金吾）辑金源文有年，虽广搜金石之遗，旁探道、释之藏，终以未读鲍氏赐书为恨。娄东张明经椒卿（铎），余之契交，而月霄之师也。客授湖州郡署，与渌饮先生令嗣志祖（士恭）君善，为之介绍，许假馆乌镇，次第借读，月霄欣然。遂于己卯（嘉庆二十四年，1819）闰月，买舟招余同往。

值主人有事吴门未归，属小阮听香（正言）秀才为之主，居停于镇之南宫道院，日自斋中载五六百册，分编披读。时当初暑，挥汗如雨，日暮蚊虻四集，烧烛继晷，目为之昏，不恤也，凡六日而毕。

其斋去镇四五里，于将行之日造焉。村落几家，渌水环门，青山入牖，桑麻竹树，弥望一色，真读书耕隐之所也。慨渌饮既亡，询及秘抄异录已多散失，而赐书岿存焉，为海内书城巨观，故今数藏书家者，终推知不足斋为第一。

是役也，月霄得金文廿篇，复自湖至杭，泛西湖，拜岳墓，历净慈、昭庆而归，计往返未二十日，读秘府之书，览武林之胜，可谓极生平之壮观矣。"（《第六弦溪文抄》卷二《读知不足斋赐书图记》）

刘按，张金吾（1787—1829）字慎旃，号月霄，常熟人，祖、父两代均喜藏书，叔张海鹏尤为藏书、刻书大家。张金吾承家业、家学，建爱日精庐藏书处，一生致力于书，著有《两汉五经博士考》等，辑有《金文最》，编有《爱日精庐藏书志》。本年闰月为四月。

黄廷鉴（1762—约1842）字琴六，号拙经逸叟，昭文（常熟）人。尝馆张金吾、陈揆家，助其校刊书籍，著有《第六弦溪文抄》《琴川三志补》等。

黄记撰于道光五年（1825）五月，据其记载，张金吾辑《金文最》一百二十卷成，将付剞劂，以缅想此次胜游，请同里胡芑香（骏声）绘《读知不足斋赐书图》，以志不忘，并请黄氏作记。

胡骏声字芑香，常熟人，家有望禺书屋。

嘉庆二十五年（1820）庚辰，卒后六年

赵怀玉为鲍士恭藏方薰《仿云林松石图》题诗，追忆往事。

赵怀玉《乾隆壬寅（四十七年，1782）亡友方兰士薰为鲍志祖士恭（作）〈仿云林松石图〉，屈指四十九年矣。卷中兰士与金鄂岩德舆皆有题句，两人已久归道山，毛秀才善庆自吴门寄此索句，为书三绝于后》："方壶绘事仁山句，自昔曾闻艺苑传。回首故人俱宿草，重披遗迹一凄然。"（其一）"此卷初归鲍叔藏，无端什袭属毛苌。要知各有因缘在，忽忽经过五十霜。"（其三）（《亦有生斋诗续集》卷二）

刘按，毛善庆，一作毛庆善，字叔美，吴县人。家有尚友斋、红豆书楼、涧上草堂。

此诗载《亦有生斋诗续集》卷二，为上章执徐（庚辰，嘉庆二十五年）作。其云"屈指四十九年"，恐为三十九年之误，赵卒于道光三年（1823）。当以《诗续集》为据。

道光元年（1821）辛巳，卒后七年

四月，赵怀玉为鲍廷博作墓志铭。

赵怀玉“（道光元年辛巳，七十五岁）四月，为老友鲍孝廉廷博补作墓志铭。”（《亦有生斋文集·收庵居士自叙年谱略》）

赵怀玉《恩赐举人鲍君墓志铭》（《亦有生斋续集》卷六，全文见本书附录二，兹不录）

刘按，赵怀玉所撰《恩赐举人鲍君（廷博）墓志铭》一文，不仅《清代三十三种传记引得》《清代碑传文通检》不载，且翔实超过阮元所撰《知不足斋鲍君传》、翁广平所撰《鲍渌饮传》、钱泳所撰《渌饮先生》传以及《清史列传》《清儒学案》等传记资料。前之论述鲍氏生平事迹者皆未言及，其中所云：鲍廷博“远祖某自山东南徙，世为徽之歙县人，曾祖永顺、祖贵、考思诩，清德未耀。”“（乾隆三十八年、1733）遂命士恭集所藏书进呈御览，乃为浙士献书之冠。蒙赐《古今图书集成》，给还原进书籍。内《唐阙史》《武经总要》二种，并荷御题。四十四年（1779）赐《伊犁得胜图》一分，四十五年圣驾五巡浙江，君迎銮献颂，赏大缎二疋。五十二年赐《金川图》一分。”“会君父茔卜吉湖州，复居乌镇之东。”“君虽不求仕进，远迹城市，一编在手，将以终身，而激浊扬清，往往义形于色。谈忠义，则欣然起慕；闻奸邪，则愤然不平。”“生雍正六年十二月初一日，殁嘉庆十九年八月十三日，春秋八十有七。娶仁和郑氏，例赠孺人，有壸德，先君十四年卒。子二：士恭，仁和国子监生。士宽，先君卒。”或为前人未载，或载之未详。

道光三年（1823）癸未，卒后九年

三月，其子鲍士恭遵遗命将其父生前嘱托顾广圻校勘的元王逢《梧溪集》七卷《补遗》一卷，刻入《知不足斋丛书》第二十九集。顾广圻为之作序并跋。

顾广圻《重刊梧溪集序》云：“长塘鲍渌饮丈雅意收入《知不足斋丛书》，俾广流布。乾隆末欲见属勘订，适汲古阁所藏景泰刻本归于从兄之小读书堆，爰敬诺之。彼此卒卒，近逾廿载未及施功，而鲍丈作道山游矣。嘉庆丙子（二十一年，1816）令子志祖以遗言复谋于予，冬杪持抄本来，予不敢不力，借刻本细校一过。抄者蒋西圃氏名继轼，在雍正丙午（四年，1726），亦出景泰板，然遇有模糊断烂皆脱去，或讹写为之，一一补正，不啻数万馀字，乃始厘然可读。唯第七卷版心舛错，失去第四叶，参验遵王（钱曾）家抄本，亦未尝有，盖非获洪武印本末由补全也。校毕还之。又阅七年，方告刊成，并属复校。予叹鲍丈拳拳阐幽，靡间生死，又嘉志祖之克成先志，且感此书久晦于世，昔人搜访维艰，今此幸勤，仅就详书以为之序。……道光三年岁在癸未三月既望，元和顾千里书于枫江僦舍。”（《丛书》第二十九

集)，又见《万卷精华楼藏书记》卷一百二十二，文字略有差异)

顾广圻跋云："鲍丈渌饮向欲刊《梧溪集》，知毛子晋所藏在先兄抱冲（之逵）小读书堆，属余勘定而未果也。今丈已下世，令嗣规续成先志，以作《知不足斋丛书》第廿九集，深嘉厥意，从望山侄借出，竭三旬力补改传抄阙误，惟是六七两卷版心有粉墨涂改痕迹，于次第颇舛错，盖景泰板模糊涂烂，致有此失。又悉为推求订正，庶几称善矣，然终少（第）七卷第四叶，故其三叶末节石铭题下梧溪自注云有后序，而今俄空焉。……校毕遂志于尾而归之，时嘉庆丁丑岁（二十二年，1817）顾千里书。"（《思适斋书跋》卷四）

刘按，《补遗》末有"道光癸未（三年、1823）秋八月，邑后学云樵叶廷甲识于静观楼，时年七十"。

顾氏校勘的底本，为鲍家所藏清雍正四年（1726）蒋继轼抄本。继轼(1668—1738）字蜀瞻，号西圃，又号拜集老人，江都人。康熙五十二年(1713）进士，官翰林院编修，曾预修《明史》，喜藏书，尤喜宋元明人诗文集，家有韵绿堂（亦称韵绿山房），著有《韵绿堂集》。

是书《四库全书》据鲍士恭家藏本录入《集部·别集类》，无《补遗》一卷。

夏，其子鲍士恭刻日人河世宁辑《全唐诗逸》三卷，入《知不足斋丛书》第三十集。

是书末有翁广平跋，云："《全唐诗逸》三册，日本国河世宁所辑。余得之海商舶中，以赠渌饮先生，先生有《知不足斋丛书》之刻，欲以此册附入焉，未付梓而归道山。今其长君清溪能成父志，属余校雠。……余前撰《吾妻镜补》一书，凡日本著述多所采录，是书亦曾采入艺文志，且幸清溪之能继父志，使吾党得见所未见之书，诚大快事也，遂识数语于其后。道光三年（1823）立夏后十日，吴江翁广平海琛氏跋。"（《丛书》第三十集）

刘按，据翁跋鲍士恭号清溪。

翁广平，见乾隆三十九年条按语。

道光间（1821—1850），卒后七至三十六年

高承勋刻《续知不足斋丛书》二集十七种四十四卷（《中国丛书综录（一）》第185页）。

刘按，高承勋字松山，直隶沧州人，家有松筠阁，喜藏书。仿鲍氏《知不

足斋丛书》体例（不区以四部，不以时代为序，且用巾箱本版式），辑刻《续知不足斋丛书》，版心镌有“续鲍丛书”字样。高氏还于道光八年（1828）刻过自辑《松筠阁抄异》十二卷，见《贩书偶记》著录。《续知不足斋丛书》当刻于此前后。

同治十一年（1872）壬申，卒后五十八年

岭南苏氏修补重印《知不足斋丛书》，版式一仍其旧。

刘按，据此鲍氏《知不足斋丛书》版片后流出浙江，为岭南苏氏所得，故苏氏得以原版修补后重印。苏氏修补重印本有“同治辛未（十年，1871）重刊”“同治壬申（十一年，1872）补残，岭南苏氏藏板”等字样。

同治十三年至光绪十六年（1874—1890），卒后六十至七十六年

鲍廷爵辑刻《后知不足斋丛书》八函五十六种。

刘按，鲍廷爵字叔衡，原籍安徽歙县人，寄寓江苏常熟，算是廷博之同乡。他慕鲍廷博《知不足斋丛书》之盛名，取家藏古籍善本外，旁搜博采，照其体例（不以四部为分，不以时代先后为次），汇辑古书及有裨实用之书行世。2010年4月江苏凤凰出版社影印出版，改为精装八册。并谓前四函，二十五种为初编，刊于光绪八至十年（1882—1884），后四函三十一种，刊于光绪五至十五年（1879—1889），为增编，与《中国丛书综录》著录版刻时间有别，见《古籍新书报》2010年10月28日第8版。

光绪六年（1880）庚辰，卒后六十六年

曾孙鲍寅将家藏朝廷赐书《古今图书集成》，献于修复的文澜阁。

“赐书之在（桐乡）杨树湾者，幸居乡僻，未遭兵燹，光绪庚辰（六年，1880），谭中丞钟麟修复西湖文澜阁，由公曾孙寅缴呈贮阁，以资宝守。”（《［光绪］桐乡县志》卷十五《人物下》）

刘按，咸丰十一年（1861）十一月，太平军攻打杭州城，西湖孤山一带沦为战场，文澜阁阁圮书散，遭到毁灭性打击。时藏书家丁申、丁丙兄弟发现散佚的阁书，冒死抢救，集阁书数千册之多，先藏于其父（丁英）殡官（坟庄），后运往上海，同治初太平军撤出杭州，方运回暂贮杭州府学尊经阁。同时呼吁官民筹修文澜阁，恢复旧观。

光绪六年（1880），丁氏兄弟在浙江巡抚谭钟麟（字文卿，湖南茶陵人，咸丰六年（1856）进士，官至甘肃布政使，戊戌变法中死硬反对派）的支持下，重建文澜阁，次年（光绪七年，1881）告成。除恢复原貌外，还增建了太乙分青室，作为读者阅读和休憩之所。此后经三次补抄，使文澜阁藏书大体得全，丁氏兄弟因此得清廷嘉奖："文澜阁毁于兵燹，其散佚书籍，经丁申、丁丙购求藏弆，渐复旧观，洵足嘉惠艺林。"由此丁氏兄弟以"嘉惠"名堂，建自己的藏书楼。

鲍寅系鲍正勋之子，祖鲍士宽，乃廷博之次子，先廷博卒。寅母程氏名娴，字渊湛，号湘蘅，晚号念春老人，为奉天府丞程同文（原名拱宇，号春庐，浙江桐乡人，嘉庆四年［1799］进士）之侄女。少孤，育于叔程同文家，聪慧绝伦，读书通大义，工为诗，兼擅星命之学。年二十六岁嫁鲍正勋，遍览家藏书籍，为诗益工，著有《渊湛诗抄》，未及刊行，毁于劫火。尝为鲍寅亲课之读，教以诗法。生平持家勤俭，白首相庄，年七十八先夫而卒。见《［光绪］桐乡县志》卷十八《列女下·才媛》。

光绪八年（1882）壬午，卒后六十八年

岭南卢氏芸林仙馆再度补修重印《知不足斋丛书》，版式一仍其旧。

刘按，《知不足斋丛书》版片，由岭南苏氏又流入岭南卢氏。光绪八年（1882）卢氏又修补原版，重印行世。重印刊本有"光绪壬午（1882）岭南芸林仙馆印行""光绪壬午岭南芸林卢氏重刊""肄水卢氏重刊""岭南卢氏重刊""岭南卢氏重镌""岭南芸林仙馆藏本""卢氏芸林仙馆藏本""芸林仙馆刊""卢氏芸林仙馆重刊"等印记。《御题唐阙史诗》及嘉庆十八年六月二十五日上谕，均朱印置首册。

清末民初

清佚名仁寿堂辑刻《仿知不足斋丛书》五种，凡八册（《中国丛书综录》（一）第257页）。

刘按，仁寿堂为钱文雯室名（或刻书铺名）。钱氏，江苏人，曾于民国十三年（1924）刻过清汪中《述学》二卷，一册。该丛书或刻于此前后。据《中国丛书综录》，唯国家图书馆和首都图书馆有藏，可谓流传甚稀。

至于受鲍氏《知不足斋丛书》影响，仿其体例辑刻的古籍丛书，尚有：

道光中蒋光煦《别下斋丛书》。光煦（1813—1860）字日甫，号生沐，浙

江海宁人。家有别下斋，藏书五万卷。《别下斋丛书》收书二十七种，吴德旋序称："生沐于古人之书，网罗放失，皆鲍氏之遗，而并世之人，有著述媲美于前贤而未及以行世者，亦采录以公诸同好。"该书有1923年上海商务印书馆影印本。

道光中钱熙祚等辑刻《指海》。熙祚（1800—1844）字雪枝，一作锡之，松江金山人。官叙选通判，家有守山阁，藏书颇富。该丛书系熙祚得张海鹏《墨海金壶》版片后，益以家藏珍本汇刻而成，分二十集，子书一百三十六种，其子侄培让、培杰助其成，有跋云："仿鲍氏《知不足斋丛书》例，采集遗珠，辑为《指海》。"

道光至咸丰间潘仕成辑刻《海山仙馆丛书》。仕成（1803—1873）字德畬，祖籍福建，世居广东番禺。道光副榜贡生，官至两广、两浙盐运使，后以业盐，承办海防和战船军工生产遂成巨富，家有海山仙馆，藏书与伍崇曜、康有为、孔广陶并称晚清"粤四家"。该丛书收子书五十六种，仿鲍氏《丛书》之例，"但择前贤遗编，足资身心学问坊肆无传者"，"务存原文，不欲妄加删节"，且不以四部和著述时代为次。

道光至光绪间伍崇曜辑刻《粤雅堂丛书》。崇曜（1810—1863）原名元薇，字紫垣，广东南海人。以赈捐获赐举人，官至布政使，以办洋商行致富，家有粤雅堂，藏书与潘仕成、康有为、孔广陶并称。其辑刻《粤雅堂丛书》收子书一百八十二种，分为三十集，不以四部和著述时代为次，多前人未刊之书，且首尾完整。

民国五年（1916）辛酉，卒后一百三年

孙毓修辑《知不足斋书跋》四卷。

潘景郑云："此孙毓修所辑《知不足斋书跋》四卷，为文七十九篇，出于《知不足斋丛书》者居其半，馀采自藏书家书录及见闻所得，汇萃之功，可当不朽。余尝见孙氏所辑书跋不下二三十种，其后人曾索百斤（金），力不能得，即今思之犹悬悬不能去怀也。此稿与孙氏所辑《悔庵书后》（严元照原撰），先以四十金得之者，安得会群览书跋而汇刻之，庶于目录版片之业，发扬广大，岂不快事哉！此册自《默记跋》以上，孙氏朱笔识语：'丙辰（1916）夏六月，众学生录毕，又手校一过，下留空页，以便补辑，留庵记。'以下十二跋，则孙氏手写者矣，墨格，版心下有'梁溪孙氏小绿天写'八字。己卯（1939）九月七日。"（《著砚楼书跋》第128页，2006年7月上海古籍出版社）

刘按，孙毓修（1871—1923）字星如，一作恂如，号留庵，别署小绿天主人，江苏无锡人。县诸生。不赴乡试而就读南菁书院，任上海商务印书馆编辑，主持该馆涵芬楼古籍藏书，家有小绿天藏书颇富，尝以家藏助《四部丛刊》底本。著有《中国雕版源流考》等，辑有《涵芬楼秘笈》。

潘景郑（1907—2004）原名承弼，字景郑，又字良甫，别署寄沤，江苏苏州人，潘祖同之孙，祖荫、祖年之从孙，承厚之弟。从学章炳麟、吴梅，传统文化造诣极深，长期在上海合众图书馆、上海图书馆工作，精版本目录之学。著有《寄沤剩稿》《著砚楼书目》等。

如潘先生所云，孙氏“汇萃之功，可当不朽”，然所辑《知不足斋书跋》四卷，仅七十九篇，显然有遗留。鲍氏享年八十七岁，藏书刻书长达七十馀年，所作书跋题记当不下数百种之多，然分散各大藏书处，且均列为善本，难以搜罗完备，今季秋华同志所辑《知不足斋序跋题记集录》（2010 年 11 月国家图书馆出版社）汇集达一百八十八种，较孙氏多出一倍以上，令人可喜，但缺遗者仍有。

孙氏所辑《知不足斋书跋》四卷，今向上海图书馆梁颖先生请示，已不知藏于何处，惜哉。

民国十年（1921）辛酉，卒后一百八年

上海古书流通处以苏州许厚基（博明）藏鲍氏家藏本《知不足斋丛书》影印行世。

《古书流通处启》云：“歙县鲍渌饮廷博辑刻《知不足斋丛书》，久为艺林推重，约而言之，盖有数善，全书三十集，都二百馀种，搜罗之富，罕见其比，所辑各种旧刻脱讹而此独完好，或中土久佚而传自海外，无陈陈相因之弊。且皆学者必需之书，采辑之善，允推独步。渌饮交游如卢召弓文弨、顾涧苹广圻、吴枚庵翌凤、朱朗斋文藻辈，各尽所长，助其校勘，而赵氏小山堂、汪氏振绮堂、吴氏瓶花斋、孙氏寿松堂诸家，复不吝瓻借，供其选择，集腋成裘，固士礼居、守山阁诸丛书所不能及也。年久板毁，其仅存者归于粤东，一再补刻，鲁鱼触目。初印之书，稀如星凤。吴县许博明先生以重金购得初印三十集足本，为鲍氏家藏本，字画精神与通行本迥不相侔，且有印行之后，复一一再校改者，故与通行本字句，亦间有不同，即开卷总目数叶，已为向所未见，借印流布，想宏达所嘉许焉。”（影印本首册）

许厚基《附识》云：“歙县鲍渌饮先生树帜学津，探源艺海，藏弆之精，褒乎天语，丹铅之富，沾溉夫后人，其所辑《知不足斋丛书》，钩四部之窾奥，采八荒

之残帙，中垒雠校，雅善订讹，潾士细书，最喜真本，流传卷帙，矜重一时，百年以还，再经兵燹，旧椠落落，稀若凤麟，学者病焉。厚基学乏专业，颇爱典坟，比岁搜罗，粗具条理，鲍氏丛刊久在敝箧。邂逅海上，获遇陈君友年，讨论群籍，偶及是书，因从所请，景摹上石。……辛酉（民国十年、1921）季秋，许厚基，时客京师铜井大院。”（下镌“厚基之印”“怀辛居士”两白文方印。影印本首册）

刘按，许厚基（约1884—1958）字博明，号怀辛、怀辛阁主人，浙江吴兴人，居江苏苏州。经商致富，斥巨资收购江浙名家散佚之宋元珍本书，家有怀辛阁（以怀念其母命名）、申申阁（以夫妇同生于申年命名），藏书多达四十万馀卷，卒后散尽。

是书书名页右上角有“鲍以文藏书记”朱文长方印（影印），书名页背面牌记题“辛酉（民国十年，1921）七月上海古书流通处影印”。

前冠《知不足斋丛书总目》，下署“歙县鲍廷博辑”。以集为次，每子目书名下注明该书底本来源及校跋记录，此为通行本所未见。《御题唐阙史》有龙图。全书无补刻、无复校之记。书前无《内廷知不足斋诗》。有印行后手写校改之记，无赵怀玉乾隆五十年序及顾广圻嘉庆十五年序，而卢文弨乾隆四十年序、朱文藻和单炤四十一年序、鲍廷博四十一年自序、王鸣盛四十四年序、赵学敏五十二年序均置于总目之后。部分子目跋文较少。

关于鲍氏《知不足斋丛书》影印本，自上世纪60年代以来，先后有中国台北艺文印书馆抽印本（入《百部丛书集成》）、兴中书局将上海古书流通处影印本再缩印成十二册本、新文丰书局部分子目抽印本、1999年6月北京中华书局重印上海古书流通处影印本，该本改巾箱本为十六开本，由线装二百四十册改为精装十册，使用极便。

民国二十四年（1935）乙亥，卒后一百二十一年

上海商务印书馆汇编百种丛书，名为《丛书集成》，鲍廷博《知不足斋丛书》以及高承勋《续知不足斋丛书》、鲍廷爵《后知不足斋丛书》均揽于其中。上世纪80年代中国台北新文丰出版公司和北京中华书局重印《丛书集成初编》，并补齐原商务印书馆未印之子书。（《中国丛书广录》）

近二十余年来，海内外关于鲍廷博及其所刻《知不足斋丛书》评述或研究论著，主要有：

《知不足斋序跋题记集录》，季秋华辑，国家图书馆出版社2010年11月。

《鲍廷博刻书与藏书研究》，周生杰著，黄山出版社 2011 年 5 月。

《鲍廷博题跋集》，周生杰、季秋华辑，浙江人民出版社 2012 年。

《鲍廷博评传》，周生杰、杨瑞著，江苏凤凰出版社 2014 年 12 月。

《鲍廷博与〈知不足斋丛书〉》，葛光著，《图书馆研究与工作》1985 年第 2 期。

《鲍廷博和〈知不足斋丛书〉》，李春光著，《文献》1986 年第 4 期。

《以书为命的古籍整理大家鲍廷博》，徐学林著，《出版史料》1992 年第 2 期。

《浅评清代藏书家鲍廷博》，张弛著，《图书馆学研究》1994 年第 1 期。

《鲍廷博〈知不足斋丛书〉之研究》，蔡斐雯著，中国台湾大学图书馆学研究所硕士学位论文（指导教授潘美月），1994 年 12 月。

《鲍廷博和〈知不足斋丛书〉》，汪嘉麟著，《图书馆杂志》1999 年第 9 期。

《清代藏书家鲍廷博》，张健、汪慧兰著，《安徽师范大学学报》（人文社会科学版）2001 年第 1 期。

《评〈知不足斋丛书〉的文献价值和历史意义》，何庆善著，《安徽大学学报》（哲社版）2001 年第 6 期。

《鲍廷博与〈知不足斋丛书〉》，胡春年著，《四川图书馆学报》2003 年第 4 期。

《长塘鲍氏藏书世家》，桑良之著，《江淮文史》2005 年第 1 期。

《鲍廷博与“知不足斋”藏书》，张健著，《大学图书情报学刊》2005 年第 3 期。

《鲍廷博年谱初稿（上下）》，蔡元晋编，（中国台北）《“中央图书馆”馆刊》1994 年第二十七卷第二期，（中国台北）《“中央图书馆”馆刊》1995 年第二十八卷第一期。

附录：

一、鲍廷博《花韵轩咏物诗存》

石梅校订

前　记

清乾嘉时期的鲍廷博，作为名重当时且影响深远的大藏书家、刻书家，早已为人熟知。他善吟咏，同时代的袁枚、阮元、翁广平皆有论及，后人也略有所晓。然而人们很少得见鲍氏诗作，其唯一的诗集《花韵轩咏物诗》三卷（也称《花韵轩诗》二卷、《咏物诗》一卷），向以清末民初抄本藏于国家图书馆、中山大学图书馆、安徽省图书馆三家（下称国图本、中大本、安图本），且均列为馆藏善本，常人难得窥见，评说更无从谈起。今《国家清史编纂委员会·文献丛刊》中《清代稿抄本》第25册（2007年4月广东人民出版社）据中大本全文影印出版。然原抄本笔误较多，且与国图本、安图本以及袁枚《随园诗话补编》卷二中袁枚摘句（今有不见于《诗存》者，可见《诗存》确系鲍氏“晚年记忆所出”，非全璧也）、丁申《武林藏书录》卷末所引摘句间有文字差异，故以国图本为底本，校订此三本及摘句之异同，以飨读者。

是书著录为三卷，中大本卷端未标出，然自“书香”起为一部分，自“夕阳诗”起为一部分，自《庭花八咏》起为一部分，今仍其旧。国图本著录为一卷，安图本作不分卷，然三本均分作三部分，起讫相同。国图本与中大本均八行二十字，白口，四周单边。安图本九行二十字，白口，四周双边，版心下有“陈氏慎初堂抄本”七字。国图本首有屺莼外史绍如题识云：“光绪辛丑（二十七年，1901）三月上巳后八日购于淮阴儒雅斋古玩店中，归藏于读有用书斋。”钤“朱氏珍藏”“长乐郑振铎西谛藏书”朱文方印。中大本序末有李蟠题跋云：“鲍廷博字以文，歙人，号渌饮，诸生，流寓桐乡之乌镇，藏书极富。四库馆开，进书六百馀种。又校刊《知不足斋丛书》三十集，时称善本。嘉庆中钦赐举人，已年八十六，逾岁卒。著

《花韵轩咏物诗存》。阮芸台编《两浙輶轩录》，采清以来诗人三千馀家，廷博尚存，故不入选。集中‘咏’诗第九首末云：‘抚卷自怜还自叹，《輶轩录》上未登名。’以为憾事也。此卷得于沪上，未□□□□□，其中脱字误抄者亦不少。丙子（民国二十五年，1936）夏蟠庐读记。”末钤“小容安堂”白文方印。中大本据《中国古籍善本书目》著录为“□庐”题跋，考其□字当为“蟠”，即为李蟠旧藏，序首及卷端另钤有“小容安堂藏”阳文朱印。李蟠（1893—1943），字仙根，广东中山石岐人。工书法，秀雅闲逸，利落有致，尤擅隶书。1908 年加入同盟会，曾任孙中山机要秘书。著有《小容安堂诗抄》《岭南诗风》。

本校订只作文字差异标示，凡疑误以（ ）示，凡差异以［ ］示，概不作人物、地名、词语释义。三本中国图本为清抄本，较为佳善，而袁枚摘句较此三本又为优。

花韵轩咏物诗存叙

咏物之体滥觞于荀卿之赋虫、风、舟，于（与）屈子之颂橘，由是鹧鸪、鸳鸯、落花、春草纷纷不一，至李峤、谢宗可始，专为一集，其刻画微至，直欲使难绘之神，靡不毕露而后已。

歙县鲍君以文，少有书癖，搜罗繁富，凡古今人之长笺小疏、谰言剩语，一一掌录。中朝开四库馆，进书至七百种以上，名动当宁。因刻其所得《知不足斋丛书》二十馀集，虽明人如虞山毛子晋无以逾之。余赠诗所谓“当世应无未见书”者，此也。中年后尤耽吟讽［国图本作“讽吟”］，杖笠所至，一草一木，流连竟日，如《夕阳》一题，多至二十咏，可谓极体物之妙矣。而隶事渊雅，即于小注中见其一二，因裒为《咏物诗存》一册，请书其缘起。

余思君生清时，无荀卿、屈子之境遇，而又不若李（峤）、谢（宗可）之切切于时名，模山范水，独标冲澹之旨，不蕲名而名自至。昔鲍清风以《孤雁》一篇，至今口之不置，若斯之多且美者，后之人宜若何矜惜之邪！今君年近八十矣，因书此以为之寿。

嘉庆十年（1805）扬州阮元序。

花韵轩咏物诗存

书香

重帷深下暗香饶，班氏传来一脉遥。阆苑芳随红杏拆，月宫寒带桂花飘。子孙能读留应久，笔研微沾洗不消。别有清芬染襟袂，还应亲侍紫宸朝。

书味

一编相向食先忘，玩索回时味转长。要识中边□（三本均缺字，下同）有别，欲求烹饪岂无方。酸咸与俗原殊嗜，辛苦从前总备尝。一盏儿时旧灯火，夜深犹自耿龟堂。

书声

一灯青处久琅琅，声彻东风出苑墙。醉读《离骚》音激楚，冷吟蟋蟀韵谐商。月中飘去和仙乐，花底传来袭暗香。最惜夜深帘幙静，却将弦管误诸郎。

其二

键户咿唔手一编，晨鸡未动响先传。澜翻不竭倾瓶水，圆美初调转轸弦。时慰老怀来枕上，已占佳兆在灯前。鸣皋清唳君曾听，嗷嗷犹能彻九天。

书厨

曹仓邺架隐相侔，万卷□愁散不收。愧我岂惟输两脚，笑君偏似省双眸。版扉勤启防新蠹，银钥严扃避巧偷。莫诮深藏同韫玉，当年曾副石渠求［原注：乾隆甲午（三十九年，1774）诏求遗书，恭进七百种，抄入《四库全书》后，仍许给还原本］。

书灯

清漏谁能枕上闻，短檠特与继斜曛。前修薪火犹堪续，懒妇脂膏岂足焚。囊解焰还萤自照，案明光谢雪重分。他年墙角休轻弃，银烛金莲看策勋。

其二

青黎吹焰灿银台，漫共烧棋赌酒猜。未许携归妆阁去，何妨传自佛厨来。壁容隔院分光凿，窗待邻家乞火开。借问西园谁秉烛，花前烛泪枉成堆。

其三

向晚相依似乐群，纸窗竹屋助劬勤。壁间影瘦怜儿共，机上丝明喜妇分。未免有情偷弄月，可能无愧梦为云。此中佳趣思同享，寒灯重挑敢寄闻。

其四

深院焚膏继苦辛，皎如明月暖于春。兴方酣际花争穟［安图本作“檖”］，味似儿时老益亲。续焰与留烧弃火，回光不到下惟人。还怜凿壁分余照，大有书生胜我贫。

其五

深浥兰缸玉露盈，清光溢几古今横。秋声触户欧阳子，夜雨敲门都少卿。银漏遥传神益王，金虫方灿眼增明。满堂珠翠无颜色，不买长檠弃短檠。

枕

一掬吴绫晚系思，曲屏幽幌睡来时。锦衾有烂欣同荐，长簟空闲懒自支。囊底书奇人未见，床头金尽汝先知。晨鸡催上花梢日，却怪先生梦醒迟。

当票

空箱检点怕重开，幻（换）得无情片楮来。凛凛三章严似律，青青一面冷于苔。架防虫鼠心徒切，势杂龙蛇字费猜。次第刚成前后序（原注：邝露有《前后序当票》），西风蚤遣拒霜催（原注：拒霜，号催典花，见项平庵诗）。

菜花

肉味何如菜味长，喜看花发满江乡。遍栽亭馆应无地，才出城堙便有香。二月韶光分大半，十分春色占中央。洛阳漫斗千红紫，争［怎］及田家一陇黄。

其二

重到元都春事深，谁从陌上散黄金（原注：张翰《杂诗》：“黄花若散金”）。青红肯逐群芳队，烂熳全舒老圃心。习习有香分麦垄，漫漫无路迹桑林。餐英不入《离骚》谱，此味由来未易寻。

柳絮

已为花飞不自聊，那禁风絮又辞条。云迷野渡晴偏密，雪满春城暖不消。似我愁怀空渺渺，比人身世更飘飘。日高深院无人管，却上残书慰寂寥。

其二

醉踏淮南第一州，马蹄无处避轻浮。檐牧宿雨初辞树，帘卷东风乱入楼。便旋偏工回雪舞，飘零不共落花愁。谁教误点萧郎鬓，浪使青春叹白头。

其三

曾向离筵扑［安图本作“朴”］酒樽，青衫犹误旧啼痕。客愁漠漠嘉陵岸，春思蒙蒙白下门。一阵东风偏作恼，二分流水最消魂。□知不放前尘断，碧涧银塘再托根。

其四

非花非雾漫纷纷，狂搅东风恼夕曛。时复近人如见昵，争先搀马若为群。吹来满店香和酒，飞入谁家梦化云。却是春泥解相惜，不教沾惹上罗裙。

燕巢

拾翠衔红几夕阳，经营曾是一春忙。将雏渐喜儿齐户，破梦还惊曲绕梁。未恨羁栖远乡国，绝胜饮啄在官仓。明年重过乌衣巷，别检金泥上玉堂。

其二

雅（鸦）藏金柳凤栖桐，独占闲房在绮栊。落月照梁分小冷，馀花黏户带危红。栖居合是神仙侣，穴处犹存太古风。拣尽寒枝留雪爪，冥冥天际任飞鸿。

其三

混迹茅檐敢压低，也曾华屋一双栖。三秋赋别门还设，二月言归路不迷。自有鸡窠容我并，何妨凤字任人题。无端却怪惰［中大本、安图本均作“隋”］天子，偏向空梁妬落泥。

其四

花间牖户费绸缪，下上千巡肯暂休。但受一廛聊自足，便徒四壁又何求。愁经谢传闲门巷，梦破张家旧舞楼（原注：燕子梦寻关盼盼）。却羡忘机是鸥鸟，云飞水宿寄沧洲。

帘

绣额琼钩小押银，傍檐一片碧粼粼。疏明雅爱临棋簟，仿佛还能见舞茵。犹记卷时纤引手，最怜垂地寂无人。倾城消息重重隔，多恐王昌报未真。

其二

冉冉春云薄薄霞，多情长傍绣窗纱。寒声疏隔垂檐雨，午韵晴穿照槛花。深下爱留香绕座，小闲怕悞燕还家。双钩晚上西楼玉，一面新妆恼月华（原注：坡诗“月下新妆半出帘”）。

其三

破尽工夫织得成，重纹迭影遍檐楹。都缘妾面羞郎面，却补灯明漏眼明。双挽玉钩通燕燕，满头花草倚莺莺。日高深院无人到，赢得闲吹柳絮声。

其四

春风一面见何曾，惆怅垂垂绣额绫。但觉衣香和影度，不知湘泪为谁凝。闲房坐雨偏宜暗，隔院评花却上灯。拟托微波通小语，竹烟花雾漫层层。

帘钩

绣阁帘初半卷珠，若为曲玉拗珊瑚。碧苏小捉劳纤腕，红绶双悬怯瘦躯。日暖风前轻立燕，霜寒檐外寂栖乌。晚来依约江楼上，月子弯弯得似无。

剪刀

屈环交股淬方成，快似并州旧擅名。彩胜新裁初试手，文鸳轻破若为情。平分墨界界无迹，误落银床碎有声。小把不嫌纤玉冷，一灯偏傍绿窗明。

其二

镂月雕云用最奇，闺房利器首相推。并头花样关心避，透月霜威入手知。未破新正闲一月，潜移清漏弄多时。细将杨柳偷裁出，不信春风也似［丁申摘句作“学”］伊。

蝶

翦翦宫眉学寿阳，蘧蘧清梦化蒙庄。栖香宿粉双双懒，绕砌穿篱处处忙。扑影狸奴空斗捷，近花丞相不嗔狂。坏裙遗袂无踪迹，说与前尘合断肠。

其二

西园南陌去来频，好倩滕王为写真。冉冉风光三月暮，离离金粉六朝春。诗中谢逸推流辈，花里秦宫恰从身。入袖穿衫最无赖，时时来趁冶游人。

其三

缕金曳翠晕双蛾，问柳寻花兴若何。飘落情怀闲最少，风流性格睡还多。艳将粉本留裙钗，惊去香痕满扇罗。金谷园林洛阳陌，年时曾否再经过。

其四

贞观仙蜕互相猜，齐趁东风暖翅开。悄度芳踪声袅袅，淡分春色白皑皑。闹红影过墙去剪，翠衫宽入袖袖来。乞与新诗三百首，不知若个解怜才。

其五

桃花李花参差开，一双高下因风来。涂金传粉偶然耳，漠（疑“汉”字）殿秦台安在哉。分甘羞与蜂争蜜，怕冷懒随逋探梅。锦衣华屋不同梦，寄语莺燕徒为猜。

其六

误认莺莺燕燕俦，翩然标格出罗浮。和云入夜都萦帐，与絮相高欲上楼。自恋香浓依露宿，不缘节去共蜂愁。还应梦破千红紫，来点青青百草头。

蟋蟀声

露湿苔阶玉宇清，不平时傍小窗鸣。漫悲葛岭平章事，微助欧公叹息声。客枕梦回灯半烬，空廊人静月孤明。无端听鸹闻鹃后，百感凄然为尔生。

雪

梨花淡淡絮轻轻，朵朵飞来寸寸盈。晓径惜和云共扫，晚窗喜与月添明。帐中羔酒何嫌俗，画里芭蕉与斗清。蓑笠寒江致奇绝，却教驴背小诗成。

灯花

谁放春风入户来，小红一朵上银台。远征佳客连宵发，喜斗新诗称意开（原

注：见坡诗）。好语似和人共说，芳心忍与烛同灰。还怜翠黛宵分减，更与殷勤扫落煤。

笠

车下相逢荷笠多，影团团处照烟波。数枝醉插宜红蓼，一领闲披称绿蓑。午载骄阳馌南亩，晚冲残雨上东坡。华缨貂珥□无价，奈尔头颅老去何。

其二

此公（原笠名）合上钓鱼船，露箬香清满梅覆肩。带雨芭蕉声簌簌，映波荷叶影田田。遮藏须鬓浑瞒老，俯仰江湖别有天。漫道头衔不相称，笠翁佳号久相沿。

纸窗

绣幌银屏昨梦空，小窗新策剡藤功。清辉交映虚生白，尘隙微穿软满红。野马日光还自惜，残年灯火更谁同。只应深掩寒宵雨，坐对萧萧竹屋中。

其二

雅□琉璃丽质珠，天然双展白云图。把书相就冬曦暖，翦烛重听夜雨孤。瓮牖绳枢因朴陋，直棂方格示廉隅。还愁茀屋秋来破，障得西风一面无。

其三

轻于绡素冷于霜，矮称茅檐密护房。戛玉有声传急雪，摇金不定荡回光。绣绒小唾红犹湿，名迹双钩墨尚香（原注：唐人双钩作纸窗取影）。似为彭夺传竹派，一梢瘦影弄斜阳。

其四

皎皎明姿玉女同，冰肌鹤骨耿方瞳。一圭冷进窥书月，侧肩微通醒酒风。也用蕉阴分与绿，还教灯影染将红。与君共领萧闲趣，多在斜阳小阁中。

其五

傍檐玉胃瘦棱棱，轻隔桃花（原注：纸名）影一层。剩喜云封烧药灶，不愁风弄读书灯。无心入画偏缘破（原注：高房山有《破窗风雨图》），刻意求明更染冰。莫怪醉来闲里手，怕因涂抹恼山僧（原注：《道山清话》云，陕府有县令入村少憩，僧案上有酒一瓢，戏吸之，题诗纸窗上，为僧截取，诉于府）。

其六

不染朱门一点尘，湘帘棐几最相亲。秋来饶有吟风兴，春去浑瞒读易人。江总文章凭起草（原注：江总为文章得意，起草于窗上），姜夔乐府藉文身（原注：苏召叟《吊姜白石》云："乐章起草遍窗身"）。碧纱青琐从佳丽，自耐山家白屋贫。

其七

屈角萧萧竹数竿，纸窗掩映共清欢。醉题燕子韶花丽，窘放蝇儿世界宽。独守一编常到晚，相依十载不知寒。相思忽亚林梢月，莫作寻常一样看。

其八

冰雪肌肤玉立身，西风恋恋楮生贫。不愁晚减雠书课，却怕晨惊转楞人。梧叶频敲凉似雨，竹枝扫低净无尘。芦帘纸阁相辉映，装点风光一色新。

琵琶

江上谁将幽恨传，荻花机叶总凄然。悄移离思归商调，小摘愁心标子弦。扑面风沙来马上，满怀恩怨诉灯前。人间别泪知多少，遍洒浔旭送客船。

其二

一面檀槽恨万重，嘈嘈切切诉离悰。调弦初出红莲手，歇拨犹遮白雪胸。天际真人愁落想，江南贺长怅重逢。不知弹落浔阳月，青到庐山第几峰。

栏干

远行修廊复绕宫，山篱水槛逊玲珑。愁主私语凭肩候，宛在回文织锦中。花院月来阶卧影，江楼人倚袖添红。可能最是如侬意，处处相寻曲曲通。

其二

卐字冰文究转工，曲廊短榭折旋通。暗沾清露晨犹湿，小借斜晖晚更红。有约频敲花底月，多情时拂柳梢风。前欢漫道无踪迹，只在千旧百绕中。

其三

百缭层城市露台，夕阳迤逦尽画屏。开倒波红冷偏依，藻抱柱阴欲上苔。一剪柳丝风约住，半廊花影月移来。无端为尔牵吟思，不记闲巡日几回。

其四

小立邃倚意总便，真堪与我作周旋。施朱太赤花应妒，倚玉无人月也怜。蜿蜒乍惊风沼里，延缘忽近绣帏前。凉飔懒弄芭蕉叶，一曲回廊共悄然。

其五

偎红倚翠愁千匝，缭碧萦朱锦数方。宵露悄欺罗［中大本、安图本均作“薄”］袂薄，秋千斜拂彩绳长。空（原注：去声）穿蜂蝶花临砌，影乱人揪捂月转廊。到处勾留君莫讶，相牵元似九回肠。

其六

循廊倚柱巧萦纡，转石穿云乍有无。坐觉青霄端可上，醉来红袖不须扶。园林藉尔添幽折，衣服从人炫丽都。占断小楼西一角，悬知身在范宽图。

秋蝶

悄来庭院弄秋光，节去蜂愁蝶自忙。才篋齐纨惊渐定，重寻庄梦夜初长。翩翩南陌春风影，恋恋东离晚节香。翻怪画堂双燕子，几曾相伴过重阳。

酒旗

望里长亭更短亭，一竿谁系酒旂［中大本、安图本均作“旗”］星。招邀风月归花县，点染溪山入画屏。江岸晴飘诗思回，河桥晚带别愁青。竹篱茅舍逢迎处，笑解吟骖为小停。

其二

酒熟江城喜见招，河阳风月宇新标。春情淡宕花间飐，雪意荒寒竹外挑。相就最怜村尾静，来寻何惜马蹄遥。黄垆别有伤心在，一点深青未肯消。

其三

水村山郭影悠悠，斗酒还须向尔谋。诗趣几回驴背上，春风一片树梢头。闲愁不挂新丰市，高价常悬李白楼。曾为梨花远相趁，依稀风景记杭州。

其四

卖酒桥头竹销［中大本、安图本均作“锁”］烟，青旗一叶带诗悬。雨中归客停兰桨，花外游骢指玉鞭。晚照有情偏恋恋，春风得意更翩翩。汝阳道上如相望，却恐重流见曲涎。

同作［中大本、安图本题下皆属“钱塘魏之琇玉衡”］

似与诗家别有情，山桥野店足平生。白头共守怜司马，青眼相看爱步兵。跌宕偶沾花雨重，招邀时趁柳风轻。江南好景谁能写，一弄长竿落照明。

笔饮

一勺聊为润笔酬，玉壶汀管契偏投。江花倒吸垂枝露，毛颖深窥古井秋。几脱腕时方燥吻，得抽身处且埋头。漫嘲日事无何饮，会放词源倒峡流。

其二

管理来就玉壶春，饮水而甘若饮醇。户小请君先脱帽，杯分与客共沾唇。渴来落纸愁奔骥，醉后挥毫［安图本误作“号”］觉有神。却笑墨乡嫌饮湿，麝囊豹篋稳藏身。

墨床

磨人磨墨暂相忘，小为龙宾置一床。坦腹尚应松入梦，支头还借豹为囊。眠多偏喜临池暇［安图本作“遐”］，睡起仍供视草忙。自分此身穿砚铁，肯因高卧谢钟王。

笛声

谁喷霜竹作龙吟，凄断空庭月下碪。高响漫惊山石裂，缓歌相和武溪深。一声乍破红楼梦，万里遥传紫塞心。多少江南未归客，莫教楚调转吴音。

其二

一尺玲珑翠管横（原注：陈陶《小笛弄》云：“一尺玲珑握中翠”），散飘愁思满江城。临风袅袅秋无际，入夜潇潇雨有情。杨柳折来空怅望，梅花落后更凄清。

桓伊三弄空千古，不抵倚楼人一声。

角声

呜呜画角语城头，冷带西风度戍楼。塞雁一行惊欲断，元戎十乘凛如秋。哀笳未动愁先引，刁斗无声气转遒。唤起玉门关外梦，几人投笔慕封侯。

花浇

忽漫天瓢入手中，无云篱落雨蒙蒙。金莲丁倒千丝挂，玉藕玲珑万窍通。偏润灵苗宁小补，立回枯卉有奇功。壶中造化人谁识，辛苦斜阳抱瓮翁。

辣酱

老将辣手授厨娘，丹鼎新调十二香（原注：酱名）。适口我如虫食蓼，攒眉客诮鼠搬姜。辛盘此日欣重荐，苦菜频年与并尝。更有吴酸初透瓮，及时梅子雨中黄（原注：谓梅酱）。

护膝

稳称双跗厚袭稊，膝行前席软如荑。微官一缚躬难直，高士潜加（原注：借用加膝字）蹋转低。密赞萧娘同拜佛，忍教郑婢独沾泥。翻嫌促火依穷裤，不及鞋儿玉手提。

其二

青鞋布袜足平生，谨护尤于两膝诚。陛肃老矜臣虎拜，金多羞附嫂蛇行。屈伸尤我原无碍，冷暖相关暗有情。从此长吟闲抱处，真堪脱履到公卿。

屐

一双蜡后着来轻，千古犹高阮元屐。名雪阶前深有迹，泥干巷陌渐无声。寻山转觉登时稳，爱酒还防醉后倾（原注：猩猩事）。珠履三千君莫羡，能肖几两了平生。

四花诗，同方铁珊作

稻花

扫尽春风桃李场，此花端合殿群芳。英英已作云腴色，郁郁先含饭甑香。望里珠光辉万亩，意中玉粒满千仓。东阡南陌循行偏，大胜闲游到洛阳。

豆花

东篱未放菊花黄，戢戢蛾儿翅尾张（原注：《群芳谱》：“扁豆花，其状如小蛾，有翅尾形。”）。风雨声繁阴渐密，龙蛇影动梦滋长。垂青荚饱三危露，幙翠庭延一夏凉。最是宵来清韵别，疏灯络纬映茅堂。

蓼花

满丛开近白苹洲，冷艳新添水国秋。拜雨揖风翻有态（原注：刘后村《蓼花诗》云：“拜雨揖风江汉秋”），粉零香碎不胜愁。低枝簇簇依欧鸟，弱影垂垂弄钓舟。谁似何郎解相赏，崇台贞石小诗留（原注：何承矩筑爱景台，植蓼花，日至其处，吟诗，刻石。见《后山丛谭》）。

芦花

蟹舍渔乡一白同，霜华闲淡雪迷蒙。愁连漠漠江烟外，秋满潇潇月影中。露下怀人天水碧，风前吹笛夕阳红。夜来暖入青绫被，别有清香绕梦通。

小舫

乌蓬一叶买江天，企足吹箫枕手眠。管领烟波三万顷，平章书画二千年。曾经载鹤人传逸，宁待骖鸾我已仙。却笑知章骑醉马，鉴湖乞得不乘船。

其二

破浪乘风又一时，舵楼晚饭自哦诗。浮家误认元真子，载酒惭非杜牧之。蓬背雨声春睡美，沙头灯影夜归迟。无人解唱江南乐，乞与吴娘玉笛吹。

其三

烟波十里兴悠哉，面面吟窗手为开。茶灶笔床勤位置，绿蓑青笠预安排。闲倚恰喜鸥相近，共载还因月自来。三丈黄旗舟万斛，自惭不是济州材。

其四

兰桡桂楫渺何之，醉酹船头酒一卮。逝水滔滔宁复返，洞箫袅袅岂胜悲。江山似昔凭谁识，风月无私教客知。徒倚蓬窗倍惆怅，两游赤壁不同时。

附词

沁园春·题小舫

狎鹭盟鸥，爱尔飘然，似一叶轻。倩碧纱面面，闲钓山色；青帘幂幂，密护箫声。放鹤寻僧，囊琴幞被，小作安排缓作程。疏髯弄，更《离骚》醉读，禊帖重评。

风波满眼休惊，且略就，花枝缺处横。慨舳舻千里，鱼龙寂寞；琵琶一抹，烟月凄清。夜雨敲篷，春云绕舵，谁伴江南载酒行。君知否，有桃根桃叶，打桨［安图本误作“奖”］相迎。

诗

入海冥搜拥被吟，闭门消息最深深。百篇斗酒乘高兴，两句三年破苦心。寓世更无他事业，开编转惜旧光阴。依稀似听秋坟唱，未信人间少赏言。

其二

漫道诗中用力深，鸳鸯谁与度金针。问天敢作牢愁语，呈佛应生欢喜心。自有性灵从我出，那烦门户傍人寻。却怜一滴空阶雨，时伴寒灯入苦吟。

其三

羚羊挂角是邪非，曾向禅关觅指归。茶熟香温空妙境，乌啼花发任天机。穷难着想翻生巧，淡不求工转入微。惭愧阿婆三五日，狂抛心力学妃豨。

其四

躭诗性癖过烟霞，语未惊人敢自夸。老去律严师杜甫，醉来胆大仆刘叉。灯前笑乞围红袖，壁上轻笼待碧纱。贪向麒麟标第一，功成转惜鬓毛华（原注：司空图诗：“侬家自有麒麟阁，第一功名只赏诗。”又，唐人诗：“得句将功成。”）。

其五

池草江枫晓梦思，酒徒禅侣断闻知。主持风雅惭非任，报答年光幸有辞。玉尺衡才方此日，金丹换骨定何时。砌蛩窗月床头雨，并作星星鬓上丝。

其六

霜眉落尽雪髭残，投老初知此事难。补我精神陈酒脯，倾儿（疑“尔”字）囊篋出心肝。重编甲乙谁相定，一字推敲久未安。庭院无人花［安图本此处衍一“落”字］冷落，几回倚遍曲阑干。

其七

不知何物酿诗愁，春恨才消又感秋。入梦床棱犹枕手，出游马上只低头（原注：见朱庆馀诗）。无人说项名谁识，有日瞻韩价始酬。从此亟须谋斗酒，月落花发快登楼。

其八

闭门万事不吾知，只有吟情似旧时。身健冷亲书案早，心闲小把酒杯迟。孤飞寒雁萧萧影（原注：鲍当），独出饥鹰矫矫姿（原注：鲍照）。深愧吾宗老孙子，别成一卷鲍家诗。

其九

寸心得失尽分明，忍俊难禁手自评。偶遣微词报风月，谁传佳句到公卿。尚嫌外少酸碱味，不恨中多儿女情。抚卷自怜还自笑，《輶轩录》上未登名（原注：阮芸台中丞新编《两浙輶轩录》，采国朝以来诗人三千馀家。存者例不入选，故戏及之）。

其十

迩来诗外有工夫（原注：放翁句），觅得诗中消息无。借助才情风月笛，抛荒文字也之乎。未能泾外分清浊（原注：见遗山诗），那免邯郸学步趋。儿辈请招剞劂氏，手先题作诗（原注：力政切）痴符。

自题《咏物诗》后

懒整词坛旧鼓旗，重寻笔砚事儿嬉。凿开浑沌都忘老，画出虚无［中大本、安图本作“空”］亦自奇。搏兔枉抛狮子力，雕虫宁复壮夫为。百篇瞿谢规模远，聊助匡君一解颐。

夕阳同魏玉横、郑弗人作

飞辔何人策六龙（原注：司空图诗：“六龙飞辔长相窘，更忍乘危自着鞭。”），西垣急晷少停踪。惊心漫向中庭觅，倦足偏于半道逢。背我青春同荏苒，饶人白发肯从容。宁知老眼增明处，瞥到云山第一峰。

其二

一匝人间市［中大本、安图本皆同，袁枚摘句作“夕”］又朝，晚来依旧满闲寮。疏分霜叶秋客淡，细点征帆别思遥。袅袅［中大本、安图本皆同，袁枚摘句作“淡淡”］欲随寒［中大本、安图本皆同，袁枚摘句作“城”］角尽，青青犹映翠帘摇［中大本、安图本皆同，袁枚摘句作“明明还带酒旗摇”］。迷藏渐［中大本、安图本皆同，袁枚摘句作“惯”］匿西楼影，不信［中大本、安图本皆同，袁枚摘句作“似”］春愁尚未［中大本、安图本皆同，袁枚摘句作“不肯”］消。

其三

草暖沙明一片秋，栖鸟啼上柳梢头。偏乘小睡还偷去，肯恋微吟更少留。转眼却如花易落，无情不挽水西流。几时拼得闲踪影，遍倚江南卖酒楼。

其四

谁复挥戈似鲁阳，放教容易上西墙。片时［中大本、安图本作“晴”］春梦无踪迹，一霎秋山乍老苍。隐隐微声牛背冷，匆匆鞭影马蹄忙。何由更卖长绳系，暂晒相思鬓上霜。

其五

再拜金卮酒满盛，为君重唱《短歌行》。百年身世宾鸿影，万里关山画角声。征马云边驱转急，归舟天际望偏明。倚栏何限苍凉意，费尽闲心写得成（原注：唐人诗：“闲心落照前”）。

其六

醉里回头问不应，若为东上却西腾。阏支塞远愁频出，韩信坛荒懒重登。马上看山多倦客，溪边扫叶有闲僧。黄流入海争奇观，拟上高楼更一层。

其七

几度繁华几战争，能消几度小檐明。只［中大本、安图本均作□缺字，袁枚摘句作“不”］愁一去踪难觅，却恐重来事转生。樵客出山遥带影，渔村晒网晚贪晴。竖儒千载真痴绝，瘦马回鞭别渭城。

其八

悠悠万事竟何成，深院斜廊寂寂明。懒趁樵苏争晚市，愁随乌雀入空城。弥猴拾蛩频窥影，络纬迎凉渐试声。忽送闲情来眼底，小红一捻晒檐楹。

其九

匆匆弹指去来今，怕见斜阳阁远岑。阵带风回鸦万点，影先月写竹千寻。问谁闲里［中大本、安图本同，袁枚摘句作“袖”］遮西手，老我空怀再少心。肯与争宵同论价，直须一刻万黄金。

其十

落日亭亭景最奇，那须追恨上山迟。金泥照海闲供画，石壁翻江幻入诗。急管弦中争一刻，曲栏杆畔立移时。不知晚思能多少，占断垂杨十万丝。

十一

又送谁家燕子来，乌衣巷口共徘徊。漫盘秦岭千重出，曾照潼关四扇开。漠漠烟中明白鹭，凄凄雨后满苍苔。可应华发羞红袖，醉拍栏干首重回。

十二

晓窗月后晚窗明，谁为飞光缓去程。高下云帆扬子渡，参差烟树武昌城。依依向我浑无语，淡淡留人自有情。重换一帘花弄影，小轩寒月上初更。

十三

云边和雁落桑干，雨后怜香泣牡丹。恨不少迟［中大本、安图本同，袁枚摘句作“愿得少留”］墙一角，悔曾［中大本、安图本同，袁枚摘句作“教”］高卧竹三竿。疏烟篱落添秋爽，残雪帘栊减暮寒。魏国山河漠（三本均作“漠”，疑为“汉”字之误）陵阙，为渠枨触总无端。

十四

一枝瘦影卓间筇，冷送千山紫翠重。天为吟边留短景，时于松际见高踪。自嫌杜牧寻春晚，谁信冯唐到老逢。艳煞采莲舟上女，小倚荷叶障秋容。

十五

横陈山色隐随潮，枌社同寻不费招。秋水寒雅（同“鸦”）时点照，西风落木共萧萧。独来小阁三层倚，谁与残棋一局消。只有诗愁足千古，相将携手上河桥。

十六

一湾流水绕孤村，送尽归雅（同“鸦”）影渐昏。迟暮相依如有约，兴亡阅尽竟无言。谁能更作千年调，我为重销万古魂。山外有山看不［中大本、安图本同，袁枚摘句作“未”］足，几回依杖立柴［中大本、安图本同，袁枚摘句作“衡”］门。

十七

西窗一半影悠悠，晚景天应为我留。远引钟来云外寺，渐分灯上酒家楼。水蒲风絮浑无赖，帽影鞭丝各自愁。肯惜烟波三万里，尽情乞与两沙鸥。

十八

庐花江上晚烟空，满眼西风落照中。汉口斜连孤岛度，长安近接软波红。争船野渡无闲客，曳杖［中大本作“倚杖”，安图本作“倚上”］秋林有醉翁。破帽手遮君莫笑，旗亭话别惜匆匆。

十九

回与朝曦景不同，感人最是泬寥中。坏垣雨歇添莎绿，古寺僧归射笠红。半榻留为僧寂侣（原注：郑谷《夕阳诗》：“僧窗留半榻”），千山退去作闲翁。悠悠今古谁能管，尽付楼头一笛风。

二十

绕廊闲步傍江行，欲绊余晖好向成（原注：见坡诗）。酌酒劝龙天帝笑，攀条弄雪玉人惊。芙蓉花外高楼暝，芦荻洲前野艇明。晚景一川吟不尽，凭谁唤起谢宣城（原注：唐人诗：“若使谢宣城不死，定应吟尽夕阳明［中大本、安图本均作‘川’］。”）。

题夕阳诗后

仁和沈景良敬履

来何暮也去何频（原注：训急也），俯仰之间迹已陈。吊影冷陪垂钓客，无聊闲趁倚楼人。曝余书卷方堆屋，吟罢诗愁尚满身。更复随时爱光景，一篝灯火晓相亲。

阳湖赵怀玉味辛

人间最重晚晴时，好事参军更咏诗。绝唱肯教孤雁占，春愁惟许夕阳知。直将倩女魂呼出，不管才人鬓［中大本、安图本均作“髩”］易丝。我亦倚楼吟倦客，只贪花坞影来迟。

古杭何琪春渚

怪底吟声尽是商，一编入手剧苍凉。词人昔有张春水，诗老今传鲍夕阳。半岭又看横暮紫，百年消得几黄昏。倚楼都是关情处，输与吴儿木石肠。

石门方熏兰如

词人老去惜流芳，尽把诗愁付夕阳。楼外寒山自今古，林间清影足徜徉。真成云漠［安图本作“汉”］为图手，便是神仙驻景方。笑我问天无好句，空持杯酒劝飞光。

桐城金德舆鄂岩

知消几刻晚窗红，费尽诗人百炼功。未肯一般施面目，真能五色尽虚空。染来猩血词偏艳，剥到蕉心思不穷。俊逸参军孤雁鲍，从来别自有家风。

仁和郁礼佩先

诗人好句夕阳多，偏耐闲窗细揣摩。愁思茫茫接榆塞，余情渺渺诧烟波。何人肯赠金丹诀，无计能停玉女梭。只有玲珑知此曲，晚来还为使君歌。

附同人作

夕阳

钱塘魏之琇玉横

一抹微茫晚更愁，两余烟歇未全收。斜兼远雁沈［即“沉”］沙尾，细点寒雅［即“鸦”］过石头。红树有情还北向，绿波无语自东流。江山满目同今古，莫倚危栏豁倦眸。

其二

穿林隔浦极沧凉，望远登高正渺茫。红衬晚霞明雉堞，碧摇秋水上鱼梁。马头客去旗亭杳，牛背人归崦路长。无限寂寥无限思，不堪怀古共思乡。

其三

依依脉脉下平芜，啼煞江南旧鹧鸪。残角沉漻闲故垒，片帆明灭淡重湖。无多草树含情丝思，一半楼台入画图。安得诗如摩诘手，写将烟景付黄垆。

其四

绮霞江练费愁思，落景亭亭更有诗。山外远山山远处，雨余微雨雨微时。白鸥野岸浮渔艇，黄叶孤村映酒旗。最是蒹葭收不尽，晚风吹上古台基。

夕阳

慈溪郑竺弗人

予有幽夏之疾，老母命渡江，养疴湖上，日与柳洲、渌饮倡酬为乐。入秋归思颇切，会社中有拈此题者，即景言愁，勉占一律，不自知其言之悲也。

劝尔飞光酒一樽，几时江上送王孙。懒随归艇催帆影，忍上征衫照泪痕。残荻萧萧明鹳浦，昏雅（同“鸦”）点点认寒村（原注：予家慈溪之鹳浦。寒村，先曾祖之别字也）。遥怜慈母停针线，立尽黄昏未闭门。

夕阳

沈景良敬履

扶桑才挂晓暾弓，又上西墙故恼公。未肯迟留花坞里，却教明灭乱流中。长绳可买凭谁系，破帽聊遮谅我穷。拟借浊醪持劝尔，晚来自笑瓦盆空。

夕阳

钱塘范廷甫圣谟

寒雅（同“鸦”）飞尽水悠悠，中有斜阳一段愁。不觉顿生迟暮感，那堪重忆少年游。千山红树离亭酒，匹马黄沙塞角秋。输与牧儿鼾睡起，一声短笛跨归牛。

夕阳

钱塘夏璜望珍

漫为儿曹作殷忧，请君醉里一回头。只饶天上春难老，且放人间事少休。驿路萧萧愁去马，此门两两见归牛。西园桃李明如画，秉烛何人又夜游。

夕阳

仁和吴长元丽煌

莫怅韶光逝水流，西窗残照尽优游。儿增晚课诗初就，客算残棋局未收。亚字栏杆斜转影，菊花篱落静移秋。月明老子乘高兴，清啸还能上庾楼。

夕阳

仁和戴镐肇周

有客凭栏豁倦眸，西风残照正当楼。遥添山外千重翠，别是诗中一种愁。高下云帆争皮暝，参点烟树远酣秋。不嫌寂寞黄昏近，更上湘帘咏玉钩。

自题夕阳诗后

自古诗人爱夕阳（原注：黄九烟句），至今与我共徜徉。蕉心莫向秋边剥，蔗尾须从老处尝。室有琴书清永昼，天［中大本、安图本均作“尺”］无风雨损韵光。掀髯弄笔西窗下，相送年年度粉墙。

其二

那便羲和返旆驰，桑榆晚景却迟迟。浇花晒药浑多暇，徙竹移松寂不知。村步系船归钓后，湖桥曳杖看山时。偶然收拾奚囊锦，便是秋来漫与诗。

其三

仿佛寒蝉抱叶吟，怕教返景入深林。凄清三弄楼头笛（原注：唐人“落日楼台一笛风”），重迭千家屋角金。落落壮怀空自许，骎骎老境已相寻。山阴禊叙《秋声赋》，同此无聊一片心。

读魏玉横、郑弗人《夕阳》诗，感念畴昔，怆然于怀，再题卷后（原注：玉横名之琇，钱塘人。严力庵为书“诗如云态度，人似柳风流”一联，人称柳洲先生，有《岭云诗抄》《柳洲遗稿》行世。弗人名竺，慈溪人，寒村先生曾孙。时养疴湖上，与予及玉横唱［中大本、安图本均作“倡”］和甚多。及秋病剧，思归渐深，吟至“残柳［据《右题魏作》诗文，当作‘荻’］归雅（同

“鸦”)”一联，凄然搁笔，挂帆亟去，竟返道山，不复唱渭城矣。诗中特为拈出，以志人琴之感)。

老去诗人魏柳洲，新词写尽夕阳愁。斜兼远雁沈（同“沉”）沙尾，细点寒雅（同“鸦”）过石头（原注：柳洲联）。东壁有书谁借读，西湖无伴懒闲游。伤心一带红栏影，仍在黄公旧酒楼（原注：柳洲诗云：“安得诗如摩诘手，写将烟景上黄垆。”)。

右题魏作

觅句愁中尚闭门，夕阳已是近黄昏。秋风一去难为客，春梦重寻似有痕。残荻萧萧明鹳浦，归雅（同“鸦”）点点衣寒村（原注：弗人联)。病怀乡思分明在，谁复能招别后魂。

右题郑作

书沈菘町《夕阳》诗后（原注：景良字敬履，号菘町，穷居北郭，课童、抄书以自给。吟诗饮酒之外，无馀事也。老年诗稿为人窃去，怅怏而座。尝辑元人白斑诗为一编，跋后署菘町而不名，《四库全书》即著于录，亦艺林佳话也。何春渚为作传，惜未之及)。

北郭先生老忍穷，酒钱谁复赠青铜（原注：黄小松自济宁归，赠以酒资。先生有《即事》诗云：“酒人归访故山栖，怪我葫芦久不提。笑赠青铜三百片，晚来依旧醉如泥。”)。罂罍种菊荒篱下，盖屦钞书漏屋中。自号长留丁字库，遗诗不返楚人弓。十年空下陈蕃榻，赢得西窗晚照红。

兰如、鄂岩相继下世，重题诗后，以寄哀思

风流云散怆平生，检点韶光闇自惊。谁与石屏商好句（原注：事见《石屏集》)，徒惭春水擅才名。想忘落落晨星影，那更萧萧夜雨声。从此闭门称独赏，不须折简报诗成。

重感夕阳悼兰如，即用前韵

弹铗归来便隔生（原注：客杭经年，归来半年而逝)，轻尘弱草只堪惊。贫推尽作家常计，诗任儿传身后名（原注：遗诗未刊，嗣子之任也)。剪烛那堪听旧雨，开门无处觅秋声。小窗一抹轻红影，半是相思泪染成。

再用前韵悼鄂岩

誓向西湖毕此生，无端一语我心惊。老轻书画兼金直［原注：藏弃书画、法帖数千金，晚年脱手散去，不计直（通“值”）也］，死避穷愁两字名。诗卷新排□有意，酒杯笑掷已无声［原注：方与予晚酌，烛［安图本作“独”］未见跋（疑为“罢”），把酒一笑而逝］。电光石火须臾景，除是斜阳写得成。

秋日独游湖上，追念柳洲、弗人昔时倡酬之乐。今夕阳遍野，而二君墓已拱，诵昔 人“花前洒泪”之句，不禁涕洟之集也。口占一律，以写哀思。

青山满目送凄凉，谁复欢呼共野航。隐隐寒笳动城郭，时时清泪湿衣裳。楸松［中大本、安图本均作“松楸”］入望新诗冢，歌吹无声旧酒场。我亦相思愁老去，可堪回首问斜阳。

别有所感，再用前韵

萧疏残影柳堤荒，信步闲行称意长。野艇偎蒲如我懒，寒云出岫为谁忙。旧游步步追陈迹，山雨时时点夕阳。满眼凄灵春梦冷，不烦西子更红妆。

庭花八咏

梅

冷蕊疏香恨不禁，天寒何处见知音。雪来高士门前扫，诗到孤山寺里寻。出竹一枝苏玉局，插瓶全树陆山阴。凄凉最是城头角，说尽平生铁石心。

桃

霞明锦灿遍郊堙，开到桃花始是春。观里诗留前度客，门中红映去年人。早输博士先成赋，那许渔郎再问津。万树绕阶楼四面，竟须乞作主林神。

李

雪压云迷自一村，肯同凡艳灼公门。潮横匹练偏宜夜，霜入千林不厌繁。强索风前还解笑，相逢月底却无言（原注：借用放翁梅花句）。只缘邀得卢仝赏，独占风情在小园。

杏

江南春色近如何，十里红香走马过。词客自怜才思减，玉人微觉醉颜酡。传来消息楼头雨，占断风情帕幅罗。看得宝儿憨态足，古铜瓶子一枝多。

梨

不传胭脂学海棠，随宜梳里淡容光。朱门寂寂深扃雨，玉露泠泠净洗妆。野店山村寒食节，风清月冷白云乡。遥怜一片青旗影，更就文君索酒尝。

玉兰

玉兰堂久擅佳名，瑶蕊琼蕤放晓晴。皎皎羞持银烛照，亭亭讶见雪山明。煎酥忍出焚兰计，落砌惊闻碎玉声。自是早邀青帝宠，百花头上许相迎（原注：宋人目为迎春花）。

海棠

东君作意恼红妆，乞与天孙锦七襄。惊见斋奴开步幛，愁令蜀妓减容光。求全微抱无香恨，饱看须寻却老方。堪笑诗人颠大甚，时时走马碧鸡坊。

绣球

满相图姿月露团，何人抛向曲栏干。倚风荡漾［中大本、安图本均作“样”］娇无力，映日玲珑雪未干。不惜春工裁缀巧，却教天女散飞难。玉阶漫托承恩最，须倩旁人仔细看。

题庭花八咏后

群花队里雪须髯，老去风怀却自嫌。尚觉情多如杜牧，只愁才尽似江淹。拈来信手诗千首，散作缠头锦百缣。重剪桐花烟一篆，平教春色十分添。

团扇

入手团团画扇开，齐纨早为合欢裁。分明镜出秋娘抱，自有风从月殿来。花径相逢羞掩映，玉阶无伴影徘徊。香痕金粉依稀在，知是西园扑蝶回。

再赋团扇

轻如蝉翼望如空，怀袖团扇出好风。少女偷临夷则镜，封姨误入广寒宫。多情旧记歌桃叶，好事新传画放翁。却爱纶巾挥鹤羽，风流诸葛几人同。

卖花声

箫声吹撤卖饧天，侧耳谁将花信传。曲折穿来深巷里，殷勤送到晓窗前。误从枕上惊残梦，潜劝钗头换夕篝。多谢儿郎偷唤出，泥他亲数买春钱。

煮茶声

曲几蒲团画悄然，乍聆活火煮新泉。飕飕［中大本、安图本均作“飚飚”］风度松间籁，殷殷潮生竹外烟。学士渴思肠转毂，樵童寂候耳鸣蝉。二分酒病知应减，为有先声隔院传。

拐杖

等身未及恰当胸，刚半蛮方九节筇。村社潜携［中大本、安图本均作“移”］藏老态，洞云深卓觅仙踪。灯前分影双丁侍，花底寻诗短李逢。还笑百钱无挂处，时时赊酒向临邛。

秋灯

懒随灯火闹春宵，只觉寒檠耐寂寥。映壁余光声蟋蟀，隔窗凉影透芭蕉。春［中大本、安图本均作“春”］村一点深穿树，渔浦千星远弄潮。我亦感秋诗欲就，起寻笔研手亲挑。

竹烟管和顾菉厓（修）

淇水湘江寄迹孤，无端托契淡巴菰。毕生几欲长相守，一日真成不可无。入手便兴云叆叇，到头须失雪肌肤。何由鼻观同参透，敢惜将身化玉壶。

汤婆

老抱衾裯漫自猜，比肩枕臂愧粗才。戒寒不怕秋奴妒，送暖须愁燕玉来。古井无波肠转热，阳春有脚律先回。却怜闭置车箱里，腹已膨脝［中大本、安图本均作“蟛蜞”］背早鲐。

竹夫人

荐寝偏宜夏日长，玉肌无汗自清凉。不蒙绨绤方当箸［中大本、安图本均作“暑”］，岂信温柔更有乡。角枕锦衾谁旧宠，银床冰簟早专房。敢辞憩臂休嫌膝，凭仗诗人再品量。

旧竹夫人和顾蒙匡（修）

专宠银床几阅秋，炎乡偕老胜温柔。啼痕自觉随时浅，汗渍还怜隔岁留。辗转终全清节搽［中大本、安图本均作“操”］，玲珑久逊旧歌喉。抱衾却笑汤家媪，嫁得萧郎已白头。

其二

珊珊玉骨可怜生，惯历寒暄老渐成。笛簟横陈谱蜡味，篔房独卧减云情。几经白帝新更令，渐忘青奴旧改名。留得徐娘标格在，纱厨纨扇再卿卿。

晓月

挂柳明珠一颗孤，晓风吹送入菰蒲。草根泫露明犹滴，花影移窗淡欲无。茆店荒鸡频喔喔，秦城残角远乌乌。凭将碧海青天恨，写出霜娥惜别图。

其二

不管黄鸡天上催，且随青女暂徘徊。脆生牙板低悬柳，冷彻铜铺寂上苔。淡淡移将寒影去，泠泠分送晓光来。更知何处偷灵药，转入儿家玉镜台。

雨声

入夜催花信渐通，多情倚枕旧房栊。梦回万瓦淋浪里，诗在空阶点滴中。兰角静怜蕉未绿，墙头愁勒杏初红。不知谁买青楼醉，帐冷灯昏唱恼公。

其二

滴砌敲窗侧耳频，潇潇彻夜误连晨。焚香点坐浑成懒，剪烛重听转益亲。撄触春愁初到枕，闲思往事最伤神。谁怜漏断灯花落，更有连床对话人。

张征士芑堂买舟湖上，山舟太史颜之曰“烟波宅”，予为作十二绝句题之。

臣本烟波一钓徒，全家只合隐菰蒲。吃亏偏是知章贺，不住西湖住鉴湖。

不须更觅买山钱，且把鱼竿上钓船。生计莫嫌湖面薄，尽教乞与鲍家田。

金题玉躞旧因缘，时放烟云过酒边。千古风流刚作合，苏公堤泊米家船。

云山面面总吾庐，一苇飘然信所如。却笑并湖林处士，懒因猿鸟别移居。

诗思从渠落眼前，破除时复借高眠。坡仙好语还相觅，挂起西窗浪接天。

闲客相寻话水天，中流容与两诗仙。东船歌舞西船醉，恼乱春风又一年。

催花雨作打篷声，儿女青红怕出城。忽遣西家来眼底，风鬟云髻尽多情。

细马雕軿出看花，重城欲钥竞还家。明珠一颗无人弄，留照神仙泛海槎。

百顷镕银冷未消，船头擢发卧吹箫。东还估客谁能羡，胆落钱塘昨夜潮。

云水高情属此翁，雨蒲烟柳白苹［中大本、安图本作“萍”］风。莲花博士头衔别，一舸偏移入闹红。

两峰相映玉嵯峨，着我扁舟雪一蓑。好景落谁诗句里，冲寒却旨蹇驴驮。

是处人家似画图，粉垣低亚曲栏朱。云廊月榭知多少，不换烟波宅一区。

——原载上海图书馆《历史文献》
2015 年第 18 辑，2014 年 11 月上海古籍出版社

附录：

二、鲍廷博传记资料辑录

季秋华辑

恩赐举人鲍君墓志铭

自乾隆三十八年（1773）高宗纯皇帝诏开四库馆，采访天下遗书。维时歙县鲍君以文已居浙，首进家藏书六百馀种，为浙中冠。嗣后屡邀宠锡，而知不足斋之名，遂与鄞之范氏天一阁并峙海内。知不足斋者，君之居室，而所著丛书，即因以为名者也。

君讳廷博，号渌饮，以文其字。远祖某自山东南徙，世为徽之歙县人，曾祖永顺、祖贵、考思诩，清德未耀。君少聪颖，又有至性，父游四方，尝以孙代子职，得祖欢心，年二十三为歙县生员，学日进。祖卒，既葬。君父携家居杭州，又为浙人。以父性好书，力购篇帙为养志之具，储积既富，卓然成藏书家，为浙士所推。

会逢采访遗书之命，浙士踊跃争献，时君子士恭籍隶仁和，遂命士恭集所藏书进呈御览，乃为浙士献书之冠。蒙赐《古今图书集成》，给还原进书籍。内《唐阙史》《武经总要》二种，并荷御题。四十四年（1779）赐《伊犁得胜图》一分。四十五年（1780）圣驾五巡江浙，君迎銮献颂，赏大缎二疋。五十二年（1787）赐《金川图》一分，于是知不足斋仰屋帝心竟得与诸大臣同邀赉予矣。

君念身在胶庠，无所报称，遂取旧藏善本，悉心雠勘，付之剞劂，公诸海内，名曰《知不足斋丛书》，谨以《御题唐阙史》冠于诸书之首，荣君遇焉。

会君父茔域卜吉湖州，复居乌镇之东。余尝至其地，曲径闲门，庭阶阒寂，使人翛然意远。君方病足，不能下榻，命其子设鸡黍为竟日之留，而高谈亹亹，略无倦色，尝有诗纪事。岂知此别，遂为生死契阔耶？

嘉庆十八年（1813），浙江巡抚方公受畴入觐，上询及鲍氏丛书续刊何种。方公归，檄乌程令踵门来问，时君患头疡，力疾出迓，以续刊廿六、廿七、廿八三集对。令复于巡抚，巡抚以续刊之第二十六集先为代进，奉上谕：“生员鲍廷博，于乾隆年间恭进书籍，其藏书之知不足斋，仰蒙高宗纯皇帝宠以诗章，朕于几暇亦曾加题咏。兹复据浙江巡抚方受畴代进所刊《知不足斋丛书》第二十六集。鲍廷博年逾八旬，好古绩学，老而不倦，著加恩赏给举人，俾其世衍书香，广刊秘籍，亦艺林之盛事也。”又明年君疾卒于家，病中唯勖士恭续辑丛书，以竟前志，语不及它。呜呼，君以一诸生受两朝知遇，没之前一岁，犹叨异数，身列贤书，俾偿夙愿，可不谓稽古之荣哉！

君虽不求仕进，远迹城市，一编在手，将以终身，而激浊扬清，往往义形于色。谈忠义，则欣然起慕；闻奸邪，则愤然不平。枕葄之馀，亦好蓄古人书画，尝以文信国（文天祥）《空坑书》及杨忠愍（杨继盛）《狱中赠应养虚》（名明德）文手迹属题。又尝以《天水冰山录》《燕客碧血录》索序。《冰山录》者，分宜（严嵩字惟中，分宜人）籍没计帐。《碧血录》者，东林诸君子被祸始末也。于此可以窥君之微，而与世之徒夸插架者异矣。

君在浙，大吏至浙，皆略分言欢，互相谈艺，生平石交，则余学士集、汪大令辉祖外，石门方薰、桐乡金德舆及余亦称莫逆。君位不高，寿遇大耋。其名已在百城千驷之上，不患后世之不知，其亦可以无憾也。

夫君工诗，格近晚唐，而《夕阳诗》尤著，所著多厄于火，唯《花韵轩小稿》二卷《咏物诗存》一卷行世，盖晚岁记忆所录也。

生雍正六年（1728）十二月初一日，没嘉庆十九年（1814）八月十三日，春秋八十有七。娶仁和郑氏，例赠孺人，有壶德，先君十四年卒。子二：士恭，仁和国子监生。士宽，先君卒。孙三人：正身、正言、正勋。曾孙二人。以某年月日葬于某乡之某原，郑孺人祔焉，礼也。铭曰：守素业，蒙殊知。历两朝，眷弗衰。成千秋，垂九帙。矧子贤，能继述。乌青之秀占吴越，不逢不若安其室。

选自《亦有生斋续集》卷六

按，据赵氏《收庵居士自叙年谱略》卷下载，此墓志铭作于道光元年（1821）四月。

鲍渌饮传

（清）翁广平

先生姓鲍氏，名廷博，字以文，渌饮其别字也。世居徽州歙县之西乡。祖国槐公名贵，父鸿远公名思诩，同服贾，寓于浙，先生生。少小即知大义，念鸿远公饥驱四方，能以孙代子职，不失国槐公欢。国槐公卒，归葬于西乡，仍随鸿远公寓于浙。九岁就傅，二十三岁补歙县庠生，两应省试不售，遂绝意进取，竭力购求典籍，皆收藏家所罕有者。

乾隆三十八年（1773），高宗纯皇帝诏开四库馆，采访遗书，海内藏书家踊跃进献，先生聚家藏善本六百馀种，命长子士恭隶仁和县籍进呈乙览。先生之书大半宋元旧板、旧写本，又手自校雠，一无讹谬，故为天下献书之冠。三十九年（1774），拜《古今图书集成》之赐，四十年（1775）蒙恩给还所进书籍，内有《唐阙史》《武经总要》二书，并荷御题。四十五年（1780）圣驾五次南巡，迎銮献颂，蒙赏大缎二匹，又叠荷赐《伊犁得胜图》《金川图》，诏书褒奖。

先生自念一介儒生，何以图报，遂以所藏善本付之梨枣，谨以《御题唐阙史》冠诸首，名《知不足斋丛书》，朝夕雠校，寒暑不辍，数十年如一日。嘉庆十八年（1813），中丞方公受畴抚浙，皇上面谕："《丛书》续刊各（何）种?"公甫下车，檄乌程令彭公志杰来问，先生以续刊廿六、廿七、廿八三集对。中丞以廿六集先具疏进呈，六月二十八日奉上谕："生员鲍廷博于乾隆年间恭进书籍，其藏书之知不足斋，仰蒙高宗纯皇帝宠以诗章，朕于几暇亦曾加题咏。兹复据浙江巡抚方受畴代进所刻《知不足斋丛书》第二十六集。鲍廷博年逾八旬，好古绩学，老而不倦，著加恩赏给举人，俾其世衍书香，广刊秘籍，亦艺林之盛世也，钦此。"

先生即恭录上谕于是集之首，恭纪跋语曰："臣鲍廷博：窃惟朝廷特重取士之典，士之负才绩学者三年一试，中式者百中一二耳，今以臣之无似，亦得膺斯恩赐，真旷世之希荣也。臣知识庸愚，未尝学问，曾两应乡举，自惭制义不工，遂留心于典籍，其所搜辑皆未刊之书，亦只所好在此，于前人著作之精意未能领会也，抑且好而无力，所校刊诸集，半出搢绅之佽助。不意草茅之纂录，得蒙册府之收罗，前既拜诵宸章，兹又躬膺荣宠，在皇上陶铸士类之心，无所不至；而臣之涵濡于圣泽者，亦感激无涯矣。

伏惟我皇上日星垂统，云汉为章，金函玉几之文词，直俪乎《典谟》《誓诰》，锦赙绣褫之秘笈，远轶乎唐宋元明。复以百家有用之书，足以佐政治而裨世教者，付之剞劂，训勉臣民，虽虞帝之诞敷文德，周王之寿考作人，无以过也。臣今年犬马之齿八十有六，沐浴于高天厚地之中，精力尚可支持，惟有研朱滴露，以度馀年而已。又时时告戒臣子臣孙，讲贯服习，订谬正讹，以冀不负上谕‘世衍书香，广刊秘籍’之意，庶可仰答渐摩乐育之至教于万一云。”

先是《御制内府知不足斋诗》有：“斋名沿鲍氏，《阙史》御题诗。集书苦（若）不足，千文以序推”之句。诗注云：“斋额沿杭城鲍氏藏书室名。乾隆辛卯、壬辰（三十六至三十七年，1771—1772），诏采天下遗书，鲍士恭所献最为精夥，内《唐阙史》一书，曾经奎藻题咏，嗣后其家刊刻《知不足斋丛书》，以《唐阙史》冠册，用周兴嗣《千文》以次排编，每集八册，今已十八九集，可为好事之家矣。”先生于是急欲刊竣廿七、廿八两集，亲自校对，廿七集将刊成，忽患心痛证（症），自知不起，命士恭继志续刊，无负天语褒奖之意，言讫而卒，时嘉庆甲戌十九年（1814）八月十三日也，年八十有七岁。

先生壮岁，父母相继卒于杭，乃卜葬于湖州乌程县某乡，后迁居桐乡县之乌青戍，今为桐乡人也。生平酷嗜书籍，每一遇目，即能记其某卷某叶某讹字，有持书来问者，不待翻阅，见其板口，即曰此某氏板，某卷刊讹若干字，案之历历不爽。性宽厚，笃于戚友之谊，有贫乏者必周恤之，稍有蓄积为刊书所罄，或遇未见之书，必典衣购之，友朋之贫而好学者，每以全部丛书赠，浙江书肆以丛书与各种秘籍书售人，约不时偿价，有负至数十金者，察其贫亦不索也。所著述有数种毁于火，今所存者《花韵轩小稿》二卷、《咏物诗》一卷，皆晚年记忆出者。有《夕阳》二十律为海内传诵，袁简斋太史（枚）、阮芸台制军（元）称为鲍夕阳云。子二：士恭仁和县国学生；士宽前卒。孙三：正身，士恭出。正言、正勋，士宽出。俱以文学世其家。

录自《听莺居文抄》卷二十

按：《国朝耆献类征初编》卷四百四十一《文艺十九·鲍廷博》即据此文转录而成。故不复赘录。

渌饮先生

（清）钱泳

鲍廷博字以文，安徽歙县人。少习会计，流寓浙中，因家焉。以冶坊为世业，而喜读书，载籍极博。

乾隆三十八年（1773）诏求天下遗书，廷博独得三百馀种（按，廷博进献书为六百二十六种），赍浙江学政王杰上进，奉旨以内府所刻《图书集成》（按，即《古今图书集成》，书凡一万卷，清雍正四年内府铜活字印本）一部赐廷博，乡里荣之。

廷博尝校刻《知不足斋丛书》二十四集（按，廷博生前校刻丛书至二十七集），嘉庆二十年（1815）流传禁中，仁宗（颙琰）见之，传谕抚臣曰：“朕近日读鲍氏《丛书》，亦名知不足斋，为语鲍氏勿改，朕帝王家之‘知不足’，鲍氏乃读书人‘知不足’也。”迨二十五至二十八集进呈（按，《丛书》第二十八至三十集，系廷博卒后，由其子鲍士恭、孙鲍正言续刻完成），有旨钦赐举人（按，鲍刻《丛书》第二十六集时（为）嘉庆十八年，廷博年八十六岁。该年六月二十五日仁宗上谕云：“鲍廷博年逾八旬，好古绩学，老而不倦，著加恩赏给举人，俾其世衍书香，广刊秘籍，亦艺林之胜事也。”）年八十四卒于家（按，鲍廷博卒于嘉庆十九年秋，享年八十七岁）。

录自清钱泳《履园丛话》卷六《耆旧》

知不足斋鲍君传

（清）阮元

乾隆三十八年（1773），高宗纯皇帝诏开四库馆，采访天下遗书，歙县学生鲍君廷博，集其家所藏书六百馀种，命其子仁和县监生士恭由浙江进呈，既著录矣，复奉诏还其原书。其书内《唐阙史》及《武经总要》皆圣制诗题之。皇上《御制内府知不足斋诗》云：“斋名沿鲍氏，《阙史》御题诗。集书若不足，千文以序推。”注云：“斋额沿杭城鲍氏藏书室名。乾隆辛卯、壬辰（三十六至三十七年，1771—1772），诏采天下遗书，鲍士恭所献最为精夥，内《唐阙史》《武经总要》二书曾经冠册。用周兴嗣《千文》以次排编，每集八册，今已十八九集，可为好事之家矣。”

嘉庆十八年（1813），方公受畴巡抚浙江，奉上问：“鲍氏丛书续刊何种？”方公以续刊之第二十六集进。奉上谕：“生员鲍廷博，于乾隆年间进书籍，其藏书之知不足斋，仰蒙高宗纯皇帝宠以诗章，朕于几暇亦曾加题咏，兹复据浙江巡抚方受畴代进所刻《知不足斋丛书》第二十六集。鲍廷博年逾八旬，好古绩学，老而不倦，著加恩赏给举人，俾其世衍书香，广刊秘籍，亦艺林之胜事也。”

元按：君字以文，号渌饮，世为歙人，父思诩，居于浙，娶于胡，胡卒，又娶于仁和顾，生君。君幼而聪敏，事大父能孝，念父游四方，恒以孙代子职，得大父欢。大父卒，既葬，君父携家居杭州。君事父又以孝闻，以父性嗜读书，乃力购前人书以为欢，既久，而所得书益多且精，遂裒然为大藏书家。

自乾隆进书后，蒙御赐《古今图书集成》《伊犁得胜图》《金川图》。四十五年（1780）南巡狩，迎銮献颂，蒙赐大缎二匹。叠膺两朝异数，褒奖弥隆，君以进书受知，名闻当世，谓诸生无可报称，乃多刻所藏古书善本，公诸海内。至嘉庆十八年（1813）年八十有六，所刻书至二十七集，未竣，而君以十九年秋卒，遗命子士恭继志续刊，无负天语之褒。

君勤学耽吟，不求仕进，天趣清远，尝作《夕阳诗》甚工，世盛传之，呼之为“鲍夕阳”。元在浙常常见君，从君访问古籍，凡某书美恶所在，意旨所在，见于某代某家目录，经几家收藏，几次钞刊，真伪若何，校误若何，无不矢口而出，问难不竭。古人云“读书破万卷”，君所读破者，奚翅数万卷哉！

录自《揅经室二集》卷五

知不足斋主人传

（清）闵苕敷

知不足斋主人姓鲍，名廷博，字以文，一字通纯，世称渌饮先生，原籍新安（徽州），兹因奏居乌程，可谓浙之渊博士矣。

其学问文章脍炙人口，所刊《丛书》，华夷并布，以无鲁豕之讹耳。又号“夕阳”者，非其自命，以“破楼僧打夕阳钟”句（按，清朱卉号草衣山人，徽州休宁人，侨居芜湖，后入赘金陵，善诗，有《草衣山人集》。其《由灵谷寺经孝陵》诗，中有“秋草人锄荒苑地，夕阳僧打破楼钟”句，得名“朱破楼”），为选诗人艳取，故不足为先生生色。

先生以休休为宗，恬淡为怀，不求考据，或过目自如铭泐（通勒），又以别无嗜好而家富典籍，积数十载，藉书逍遣，遂以博学名。先生初无意于闻达也。已而伟人先生（王杰）纳交于前，芸台先生（阮元）踵崇于后，遂令海内名士咸以不见先生为怅。先生自视益加韬晦，此知不足斋之所以名也。

余与先生交有年矣。忆自壬子（乾隆五十七年，1792）仲冬，先生在金盖为营御书楼计，书为纯庙（乾隆皇帝）所赐，书曰《图书集成》，是缘住宅被灾故。先生气宇闲雅，未尝亟亟也，事遂中止。岁丙子（乾隆二十一年，1756；嘉庆二十一年，1816，时鲍廷博去世已二年），特沐今上钦赐举人（按，鲍氏获赐举人，时在嘉庆十八年癸酉，1813），例得一体会试，大吏怂恿北上，先生第感激涕零而已，促之再，先生诺诺而退，后竟从其志。此其中非具大高旷之学，鲜克不从此境迁者也。是岁秋，余以《金盖心灯》质诸先生，先生见而许之，缕（屡）为注正引援，并以序言曰“姑以俟诸博雅君子”（按，鲍廷博为闵苕敷《金盖心灯》作注并序，时在嘉庆十六年（1811）辛未三月，见（《年谱》）。未几，先生竟长逝矣。

夫以先生之学而自不足乃尔，述其概略，余亦所以自警警人云。

（录自《金盖心灯》卷八）

知不足斋

（清）丁申

鲍廷博字以文，号渌饮，晚号通介叟，歙诸生。父思诩娶于仁和顾氏，因家杭州。嘉庆十八年（1813）恩赐举人。

乾隆癸巳（三十八年，1773）诏开四库馆，采访遗书，渌饮命子仁和监生士恭进其家藏书六百馀种，蒙赐《古今图书集成》一部。又刊所藏古书善本，成《知不足斋丛书》三十集。士恭（按，应为鲍廷博。士恭蒙恩赏赐举人，无他文献可证）旋蒙恩赏赐举人。仁庙（嘉庆皇帝颙琰）《御制内府知不足斋诗》云：“斋名沿鲍氏，《阙史》御题诗。集书若不足，千文以序推。”《注》云：“斋额沿杭城鲍氏藏书室名。乾隆辛卯、壬辰（三十六至三十七年，1771—1772），诏采天下遗书，鲍士恭所献最为精夥。内《唐阙史》一书，曾经奎藻题咏。嗣后其家刊刻《知不足斋丛书》，以《唐阙史》冠册，用周兴嗣《千字文》以次编排，每集八册，今已十八九集，可谓好事之家矣。”嘉庆癸酉（十八年，1813），浙抚复以续刊进，渌饮复蒙恩赏给举人，卒年八十六。

渌饮勤学耽吟，不求仕进，天趣清远，尝作《夕阳诗》甚工，人呼之为“鲍夕阳”。尤工咏物诗，如《阑干》云：“有约频敲花底月，多情时拂柳边风。”又云：“施朱太赤花应妒，倚玉无人月也怜。”《剪刀》云：“细将杨柳偷剪出，不信东风也学伊。”皆有风致。

申按，朱文藻《知不足斋丛书序》云：“吾友鲍君以文，筑室储书，取《戴记》‘学然后知不足’之义，以颜其斋。君读先人遗经，益增广之，令子士恭复沉酣不倦，君字之曰志祖，盖嗜书累叶如君家者，可谓难矣。三十年来，近自嘉禾、吴兴，远而大江南北，客有旧藏抄刻异本来售武林者，必先过之门；或远不可致，则邮书求之。

浙东西诸藏书家若赵氏小山堂、汪氏振绮堂、吴氏瓶花斋、汪氏飞鸿堂、孙氏寿松堂、郑氏二老阁、金氏桐花馆，参合有无，互为借抄。至先哲后人家藏手泽，亦多假录，得则狂喜，如获重资；不得虽积思岁月不休。余馆于振绮堂十余年，君借抄诸书皆余检集。君所刻书余尝预点勘，余与君同嗜好，共甘苦，君以为知之深者莫余若也。”

录自《武林藏书录》卷末

鲍廷博以文

（清）叶昌炽

羽陵姓字九重闻，《阙史》题诗帝右文。正是夕阳无限好，白头携杖拜卿云。（释文、补正略）

录自《藏书纪事诗》卷七

按，《藏书纪事诗》自江标《灵鹣阁丛书》本和叶昌炽自刻本后，行世重印本多种。其中以1989年9月上海古籍出版社的王欣补正、徐鹏辑的《藏书纪事诗附补正》最好。

鲍廷博传

李玉棻

鲍廷博字以文，号渌饮，安徽歙县人。钦赐举人。工书，藏书最富，刻《知不足斋丛书》二十八集，（著有）《咏物诗选》。许仲弢廉访藏有行楷立帧，书旧作七律二首，年八十五岁。用笔圆润。

录自《瓯钵罗室书画过目考》卷三

鲍廷博

支伟成

鲍廷博字以文，号渌饮，安徽歙县人，家于浙江，事祖若父以孝闻，以父性嗜读书，乃历（力）购前人书以养志，历久所得益多且精，遂裒然为大藏书家。寻补县学生。

乾隆三十八年（1773）诏开四库馆，采访天下遗书，乃集其家所藏书六百馀种，命子监生士恭由浙江进呈。既著录，复诏还其书，赉以《古今图书集成》《伊犁得胜图》《金川图》，其中《唐阙史》及《武经总要》，并御制诗题之。嗣刊《知不足斋丛书》，即以《唐阙史》冠首，志一时之荣遇焉。“知不足”者，故廷博藏书斋额。嘉庆十八年（1813），方受畴抚浙，以续刊之第二十六集进，奉旨赏给举人，时年逾八十矣。

居恒好学，耽吟咏，不求仕宦，天趣清远，每遇人访问古籍，凡某书美恶所在，音恉所在，见于某家目录，经过几家收藏，几次抄刊，真伪若何，校误若何，莫不矢口而出，问难无竭。既因进书受知两朝，名闻当世。谓：“诸生无可报称，惟有多刊善本公诸海内，使承学之士得所观摩。”年八十六，《丛书》至二十七集，未竣遽卒，尚遗命子士恭继志续刊，今存者共凡三十二集（按，实为三十集），秘册孤编，率赖以传。

录自《清代朴学大师列传·校勘目录学家列传第十九》

鲍廷博传

金天翮

鲍廷博字以文，一字渌饮，歙县人也，祖若父业冶坊于浙（钱梅溪（泳）《履园丛话》以为业冶坊，他书但云贾于浙）。廷博少试歙县，补诸生，秋闱不中式，遂绝意科第。事父以孝闻，父思诩凝众懋迁，好读书。廷博亦嗜书，乃大斥资，搜求海内宋元旧椠或善写本，以为亲欢，久而书亦多，皆手自雠校，号称精核。

四库馆开，诏求天下遗书，廷博聚家藏精本六百馀种，命子士恭进呈，天子以为海内献书之冠，亲题诗于《唐阙史》《武经总要》好写著录，给还所进书。廷博遂发家藏孤本精椠，刊为《知不足斋丛书》，高宗美之，亦以“知不足”名其斋。至嘉庆癸酉（十八年，1813），浙江巡抚方受畴陛词，传旨问廷博所刊书，廷博以二十六集呈巡抚，巡抚具疏奋进。诏曰：“生员鲍廷博，乾隆朝恭进书籍，蒙高宗纯皇帝宠以诗，朕于几暇亦曾题咏。兹据浙江巡抚代进所刻《知不足斋丛书》二十六集。廷博年逾八旬，好古绩学，耄而不倦，应加恩赐举人，俾其世衍书香，广刊秘籍，成艺林之盛事。”廷博于是急欲刊竣二十七八两集，日夜自校阅，及二十七集将成而疾作，遗令子士恭续刊，竟父志，无负天语。年八十有七（卒）（原注

《履园丛话》以为年八十四，当从传），嘉庆十九年（1814）甲戌也。

廷博父母卒于杭，葬乌程，迁居桐乡乌镇。平生精鉴别，客持古书来，不开卷，见板口，即曰此某氏板，经某某收藏，历几家，某卷刊误若干字，案之不爽。阮元抚浙，从廷博访问典籍，凡书之美恶及其意旨，与夫历代著录收藏钞刊真伪校误，辄矢口道，问难不穷。著述数种毁于火，其《花韵轩小稿》二卷、《咏物诗》一卷，皆出晚年记忆。廷博尝为《夕阳诗》二十韵甚工，袁枚、阮元并称之为“鲍夕阳”云。

录自《皖志列传稿》卷三

鲍廷博传

国史馆传稿

鲍廷博字以文，安徽歙县人，诸生，幼而聪敏，事大父及父以孝闻。父嗜读书，乃力购前人书以为欢。既久，所得益多而精，遂裒然为大藏书家。性复疆（强）记，每一过目，即能记其某卷某页某讹字，有持书来问者，凡某书美恶所在，意旨所存，见于某代某家目录，经几家收藏，几次抄刻，真伪若何，校误若何，无不矢口而出，按之历历不爽。

乾隆三十八年（1773）四库馆开，廷博命长子士恭进家藏善本六百馀种，大半宋元旧板写本，又手自校雠，为天下献书之冠，蒙御赐《古今图书集成》。高宗南巡，迎銮献颂，后蒙赐大缎二匹。又叠赐《伊犁得胜图》《金川图》。廷博念一介儒生，无以报，遂以所藏善本付之梨枣。

嘉庆初，《御制内府知不足斋诗》有“斋名沿鲍氏，《阙史》御题诗。集书若不足，千文以序推”之句。注云：“鲍氏藏书最为精夥，内《唐阙史》一书，曾经奎藻题咏，嗣后其家刊刻《知不足斋丛书》以《唐阙史》冠册，用周兴嗣千文以次排编，每集八册，今已十八九集，可为好事之家矣。”至（十）八年（1813），上复问浙抚方受畴，鲍氏续刊何经。受畴以第二十六集进。上谕：“鲍廷博于乾隆年间，恭进书籍，其藏书之知不足斋，仰蒙高宗纯皇帝宠以诗章，朕于几暇亦曾加题咏。兹复进所刻《知不足斋丛书》第二十六集。鲍廷博年逾八旬，好古绩学，老而不倦，著加恩赏给举人，俾其世衍书香，广刊秘籍。”时年八十六矣，逾年卒。

廷博勤学耽吟，不求仕进，尝作《夕阳诗》甚工，袁枚、阮元呼之为“鲍夕阳”。性宽厚，笃友谊，朋友之贫而好学者，每以全部著（丛）书赠。生平蓄积为刊书所罄，或遇未见之书，必典衣购之，著有《花韵轩小稿》二卷、《咏物诗》一卷。

录自近代汪兆镛辑《碑传集三编》卷三十七

鲍先生廷博

鲍廷博字以文，号渌饮，歙县人。诸生。寄居杭州，家富藏书，性复强记，凡某书美恶所在，见于某家目录，经几家收藏，几次抄刊，真伪若何，校误若何，无不矢口而出。乾隆三十八年（1773）诏开四库馆，先生乃命子士恭进呈善本六百馀种，为天下献书之冠。《唐阙史》一书曾经高宗题咏，后刻《知不足斋丛书》遂以居首。嘉庆十八年（1813），仁宗垂询浙江巡抚方受畴，续以所刻书进，赏给举人，并有“好古绩学，老而不倦”之褒。先生年已八十六矣，逾年卒。

平生勤学耽诗，不求仕进，其资蓄为刻书所尽，及见秘籍必典衣购之，为书跋数百篇，又有《花韵轩小稿》二卷、《咏物诗》一卷（参史传、阮元撰传）。

录自徐世昌编《清儒学案》卷一百二十三《思适学案》

鲍廷博传

鲍廷博字以文，安徽歙县人。诸生。幼而聪敏，事大父及父以孝闻。父嗜读书，乃力购前人书以为欢，既久所得益多而精，遂裒然为大藏书家。性复强记，每一过目即能记其某某卷某页某讹字，有持书来问者，凡某书美恶所在，意旨所存，见于某代某家目录，经几家收藏，几次钞刻，真伪若何，无不矢口而出，按之历历不爽。

乾隆三十八年（1773）四库馆开，廷博命长子士恭，进家藏善本六百馀种，大半宋元旧版、写本，又手自校雠，为天下献书之冠，蒙御赐《古今图书集成》。高宗南巡，迎銮献颂，复蒙赐大缎二匹，又叠赐《伊犁得胜图》《金川图》。廷博念一介儒生，无以图报，遂以所藏善本付之梨枣。嘉庆初《御制内府知不足斋诗》有“斋名沿鲍氏，《阙史》御题诗。集书若不足，千文以序推”之句。注云：“鲍氏藏书最为精夥，内《唐阙史》一书，曾经奎藻题咏，嗣后其家刊刻《知不足斋丛书》，以《唐阙史》冠册，用周兴嗣《千（字）文》以次排编，每集八册，今已十八九集，可为好事之家矣。”至（十）八年，上复问浙抚方受畴“鲍氏续刊何经？”受畴以第二十六集进。上谕：“鲍廷博于乾隆年间恭进书籍，其藏书之知不足斋，仰蒙高宗纯皇帝宠以诗章。朕于几暇亦曾加题咏，兹复进所刻《知不足斋丛书》第二十六集。鲍廷博年逾八旬，好古绩学，老而不倦，著加恩赏给举人，俾其世衍书香，广刊秘籍。”时年八十六矣，逾年卒。

廷博勤学耽吟，不求仕进，尝作《夕阳诗》甚工，袁枚、阮元呼之为“鲍夕阳”。性宽厚，笃友谊，朋友之贫而好学者，每以全部丛书赠。生平蓄积为刊书所罄，或遇未见之书，必典衣购之，著有《花韵轩小稿》二卷、《咏物诗》一卷。

录自《清史列传》卷七十二《文苑传》

鲍廷博传

鲍廷博字以文，本歙人，以商籍生員寄居桐邑青镇之杨树湾。乾隆癸巳（三十八年，1773）进善本六百馀种，其《唐阙史》及《武经总要》二书皆蒙御题。廷博即以《阙史》冠《知不足斋丛书》。嘉庆十八年（1813），以《丛书》二十六集进，复奉上谕，赏给举人。著有《花韵轩咏物诗存》于志。

录自《［光绪］嘉兴府志》卷六十一《列传·桐乡流寓》

鲍廷博传

鲍廷博字以文，号渌饮，晚号通介老人，歙县诸生，寓居杭州，迁乌程之乌镇。

乾隆间诏开四库馆，采访遗书，廷博集其家所藏书六百馀种，命其子士恭由浙江进呈，内《唐阙史》《武经总要》二书蒙御笔题诗，发还珍弆，恩赐《古今图书集成》万卷。廷博汇刊秘册，为《知不足斋丛书》，以八册为一函，一函为一集，校刊精审，世推善本。嘉庆中获备乙览，十八年（1813）夏，上垂问浙江巡抚方受畴：“丛书二十五集之外，有无续刊?”受畴檄乌程知县彭志杰，亲造其庐，得所刊第二十六集奏进。六月二十五日，奉上谕：“生员鲍廷博年逾八旬，好古绩学，老而不倦，著加恩赏给举人，俾其世衍书香，广刊秘籍，亦艺林之胜事也。”

廷博嗜学耽吟，不求仕进，天趣清远，著《花韵轩小稿》二卷、《咏物诗》一卷。其夕阳诗甚工，海内传诵，呼为“鲍夕阳”，卒年八十有六。《丛书》未竟之绪，后人续成之，刊至三十集而止。

士恭字志祖，太学生，先廷博卒（按，此误。廷博卒后，士恭、正言续刻《丛书》至三十集。先廷博卒者，当为其次子士宽）。士恭子正言（据翁广平《鲍渌饮传》，正言系士宽子），号听香，后更号衍香，恭佩圣训，世衍书香语也。幼时廷博携以见萧山汪辉祖，辉祖称其好学可爱，善书能诗，工篆刻，落落寡谐，贫老以终，后人世居乌镇，遂占籍焉。（《揅经室集·鲍君传》、翁广平《鲍渌饮传》、汪辉祖《病榻梦痕录》《知不足斋丛书》序跋凡例、采访册。）

录自《［光绪］乌程县志》卷二十三《人物·寓贤》

鲍公廷博传

鲍公廷博字以文，号渌饮，安徽歙县人。父思诩，以服贾来浙，先家于杭，后迁于桐邑青镇东乡之杨树湾。

公为歙县诸生，力学好古，喜购秘籍，虽重价勿惜，蓄异书几及千种。阮文达公（元）与公契合最深，视浙学时，每于按试嘉、湖之便，棹小舟，造其居，观所藏书。后抚两浙时，邀公至节署，谈论校雠，于文达所刊各书为功甚多。

乾隆癸巳（三十八年，1773）纯庙诏开四库馆，搜访海内遗书，公遣长子士恭，应诏进书六百馀种。明年奉旨嘉奖，与浙江范懋柱、汪启淑、两淮马裕，并各颁赐《古今图书集成》一部。又明年给还进书籍，而《唐阙史》《武经总要》二书，皆蒙御题，有“知不足斋奚不足？渴于书籍是贤乎”之句，并于大内斋额，亦仿公藏书室名，题曰知不足斋，海内荣之。自后叠拜伊犁、金川战图之赐，庚子（乾隆四十五年，1780）五次南巡，公迎銮献颂，获赏大缎二匹。

公因取所藏古今善本，刊刻《知不足斋丛书》，而以《御题唐阙史》冠诸首。每刊一集，即以进献，至嘉庆癸酉（十八年，1813），睿庙命疆吏垂询《丛书》续刻，公复进二十六集，得旨嘉奖，赏给举人，时年已八十有六矣。

明年疾革，遗命子孙续刻告成，以无负天语褒嘉之至意，故殁后，子士恭刊成二十七八两集，孙正言刊成二十九、三十两集，前后进献，而赐书之在杨树湾者，幸居乡僻，未遭兵燹，光绪庚辰（六年，1880）谭中丞钟麟修复西湖文澜阁，由公曾孙寅缴呈贮阁，以资宝守。

录自《［光绪］桐乡县志》卷十五《人物下》

鲍廷博传

鲍廷博字以文，一字渌饮，长塘人，邑诸生，侨居浙江。父思诩，虽业懋迁，好读书。廷博亦嗜学，乃斥赀搜求海内宋元旧椠暨善写本，以为亲欢。既久而书益多，皆手自校，号称精核。

四库馆开，诏求天下遗书，廷博聚家藏精本六百馀种，命子士恭进呈。既著录，诏还其原书，赉以《古今图书集成》《伊犁得胜图》《金川图》。其中《唐阙史》及《武经总要》，并御制诗题其上。廷博遂刻家藏孤本为《知不足斋丛书》，高宗美之。嘉庆癸酉（十八年，1813）方受畴抚浙，以续刻第二十六集进，加恩赏给举人，时年八十（六）矣。

居恒好学，耽吟咏，不求仕宦，天趣清远，每遇人访问古籍，凡某书美恶所在，意旨所在，见于某代某家目录，经几家收藏，几次钞刊，真伪若何，校误若何，莫不矢口而出，问难无竭。尝赋《夕阳诗》二十韵甚工，袁枚、阮元并称为“鲍夕阳”。年八十六（应为八十七），丛书刊至二十七集，未竣遽卒，遗命子士恭继志续刊，共刻三十集，著有《花韵轩小稿》《咏物诗》。

录自《［民国］歙县志》卷十《人物志·士林》

附录：

三、乾隆开四库馆鲍家进呈书目

（附入《四库全书》或《四库全书总目》中“存目”说明）

郑玲辑

本编所录，依据《四库采进书目》和《四库全书总目》著录。按经、史、子、集四部编排，部下不标类目，但依类目次第排列。经统计，乾隆开四库馆鲍家进呈书目共计718种。其中经部24种，史部116种，子部186种，集部392种。带“*”号者（计92种）表示《四库全书总目》著录而不见于《四库采进书目》。鲍家进呈书录入《四库全书》者为249种，入《四库全书总目》中“存目”者为131种，合计为380种。

注：郑伟章先生《书林丛考》所录鲍家进呈书入《四库全书》者为251种，入《四库全书总目》中“存目”者为131种。合计为382种。其中子部《砚谱》《金漳兰谱》二种非鲍家书，前者为“浙江吴玉墀家藏本”，后者为“浙江范懋柱天一阁藏本”；集部《风雅翼》非鲍家藏本，为“编修汪如藻家藏本”，而漏录鲍家藏本《乾坤清气集》一种。

经 部

易说二卷

周易原旨八卷　（元）保八撰

周易古本一卷　（明）华兆登编

　　是书录入《四库全书总目·经部·易类存目》

易象钞六卷　（明）钱一本撰

易臆三卷　（明）郑圭撰（按：原作郑复）

　　是书录入《四库全书总目·经部·易类存目》

田间易学十二卷　（明）钱澄之撰

诗总闻二十卷　（宋）王质撰

田间诗学十二卷　（明）钱澄之撰

毛诗解不分卷　（明）钟惺辑

仪礼郑注句读十七卷附监本正误石经正误二卷　（清）张尔岐撰

是书录入《四库全书·经部·礼类》

礼记集说辨疑一卷　（明）戴冠撰

是书录入《四库全书总目·经部·礼类存目》

春秋经传阙疑四十五卷　（元）郑玉撰

是书录入《四库全书·经部·春秋类》

春秋职官考略三卷　（清）程廷祚撰

春秋地名辨异三卷　（清）程廷祚撰

左传人名辨异三卷　（清）程廷祚撰

以上三种合称《春秋识小录》

春秋左传事类年表一卷　（清）顾宗玮撰

是书录入《四库全书总目·经部·春秋类存目》

春秋年表一卷　无名氏撰

是书录入《四库全书·经部·春秋类》

九经三传沿革例一卷　（宋）岳珂撰

九经考异十二卷　（明）周应宾撰

乐律纂要一卷律吕别书一卷　（明）季本撰

舞志十二卷　（明）张敉撰

是书录入《四库全书总目·经部·乐类存目》

韵学集成十三卷　（明）章黼撰

是书录入《四库全书总目·经部·小学类存目》

声音纪元六卷　（明）吴继仕撰

*韵表无卷数　（明）叶秉敬撰

是书录入《四库全书总目·经部·小学类存目》

史　部

续宋编年资治通鉴十八卷　（宋）李焘撰

是书录入《四库全书总目·史部·编年类存目》

契丹国志二十七卷　（宋）叶隆礼撰

是书录入《四库全书·史部·别史类》

襄阳守城录　（宋）赵万年编

邃古记八卷　（明）朱谋玮撰

是书录入《四库全书总目·史部·别史类存目》

国朝典汇二百卷　（明）徐学聚编

皇明书四十五卷　（明）邓元锡撰（按：《四库全书总目》著录“明书四十五卷”）

是书录入《四库全书总目·史部·别史类存目》

南宋书增削通本六十卷　（明）钱士升辑（按：《四库全书总目》著录“南宋书六十卷”）

是书录入《四库全书总目·史部·别史类存目》

五代史志疑四卷　（清）杨陆荣撰

中兴馆阁录十卷续十卷　（宋）陈骙撰

宋西事案二卷　（明）祁尔光撰（按：禁毁书）

采石瓜洲毙亮记　（宋）蹇驹编

吊伐录二卷

平宋录三卷　（元）刘敏中撰（按：《四库全书总目》著录“大元混一平宋实录”，又名“丙子平宋录”）

是书录入《四库全书·史部·杂史类》

先拨志始二卷　（明）文秉撰

山书十八卷　（清）孙承泽撰

东南防守利便三卷　（宋）陈克等撰（按：原作吕祉）

广志绎五卷　（明）王士性撰

余冬序录十三卷　（明）何孟春撰

暇老斋杂记二十二卷　（明）茅元仪撰（按：禁毁书）

金陵琐事四卷续二卷　（明）周晖撰

琐事剩录四卷　（明）郭钰编

宝绘录二十卷　（明）张泰阶编

行年录不分卷　（清）魏方泰撰

*燕翼诒谋录五卷　（宋）王栐撰

是书录入《四库全书·史部·杂史类》

*顺昌战胜录一卷　（宋）杨汝翼撰

是书录入《四库全书总目·史部·杂史类存目》

*伏戎纪事一卷　（明）高拱撰

是书录入《四库全书总目·史部·杂史类存目》

包孝肃奏议十卷　（宋）包拯撰

魏郑公谏录五卷　（唐）王方庆撰

是书录入《四库全书·史部·传记类》

广卓异记二十卷　（宋）乐史撰

是书录入《四库全书总目·史部·传记类存目》

草莽私乘一卷　旧题（明）陶宗仪编

是书录入《四库全书总目·史部·传记类存目》

宋状元录二卷　（明）朱希古编

嘉靖以来首辅传八卷　（明）王世贞撰

续高士传五卷　（清）高兆撰

是书录入《四库全书总目·史部·传记类存目》

韩魏公传四卷　（明）韩原道辑

续列女传九卷　（明）邵正魁撰

是书录入《四库全书总目·史部·传记类存目》

续表忠记八卷　（清）赵吉士撰

东林列传二十四卷　（清）陈鼎撰

绍兴十八年同年录

万柳溪边旧话一卷　（宋）尤玘撰

是书录入《四库全书总目·史部·传记类存目》

宝佑四年登科录

元名臣事略十五卷　（元）苏天爵撰

宋遗民录十二卷　（明）程敏政编

梅花草堂集十一卷　（明）张大复撰（按：《四库全书总目》著录“昆山人物传十卷名宦传一卷”）

是书录入《四库全书总目·史部·传记类存目》

东嘉先哲录二十卷　（明）王朝佐撰

是书录入《四库全书总目·史部·传记类存目》

元椟纪一卷　（明）盛时泰撰（按：椟一作牍）

陆右丞蹈海录一卷　（明）丁元吉编

是书录入《四库全书总目·史部·传记类存目》

中州人物考八卷　（清）孙奇逢撰

是书录入《四库全书·史部·传记类》

李深之集六卷　（唐）李绛撰（按：又名“李相国论事集六卷”）

*骖鸾录一卷　（宋）范成大撰

是书录入《四库全书·史部·传记类》

*吴船录二卷　（宋）范成大撰

是书录入《四库全书·史部·传记类》

宋史存二卷　（明）文德翼撰

是书录入《四库全书总目·史部·史抄类存目》

两汉博闻十二卷　（宋）杨侃撰

晋史乘一卷楚史梼杌一卷　无名氏撰

是书录入《四库全书总目·史部·载记类存目》

吴越纪余五卷　（明）钱贵撰（按：《四库全书总目》著录“吴越纪余五卷附杂吟一卷”）

是书录入《四库全书总目·史部·载记类存目》

朝鲜史略六卷　（明）［朝鲜］无名氏撰（按：原作十二卷）

是书录入《四库全书总目·史部·载记类存目》

*五国故事二卷　（宋）无名氏撰

是书录入《四库全书·史部·载记类》

吴中古实记二十四卷　（明）杨循吉撰

蜀中广记三十八卷　（明）曹学佺撰

历代帝王宅京记二十卷　（明）顾炎武撰

汴京遗迹志二十四卷　（明）李濂撰

咸宾录八卷　（明）罗曰褧撰

是书录入《四库全书总目·史部·地理类存目》

目营小辑四卷　（明）陆化熙撰

是书录入《四库全书总目·史部·地理类存目》

治河奏绩书四卷　（清）靳辅撰

是书录入《四库全书·史部·地理类》

大唐西域记十二卷　（唐）释玄奘译（唐）释辨机撰

是书录入《四库全书·史部·地理类》

涑水纪闻二卷　（宋）司马光撰

中吴纪闻六卷　（宋）龚明之撰

是书录入《四库全书·史部·地理类》

新安志十卷　（宋）罗愿撰

梦粱录二十卷　（宋）吴自牧撰

舆地广记三十八卷　（宋）欧阳忞撰

是书录入《四库全书·史部·地理类》

吴郡图经续记三卷　（宋）朱长文撰

吴郡志五十卷　（宋）范成大撰

平江纪事一卷　（元）高德基撰

是书录入《四库全书·史部·地理类》

吴中旧事一卷　（元）陆友仁撰

殊域周咨录二十四卷　（明）严从简撰（按：禁毁书）

万里海防二卷　（明）郑若曾撰

桂胜十六卷　（明）张鸣凤撰

是书录入《四库全书·史部·地理类》

桂故八卷　（明）张鸣凤撰

徐霞客游记十二卷　（明）徐宏祖撰

郡县释名二十六卷　（明）郭子章撰

是书录入《四库全书总目·史部·地理类存目》

古越书四卷　（明）郭钰编

日本考五卷　（明）李言恭（明）都杰撰

是书录入《四库全书总目·史部·地理类存目》

蜀中名胜记三十卷　（明）曹学佺撰

是书录入《四库全书总目·史部·地理类存目》

昆仑河源汇考　（清）万斯同撰（按：《四库全书总目》著录“昆仑河源考一卷”）

是书录入《四库全书·史部·地理类》

林屋民风十二卷　（清）王维德撰

是书录入《四库全书总目·史部·地理类存目》

西湖梦寻五卷　（清）张岱撰

是书录入《四库全书总目·史部·地理类存目》

*图注水陆路程途八卷　（明）黄汴撰

是书录入《四库全书总目·史部·地理类存目》

*山行杂记一卷　（明）宋彦撰

是书录入《四库全书总目·史部·地理类存目》

*夷俗记一卷　（明）萧大亨撰

是书录入《四库全书总目·史部·地理类存目》

*玉堂杂记三卷　（宋）周必大撰

是书录入《四库全书·史部·职官类》

*官箴一卷　（宋）吕本中撰

是书录入《四库全书·史部·职官类》

*昼簾绪论一卷　（宋）胡太初撰

是书录入《四库全书·史部·职官类》

明臣谥考二卷　（明）鲍应鳌撰

四译馆考十卷　（清）江蘩撰

是书录入《四库全书总目·史部·政书类存目》

明贡举考九卷　（明）张朝瑞撰

是书录入《四库全书总目·史部·政书类存目》

舆地碑记目四卷　（宋）王象之撰

兰亭考十二卷　旧题（宋）桑世昌撰

是书录入《四库全书·史部·目录类》

兰亭续考二卷　（宋）俞松撰

是书录入《四库全书·史部·目录类》

名迹录七卷　（明）朱珪编（按:《四库全书总目》著录“名迹录六卷附录一卷”）

是书录入《四库全书·史部·目录类》

金石备考不分卷　旧题（明）来濬撰（按:《四库全书总目》著录“金石备考十四卷”）

是书录入《四库全书总目·史部·目录类存目》

古今石刻碑目二卷　（明）孙克宏编

金石续录四卷　（清）刘青藜撰

是书录入《四库全书总目·史部·目录类存目》

禊帖综闻　（清）胡世安编

*法帖谱系二卷　（宋）曹士冕撰

是书录入《四库全书·史部·目录类》

金石古文十四卷　（明）杨慎编

石墨镌华八卷　（明）赵崡撰

金石文七卷　（明）徐献忠编

六朝通鉴博议十卷　（宋）李焘撰

是书录入《四库全书·史部·史评类》

宋大事记讲义二十三卷　（宋）吕中撰（按：《四库全书总目》著录“大事记讲义二十三卷”）

是书录入《四库全书·史部·史评类》

唐史论断三卷　（宋）孙甫撰

是书录入《四库全书·史部·史评类》

史说二卷　（明）洪垣撰（按：《四库全书总目》著录“觉山史说二卷”）

是书录入《四库全书总目·史部·史评类存目》

宋史阐幽一卷　（明）许浩撰

元史阐幽一卷　（明）许浩撰

是书录入《四库全书总目·史部·史评类存目》

诗史十二卷　（清）葛震撰

是书录入《四库全书总目·史部·史评类存目》

宋史笔断十二卷　无名氏撰

是书录入《四库全书总目·史部·史评类存目》

四明尊尧集十一卷　（宋）陈瓘撰

卖菜言一卷　（清）匪斋撰

是书录入《四库全书总目·史部·史评类存目》

子　部

管窥外篇二卷　（元）史伯璿撰

是书录入《四库全书·子部·儒家类》

*同异录二卷　（明）陆深撰

是书录入《四库全书总目·子部·儒家类存目》

*慎言集训二卷　（明）敖英撰

是书录入《四库全书总目·子部·儒家类存目》

*薛方山纪述一卷　（明）薛应旂撰

是书录入《四库全书总目·子部·儒家类存目》

*圣学范围图无卷数　（明）岳元声撰

是书录入《四库全书总目·子部·儒家类存目》

武经总要四十卷　（宋）曾公亮等编

建炎以来朝野杂记四十卷　（宋）李心传撰

美芹十论一卷　旧题（宋）辛弃疾撰

是书录入《四库全书总目·子部·兵家类存目》

虎钤经二十卷　（明）许洞撰

何博士备论一卷　（宋）何去非撰

是书录入《四库全书·子部·兵家类》

阵记四卷　（明）何良臣撰

是书录入《四库全书·子部·兵家类》

野菜博录二卷　（明）鲍山撰

是书录入《四库全书总目·子部·农家类存目》

*农说一卷　（明）马一龙撰

是书录入《四库全书总目·子部·农家类存目》

名医类案十二卷　（明）江瓘编

革象新书二卷　（元）赵友钦撰（按：原作赵敬撰）

太阳太阴通轨无卷数　（明）戈永龄撰

是书录入《四库全书总目·子部·天文算法类存目》

星历释义五卷　（明）林祖述撰（按：《四库全书总目》著录“星历释义二卷”）

是书录入《四库全书总目·子部·天文算法类存目》

天原发微五卷　（元）鲍云龙撰

玉历通政经三卷　（唐）李淳风撰

灵台秘苑十五卷　（北周）庾季才原撰（按：北宋时敕删，原作宋丁大吉、丁洵编）

是书录入《四库全书·子部·术数类》

墨池编六卷　（宋）朱长文撰

是书录入《四库全书·子部·艺术类》

古法书苑八卷　（明）王世贞编

古画苑十卷　（明）王世贞编（按:《四库全书总目》著录“画苑十卷画苑补益四卷　（明）王世贞编（明）詹景凤续编”）

是书录入《四库全书总目·子部·艺术类存目》

书法离钩十卷　（明）潘之淙撰

是书录入《四库全书·子部·艺术类》

画史会要五卷　（明）朱谋垔撰

是书录入《四库全书·子部·艺术类》

书史会要十卷补遗一卷　（明）陶宗仪撰（按:《四库全书总目》著录“书史会要九卷补遗一卷续编一卷　（明）陶宗仪（明）朱谋垔撰”）

是书录入《四库全书·子部·艺术类》

真迹日录三卷　（明）张丑撰（按:《四库全书总目》著录“真迹日录五卷二集一卷三集一卷”）

是书录入《四库全书·子部·艺术类》

绘事备考八卷　（清）王毓贤撰

琴谈二卷　（清）程允基撰

是书录入《四库全书总目·子部·艺术类存目》

书画题跋记十二卷续集十二卷　（清）郁逢庆撰

*书品一卷　（南朝梁）庾肩吾撰

是书录入《四库全书·子部·艺术类》

*贞观公私画史一卷　（唐）裴孝源撰

是书录入《四库全书·子部·艺术类》

*书谱一卷　（唐）孙过庭撰

是书录入《四库全书·子部·艺术类》

*书断三卷　（唐）张怀瓘撰

是书录入《四库全书·子部·艺术类》

*述书赋二卷　（唐）窦臮撰

是书录入《四库全书·子部·艺术类》

*画山水赋一卷附笔法记一卷　旧题（唐）荆浩撰

是书录入《四库全书·子部·艺术类》

*翰墨志一卷　（宋）高宗赵构撰

是书录入《四库全书·子部·艺术类》

*书史一卷　（宋）米芾撰

是书录入《四库全书·子部·艺术类》

*宝章待访录一卷　（宋）米芾撰

是书录入《四库全书·子部·艺术类》

*海岳名言一卷　（宋）米芾撰

是书录入《四库全书·子部·艺术类》

*山水纯全集一卷　（宋）韩拙撰

是书录入《四库全书·子部·艺术类》

*续书谱一卷　（宋）姜夔撰

是书录入《四库全书·子部·艺术类》

*法书名画见闻表一卷　（明）张丑撰

是书录入《四库全书·子部·艺术类》

*南阳法书表一卷南阳名画表一卷　（明）张丑撰

是书录入《四库全书·子部·艺术类》

*清河书画表一卷　（明）张丑撰

是书录入《四库全书·子部·艺术类》

*山水松石格一卷　旧题（南朝梁）元帝萧绎撰

是书录入《四库全书总目·子部·艺术类存目》

*画学秘诀一卷　旧题（唐）王维撰

是书录入《四库全书总目·子部·艺术类存目》

*山水诀一卷　旧题（唐）李成撰

是书录入《四库全书总目·子部·艺术类存目》

*宣和论画杂评一卷　（宋）徽宗赵佶撰

是书录入《四库全书总目·子部·艺术类存目》

*华光梅谱一卷　旧题（宋）释仲仁撰

是书录入《四库全书总目·子部·艺术类存目》

*画山水诀一卷　旧题（宋）李澄叟撰

是书录入《四库全书总目·子部·艺术类存目》

*竹谱详录一卷　旧题（元）李衎撰

是书录入《四库全书总目·子部·艺术类存目》

*王氏书苑十卷书苑补益八卷　（明）王世贞编（明）詹景凤续编

是书录入《四库全书总目·子部·艺术类存目》

*画禅一卷　旧题（明）释莲儒撰

是书录入《四库全书总目·子部·艺术类存目》

*画说一卷　（明）莫是龙撰

是书录入《四库全书总目·子部·艺术类存目》

百菊谱六卷　（宋）史铸撰（按：《四库全书总目》著录"百菊集谱六卷菊史补遗一卷"）

是书录入《四库全书·子部·谱录类》

蟹略四卷　（宋）高似孙撰

是书录入《四库全书·子部·谱录类》

异鱼图赞笺四卷补三卷　（明）杨慎撰（按：《四库全书总目》著录"异鱼图赞四卷"）

是书录入《四库全书·子部·谱录类》

茶经一卷酒史六卷　（明）徐渭撰

宣德鼎彝谱八卷　（明）吕震等撰

是书录入《四库全书·子部·谱录类》

群芳清玩不分卷　（明）李玙撰

香乘二十八卷　（明）周嘉胄撰

是书录入《四库全书·子部·谱录类》

艺菊志八卷　（清）陆廷灿撰

是书录入《四库全书总目·子部·谱录类存目》

*鼎录一卷　旧题（南朝梁）虞荔撰

是书录入《四库全书·子部·谱录类》

*歙州砚谱一卷　（宋）唐积撰

是书录入《四库全书·子部·谱录类》

*砚史一卷　（宋）米芾撰

是书录入《四库全书·子部·谱录类》

*歙砚说一卷辨歙石说一卷

是书录入《四库全书·子部·谱录类》

*端溪砚谱一卷　（宋）无名氏撰

是书录入《四库全书·子部·谱录类》

*茶经三卷　（唐）陆羽撰

是书录入《四库全书·子部·谱录类》

*东溪试茶录一卷　（宋）宋子安撰

是书录入《四库全书·子部·谱录类》

*酒谱一卷　（宋）窦苹撰

是书录入《四库全书·子部·谱录类》

*洛阳牡丹记一卷　（宋）欧阳修撰

是书录入《四库全书·子部·谱录类》

*扬州芍药谱一卷　（宋）王观撰

是书录入《四库全书·子部·谱录类》

*范村梅谱一卷　（宋）范成大撰

是书录入《四库全书·子部·谱录类》

*刘氏菊谱一卷　（宋）刘蒙撰

是书录入《四库全书·子部·谱录类》

*史氏菊谱一卷　（宋）史正志撰

是书录入《四库全书·子部·谱录类》

*范村菊谱一卷　（宋）范成大撰

是书录入《四库全书·子部·谱录类》

*海棠谱三卷　（宋）陈思撰

是书录入《四库全书·子部·谱录类》

*荔枝谱一卷　（宋）蔡襄撰

是书录入《四库全书·子部·谱录类》

*橘录三卷　（宋）韩彦直撰

是书录入《四库全书·子部·谱录类》

*菌谱一卷　（宋）陈仁玉撰

是书录入《四库全书·子部·谱录类》

*蟹谱二卷　（宋）傅肱撰

是书录入《四库全书·子部·谱录类》

*别本茶经三卷　（明）汤显祖撰

是书录入《四库全书总目·子部·谱录类存目》

皇宋事实类苑六十三卷　（宋）江少虞撰

都公谭纂二卷　（明）都穆撰

罪知录十卷　（明）祝允明撰

尧山堂外纪一百卷　（明）蒋一葵撰

是书录入《四库全书总目·子部·杂家类存目》

古今原始十四卷　（明）赵钎撰

是书录入《四库全书总目·子部·杂家类存目》

戏瑕三卷　（明）钱希言撰

是书录入《四库全书总目·子部·杂家类存目》

两山墨谈十八卷　（明）陈霆撰

寓简十卷　（宋）沈作喆撰

佩韦斋辑闻四卷　（宋）俞德邻撰

是书录入《四库全书·子部·杂家类》

愧郯录十五卷　（宋）岳珂撰

梁溪漫志十卷　（宋）费衮撰

宾退录十卷　（宋）赵与时撰

庶斋老学丛谈三卷　（元）盛如梓撰

濯缨亭笔记十卷　（明）戴冠撰

是书录入《四库全书总目·子部·杂家类存目》

草木子四卷　（明）叶子奇撰

逌旃琐言二卷　（明）苏佑撰

是书录入《四库全书总目·子部·杂家类存目》

吕氏笔奕八卷　（明）吕曾见撰

是书录入《四库全书总目·子部·杂家类存目》

清赏录二卷　（明）张翼（明）包衡撰（按：《四库全书总目》著录“清赏录十二卷”）

是书录入《四库全书总目·子部·杂家类存目》

艺彀三卷　（明）邓伯羔撰（按：《四库全书总目》著录“艺彀三卷彀补一卷”）

是书录入《四库全书·子部·杂家类》

长物志十二卷　（明）文震亨撰

是书录入《四库全书·子部·杂家类》

四友斋丛说三十八卷　（明）何良俊撰

纪闻类编四卷　（明）窦文照撰

是书录入《四库全书总目·子部·杂家类存目》

说储八卷　（明）陈禹谟撰（按：《四库全书总目》著录“说储八卷二集八卷”）

是书录入《四库全书总目·子部·杂家类存目》

认字测三卷　（明）周宇撰

是书录入《四库全书总目·子部·杂家类存目》

正杨四卷　（明）陈耀文撰

谷山笔麈十八卷　（明）于慎行撰（按：两淮进本题谷城山房笔麈，四库本题笔麈）

墨林快事十二卷　（明）安世凤撰

张氏藏书　（明）张应文撰

是书录入《四库全书总目·子部·杂家类存目》

闻雁斋笔谈六卷　（明）张大复撰

是书录入《四库全书总目·子部·杂家类存目》

见闻杂记十卷　（明）李乐撰

格古要论十三卷　（明）曹昭撰

松亭晤语六卷　（明）世显撰

秕言四卷　（明）郑明选撰

是书录入《四库全书总目·子部·杂家类存目》

常谈考误四卷　（明）周梦旸撰

是书录入《四库全书总目·子部·杂家类存目》

戒庵漫笔八卷　（明）李诩撰

是书录入《四库全书总目·子部·杂家类存目》

纪录汇编二百十六卷　（明）沈节甫撰

是书录入《四库全书总目·子部·杂家类存目》

大涤函书五卷　（明）黄道周撰

笔精八卷　（明）徐𤊹撰

涌幢小品三十二卷　（明）朱国祯撰

说文长笺一百卷　（明）赵宧光撰

韵石斋笔谈二卷　（清）姜绍书撰

是书录入《四库全书·子部·杂家类》

顾氏杂录

元城语录三卷　（宋）马永卿编（按：《四库全书总目》著录“元城语录三卷

附行录一卷”）

是书录入《四库全书·子部·杂家类》

书影十卷　（清）周亮工撰（按：撤毁书）

同书　（清）周亮工编（按：撤毁书）

食色绅言二卷　（明）胡文焕撰（按：旧题明皆春居士）

野客丛书三十卷　（宋）王楙撰

百川学海　（宋）左圭撰

*晁氏客语一卷　（宋）晁说之撰

是书录入《四库全书·子部·杂家类》

*栾城遗言一卷　（宋）苏籀撰

是书录入《四库全书·子部·杂家类》

*清秘藏二卷　（明）张应文撰

是书录入《四库全书·子部·杂家类》

*祛疑说一卷　（宋）储泳撰

是书录入《四库全书·子部·杂家类》

*井观琐言三卷　（宋）郑瑗撰

是书录入《四库全书·子部·杂家类》

*病榻寤语一卷　（明）陆树声撰

是书录入《四库全书总目·子部·杂家类存目》

*耄余杂识一卷　（明）陆树声撰

是书录入《四库全书总目·子部·杂家类存目》

*浑然子一卷　（明）张翀撰

是书录入《四库全书总目·子部·杂家类存目》

*祈嗣真诠无卷数　（明）袁黄撰

是书录入《四库全书总目·子部·杂家类存目》

*听心斋客问一卷　旧题庐山山人万尚父撰

是书录入《四库全书总目·子部·杂家类存目》

*诚斋挥麈录一卷　（宋）杨万里撰

是书录入《四库全书总目·子部·杂家类存目》

*长水日钞一卷　（明）陆树声撰

是书录入《四库全书总目·子部·杂家类存目》

广群辅录六卷　（清）徐汾撰

是书录入《四库全书总目·子部·类书类存目》

标题蒙求三卷　（唐）李瀚撰（按:《四库全书总目》著录“标题补注蒙求三卷”）

是书录入《四库全书总目·子部·类书类存目》

全芳备祖前集二十七卷后集三十一卷　（宋）陈景沂撰

纯正蒙求三卷　（元）胡炳文撰

是书录入《四库全书·子部·类书类》

事物记原十卷　（宋）高承撰（按：原作（明）胡俨撰）

同姓名录十二卷　（明）余寅撰（按:《四库全书总目》著录“同姓名录十二卷补录一卷”）

是书录入《四库全书·子部·类书类》

蓬昌日录八卷　（明）陈全之撰

词林海错十六卷　（明）夏树芳辑

同姓名录八卷　（清）王廷灿撰

是书录入《四库全书总目·子部·类书类存目》

天香楼偶得　（清）虞兆隆撰

永嘉八面锋十三卷

是书录入《四库全书·子部·类书类》

别号录八卷　（清）葛万里撰（按:《四库全书总目》著录“别号录九卷”）

是书录入《四库全书·子部·类书类》

南北史续世说十卷　（宋）李垕撰

唐世说新语十三卷　（唐）刘肃撰

中朝故事二卷　（南唐）尉迟偓撰

是书录入《四库全书·子部·小说家类》

唐阙史二卷　（唐）高彦休撰

是书录入《四库全书·子部·小说家类》

南部新书十卷　（宋）钱易撰

是书录入《四库全书·子部·小说家类》

铁围山丛谈六卷　（宋）蔡绦撰

是书录入《四库全书·子部·小说家类》

四朝闻见录五卷　（宋）叶绍翁撰

双槐岁抄十卷　（明）黄瑜撰

是书录入《四库全书总目·子部·小说家类存目》

独醒杂志十卷　（宋）曾敏行撰

陶朱新录一卷　（宋）马纯撰

是书录入《四库全书·子部·小说家类》

北窗炙輠录二卷　（宋）施德操撰（按：原作施彦执撰）

是书录入《四库全书·子部·小说家类》

耆旧续闻十卷　（宋）陈鹄撰

是书录入《四库全书·子部·小说家类》

山居新语四卷　（元）杨瑀撰

是书录入《四库全书·子部·小说家类》

近峰闻略八卷　（明）皇甫录撰

是书录入《四库全书总目·子部·小说家类存目》

菽园杂记十五卷　（明）陆容撰

是书录入《四库全书·子部·小说家类》

前定录二卷　（明）蔡善继撰

是书录入《四库全书总目·子部·小说家类存目》

才鬼记十六卷　（明）梅鼎祚撰

是书录入《四库全书总目·子部·小说家类存目》

六语二十九卷　（明）郭子章编（按：《四库全书总目》著录"六语三十卷"）

是书录入《四库全书总目·子部·小说家类存目》

客座赘语十卷　（明）顾起元撰

是书录入《四库全书总目·子部·小说家类存目》

*孔氏谈苑四卷　旧题（宋）孔平仲撰

是书录入《四库全书·子部·小说家类》

*国老谈苑二卷　旧题王君玉撰

是书录入《四库全书·子部·小说家类》

*桯史十五卷　（宋）岳珂撰

是书录入《四库全书·子部·小说家类》

*前定录一卷续录一卷　（唐）钟辂撰

是书录入《四库全书·子部·小说家类》

*天开传信记一卷　（唐）郑綮撰

是书录入《四库全书·子部·小说家类》

*方洲杂言一卷　（明）张宁撰

是书录入《四库全书总目·子部·小说家类存目》

*野记四卷　（明）祝允明撰

是书录入《四库全书总目·子部·小说家类存目》

*谈纂二卷　（明）都穆撰

是书录入《四库全书总目·子部·小说家类存目》

*罗湖野录四卷　（宋）释晓莹撰

是书录入《四库全书·子部·释家类》

周易参同契发挥九卷又释疑三卷　（宋）俞琬撰（按：《四库全书总目》著录“周易参同契发挥三卷释疑一卷”）

是书录入《四库全书·子部·道家类》

鹤林类集不分卷　（明）郭本中等辑（按：原作明周元初编）

是书录入《四库全书总目·子部·道家类存目》

*阴符经解一卷　旧题黄帝撰

是书录入《四库全书·子部·道家类》

集　部

皇甫持正集六卷　（唐）皇甫湜撰

是书录入《四库全书·集部·别集类》

孙可之集十卷　（唐）孙樵撰

是书录入《四库全书·集部·别集类》

李文公集十八卷　（唐）李翱撰

是书录入《四库全书·集部·别集类》

杜樊川集十七卷　（唐）杜牧撰

一鸣集十卷　（唐）司空图撰

盈川集十卷　（唐）杨炯撰（按：《四库全书总目》著录“盈川集十卷附录一卷”）

是书录入《四库全书·集部·别集类》

高常侍集十卷　（唐）高适撰

是书录入《四库全书·集部·别集类》

元次山集十二卷　（唐）元结撰

衡州集十卷　（唐）吕温撰（按:《四库全书总目》著录“吕衡州集十卷”）

是书录入《四库全书·集部·别集类》

中山集三十卷　（唐）刘禹锡撰

刘宾客外集十卷　（唐）刘禹锡撰

李北海集六卷　（唐）李邕撰（按:《四库全书总目》著录“李北海集六卷附录一卷”）

是书录入《四库全书·集部·别集类》

李卫公集二十卷别集十卷外集十卷　（唐）李德裕撰

文薮十卷　（唐）皮日休撰（按:《四库全书总目》著录“皮子文薮十卷”）

是书录入《四库全书·集部·别集类》

华阳集三卷　（唐）顾况撰（按:《四库全书总目》著录“华阳集三卷附顾非熊诗一卷”）

是书录入《四库全书·集部·别集类》

宗忠简公遗事四卷　（宋）王镕编

止斋论祖五卷　（宋）陈傅良撰

是书录入《四库全书总目·集部·别集类存目》

河东集十五卷　（宋）柳开撰（按:《四库全书总目》著录“河东集十五卷附录一卷”）

是书录入《四库全书·集部·别集类》

刘左史集四卷　（宋）刘安节撰

是书录入《四库全书·集部·别集类》

眉山文集十四卷　（宋）唐庚撰

黄勉斋集四十卷　（宋）黄干撰

鲁斋遗集十二卷　（宋）王柏撰

伯牙琴一卷　（宋）邓牧撰

方铁庵集三十七卷　（宋）方大琮撰（按:《四库全书总目》著录“铁庵集三十七卷”）

是书录入《四库全书·集部·别集类》

黄四如集四卷　（宋）黄仲元撰

秋崖文诗稿四十五卷　（宋）方岳撰（按:《四库全书总目》著录“秋崖集四十卷”）

是书录入《四库全书·集部·别集类》

元城尽言集十三卷　（宋）刘安世撰

橘山四六二十卷　（宋）李廷忠撰

是书录入《四库全书·集部·别集类》

雪窗文集二卷　（宋）孙梦观撰

吾汶稿十卷　（宋）王炎午撰

是书录入《四库全书·集部·别集类》

北硐文集十卷　（宋）释居简撰（按:《四库全书总目》著录“北硐集十卷”）

是书录入《四库全书·集部·别集类》

寇忠愍公诗集三卷　（宋）寇准撰

钜鹿东观集十卷　（宋）魏野撰

宛陵集六十卷　（宋）梅尧臣撰

击壤集二十卷　（宋）邵雍撰

鄱阳集十二卷　（宋）彭汝砺撰

邕州小集一卷　（宋）陶弼撰

是书录入《四库全书·集部·别集类》

西渡集三卷　（宋）洪炎撰（按:《四库全书总目》著录“西渡集二卷补遗一卷”）

是书录入《四库全书·集部·别集类》

庆湖遗老集九卷拾遗一卷　（宋）贺铸撰

陵阳集四卷　（宋）韩驹撰

是书录入《四库全书·集部·别集类》

具茨集一卷　（宋）晁冲之撰

眉山诗集十卷　（宋）唐庚撰

简斋集十五卷　（宋）陈与义撰（按:《四库全书总目》著录“简斋集十六卷”）

是书录入《四库全书·集部·别集类》

玉澜集一卷　（宋）朱槔撰

北山律式二卷　（宋）程俱撰（按:《四库全书总目》著录“北山律式二卷附王炎诗一卷晁冲之诗一卷”，宋叶梦得所选程俱诗。）

是书录入《四库全书总目·集部·别集类存目》

雪溪集五卷　（宋）王铚撰

石湖集三十四集　（宋）范成大撰

东莱诗集二十卷　（宋）吕居仁撰

义丰集一卷　（宋）王阮撰

翠微南征录十卷　（宋）华岳撰

安晚堂集十二卷　（宋）郑清之撰

友林乙稿一卷　（宋）史弥宁撰

颐庵集二卷　（宋）刘应时撰

石屏集十卷　（宋）戴复古撰（按:《四库全书总目》著录“石屏集六卷”）

是书录入《四库全书·集部·别集类》

芳兰轩集一卷　（宋）徐照撰

是书录入《四库全书·集部·别集类》

二薇亭集一卷　（宋）徐玑撰

是书录入《四库全书·集部·别集类》

西岩集一卷　（宋）翁卷撰

是书录入《四库全书·集部·别集类》

清苑斋集一卷　（宋）赵师秀撰

是书录入《四库全书·集部·别集类》

沧浪吟卷二卷　（宋）严羽撰

玉楮诗稿八卷　（宋）岳珂撰（按:《四库全书总目》著录“玉楮集八卷”）

是书录入《四库全书·集部·别集类》

棠湖诗稿一卷　（宋）岳珂撰

是书录入《四库全书总目·集部·别集类存目》

秋崖诗稿三十八卷　（宋）方岳撰

兰皋集二卷　（宋）吴锡畴撰（按:《四库全书总目》著录“兰皋集三卷”）

是书录入《四库全书·集部·别集类》

真山民集一卷　（宋）真山民撰

九华诗集一卷　（宋）陈岩撰

是书录入《四库全书·集部·别集类》

罗沧洲集五卷　（宋）罗公升撰

月洞吟一卷　（宋）王镃撰

是书录入《四库全书·集部·别集类》

待清轩遗稿一卷　（宋）潘音撰

倚松老人集二卷　（宋）饶节撰

志道集一卷　旧题（宋）顾禧撰

是书录入《四库全书总目·集部·别集类存目》

燕堂诗稿一卷　（宋）赵公豫撰

是书录入《四库全书·集部·别集类》

汶阳端平诗隽四卷　（宋）周弼撰

是书录入《四库全书·集部·别集类》

野趣有声画二卷　（元）杨公远撰

是书录入《四库全书·集部·别集类》

断肠集九卷　（宋）朱淑真撰（按：《四库全书总目》著录“断肠集二卷”）

是书录入《四库全书总目·集部·别集类存目》

支离子集一卷　（宋）黄希旦撰

是书录入《四库全书总目·集部·别集类存目》

参寥子集十二卷　（宋）释道潜撰

北磵诗集九卷　（宋）释居简撰

郴江百咏一卷　（宋）阮阅撰

金陵百咏一卷　（宋）曾极撰

是书录入《四库全书·集部·别集类》

华亭百咏一卷　（宋）许尚撰

是书录入《四库全书·集部·别集类》

嘉禾百咏一卷　（宋）张尧同撰

是书录入《四库全书·集部·别集类》

西湖百咏二卷　（宋）董嗣杲撰

是书录入《四库全书·集部·别集类》

群贤小集二十四卷　（宋）陈思编

徐公文集三十卷　（宋）徐铉撰

小畜集三十卷　（宋）王禹偁撰

武夷新集二十卷　（宋）杨亿撰

春卿遗稿一卷　（宋）蒋堂撰

穆参军集三卷　（宋）穆修撰

尹河南集二十七卷　（宋）尹洙撰

乐全集四十卷　（宋）张方平撰

安阳集五十卷　（宋）韩琦撰

文潞公集四十卷　（宋）文彦博撰

孙明复小集一卷　（宋）孙复撰

徂徕集二十卷　（宋）石介撰

蔡忠惠公集三十六卷别记十卷　（宋）蔡襄撰（按：明徐𤊹编“别记”）

苏学士文集十六卷　（宋）苏舜钦撰（按：《四库全书总目》著录“苏学士集十六卷”）

是书录入《四库全书·集部·别集类》

苏魏公文集七十二卷　（宋）苏颂撰（按：《四库全书总目》著录“苏魏公集七十二卷”）

是书录入《四库全书·集部·别集类》

公是集五十四卷　（宋）刘敞撰

三沈文集八卷　（宋）沈遘等撰

洛阳九老祖龙学文集十六卷　（宋）祖无择撰（按：《四库全书总目》著录“龙学文集十六卷”）

是书录入《四库全书·集部·别集类》

乐圃余稿十卷　（宋）朱长文撰

无为集十五卷　（宋）杨杰撰

三孔清江集三卷　（宋）孔文仲等撰

西塘集十卷　（宋）郑侠撰

是书录入《四库全书·集部·别集类》

南阳集三十卷　（宋）韩维撰

广陵文集三十卷　（宋）王令撰

丹渊集四十卷　（宋）文同撰（按：《四库全书总目》著录“丹渊集四十卷拾遗二卷年谱一卷附录二卷”）

是书录入《四库全书·集部·别集类》

张右史文集六十卷　（宋）张耒撰

青山集三十卷　（宋）郭祥正撰

龟山集四十二卷　（宋）杨时撰

是书录入《四库全书·集部·别集类》

龙云集三十二卷　（宋）刘弇撰

是书录入《四库全书·集部·别集类》

演山文集六十卷　（宋）黄裳撰

景迂生文集二十卷　（宋）晁说之撰

鸡肋集七十卷　（宋）晁补之撰

姑溪集十卷后集二十卷　（宋）李之仪撰

宗忠简公集六卷　（宋）宗泽撰（按：《四库全书总目》著录“宗忠简集八卷”）

是书录入《四库全书·集部·别集类》

山谷文集三十卷别集三卷外集十四卷年谱三卷词一卷　（宋）黄庭坚撰

精华录八卷　（宋）黄庭坚撰（按：《四库全书总目》著录“旧本题宋任渊编”）

是书录入《四库全书总目·集部·别集类存目》

伐檀集二卷　（宋）黄庶撰

后山集二十四卷　（宋）陈师道撰

谢幼盘集十卷　（宋）谢薖撰

宝晋英光集八卷　（宋）米芾撰

是书录入《四库全书·集部·别集类》

石林建康集五卷　（宋）叶梦得撰

刘给事集五卷　（宋）刘安上撰

是书录入《四库全书·集部·别集类》

浮溪文粹十五卷　（宋）汪藻撰

筠溪文集二十四卷　（宋）李弥逊撰

梁溪文集一百八十卷　（宋）李纲撰

龟溪集十二卷　（宋）沈与求撰

卢溪集五十卷　（宋）王庭珪撰

韦斋集十五卷　（宋）朱松撰

傅忠肃集三卷　（宋）傅察撰（按:《四库全书总目》著录“忠肃集三卷”）

是书录入《四库全书·集部·别集类》

北山小集四十卷　（宋）程俱撰

是书录入《四库全书·集部·别集类》

苕溪集五十五卷　（宋）刘一止撰

是书录入《四库全书·集部·别集类》

松隐文集三十卷　（宋）曹勋撰（按:《四库全书总目》著录“松隐文集三十九卷”）

是书录入《四库全书·集部·别集类》

豫章文集十七卷　（宋）罗从彦撰

是书录入《四库全书·集部·别集类》

尽忠录八卷补录二卷　（宋）陈东撰

欧阳修撰集七卷　（宋）欧阳澈撰

高峰集四卷　（宋）廖刚撰

尹和靖集十卷　（宋）尹焞撰

四六标准四十卷　（宋）李刘撰

陈文恭公集十三卷　旧题（宋）陈康伯撰

是书录入《四库全书总目·集部·别集类存目》

格斋三松集一卷　（宋）王子俊撰（按：《四库全书总目》著录“格斋四六”）

是书录入《四库全书·集部·别集类》

臞轩四六二卷　（宋）王迈撰

是书录入《四库全书总目·集部·别集类存目》

巽斋四六一卷　（宋）危昭德撰

是书录入《四库全书总目·集部·别集类存目》

壶山四六一卷　无名氏撰

是书录入《四库全书·集部·别集类》

王著作集八卷　（宋）王蘋撰

是书录入《四库全书·集部·别集类》

武穆王集五卷　（宋）岳飞撰

胡澹庵文集六卷　（宋）胡铨撰

北山文集三十卷　（宋）郑刚中撰（按：《四库全书总目》著录“北山集三十卷”）

是书录入《四库全书·集部·别集类》

东溪集二卷　（宋）高登撰

文定公集十四卷　（宋）汪应辰撰

默堂集二十二卷　（宋）陈渊撰

是书录入《四库全书·集部·别集类》

夹漈遗稿三卷　（宋）郑樵撰

知稼翁集十二卷　（宋）黄公度撰

归愚集十卷　（宋）葛立方撰

盘洲文集八十卷　（宋）洪适撰

芦川归来集六卷　（宋）张元干撰

胡五峰集五卷　（宋）胡宏撰（按：《四库全书总目》著录“五峰集五卷”）

是书录入《四库全书·集部·别集类》

太仓稊米集七十卷　（宋）周紫芝撰

屏山集二十卷　（宋）刘子翚撰

嵩山文集五十四卷　（宋）晁公遡撰

双溪集十五卷　（宋）苏籀撰

周益公集二百卷　（宋）周必大撰

拙斋文集二十卷　（宋）林之奇撰

是书录入《四库全书·集部·别集类》

南湖集八卷　（宋）张镃撰

诚斋集一百三十三卷　（宋）杨万里撰

竹洲文集十卷　（宋）吴儆撰

绍陶录二卷　（宋）王质撰

缙云集四卷　（宋）冯时行撰

艾轩文集十卷　（宋）林光朝撰

蠹斋铅刀编三十二卷　（宋）周孚撰

缘督集十二卷　（宋）曾丰撰（按：《四库全书总目》著录“别本缘督集十二卷”）

是书录入《四库全书总目·集部·别集类存目》

云庄文集二十卷　（宋）刘爚撰

江湖长翁集四十卷　（宋）陈造撰

水心集二十四卷　（宋）叶适撰

南轩集四十四卷　（宋）张栻撰

是书录入《四库全书·集部·别集类》

曾文昭公集四卷　（宋）曾肇撰

梅山续稿十八卷　（宋）姜特立撰（按：《四库全书总目》著录“梅山续稿十七卷”）

是书录入《四库全书·集部·别集类》

漫塘文集三十二卷　（宋）刘宰撰（按：《四库全书总目》著录“漫塘文集三十六卷”）

是书录入《四库全书·集部·别集类》

洺水集二十六卷　（宋）程珌撰

崔清献公言行录内外集四卷　（宋）崔与之撰

龙洲集十五卷　（宋）刘过撰（按：《四库全书总目》著录“龙洲集十四卷附录二卷”）

是书录入《四库全书·集部·别集类》

网山月渔集八卷　（宋）林亦之撰（按：《四库全书总目》著录“网山集八卷”）

是书录入《四库全书·集部·别集类》

鹤山集一百卷　（宋）魏了翁撰（按：《四库全书总目》著录“鹤山全集一百九卷”）

是书录入《四库全书·集部·别集类》

默斋遗稿一卷　（宋）游九言撰

是书录入《四库全书·集部·别集类》

杜清献公集二十卷　（宋）杜范撰

履斋遗集四卷　（宋）吴潜撰

是书录入《四库全书·集部·别集类》

徐清正公集六卷　（宋）徐鹿卿撰

徐文惠公集五卷　（宋）徐经孙撰

松垣集十一卷　（宋）幸元龙撰

方壶集四卷　（宋）汪莘撰

流塘集三卷　（宋）詹初撰

北溪集五十卷　（宋）陈淳撰

方是闲居士小稿二卷　（宋）刘学箕撰

文溪集二十卷　（宋）李昴英撰

可斋杂稿三十四卷续稿八卷续稿后十二卷　（宋）李曾伯撰

是书录入《四库全书·集部·别集类》

竹溪鬳斋逸稿三十卷　（宋）林希逸撰

四明文献集五卷　（宋）王应麟撰

是书录入《四库全书·集部·别集类》

后村全集五十卷　（宋）刘克庄撰

蒙川遗稿四卷　（宋）刘黻撰

是书录入《四库全书·集部·别集类》

蛟峰集七卷　（宋）方逢辰撰

迭山集二卷　（宋）谢枋得撰

潜斋文集十一卷　（宋）何梦桂撰（按：《四库全书总目》著录“潜斋文集十一卷附铁牛翁遗稿一卷”）

是书录入《四库全书·集部·别集类》

梅岩集十卷　（宋）胡次焱撰

佩韦斋集二十卷　（宋）俞德邻撰

陵阳集二十四卷　（宋）牟巘撰（按：《四库全书总目》著录“牟氏陵阳集二十四卷”）

是书录入《四库全书·集部·别集类》

所南文集二卷　（宋）郑思肖撰

古梅遗稿六卷　（宋）吴龙翰撰

晞发集六卷　（宋）谢翱撰

存雅堂遗稿十三卷　（宋）方凤撰（按：《四库全书总目》著录“存雅堂遗稿五卷”）

是书录入《四库全书·集部·别集类》

玉斗山人集三卷　（元）王奕撰

是书录入《四库全书·集部·别集类》

宁极斋稿一卷　（宋）陈深撰

覆瓿集六卷　（宋）赵必𤩪撰

陈克斋集十七卷　（宋）陈文蔚撰

勿轩集八卷　（宋）熊禾撰

客亭类稿不分卷　（宋）杨冠卿撰

柳塘外集四卷　（宋）释道璨撰

是书录入《四库全书·集部·别集类》

镡津文集二十二卷　（宋）释契嵩撰（按：《四库全书总目》著录“镡津集二十二卷”）

是书录入《四库全书·集部·别集类》

石文门字禅三十卷　（宋）释惠洪撰

白真人集十二卷　（宋）道士葛长庚撰

牧莱脞语二十卷二稿八卷　（宋）陈仁子撰（按：《四库全书总目》著录“牧

莱脞语十二卷二稿八卷”）

是书录入《四库全书总目·集部·别集类存目》

滹南文集四十五卷　（金）王若虚撰

滏水集二十卷　（金）赵秉文撰

二妙集八卷　（金）段成己（金）段克己撰

庄靖集十卷　（金）李俊民撰

遗山集二十卷　（金）元好问撰

静斋笔记五卷　（元）孔齐撰

剡源集二十六卷　（元）戴表元撰

须溪记钞八卷　（元）刘辰翁撰

说学斋稿四卷　（明）危素撰

是书录入《四库全书·集部·别集类》

巴西集一卷　（元）邓文原撰

揭文安公文粹一卷　（元）揭傒斯撰

傅与砺文集十一卷附录一卷　（元）傅若金撰

萨天锡集三卷外集三卷　（元）萨都剌撰

金台集二卷　（元）迺贤撰

玉山草堂集二卷　（元）顾瑛撰

翠寒集一卷　（元）宋无撰

啽呓集一卷　（元）宋无撰

南村诗集四卷　（明）陶宗仪撰

是书录入《四库全书·集部·别集类》

云林诗集六卷外诗集一卷　（元）倪瓒撰

句曲外史集三卷外集一卷补遗三卷　（元）张雨撰（按：《四库全书总目》著录“句曲外史集三卷补遗三卷集外诗一卷”）

是书录入《四库全书·集部·别集类》

霞外诗集十卷　（元）马臻撰

是书录入《四库全书·集部·别集类》

剡源诗集一卷　（元）戴表元撰

丹屋漫稿一卷　（元）黄庚撰

静春堂诗集四卷　（元）袁易撰

玉井樵唱三卷　（元）尹廷高撰

辉山存稿一卷　（元）萧国宝撰

是书录入《四库全书总目·集部·别集类存目》

湛渊集一卷　（元）白珽撰

是书录入《四库全书·集部·别集类》

在轩集一卷　（宋）黄公绍撰

是书录入《四库全书·集部·别集类》

藏春集六卷　（元）刘秉忠撰

是书录入《四库全书·集部·别集类》

水镜集一卷　（元）元淮撰

云林集十七卷　（元）贡奎撰

道园遗稿六卷　（元）虞集撰

蜕庵集五卷补遗一卷　（元）张翥撰

鹿皮子集四卷　（元）陈樵撰

咏物诗一卷　（元）谢宗可撰

是书录入《四库全书·集部·别集类》

此山集四卷　（元）周权撰

是书录入《四库全书·集部·别集类》

所安遗集一卷　（元）陈泰撰

清江碧嶂集一卷　（元）杜本撰

是书录入《四库全书总目·集部·别集类存目》

书林外集七卷　（元）袁士元撰

是书录入《四库全书总目·集部·别集类存目》

友石山人遗稿一卷　（元）王翰撰

秋声集四卷　（元）黄镇成撰

傲轩吟稿一卷　（元）胡天游撰

是书录入《四库全书·集部·别集类》

玉笥集一卷　（元）张宪撰（按:《四库全书总目》著录“玉笥集十卷”）

是书录入《四库全书·集部·别集类》

近光集三卷扈从诗一卷　（元）周伯琦撰

滦京百咏一卷　（元）杨允孚撰（按：《四库全书总目》著录“滦京杂咏一卷”）

是书录入《四库全书·集部·别集类》

可闲老人集二卷　（元）张昱撰（按：《四库全书总目》著录“可闲老人集四卷”）

是书录入《四库全书·集部·别集类》

静思集二卷　（元）郭钰撰（按：《四库全书总目》著录“静思集十卷”）

是书录入《四库全书·集部·别集类》

梧溪集七卷　（元）王逢撰

是书录入《四库全书·集部·别集类》

樵云独唱五卷　（元）叶容撰（按：《四库全书总目》著录“樵云独唱六卷”）

是书录入《四库全书·集部·别集类》

江月松风集十二卷　（元）钱惟善撰

海巢集三卷　（元）丁鹤年撰

云林诗集二卷　（明）危素撰（按：《四库全书总目》著录“云林集二卷”）

是书录入《四库全书·集部·别集类》

林屋山人漫稿一卷　（宋）俞琬撰（按：《四库全书总目》著录“林屋山人集一卷”）

是书录入《四库全书总目·集部·别集类存目》

拱和诗集一卷　（元）曹志撰

是书录入《四库全书总目·集部·别集类存目》

弁山小隐吟录二卷　（元）黄玠撰

柳黄同声集二卷　（元）柳贯（元）黄溍撰

淮阳集一卷　（元）张宏范撰（按：《四库全书总目》著录“淮阳集一卷附录诗余一卷”）

是书录入《四库全书·集部·别集类》

陈刚中集三卷　（元）陈孚撰

傅与砺诗集八卷　（元）傅若金撰

居竹轩集四卷　（元）成廷珪撰

是书录入《四库全书·集部·别集类》

梅花道人遗墨二卷　（元）吴镇撰

是书录入《四库全书·集部·别集类》

桧亭集九卷　（元）丁复撰

是书录入《四库全书·集部·别集类》

梅花字字香二卷　（元）郭豫亨撰（按：《四库全书总目》著录“梅花字字香

前集一卷后集一卷”）

是书录入《四库全书·集部·别集类》

竹斋集三卷续集一卷　（明）王冕撰

可传集一卷　（明）袁华撰

是书录入《四库全书·集部·别集类》

药房樵唱三卷　（元）吴景奎撰（按：《四库全书总目》著录“药房樵唱三卷附录一卷”）

是书录入《四库全书·集部·别集类》

林外野言二卷　（元）郭翼撰

是书录入《四库全书·集部·别集类》

南湖集二卷　（元）贡性之撰（按：《四库全书总目》著录“南湖集七卷”）

是书录入《四库全书·集部·别集类》

雪松巢集三卷　（元）朱希晦撰

北郭集六卷　（元）许恕撰（按：《四库全书总目》著录“北郭集六卷补遗一卷”）

是书录入《四库全书·集部·别集类》

吕敬夫集六卷　（元）吕诚撰

艮斋诗集十四卷　（元）侯克中撰

是书录入《四库全书·集部·别集类》

杏亭摘稿一卷　（元）洪焱祖撰

是书录入《四库全书·集部·别集类》

白云集三卷　（元）释英撰（按：原作释寔存）

是书录入《四库全书·集部·别集类》

东皋录一卷　（元）释妙声撰

山林清气集一卷　（元）释德静撰

兰雪集二卷　（元）张玉娘撰（按：《四库全书总目》著录“兰雪集一卷”）

是书录入《四库全书总目·集部·别集类存目》

肃雍集一卷　（元）郑允端撰

是书录入《四库全书总目·集部·别集类存目》

大雅集八卷　（元）赖良编

金兰集三卷　（元）徐达左编

至正庚辛唱和诗一卷　（元）缪思恭等撰

玉山草堂雅集十三卷　（元）顾瑛编

圭峰集二卷　（元）卢琦撰

是书录入《四库全书·集部·别集类》

侨吴集十二卷　（元）郑元佑撰

夷白斋稿三十五卷外集一卷　（元）陈基撰

是书录入《四库全书·集部·别集类》

陈定宇文集十七卷　（元）陈栎撰（按：《四库全书总目》著录“定宇集十六卷别集一卷”）

是书录入《四库全书·集部·别集类》

石初集十卷　（元）周霆震撰（按：《四库全书总目》著录“石初集十卷附录一卷”）

是书录入《四库全书·集部·别集类》

黄杨集二卷补遗一卷　（元）华幼武撰（按：《四库全书总目》著录“黄杨集三卷补遗一卷”）

是书录入《四库全书总目·集部·别集类存目》

惟实集八卷　（元）刘咢隽撰

松乡集十卷　（元）任士林撰

还山遗稿二卷附录一卷　（元）杨奂撰

是书录入《四库全书·集部·别集类》

五峰集十卷　（元）李孝光撰

富山遗稿十卷　（宋）方夔撰

是书录入《四库全书·集部·别集类》

刘文靖公集二十八卷　（元）刘因撰

山村遗稿一卷　（元）仇远撰（按：《四库全书总目》著录“山村遗集一卷”）

是书录入《四库全书·集部·别集类》

存悔斋稿一卷　（元）龚璛撰（按：《四库全书总目》著录“存悔斋稿一卷补遗一卷”）

是书录入《四库全书·集部·别集类》

湛然居士集十四卷　（元）耶律楚材撰

鲁斋遗书十四卷　（元）许衡撰

雪楼集三十卷　（元）程钜夫撰

须溪集略四卷　（元）刘辰翁撰

松雪斋集十卷外集一卷　（元）赵孟頫撰

马石田文集十五卷　（元）马祖常撰

至正集八十一卷　（元）许有壬撰

圭塘小稿十三卷别集二卷续集一卷附录一卷　（元）许有壬撰

是书录入《四库全书·集部·别集类》

闲居丛稿十六卷　（元）蒲道源撰

云峰集十卷　（元）胡炳文撰

揭文安公集十四卷　（元）揭傒斯撰

黄文献公集二十三卷　（元）黄溍撰（按：《四库全书总目》著录“黄文献集十卷”）

是书录入《四库全书·集部·别集类》

安雅堂集十三卷　（元）陈旅撰

吴礼部文集二十卷　（元）吴师道撰

经济文集六卷　（元）李士瞻撰

是书录入《四库全书·集部·别集类》

存复斋集十卷　（元）朱德润撰

是书录入《四库全书总目·集部·别集类存目》

俟庵集三十卷　（元）李存撰

赵宝峰集二卷　（元）赵偕撰

青阳集六卷　（元）余阙撰

云阳集十卷　（元）李祁撰

是书录入《四库全书·集部·别集类》

陈子上存稿六卷　（元）陈高撰

桂隐文集四卷诗集四卷　（元）刘诜撰

是书录入《四库全书·集部·别集类》

贞素斋集八卷　（元）舒頔撰（按：《四库全书总目》著录“贞素斋集八卷附录一卷北庄遗稿一卷”）

是书录入《四库全书·集部·别集类》

刘仲修山阴集八卷　（元）刘永之撰

环谷集八卷　（元）汪克宽撰

是书录入《四库全书·集部·别集类》

龟巢稿二十卷　（元）谢应芳撰

山窗余稿一卷　（元）甘复撰

是书录入《四库全书·集部·别集类》

闻过斋集八卷　（元）吴海撰

佩玉斋类稿　（元）杨翮撰

纯白斋类稿二十二卷　（元）胡助撰

望云集五卷　（元）郭奎撰

是书录入《四库全书·集部·别集类》

梦观集二十四卷　（元）释大圭撰（按：《四库全书总目》著录“梦观集五卷”）

是书录入《四库全书·集部·别集类》

筠溪牧潜集七卷　（元）释圆至撰

枝山野记四卷　（明）祝允明撰

宋四大家外纪　（明）王世贞等编

文选补遗四十卷　（明）陈仁子辑

元诗体要十四卷　（明）宋绪选（按：原作宋公传）

*曲阜集四卷　（宋）曾肇撰

是书录入《四库全书·集部·别集类》

*宛邱集七十六卷　（宋）张耒撰

是书录入《四库全书·集部·别集类》

*文忠集二百卷　（宋）周必大撰

是书录入《四库全书·集部·别集类》

*清正存稿六卷附录一卷　（宋）徐鹿卿撰

是书录入《四库全书·集部·别集类》

*待制集二十卷附录一卷　（元）柳贯撰

是书录入《四库全书·集部·别集类》

*来鹤亭诗八卷补遗一卷　（元）吕诚撰

是书录入《四库全书·集部·别集类》

*云松巢集三卷　（元）朱希晦撰

是书录入《四库全书·集部·别集类》

*文斋文集十一卷　（明）余祚征撰

是书录入《四库全书总目·集部·别集类存目》

经义模范一卷　无名氏编

是书录入《四库全书·集部·总集类》

赤城集十八卷　（宋）林表民编

是书录入《四库全书·集部·总集类》

古今岁时杂咏四十六卷　（宋）蒲积中撰

同文馆倡和集二卷　（宋）邓忠臣等撰（按：《四库全书总目》著录“同文馆倡和诗十卷”）

是书录入《四库全书·集部·总集类》

西昆酬倡集二卷　（宋）杨亿等撰

吴都文粹十卷　（宋）郑虎臣撰（按：《四库全书总目》著录“吴都文粹九卷”）

是书录入《四库全书·集部·总集类》

续吴都文粹五十六卷补遗一卷　（明）钱谷编

眉公秘笈正集二十卷续集五十卷普集四十八卷汇集四十一卷广集五十卷（明）陈继儒编（按：禁书）

中州文表三十卷　（明）刘昌编（按：《四库全书总目》著录“中州名贤文表三十卷”）

是书录入《四库全书·集部·总集类》

宋元诗会二十二卷　（清）陈焯撰

宋艺圃集二十二卷　（明）李蓘编

是书录入《四库全书·集部·总集类》

元艺圃集四卷　（明）李衮编

是书录入《四库全书·集部·总集类》

乾坤清气集十四卷　（明）偶桓编

是书录入《四库全书·集部·总集类》

玉山名胜集八卷外集一卷　（元）顾瑛编（按：原作元名人酬倡诗）

是书录入《四库全书·集部·总集类》

圭塘欸乃集一卷　（元）许有壬撰（按：《四库全书总目》著录“圭塘欸乃集二卷”）

是书录入《四库全书·集部·总集类》

文则二卷　（宋）陈骙撰

柴氏四隐集三卷　（宋）柴望等撰

是书录入《四库全书·集部·总集类》

梁园风雅二十七卷　（明）赵彦复编

是书录入《四库全书总目·集部·总集类存目》

*柳黄同声集二卷　（明）杜桓编

是书录入《四库全书总目·集部·总集类存目》

诗话总龟四十八卷后集五十卷　（宋）阮阅编

蛩溪诗话十卷　（宋）黄徹撰

是书录入《四库全书·集部·诗文评类》

历代吟谱四卷　（宋）蔡传撰（按：原作陈应行辑）

诗文轨范二卷　（元）徐骏撰

是书录入《四库全书总目·集部·诗文评类存目》

尧山堂偶隽七卷　（明）蒋一葵编

是书录入《四库全书总目·集部·诗文评类存目》

藕居士诗话二卷　（明）陈懋仁撰

是书录入《四库全书总目·集部·诗文评类存目》

修辞鉴衡二卷　（元）王构撰

柳亭诗话三十卷　（清）宋长白撰

是书录入《四库全书总目·集部·诗文评类存目》

全闽诗话十二卷　（清）郑方坤撰

西江诗话十二卷　（清）裘君宏编（按：禁书）

碧鸡漫志一卷　（宋）王灼撰

参考书目：

[1] 吴慰祖：《四库采进书目》，北京：商务印书馆，1960年。

[2]（清）永瑢：《四库全书总目》[W]. 北京：中华书局，1965年。

刘按：据周生杰先生等称（周生杰、杨瑞《鲍廷博评传》第147页，2014年12月凤凰出版社），他在郑玲统计的基础上，认真核对，发现郑氏漏掉了如下5部（种），即明王朝佐撰的《东嘉先哲录》二十卷（见《四库全书总目》卷六十一《史部·传记类存目三》）、明张大复撰的《崑山人物传》十卷《名宦传》一卷（见《四库全书总目》卷六十二《史部·传记类存目》、明皇甫录撰的《近峰闻略》八卷（见《四库全书总目》卷一百四十三《子部·小说家类存目一》）、题黄帝撰的《阴符经解》一卷（见《四库全书总目》卷一百四十六《子部·道家类》、宋傅察撰的《忠肃集》三卷（见《四库全书总目》卷一百五十五《集部·别集类八》。如此说来，鲍家进呈四库馆的书应为723种，其中录入《四库全书》的为251种，录入《四库全书总目存目》的为134种，若将张大复的书算作两种，则鲍家进呈书为724种，与我国学者蔡文晋统计的鲍家进呈书数目一致。如此，鲍家进呈书被四库馆采纳的共计385种之多，为“四大家”之冠。

附录：

四、鲍氏知不足斋抄校本书辑目

丁学松辑　季秋华补辑

说明：乾嘉间的鲍廷博是位声名卓著的藏书、刻书大家。他的知不足斋藏书，只有《知不足斋宋元文集书目》（稿本藏中国台湾傅斯年图书馆，上海复旦大学藏一抄本，今《中国著名藏书家书目汇刊・明清卷》第23册据复旦藏本影印）、《四库采进书目》中的《鲍士恭家进呈书目》，自然可视为其他珍善本书目，除此二者之外，向无藏书目录传世，而鲍氏抄、校本又名著一时，故特据《中国古籍善本书目》、王重民《中国善本书提要》以及中国台北《“中央图书馆”善本题跋集录》等诸家书目，辑为《鲍氏知不足斋抄校本书辑目》。本《辑目》共收书249种，其中经部3种、史部46种、子部44种、集部156种。鲍氏抄校本今各家均列为善本，难以搜罗齐全，疏漏舛错之处，请方家指正。

经　部

敷文郑氏书说一卷　（宋）郑伯熊撰

旧抄本（《皕宋楼藏书志》卷四《经部・书类》）　陆心源曾以鲍氏抄本校此抄本，今鲍氏抄本未知藏于何处。

诗传注疏三卷　（宋）谢枋得撰

清抄本（鲍氏《知不足斋丛书》底本）　清鲍廷博校点　今藏上海图书馆

相台书塾刊正九经三传沿革例一卷　（宋）岳珂撰

清乾隆二十一年（1756）鲍氏困学斋抄本　清鲍廷博校并题识　今藏上海图书馆

史　部

两汉刊误补遗十卷　（宋）吴仁杰撰

旧抄本　清鲍廷博手跋兼过录朱彝尊、卢文弨题记　录自《标点善本题跋集录》（中国台北“中央图书馆”编印）

三朝北盟会编二百五十卷　（宋）徐梦莘撰

清抄本（卷四十八至四十九配另一清抄本）　清鲍廷博校并跋　今藏国家图书馆

续宋编年资治通鉴十八卷　（宋）李焘撰

清抄本　清鲍廷博批校　今藏山东省图书馆

宝颜堂订正庚申外史二卷　（明）權衡撰

明万历四十三年（1615）沈德先等刻《亦政堂广秘籍》本　清鲍廷博校并跋　周星诒校注并跋　今藏国家图书馆

庚申君遗事一卷　（清）万斯同辑

清知不足斋抄本　今藏国家图书馆

桂林田海记一卷　（清）雷亮功撰

清鲍氏知不足斋抄本　今藏国家图书馆

黑鞑事略一卷　（宋）彭大雅撰　（宋）徐霆疏证

清鲍氏知不足斋抄本　清鲍廷博校　今藏上海图书馆

建炎复辟记一卷

清抄本　清鲍廷博校　今藏苏州市图书馆

靖康孤臣泣血录一卷　题（宋）丁特起撰

明刻本　清鲍廷博批校　今藏国家图书馆

契丹国志二十七卷　（宋）叶隆礼撰

清乾隆刻本　清鲍廷博校　今藏上海图书馆

钱塘遗事十卷　（元）刘一清撰

清抄本　清鲍廷博校　今藏上海图书馆

钱塘遗事十卷　（元）刘一清撰

清嘉庆四年（1799）席世臣扫叶山房刻本　清鲍廷博校　吴寿旸校并跋　今藏国家图书馆

蜀梼杌不分卷　（宋）张唐英撰　补遗一卷　（清）劳格辑　校记一卷　缪荃孙撰

清鲍氏知不足斋抄本　清鲍廷博校并跋　劳格校　今藏国家图书馆

伪齐录二卷　（宋）杨尧弼撰

清抄本　清鲍廷博校　程庆余跋　今藏国家图书馆

五国故事二卷

明抄本　清鲍廷博校　赵辑宁跋　今藏国家图书馆

辛巳泣蕲录一卷　（宋）赵与撰

清乾隆间鲍氏知不足斋抄本　清鲍廷博校（《皕宋楼藏书志·史部·杂史类》卷二十四）

皇朝名臣续碑传琬琰录十六卷　（宋）杜大圭编

宋刻本　清鲍廷博跋　并录孙星衍跋、徐渭仁跋（傅增湘《藏园群书经眼录·史部·传记类·总录》，第336页）

安禄山事迹三卷　（唐）姚汝能撰

清鲍氏知不足斋抄本　缪荃孙校并跋　沈燕谋跋　今藏上海图书馆

绍陶录二卷　（宋）王质撰

清抄本　清吴骞、鲍廷博校　今藏国家图书馆

郭天锡日记一卷（至大元年八月至至大二年十月）　（元）郭畀撰

清嘉庆四年（1799）赵之玉抄本　清赵辑宁跋　清鲍廷博校　今藏国家图书馆

汴都遗闻一卷　题（清）三友亭长辑

清嘉庆七年（1802）抄本　清鲍廷博跋　今藏上海图书馆

武林旧事逸四卷　（宋）周密撰

明抄本　清鲍廷博校　今藏国家图书馆

中吴纪闻六卷　（宋）龚明之撰

明末毛氏汲古阁刻本　毛扆跋，陆贻典、蒙伯觐校并跋　鲍廷博、刘喜海题识（傅增湘《藏园群书经眼录·史部·地理类·杂志》，第425页）

南宋六陵遗事一卷　（清）万斯同辑

清鲍氏知不足斋抄本　今藏国家图书馆

师子林纪胜集二卷　（明）释道恂辑

清鲍氏知不足斋抄本　今藏上海图书馆

入蜀记六卷　（宋）陆游撰

清乾隆鲍廷博刻《知不足斋丛书》本　清鲍廷博校注　章钰跋　今藏国家图书馆

徐霞客游记不分卷　（明）徐弘祖撰

清鲍氏知不足斋抄本　清鲍廷博校、吴骞、唐翰题跋　今藏国家图书馆

游志续编一卷　（明）陶宗仪辑

清劳权手校本　并录钱榖、吴翌凤、鲍廷博跋（傅增湘《藏园群书经眼录·史部·地理类·游记》，第453页）

［咸淳］临安志序录不分卷　（宋）潜说友纂修

清吴骞抄本　清吴骞、鲍廷博校　今藏国家图书馆

千顷堂书目三十二卷　（清）黄虞稷撰

旧抄本　清吴骞手校并跋　又杭世骏、鲍廷博各手书题记　录自《标点善本题跋集录》（中国台北"中央图书馆"编印）

千顷堂书目三十二卷　（清）黄虞稷撰

清鲍氏知不足斋抄本　清潘志万跋（存十六卷　十七至三十二）　今藏华东师范大学图书馆

静惕堂藏书目录一卷　（清）曹溶藏并撰

清鲍氏知不足斋抄本　清鲍廷博、吴骞校　今藏上海图书馆

曝书亭书目一卷　（清）朱彝尊藏并撰

清鲍氏知不足斋抄本　清鲍廷博、吴骞校　今藏上海图书馆

世善堂书目一卷　（明）陈第藏并撰

清抄本　清鲍廷博批校　今藏国家图书馆

延令宋板书目一卷　（清）季振宜藏并撰

清鲍氏知不足斋抄本　清鲍廷博、吴骞校　今藏上海图书馆

也是园藏书目十卷　（清）钱曾藏并撰

清抄本　清鲍廷博校　今藏国家图书馆

昭德先生郡斋读书志四卷后志二卷　（宋）晁公武撰　附志一卷考异一卷（宋）赵希弁撰

清康熙六十一年（1722）陈师曾刻本　清鲍廷博校并跋　今藏国家图书馆

南濠居士文跋四卷　（明）都穆撰

清知不足斋抄本　清鲍廷博校并题记　劳权题记　今藏中国科学院图书馆

金石录补不分卷　（清）叶奕苞撰

稿本　清鲍廷博、赵一清校补　丁丙跋　今藏南京图书馆

叶氏菉竹堂碑目六卷　（明）叶盛编

清歙县鲍氏知不足斋抄本　道光十年（1830）贝墉手书题记　录自《标点善本题跋集录》（中国台北"中央图书馆"编印）

宝刻类编八卷

清鲍氏知不足斋抄本　清顾广圻跋　鲍廷博、严元照校　今藏国家图书馆

宝刻类编八卷

清抄本　清鲍廷博校并跋　佚名录卢文弨、周嘉猷、严元照、赵魏、鲍廷博校　今藏国家图书馆

吴下冢墓遗文三卷　（明）都穆辑

清鲍氏知不足斋抄本　清鲍廷博校　今藏国家图书馆

名迹录七卷　（明）朱珪撰

清乾隆二十六年（1761）歙县鲍氏知不足斋抄本　鲍廷博手校并跋　录自《标点善本题跋集录》（中国台北“中央图书馆”编印）

金石录三十卷　（宋）赵明诚撰

清鲍廷博抄校本　卢文弨、叶志诜校（傅增湘《藏园群书经眼录·史部·金石类》，第491页）

建炎以来朝野杂记甲集二十卷　（宋）李心传撰

清乾隆三十一年（1766）鲍廷博抄本　清鲍廷博、周星诒校并跋　今藏国家图书馆

子　部

棠阴比事二卷　（宋）桂万荣撰

清嘉庆十七年（1812）鲍氏知不足斋抄本　清鲍廷博校并跋　今藏国家图书馆

九章算经存五卷　（魏）刘徽注　（唐）李淳风等释

清乾隆间歙县鲍氏知不足斋抄本　清丁传手跋　录自《标点善本题跋集录》（中国台北“中央图书馆”编印）

南宋院画录八卷　（清）厉鹗撰

清乾隆二十八年（1763）鲍氏知不足斋抄本　清鲍廷博校并跋　今藏国家图书馆

一角编不分卷　（清）周二学撰

清鲍廷博抄本　清徐楙、杨澥、郑文焯跋　今藏国家图书馆

宝绘录二十卷　（明）张泰阶辑

袖珍本　题知不足斋正本（傅增湘《藏园群书经眼录·子部·艺术类·书画》，第638页）

墨史三卷　（元）陆友撰

清写本　清鲍廷博校（傅增湘《藏园群书经眼录·子部·艺术类·器物》，第645页）

松窗百说一卷　（宋）李季可撰

清乾隆二十一年（1756）鲍氏困学斋乌丝栏抄本　清鲍廷博手校并跋　录自《标点善本题跋集录》（中国台北“中央图书馆”编印）

吹剑录一卷　（宋）俞文豹撰

清抄本　清鲍廷博校　丁丙跋　今藏南京图书馆

霏雪录不分卷　（明）刘绩撰

清初抄本　清鲍廷博校　吴骞校并跋　今藏上海图书馆

鬼谷子三卷篇目考一卷附录一卷　（梁）陶弘景注　（清）秦恩复校正　（清）秦恩复辑

清乾隆五十四年（1789）秦氏石研斋刻本　清鲍廷博校　丁丙跋　今藏南京图书馆

侯鲭录八卷　（宋）赵令畤撰

明嘉靖二十三年（1544）芸窗书院刻本　清鲍廷博校　丁丙跋　今藏南京图书馆

金楼子附校六卷　（清）吴骞撰

稿本　清鲍廷博校补　今藏国家图书馆

近事会元五卷　（宋）李上交撰

清乾隆鲍氏知不足斋抄本　清鲍廷博校并跋　丁丙跋　今藏南京图书馆

肯綮录一卷　（宋）赵叔问撰

清抄本　清鲍廷博校　今藏国家图书馆

肯綮录一卷　（宋）赵叔向撰

清乾隆间鲍氏困学斋乌丝栏抄本　清鲍廷博手校并跋　录自《标点善本题跋集录》（中国台北“中央图书馆”编印）

墨庄漫录十卷　（宋）张邦基撰

明万历商浚刻《稗海》本　傅增湘校跋并录钱曾、鲍廷博校跋　国家图书馆

清波杂志二卷　（宋）周辉撰

清抄本　清鲍廷博校　翁同龢跋　今藏国家图书馆

庶斋老学丛谈三卷　（元）盛如梓撰

清抄本　清鲍廷博校　黄丕烈校并跋　今藏上海图书馆

宋景文公笔记三卷　（宋）宋祁撰

明抄本　清鲍廷博校　今藏国家图书馆

颜氏家训二卷考证一卷　（北齐）颜之推撰

清抄本　清鲍廷博校　今藏国家图书馆

寓简十卷　（宋）沈作喆撰

清抄本　清鲍廷博校　今藏上海图书馆

寓简十卷　（宋）沈作喆撰

清抄本　清鲍廷博校跋并录明姚咨题识　今藏国家图书馆

志雅堂杂钞一卷　（宋）周密撰

清抄本　清李文锐补目并戴光曾跋、鲍廷博校　今藏国家图书馆

东斋记事五卷补遗一卷　（宋）范镇撰

清抄本　清鲍廷博校　今藏国家图书馆

归潜志十四卷附录一卷　（元）刘祁撰

清乾隆三十一年（1766）鲍廷博抄本　清鲍廷博校并跋　丁丙跋　今藏南京图书馆

默记一卷　（宋）王铚撰

清乾隆四十一年（1776）胡凤苞抄本　清陈鳣校跋并录鲍廷博、朱文藻、吴骞批校题识　今藏国家图书馆

山居新话一卷　（元）杨瑀撰

清抄本　清鲍廷博校　今藏南京图书馆、上海图书馆

四朝闻见录甲集一卷乙集一卷丙集一卷丁集一卷戊集一卷　（宋）叶绍翁撰

清初抄本　清吴长元、赵信校并跋　鲍廷博校　今藏国家图书馆

四朝闻见录甲集一卷乙集一卷丙集一卷丁集一卷戊集一卷　（宋）叶绍翁撰

清抄本　清鲍廷博、顾广圻校　今藏国家图书馆

桯史十五卷　（宋）岳珂撰

宋刻元明递修本　清鲍廷博校　沈树镛、沈曾植跋　今藏南京图书馆

玉照新志六卷　（宋）王明清撰

清抄本　清鲍廷博校、丁丙跋　今藏南京图书馆

筠轩清閟录三卷　题（明）董其昌撰

清鲍氏困学斋抄本　清鲍廷博校　今藏上海图书馆

云烟过眼录一卷　（宋）周密撰

清抄本　清鲍廷博校　今藏国家图书馆

避暑录话二卷　（宋）叶梦得撰

明抄本　清鲍廷博跋　今藏湖南省图书馆

奇晋斋丛书十六种十九卷　（清）陆烜编

清乾隆三十四年（1769）陆烜奇晋斋刻本　清鲍廷博、周星诒校并跋　今藏上海图书馆

云麓漫抄十卷　（宋）赵彦卫撰

清鲍氏知不足斋抄本　清鲍廷博校（《拜经楼藏书题跋记·子部·杂家类》卷四）

经鉏堂杂志八卷　（宋）倪思撰

明刊本　清鲍廷博校（《皕宋楼藏书志·子部·杂家类》卷五十八）

闲居录一卷　（元）吾衍撰

抄本　清鲍廷博跋（中国台北《“中央图书馆”善本序跋集录·子部（二）·杂家类》）

困学斋杂录一卷　（元）鲜于枢撰

清鲍氏乾隆三十八年（1773）传抄吴氏瓶花斋本　是书今未知藏于何处

五总志一卷　（宋）吴炯撰

抄本　清鲍廷博校（《涵芬楼烬馀书录》，第629页）

江淮异人录一卷　（宋）吴淑撰

明嘉靖刻本　清鲍廷博校　吴翌凤、黄丕烈校并跋　今藏国家图书馆

重雕足本《鉴诫录》十卷　（后蜀）何光远撰

清乾隆间歙县鲍氏知不足斋抄本　清鲍廷博手校并跋　又宣统元年吴昌绶手跋　录自《标点善本题跋集录》（中国台北“中央图书馆”编印）

西塘集耆旧续闻十卷　（宋）陈鹄撰

旧抄本　清鲍廷博手校并跋　录自《标点善本题跋集录》（中国台北“中央图书馆”编印）

敏求机要十六卷　（元）刘实撰

清鲍氏知不足斋抄本（《中国古籍善本书目·子部·类书类》今藏上海图书馆）

集　部

离骚草木疏四卷　（宋）吴仁杰撰

清方甘白抄本　清方甘白录鲍廷博校跋　今藏国家图书馆

离骚集传一卷　（宋）钱杲之撰

清乾隆四十七年（1782）吴翌凤抄本　清吴翌凤跋、鲍廷博校并跋　今藏国家图书馆

毘陵集二十卷补遗一卷附录一卷　（唐）独孤及撰

清乾隆五十六年（1791）赵怀玉亦有生斋刻本　鲍廷博校　今藏南京图书馆

司空表圣文集十卷　（唐）司空图撰

清道光二十二年（1842）劳权抄本　清劳格校跋并录何焯题识　劳权跋并录赵辑宁题识　鲍廷博、赵怀玉、杨复吉、沈叔埏校语　今藏国家图书馆

白氏文集七十一卷　（唐）白居易撰

明嘉靖十七年（1538）伍忠光龙池草堂刊钱应龙重修本　清鲍廷博校（傅增湘《藏园群书经眼录·集部·别集类》，第1064页）

吕和叔文集十卷　（唐）吕温撰

清鲍氏知不足斋影写宋刊本（傅增湘《藏园群书经眼录·集部·别集类》，第1069页）

金奁集一卷　（唐）温庭筠撰

抄本　清鲍廷博校并题识（《劳氏碎金·集部·别集》卷中）

安岳冯公太师集三十卷　（宋）冯山撰

清鲍氏知不足斋抄本　清鲍廷博、赵之玉校　丁丙跋　今藏南京图书馆

北湖集五卷　（宋）吴则礼撰

清鲍氏知不足斋抄本　清鲍廷博校并跋　丁丙跋　今藏南京图书馆

伯牙琴一卷　（宋）邓牧撰

清乾隆鲍氏知不足斋抄本　清鲍廷博批校　今藏重庆市图书馆

沧浪集四卷　（宋）严羽撰　（明）林古度校

明刻本　清鲍廷博校　今藏国家图书馆

翠微南征录十一卷　（宋）华岳撰

清抄本　清鲍廷博校　劳权校跋并录鲍廷博题识　今藏国家图书馆

东观集十卷　（宋）魏野撰

清鲍氏知不足斋抄本　清鲍廷博校　今藏天津图书馆

东堂集十卷　（宋）毛滂撰

清乾隆鲍氏知不足斋抄本　清鲍廷博过录沈叔埏批校并跋　今藏重庆市图

书馆

二薇亭诗集一卷　（宋）徐玑撰

清乾隆三十一年（1766）鲍廷博抄本　鲍廷博校并跋（《四库》底本）今藏国家图书馆

芳兰轩集一卷　（宋）徐照撰

清乾隆三十八年（1773）歙县鲍廷博手抄进呈本清四库馆臣涂乙校补　清宣统辛亥邓邦述手书题记　录自《标点善本题跋集录》（中国台北“中央图书馆”编印）

高峰先生文集七卷又四卷　（宋）廖刚撰

清抄本　清鲍廷博校　今藏南京图书馆

公是先生文集不分卷　（宋）刘敞撰

清抄本　清鲍廷博校　今藏国家图书馆

河南穆先生文集三卷　（宋）穆修撰　穆参军遗事一卷

清萧江声抄本　清卢文弨、鲍廷博校　今藏国家图书馆

洪龟父集二卷　（宋）洪朋撰

清抄本　清鲍廷博批校　今藏山东省图书馆

胡澹庵先生文集六卷　（宋）胡铨撰

清抄本　清鲍廷博校　清丁丙跋　今藏南京图书馆

胡澹庵先生文集六卷附一卷　（宋）胡铨撰　（清）鲍廷博补辑

清乾隆鲍氏知不足斋抄本　清鲍廷博校并题识　今藏上海图书馆

湖山类稿五卷外稿一卷　（宋）汪元量撰　附录一卷

清抄本　清鲍廷博校　今藏上海图书馆

霁山先生白石樵唱六卷文集四卷　（宋）林景熙撰

清乾隆抄本　清鲍廷博校并跋　今藏浙江瑞安县玉海楼

夹漈遗稿不分卷　（宋）郑樵撰

清抄本　清鲍廷博校　今藏国家图书馆

夹漈遗稿三卷　（宋）郑樵撰

清抄本　清鲍廷博校并跋　今藏国家图书馆

剑南诗稿八十五卷　（宋）陆游撰

明末毛氏《汲古阁丛书》刻本　清鲍廷博批校并跋　今藏国家图书馆

钜鹿东观集十卷　（宋）魏野撰

清抄本　清鲍廷博校并跋　今藏国家图书馆

钜鹿东观集十卷补遗一卷　（宋）魏野撰

清鲍氏知不足斋抄本　清鲍廷博校　今藏南京图书馆

溪堂集十卷　（宋）谢逸撰

清鲍氏知不足斋抄本　六册　（见《北京大学图书馆〈大仓文库〉书志》(三)，第1086页）

寇忠愍公诗集三卷　（宋）寇准撰

清康熙吴调元《辨义堂》刻本　清鲍廷博校、劳权校并跋　今藏国家图书馆

老圃集二卷遗一卷　（宋）洪刍撰

清鲍氏知不足斋抄本　清鲍廷博校　今藏上海图书馆

谢幼槃文集十卷　（宋）谢迈撰

清鲍氏知不足斋抄本　合六册　（见《北京大学图书馆〈大仓文库〉书志》(三)，第1088页）

林和靖先生诗集四卷省心录一卷林集诗话一卷　（宋）林逋撰

清康熙四十七年（1708）吴调元刻本　清鲍廷博批校并跋　丁丙跋　今藏南京图书馆

刘给事文集五卷附录一卷　（宋）刘安上撰

清鲍氏知不足斋抄本（《四库》底本）　清鲍延博校并题识　今藏上海图书馆

刘给事文集五卷行状一卷　（宋）刘安上撰

清乾隆鲍氏知不足斋抄本　今藏上海辞书出版社图书馆

柳塘外集二卷　（宋）释道璨撰

清初抄本　清鲍廷博批校　今藏广东省中山图书馆

龙洲道人集十卷　（宋）刘过撰

清知不足斋抄本　清鲍廷博校并跋　今藏杭州大学图书馆

履斋四明吟稿二卷诗余二卷　（宋）吴潜撰

清乾隆鲍氏知不足斋抄本　清鲍廷博批并跋　今藏重庆市图书馆

蒙隐集二卷　（宋）陈棣撰

清乾隆五十六年（1791）鲍廷博抄本　鲍廷博校并跋　今藏国家图书馆

南海百咏一卷　（宋）方信孺撰

清抄本　清鲍廷博校　今藏国家图书馆

南湖集十卷　（宋）张镃撰

清抄本　清鲍廷博校　今藏国家图书馆

南湖集十卷附录三卷　（宋）张镃撰

清乾隆四十六年（1781）鲍廷博刻知不足斋抄本　清鲍廷博校　今藏南京图书馆

宁极斋稿一卷　（宋）陈深撰　慎独斋稿一卷　（元）陈植撰

清乾隆三十年（1765）鲍廷博家抄本　清鲍廷博、劳权校并跋　今藏国家图书馆

钱塘韦先生文集十八卷　（宋）韦骧撰

清抄本　清姚世荣、鲍廷博校　蒋凤藻、孙毓修跋　今藏国家图书馆

山民诗集一卷　（宋）真山民撰

清鲍氏知不足斋抄本　今藏上海图书馆

孙明复小集一卷　（宋）孙复撰　附录一卷　（宋）石介等撰

清鲍氏知不足斋抄本　清鲍廷博校并题识　今藏上海图书馆

陶邕州小集　（宋）陶弼撰

清乾隆鲍氏知不足斋抄本　清鲍廷博批校　今藏重庆市图书馆

西渡诗集一卷　（宋）洪炎撰

清鲍氏知不足斋抄本　今藏上海图书馆

晞发集五卷　（宋）谢翱撰　外集一卷　（明）张时昇辑

明万历四十年（1612）张时昇刻本　清鲍廷博校并跋　今藏国家图书馆

溪堂集十卷　（宋）谢逸撰

清乾隆五十四年（1789）鲍氏知不足斋抄本　清鲍廷博批校并跋　今藏国家图书馆

斜川集六卷附录二卷　（宋）苏过撰

清乾隆五十三年（1788）赵氏亦有生斋刻本　清鲍廷博校　贝墉跋　今藏上海图书馆

徐公文集三十卷　（宋）徐铉撰

清乾隆二十五年（1760）鲍氏知不足斋抄本（卷一至十六、二十五至三十配清抄本）　清鲍廷博校并跋　丁丙跋　今藏南京图书馆

野谷诗稿六卷　（宋）赵汝鐩撰

清抄本　清鲍廷博校补　今藏北京大学图书馆

彝斋文编四卷　（宋）赵孟坚撰　补遗一卷　（清）鲍廷博辑

清鲍氏知不足斋抄本　清鲍廷博校　今藏国家图书馆、南京图书馆

增广笺注简斋诗集三十卷无住词一卷胡学士续添简斋诗笺正误一卷简斋先生年谱一卷　（宋）陈与义撰（宋）胡穉注

清抄本　清鲍廷博校　今藏国家图书馆

赵宝峰先生文集二卷　（宋）赵偕撰

清鲍氏知不足斋抄本　今藏上海图书馆

真山民诗集一卷　（宋）真山民撰

清抄本　清鲍廷博校　今藏国家图书馆

紫岩于先生诗选三卷　（宋）于石撰　（元）吴师道选

清嘉庆十四年（1809）鲍正言抄本　清鲍廷博录沈廷芳跋　今藏上海图书馆

乖崖先生全集十二卷　（宋）张咏撰

旧写本　清鲍廷博校（傅增湘《藏园群书经眼录·集部·别集类》，第1120页）

洪龟父集二卷　（宋）洪朋撰

旧写本　临清鲍廷博校　罗桨跋（傅增湘《藏园群书经眼录·集部·别集类》，第1201页）山东省图书馆藏此书鲍校本

泠然斋诗集八卷　（宋）苏泂撰

清鲍廷博手写本（傅增湘《藏园群书经眼录·集部·别集类》，第1267页）

吾汶稿十卷　（宋）王炎午撰

清鲍氏知不足斋抄本（傅增湘《藏园群书经眼录·集部·别集类》，第1285页）

吾汶稿十卷　（宋）王炎午撰

明初抄本　清鲍廷博校　戴光曾跋（中国台北“中央图书馆”编印《标点善本题跋集录·集部·别集类》，第1285页）

燕堂诗稿一卷　（宋）赵公豫撰

清鲍廷博手抄本（《皕宋楼藏书志·集部·别集类》卷八十四）

书寮小稿一卷　（宋）高翥撰

清鲍廷博手抄本（《皕宋楼藏书志·集部·别集类》卷八十八）

毅斋诗集别录一卷　（宋）徐侨撰

清鲍氏知不足斋抄本　二册　（见《北京大学图书馆〈大仓文库〉书志》（四），第1134页）

棠湖诗稿一卷　（宋）岳珂撰

清鲍廷博手抄本（《皕宋楼藏书志·集部·别集类》卷九十）

古梅吟稿六卷　（宋）吴龙翰著

清鲍氏知不足斋抄本　鲍廷博题识　一册　（见《北京大学图书馆〈大仓文库〉书志》（四），第1154页）

断肠集十卷　（宋）朱淑贞撰

旧抄本　清鲍廷博校并跋（《皕宋楼藏书志·集部·别集类》卷八十五）

吴允文集一卷　（宋）吴浚著

清鲍廷博手校本（《皕宋楼藏书志·集部·别集类》卷八十五）

古逸民先生集一卷　（宋）汪炎昶撰

清鲍氏知不足斋抄本（《荛圃藏书题识·集部·别集类》卷八）

滹南集四卷诗话三卷　（金）王若虚撰

清抄本　清鲍廷博校　刘喜海跋　今藏国家图书馆

巴西邓先生文集一卷　（元）邓文原撰　补遗一卷　（清）鲍廷博辑

清嘉庆鲍氏知不足斋抄本　清鲍廷博校并抄补序目　今藏上海图书馆

白云集三卷题赠附录一卷　（元）释英撰

清鲍氏知不足斋抄本　清丁丙跋　今藏南京图书馆

北郭集六卷补遗一卷遗集一卷　（元）许恕撰

清鲍氏知不足斋抄本　清鲍廷博题识　姚瑚校并跋　今藏上海图书馆

弁山小隐吟录二卷　（元）黄玠撰

清抄本　清鲍廷博校　今藏国家图书馆

陈刚中诗集三卷附录一卷　（元）陈孚撰

清鲍氏清风万卷堂抄本　清鲍廷博校　今藏上海图书馆

存悔斋诗一卷　（元）龚璛撰　补遗一卷　（明）朱存理辑

清鲍氏知不足斋抄本　清鲍廷博校　今藏国家图书馆

丁鹤年诗集四卷附诗一卷诗补一卷集外诗一卷附录一卷　（元）丁鹤年撰（明）戴稷等编

清歙县鲍氏知不足斋抄本　清嘉庆六年（1801）鲍廷博手跋　录自《标点善本题跋集录》（中国台北“中央图书馆”编印）

丁鹤年先生诗集一卷　（元）丁鹤年撰

清抄本　清鲍廷博校　丁丙校并跋　陶运百跋　今藏国家图书馆

方虚谷桐江集四卷　（元）方回撰

清抄本（卷二至四配清光绪二十九年（1903）周大辅家抄本） 清鲍廷博校并跋 丁丙跋 今藏南京图书馆

傅与砺诗集八卷 （元）傅若金撰

清乾隆影抄明建溪精舍刻本 清鲍廷博校 章衔绶、沈毅题记 今藏上海图书馆

拱和诗集一卷附一卷 （元）曹志撰

清乾隆三十四年（1769）鲍氏知不足斋抄本 今藏国家图书馆

圭斋文集十六卷 （元）欧阳玄撰

清初抄本 清何忠相校并题识 鲍廷博校并题记 今藏上海图书馆

江月松风集十二卷 （元）钱惟昌撰 续集一卷 （清）吴允嘉辑 补遗一卷 （清）吴焯等辑

清鲍氏知不足斋抄本 清鲍正言校补并录朱之赤题识 今藏国家图书馆

江月松风集十二卷补遗一卷 （元）钱惟善撰

清乾隆间歙县鲍氏知不足斋抄本 清同治七年（1868）钱桂森手校并题记 录自《标点善本题跋集录》（中国台北“中央图书馆”编印）

金粟道人逸诗（一名《玉山逸稿》）四卷 （元）顾瑛撰 （清）鲍廷博辑

稿本 今藏国家图书馆

九灵山房集三十卷 （元）戴良撰

清抄本 清鲍廷博 戴殿泗校 今藏上海图书馆

居竹轩诗集四卷 （元）成廷珪撰

清乾隆三十四年（1769）鲍氏知不足斋抄本 清鲍廷博跋 今藏国家图书馆

句曲外史贞居先生诗集七卷 （元）张雨撰

清抄本 清鲍廷博、鲍正言校补 张燕昌、张元济跋 今藏国家图书馆

栲栳山人诗集三卷 （元）岑安卿撰

清抄本 清鲍廷博校补 黄璋校并题诗 今藏国家图书馆

乐志园诗集八卷补遗一卷 （元）吕诚撰

清抄本 清鲍廷博校并跋 丁丙跋 今藏南京图书馆

履素斋稿二卷 （元）邓文原撰 （清）鲍廷博、鲍正言辑

稿本 清鲍廷博、鲍正言校 今藏国家图书馆

侨吴集十二卷 （元）郑元佑撰 附录一卷补遗一卷 （清）鲍廷博辑

清鲍氏知不足斋抄本 清鲍廷博校并跋 今藏上海图书馆

剡源戴先生文集三十卷　（元）戴表元撰

明万历九年（1581）戴洵刻本　清鲍廷博校　赵怀玉跋　今藏上海图书馆

申斋刘先生文集十五卷　（元）刘岳申撰

清嘉庆间杭州赵氏星凤阁抄本　清鲍廷博及近人邓邦述各手书题记　录自《标点善本题跋集录》（中国台北“中央图书馆”编印）

书林外集七卷　（元）袁士元撰

清乾隆三十五年（1770）知不足斋抄本　今藏山东省博物馆

桐江集四卷　（元）方回撰

旧抄本　过录清鲍廷博校语及跋　近人邓邦述手书题记　录自《标点善本题跋集录》（中国台北“中央图书馆”编印）

蜕庵诗四卷　（元）张翥撰

清嘉庆八年（1803）鲍正言抄本　清鲍廷博校并跋　鲍正言、丁丙跋　今藏南京图书馆

蜕庵诗五卷　（元）张翥撰

清鲍氏知不足斋抄本　清鲍廷博校　今藏上海图书馆

闻过斋集八卷　（元）吴海撰

清乾隆鲍氏知不足斋抄本　清鲍廷博校并补录遗诗　今藏上海图书馆

五峰集六卷文集一卷雁山十记一卷　（元）李孝光撰　补遗三卷　（清）鲍廷博辑

清鲍廷博手抄本　清鲍廷博、劳格校　今藏中山大学图书馆

兴观集一卷　（元）仇远撰

清乾隆鲍氏知不足斋抄本　清鲍廷博批校　今藏重庆市图书馆

虚谷桐江续集四十八卷　（元）方回撰

清鲍氏知不足斋抄本（卷五至九、十八至二十、二十二、二十五、二十七至二十九、四十至四十四配清抄）今藏南京图书馆

药房樵唱三卷附录一卷　（元）吴景奎撰

清乾隆二十五年（1760）鲍氏知不足斋抄本　清鲍廷博校跋并抄补序目　今藏国家图书馆

野趣有声画二卷　（元）杨公远撰

清抄本　清鲍廷博校　劳权校并跋　今藏国家图书馆

友石山人遗稿一卷　（元）王翰撰　附录一卷　（元）吴海撰

清鲍氏知不足斋抄本　今藏广东省中山图书馆

羽庭集六卷　（元）刘仁本撰

清知不足斋抄本　清鲍廷博校　今藏湖北省博物馆

玉井樵唱三卷　（元）尹廷高撰

清乾隆三十三年（1768）鲍氏知不足斋抄本（《四库》底本）　今藏国家图书馆　此用叔弢先生原藏，今《书香人淡自庄严》一书录有此书书影

玉笥集十卷　（元）张宪撰

清鲍氏知不足斋抄本　有朱笔批校　今藏北京大学图书馆

月屋樵吟四卷　（元）黄庚撰

清鲍氏知不足斋抄本　清鲍廷博校并题识　今藏上海图书馆

张大家兰雪集二卷附录一卷　（元）张玉娘撰

清抄本　清鲍廷博校　今藏上海图书馆

竹素山房诗集三卷附录一卷　（元）吾衍撰

清抄本　清鲍廷博校　今藏国家图书馆

揭文安公文集九卷诗集三卷续集二卷　（元）揭傒斯撰

旧写本　清鲍廷博校跋并录宋宾王跋、杨复吉跋　（傅增湘《藏园群书经眼录·集部·别集类》，第1330页）

揭文安公文集九卷　（元）揭傒斯撰

清鲍氏知不足斋抄本　录宋宾王跋及何焯评语　（傅增湘《藏园群书经眼录·集部·别集类》，第1331页）

燕石集十卷　（元）宋褧撰

清乾隆鲍氏知不足斋抄本　二册　鲍廷博、吴翌凤、吴昌绶题识（见《北京大学图书馆〈大仓文库〉书志》（五），第1202页）

周翰林近光集三卷扈从集一卷周翰林集补遗三卷　（元）周伯琦撰

清鲍廷博手写本　清鲍廷博校　（傅增湘《藏园群书经眼录·集部·别集类》，第1351页）

近光集三卷扈从集一卷周翰林补遗二卷　（元）周伯琦撰

清鲍氏　清鲍氏知不足斋写本　清鲍廷博校并跋　鲍正言题识　（傅增湘《藏园群书经眼录·集部·别集类》，第1351页）

梧溪集七卷　（元）王逢撰

旧写本　清鲍廷博校　（傅增湘《藏园群书经眼录·集部·别集类》，第1365页）

滦京杂咏二卷　（元）杨允孚撰

清嘉庆鲍氏　清鲍氏知不足斋写本　（傅增湘《藏园群书经眼录·集部·别集类》，第1367页）

夷白斋稿十二卷　（元）陈基撰

明初刻本　清鲍廷博校　（《皕宋楼藏书志·集部·别集类》卷一百十）

友石山人遗稿一卷附录一卷　（元）王翰撰

清乾隆二十一年（1756）鲍氏知不足斋抄本　一册　鲍廷博题识，鲍正言、马以良校。（见《北京大学图书馆〈大仓文库〉书志》（四），第1218页）

鼓枻稿六卷　（明）虞堪撰

清抄本　清鲍廷博校　今藏上海图书馆

虞山人诗三卷　（明）虞堪撰

清抄本　清鲍廷博跋　劳格校并跋　今藏国家图书馆

竹斋诗集三卷续集一卷补遗一卷附录一卷　（明）王冕撰

清抄本　清鲍廷博校　今藏国家图书馆

圭塘欸乃集一卷　（元）许有壬等撰

清乾隆间歙县鲍氏抄本　鲍廷博朱墨黄三色合校并跋　录自《标点善本题跋集录》（中国台北"中央图书馆"编印）

两宋名贤小集一百十一卷　（宋）陈思编　（元）陈世隆补编

旧抄本　近人邓邦述过录清鲍廷博、劳权二家校语及跋并手书题记　录自《标点善本题跋集录》（中国台北"中央图书馆"编印）

松雨轩集八卷　（明）平显撰

清咸丰七年（1857）仁和劳权手抄本　劳权自校并跋兼过录鲍廷博题识　近人邓邦述手书题记　录自《标点善本题跋集录》（中国台北"中央图书馆"编印）

敦交集一卷　（元）魏仲远辑

旧抄本　清鲍廷博校并跋　（傅增湘《藏园群书经眼录·集部·总集类》，第1542页）

玉山名胜集二十六卷外集二卷　（元）顾瑛辑

清抄本　清鲍廷博校　今藏国家图书馆

柴氏四隐集二卷附录一卷　（宋）柴望撰

清鲍氏知不足斋抄本　清鲍廷博校　清刘履芬跋　今藏上海图书馆

柴氏四隐集五卷秋堂集补遗一卷附录一卷　（宋）柴望等撰

清嘉庆三年（1798）鲍氏知不足斋抄本　清鲍廷博校　今藏国家图书馆

三孔先生清江文集三十卷　（宋）孔文仲等撰

清抄本　清鲍廷博校并跋　今藏国家图书馆

草堂雅集十三卷后四卷　（元）顾瑛辑

清抄本　清鲍廷博抄补并校　今藏国家图书馆

江湖后集二十四卷　（宋）陈起编

清乾隆四十七年（1782）鲍氏知不足斋抄本　鲍廷博校并跋　李盛铎跋今藏北京大学图书馆

乾坤清气集十四卷　（明）偶桓辑

清初抄本　清鲍廷博校　今藏云南大学图书馆

宋八家诗钞十二卷

清知不足斋抄本　今藏黑龙江省图书馆

对床夜语五卷　（宋）范晞文撰

清抄本　清吴寿旸校并录鲍廷博跋　今藏国家图书馆

后村诗话二卷　（宋）刘克庄撰

清抄本　清鲍廷博校　今藏国家图书馆

优古堂诗话一卷　（宋）吴幵撰

清抄本　清鲍廷博校　章愫、蒋凤藻跋　今藏国家图书馆

娱书堂诗话二卷　（宋）赵与虤撰

清抄本　清鲍廷博校　今藏国家图书馆

宋明十一家词十二卷　不著编人

清末民初间常熟周左季鸽峰草堂写本　民国三十八年（1949）袁荣法手校并跋兼过录明梅鼎祚、清鲍廷博跋语　录自《标点善本题跋集录》（中国台北“中央图书馆”编印）

宋名贤七家词七卷

明抄本　清鲍廷博校　丁丙跋　今藏南京图书馆

唐宋八家词十卷

清鲍氏知不足斋抄本　吴昌绶跋　今藏国家图书馆

阳春白雪八卷外集一卷　（宋）赵闻礼辑

清鲍氏知不足斋抄本　清鲍廷博、戈载校　今藏上海图书馆

安乐集词四卷　（宋）张先撰

清鲍氏知不足斋抄本（存三卷，二至四）　今藏上海图书馆

贺方回词二卷东山词二卷　（宋）贺铸撰

清抄本　清鲍廷博校　今藏国家图书馆

后村诗余二卷　（宋）刘克庄撰　林秀发辑

明抄本　清鲍廷博校　丁丙跋　今藏南京图书馆

梦庵词一卷　（明）张肯撰

明抄本　清鲍廷博校　今藏南京图书馆

虚斋乐府二卷　（宋）赵以夫撰

明抄本　清鲍廷博校并跋　丁申、丁丙跋　今藏南京图书馆

乐府雅词三卷拾遗二卷　（宋）曾慥撰

旧写本　清鲍廷博校　（傅增湘《藏园群书经眼录·集部·词类》，第1607页）

龟峰词一卷　（宋）陈经国撰

清鲍氏知不足斋抄本　（中国台北《“中央图书馆”善本序跋集录·集部·词曲类》）

信斋词一卷　（宋）葛郯撰

明抄本　清鲍廷博校　（《善本书室藏书志·集部·词曲类》卷四十）

简斋词一卷　（宋）陈与义撰

明抄本　清鲍廷博校　（《善本书室藏书志·集部·词曲类》卷四十）

词源二卷　（宋）张炎撰

清嘉庆十五年（1810）秦氏享帚精舍刻本　清鲍廷博校（鲍士恭代笔）秦恩复跋　今藏上海图书馆

主要参考书目

一、鲍廷博著述及刊刻书

花韵轩咏物诗存不分卷　（清）鲍廷博撰

《国家清史编纂委员会·文献丛刊·清代稿抄本》第 25 册，据中山大学图书馆藏清抄本影印，广东人民出版社，2007 年 4 月。按，国图、安徽省藏抄本同

知不足斋随笔二卷　（清）鲍廷博辑

清抄本，北京大学图书馆藏

知不足斋宋元人文集书目　（清）鲍廷博编

《中国著名藏书家书目汇刊·明清卷》第 23 册，煮雨山房辑，商务印书馆影印本，2005 年 10 月

古今姓汇二卷　（清）锁冯普编

清乾隆十年花韵轩刻本，安徽省馆藏

庚子销夏记八卷附闲者轩帖考一卷　（清）孙承泽撰

清乾隆二十五年至二十六年鲍廷博、郑竺刻本

湖山类稿五卷附录一卷水云集一卷附录三卷　（宋）汪元量撰

清乾隆三十年鲍氏知不足斋刻本

名医类案十二卷　（明）江瓘编

清乾隆三十五年新安鲍氏知不足斋刻本

历代纪元汇考一卷　（清）万斯同撰　（清）万经续

清乾隆刻本

知不足斋丛书三十集　（清）鲍廷博编

清乾隆嘉庆间歙县鲍氏知不足斋刻本

清光绪八年岭南芸林仙馆重印本

民国十年上海古书流通处影印清乾隆嘉庆间歙县鲍氏知不足斋刻本

二、友朋著述、传记

黄丕烈年谱　（清）江标撰　王大隆补　冯惠民点校

中华书局《年谱丛刊》本，1988 年 2 月

士礼居藏书题跋记　（清）黄丕烈撰　（清）潘祖荫辑　周少川点校

书目文献出版社，1989 年 8 月

顾千里研究　李庆著

上海古籍出版社，1989 年 7 月

思适斋书跋四卷　（清）顾广新撰

中华书局《清人书目题跋丛刊》本，1993 年 1 月

拜经楼藏书题跋记五卷附录一卷　（清）吴骞撰

中华书局《清人书目题跋丛刊》本，1993 年 1 月

拜经楼诗集十二卷续编四卷再续编一卷　（清）吴骞撰

民国十一年上海博古斋据清吴氏原刊本影印本

汪龙庄遗书　（清）汪辉祖撰

清同治元年盱眙吴氏望三益斋刻本

龙庄先生诗稿　（清）汪辉祖撰

稿本，浙江省馆藏

绍兴师爷汪辉祖研究　鲍永年著

北京人民出版社，2006 年 7 月

亦有生斋诗三十二卷文抄二十卷续集六卷乐府二卷词五卷年谱二卷　（清）赵怀玉撰

清嘉庆道光间刻本

揅经室集三十卷诗十一卷续九卷外集五卷　（清）阮元撰辑

清嘉庆道光间仪征阮元刻《文选楼丛书》本

定香亭笔谈四卷　（清）阮元撰

《文选楼丛书》本

逊志斋杂抄十卷　（清）吴翌凤撰

清光绪十三年朱记荣《槐庐丛书》本

东斋脞语一卷　（清）吴翌凤撰

清道光间刻《昭代丛书庚集·埤编》本

梦阑琐笔一卷　（清）杨复吉撰

清道光间刻《昭代丛书癸集·萃编》本

钮匪石日记一卷　（清）钮树玉撰

辽宁教育出版社《新世纪万有文库》本，1998年3月

柳洲遗稿二卷　（清）魏之琇撰

清光绪间丁申辑《西泠五布衣遗著》本

古泉山馆诗草八卷　（清）瞿中溶撰

清同治十年重刻本

简庄文抄六卷续编二卷诗抄一卷　（清）陈鳣撰

清光绪十四年海昌羊氏刻本

抱经堂文集三十四卷　（清）卢文弨撰

民国商务印书馆《四部丛刊初编》本

三、藏书文化与版本目录

藏书纪事诗附补正　（清）叶昌炽撰　王欣夫补正　徐鹏辑

上海古籍出版社，1989年9月

中国藏书楼（1－3）　任继愈主编

辽宁人民出版社，2001年1月

中国藏书通史（上下册）　傅璇琮　谢灼华主编

宁波出版社，2001年2月

中国私家藏书史　范凤书著

郑州大象出版社，2001年7月

文献家通考（1－3册）　郑伟章著

中华书局出版社，1999年6月

书林丛考（增订本）　郑伟章著

岳麓书社出版社，2008年7月

浙江藏书史（上下册）　顾志兴著

杭州出版社，2006年10月

徽州刻书与藏书　刘尚恒著

广陵书社出版社，2003年11月

四库全书总目（上下册）　（清）永瑢等撰

中华书局出版社，1981年7月
增订四库简明目录标注　（清）邵懿辰撰　邵章续补
上海中华书局出版社，1963年4月
四库全书纂修研究　黄爱平著
中国人民大学出版社，1989年1月
中国古籍善本书目（经、史、子、集、丛部）　该书编委会编
上海古籍出版社，1989—1996年12月
郑堂读书记（1—3册）　（清）周中孚撰
商务印书馆，1959年6月
藏园增订郘亭知见传本书目（1—4册）　（清）莫友芝撰　傅增湘订补　傅熹年整理
中华书局出版社，1993年6月
善本书室藏书志四十七卷　（清）丁丙编
中华书局《清人书目题跋丛刊》本，1990年3月
仪顾堂题跋十六卷　（清）陆心源撰
中华书局《清人书目题跋丛刊》本，1990年3月
皕宋楼藏书志一百二十卷续志四卷　（清）陆心源撰
清光绪八年刻本
铁琴铜剑楼藏书题跋集录　瞿良士辑
上海古籍出版社，1985年4月
张元济古籍书目序跋汇编　张人凤编
北京商务印书馆，2003年9月
劳氏碎金三卷　吴昌绶辑　王大隆补
嘉业堂藏书志　缪荃孙等撰　吴格整理
上海复旦大学出版社，1997年12月
藏园群书经眼录（1—5册）　傅增湘撰
中华书局出版社，1983年9月
藏园群书题记　傅增湘撰
上海古籍出版社，1989年6月
贩书偶记及续编　孙殿起编　雷梦水续
上海古籍出版社，1980年9月、1982年11月
中国善本书提要　王重民撰

上海古籍出版社，1983 年 8 月
北京图书馆古籍善本书目（1—5 册）　北京图书馆编
书目文献出版社，1987 年 7 月
中国科学院图书馆藏中文古籍善本书目　中国科学院图书馆编
科学出版社，1994 年 3 月
天津图书馆古籍善本书目（1—3 册）　天津图书馆编
国家图书馆出版社，2009 年 1 月
中国版刻图录　北京图书馆编
文物出版社，1963 年
皖人书录　蒋元卿编
黄山书社出版社，1989 年 12 月
书城挹翠录　沈津著
上海社科院出版社，1996 年 3 月
标点善本题跋集录　中国台北“中央图书馆”编
中国台北“中央图书馆”印，1992 年 5 月
“中央图书馆”善本题跋真迹（1—4 册）　中国台北“中央图书馆”编
中国台北“中央图书馆”印，1982 年 12 月
上海图书馆善本题跋真迹　上海图书馆编　陈先行　郭立暄纂
上海辞书出版社，2013 年 11 月
北京大学图书馆藏‘大仓文库’书志　北京大学图书馆编
中华书局，2014 年 5 月
北京大学图书馆藏‘大仓文库’善本图录　北京大学图书馆编
中华书局，2014 年 5 月
知不足斋序跋题记辑录　季秋华辑
国家图书馆出版社，2010 年 11 月
鲍廷博刻书与藏书研究　周生杰著
黄山书社出版社，2011 年 5 月
鲍廷博题跋集　周生杰　季秋华辑
浙江人民出版社，2012 年
鲍廷博评传　周生杰　杨瑞著
江苏凤凰出版社，2014 年 12 月

四、谱牒、书札及其他

新安名族志二卷　（明）戴廷明　程尚宽等纂

2003 年 12 月全国图书馆文献缩微复制中心影印明嘉靖刻本

昭代名人尺牍二十四卷　（清）吴修辑

清光绪三十四年西泠印社石印本

上海图书馆藏明清名家手稿（简编本）　上海图书馆编

上海世纪出版股份有限公司、上海古籍出版社出版，2006 年 1 月

乾嘉学术编年　陈祖武　朱彤窗著

河北人民出版社，2005 年 1 月

古籍丛书述论　李春光著

辽海出版社，1991 年 10 月

古籍丛书概说　刘尚恒著

上海古籍出版社，1989 年 12 月

综合索引

一、本索引依据《鲍廷博年谱长编》中年谱正文部分（卷一至六）涉及鲍氏的有关书名及明清以后的人物姓名为标目，其序文、卷首及附录等部分概不涉及。

二、本索引以书名和姓名的拼音顺序排列。

三、人物只列其姓名，字号不具，个别加的字号都附注于姓名之后。或以室名附注主人，或以主人附注室名。

四、标目后所列数码，系指本条目在书中所见的页数。

C

E

F

G

H

J

M

N

R

S

Z

后 记

昔年撰《徽州刻书与藏书》和《安徽藏书家传略》时，很想为鲍廷博作一较全面的专题论述，只因琐事猬集，心绪不整，始终未动笔。前两年读顾志兴先生大作《浙江藏书史》（全二册，2006年10月杭州出版社），又萌发作《安徽藏书史》念头：一是安徽为历史上文献之邦，名在全国前列，应该如同浙江一样有此同类著述，而我作为皖人更应有此职责；二是我有前二著作基础，心想只要加上历史上安徽官府藏书、书院藏书、寺院藏书资料，就可以成编，做起来省事多了。同时我的《安徽藏书家传略》也可藉此找到正式出路（《传略》曾摘要刊于安徽《图书馆工作》1998年1月至2001年3月各期），可仍基于上述原因，不曾动笔。

2007年，安徽大学图书馆郑玲先生惠寄她点校的近人王立中《鲍以文先生年谱》（2006年5月黄山书社出版的《清代徽人年谱合刊》，两册），亮我眼目，因为我知道杨殿珣先生的《中国历代人物年谱总录》、来新夏先生的《近三百年人物年谱知见录》、谢巍先生的《中国历代人物年谱考录》，均未著录“鲍谱”，所缺由来已久。王氏所撰《鲍以文先生年谱》，原是藏于安徽省博物馆的手稿本，今得以面世，这是大快人心事。该谱起自鲍廷博之生年（清雍正六年，1728），迄其卒年（嘉庆十九年，1814），然王氏于这位享年87岁高寿的藏书、刻书大家，通篇谱文包括保留的眉批、夹注在内，只有万余字左右，显然过于单薄，其所缺鲍氏行年记录过半，有的虽有事迹而过于简略，失去丰富内涵，有的年份所记根本未涉及鲍氏事迹。这让我深深感到王氏首创有功，记实有憾。究其缘故，原来王氏是“居穷山中，见闻有限，兼敌寇侵凌，交通阻梗，咨访无从”（见其《凡例》）的情况下成稿的，这倒让我不但无责难之意，反而有敬重之心，于是写了篇《首创有功，记实有憾——读〈鲍以文先生年谱〉》小文，刊于《古籍整理出版情况简报》（总447期，2008年第5期），表达我读后的心境。

众所周知，鲍廷博是清代乾嘉间名重一时，且对后世颇具影响的大藏书家、大刻书家，他一生钟情于书，嗜书如命，家有知不足斋，藏书既富又精。乾隆时开四库馆，鲍家进呈书多达六七百种，且多属宋元旧刊、名家抄校精本，录入《四库全书》和《四库全书总目》之“存目”数量，列为全国进呈书“四大家”之首。他编刊的书也达数百种之多，仅《知不足斋丛书》一部，就30集207种781卷之多，且精审尤推为清代丛书之翘楚。他工诗善书，大量的藏书、刻书题跋、校记，更为人们奉为版本目录学和校勘学的经典之作。无疑，像鲍氏这样的大家，应有较翔实的年谱之作，这不仅关系他本人，更关系到藏书、刻书史。

前人无过，后人有责，我这皖人更应责无旁贷。于是掩卷深思，居然不顾年老学薄之讥，发作《鲍廷博年谱》之宏愿，这就是本书的写作缘起吧。至于《安徽藏书史》事，力不能及，置之不顾了，好在作“鲍谱”也是安徽藏书史上的重要内容之一。

要作“鲍谱”，诚非易事。虽然我身处天津图书馆，有馆藏60万册古籍线装书和8000多种古籍善本书为依托、为基地的便利条件，而鲍氏校刻书、批注题跋书多，交往的诗朋书友亦众，其文献散落在大陆乃至海外各大藏书处，尤其是国家图书馆，上海、南京、浙江、安徽等大馆，且不论鲍氏校刻本、批注题跋本、抄本，今均已列入《中国古籍善本书目》，或各家的善本书目，琅嬛高阁，常人难得一见。无奈之下，只好恳求同行中的新朋旧友，请他们帮助查录。国家图书馆董蕊、黄建、赵前、杨秀齐，上海馆梁颖，南京馆徐忆农，浙江省馆袁逸，安徽省馆石梅，重庆市馆袁佳红，清华大学图书馆的刘蔷、北京大学图书馆的姚伯岳以及郑伟章等诸先生，鼎力相助，或代为查找，或直接提复印件，或代为抄录，深情厚谊，永志不忘；再一办法就是从他人书目、题跋记、诗文杂著中转录。对于实在无法查获的资料，只能是暂付缺如，或者录下线索，有待博雅之士他日补缀订正了。

尤其应特别提出的是，著名史学家、文献目录学家、南开大学资深教授来新夏先生，不顾望九高龄、积弱之体，欣然惠允赐序，这不仅使笔者感激万分，更提高拙作的品位，使拙作添彩生色。

中国书法家协会理事、天津书协副主席曹柏崑先生第三次为我赐题书名（前此有《徽州刻书与藏书》《天津查氏水西庄研究文录》），天图历史文献部主任、研究馆员李国庆先生及季秋华等同事热情关注，鼎力支持，使拙作得以顺利完成。

本书附录部分，多由郑玲先生及本馆同事季秋华、丁学松二人承担完成，他们以自己辛勤的劳动，充实本书内容，在此亦一并志谢。

笔者终生是名图书馆人，即现代书僮之谓也，才疏学浅，兼之年逾古稀，精力难济，书中不尽如人意处是免不了的，然而这本书对我来说可谓“压卷之作”了。书读不尽，学问也做不完，天大本事，面对学海，也只能用小酒杯端起来喝几口而已，鉴于此，内心坦然。倘蒙方家法士不吝赐教，则幸甚幸甚。

芜湖刘尚恒

2008年北京奥运会开幕之日，

时年七十有一，于津门二馀斋。

再后记

我在《鲍廷博年谱》初编本《后记》里将其写作缘起、经过作了略述。该书之成，一是有赖天津图书馆藏书，二是全仗各地友朋鼎力相助，我自己只去国家图书馆查过两天书，其馀皆在家中“坐享其成”，不料此书颇为业内人士赞许，令我欣慰不已。此后，又屡获旧雨新朋们的将伯之助，或扫描，或复印，或手录，或面示，不断提供鲍氏题跋、事迹资料，令我更感谢不尽，为此，加上我之新见，仿先贤缪荃孙《艺风藏书记》《续记》《再续记》（燕京大学图书馆编）之例，先后作《鲍廷博年谱补遗》（载上海图书馆《历史文献》第十六辑，2012 年 4 月出版）、《再补遗》（《历史文献》第十八辑，2014 年 11 月出版）。近期又读到上海馆的《上海图书馆善本题跋真迹》《北京大学图书馆藏〈大仓文库〉书志》《北京大学图书馆藏〈大仓文库〉图录》三书，再作增补删定，今将所得新资料连同初编本合为一册，改出长编，以飨读者，并继续请益。

《鲍廷博年谱长编》，较之初编本，不但篇幅由 32 万字增至 40 馀万字，删订错谬，其显著不同处还在于：

一是增加许多鲍氏题跋、资料。原初编本中鲍氏年谱资料约为 20 万字，馀为附录，今增添部分为年谱正文文字约 7 万，录鲍氏题跋、资料多出百馀条，卷首新增《鲍廷博评传要义》一篇，附录部分也有少量增补，更加全面地揭示鲍氏其人。

二是新增鲍氏遗像一幅。鲍廷博虽为清乾嘉时大藏书家、大刻书家，名闻全国，影响深远，然而自《晚笑堂画传》以来，所检综合性的、专门性的人物画谱、像传、画传，均未收录鲍氏遗像，令人难免遗憾。2012 年 12 月，好友郑伟章先生来津图阅书，他告诉我国家图书馆藏鲍氏手抄本清周二学的《一角编》冠有鲍廷博遗像，令我兴奋不已，于是请天图历史文献部主任、研究馆员李国庆先生出面，转请国图古籍馆赵前、陈红彦两先生从原书缩微胶卷中扫描录示，后安徽省馆石梅同志也烦请好友再扫描录示一份，惜二者均不甚清晰，于是我又转请天津市文史研究馆同仁、津门四大书家之首的华世奎侄孙、书画家华克齐先生照原稿临摹一份。华先生有感原件中两枚印章模糊不辨，于是又以家藏两枚相关印章钤上，其意甚美，惜乎有失真之嫌了。众所周知，我国古代人物画像，早期的多依据画家的理解、想象（如孔子、孟子），而明清以后的多有写实根据，故虽非照相技术，却也得其大概。

《长编》所得益的上图、北大三书，应作简略介绍并推荐如下：

《上海图书馆善本题跋真迹》（上海图书馆编，陈先行、郭立暄编纂，2013 年 11 月上海辞书出版社出版），凡 17 册，16 开精装本。收录该馆从 2500 馀部 2000 馀万册的古籍善本中，遴选出有明清藏书家和学者题跋的 1745 部，以经、史、子、集为编。这些题跋大多数未曾公开过，真大开方便之门，让人得见庐山真面目。其中涉及鲍廷博的题跋和事迹凡十馀部，据此我增订和改订年谱数处。

《北京大学图书馆藏〈大仓文库〉书志》和《图录》（2014 年 5 月北京中华书局出版）两书，是北大在教育部大力支持下，在校内外三十多名专家学人吁请下，在校、馆两级领导不懈努力下，从日本的大仓文化财团全盘收购的“大仓文库藏书”。这批书原是民国初年著名藏书家董康的诵芬室旧藏，书凡 900 部，包括宋、元、明、清刻本，铜活字、木活字本，清宫旧藏等，其中涉及鲍氏题跋、事迹的有八种之多，并且所录《侨吴集》鲍氏题跋较上图本多一则外，可证上图本系他人过录的，大仓本乃是真迹。这批书的回归，真让人想到当年皕宋楼藏书外流日本时时人写下的感慨，真的犹似“文姬返汉关”，大快人心。

常言道：“一而再，再而三”，“事不过三”。我与鲍廷博年谱之作，到此可告一段落。今《长编》经天图历史文献部主任李国庆研究馆员竭力推介，蒙国家图书馆出版社惠允出版，同事季秋华操编辑之劳，对此均表示深深谢意。此书之行世，既省去读者翻检之劳，又无负友朋们爱我助我之美意，吾之心愿已偿矣。

刘尚恒
2015 年 8 月于津门　时年 78 周岁